民国课堂

教学方法的变革

吕春枝 ◎ 著

中国社会科学出版社

图书在版编目（CIP）数据

民国课堂：教学方法的变革／吕春枝著．—北京：中国社会科学出版社，2018.1
ISBN 978 - 7 - 5203 - 1957 - 7

Ⅰ.①民…　Ⅱ.①吕…　Ⅲ.①教育史—研究—中国—民国　Ⅳ.①G529.6

中国版本图书馆 CIP 数据核字（2017）第 329644 号

出 版 人	赵剑英
责任编辑	李炳青
责任校对	闫　萃
责任印制	李寡寡

出　　版	中国社会科学出版社
社　　址	北京鼓楼西大街甲 158 号
邮　　编	100720
网　　址	http://www.csspw.cn
发 行 部	010 - 84083685
门 市 部	010 - 84029450
经　　销	新华书店及其他书店

印　　刷	北京明恒达印务有限公司
装　　订	廊坊市广阳区广增装订厂
版　　次	2018 年 1 月第 1 版
印　　次	2018 年 1 月第 1 次印刷

开　　本	710×1000　1/16
印　　张	21
插　　页	2
字　　数	334 千字
定　　价	85.00 元

序　言

在当代中国的北上广一线城市，最让人焦虑，也最让家长趋之若鹜的是幼升小、小升初等教育产业链。在这个链条上，缀满了公立学校、民办学校、国际学校、私塾、早教、英语培训机构、益智类培训机构等，穿插着蒙氏、华德福、瑞吉欧、全人式、浸润式、陪伴式、建构主义等教育理念。在这样一条教育产业链条中，教育者和家长摸索、尝试、困惑、焦虑。

具有反思精神的教育者不禁会问：这样的场景是今天这个时代所特有的吗？历史是一个螺旋上升的过程，事物的发展有着一定的周期性，找到相似的场景，匹配、对照、分析，对今天的教学方法改革无疑有着非同一般的借鉴意义。历史的时空可以转换，但改革创新亘古不变。笔者在浩瀚的历史卷宗中，找到了一个类似的时空场景。

民国其时也出现了与之类似的场景。在这里，当西方国家用鸦片和大炮敲开一向闭关锁国的晚清大门时，一向自信，甚至有些许骄傲的中国人慌神了，社会结构、职业阶层、教育结构和教学理念发生了巨大的变革。不断加深的民族危机是教学方法变革的推进器，在"教育救国"理念的指引下，构建新的学校教育体制，普及新式教学方法成为主流。中国政府参仿国外，相继颁布新学制，建立新的学校教育体系，并对教学方法做出相应规定。《癸卯学制》以法律文本的形式对以背诵和体罚为主要特征的传统教法进行修正，规定以"循循善诱"和"讲解为最要"；《壬子学制》将教学方法的变革定格在联络各学科，趋向综合的发展方向上；《壬戌学制》则试图突破讲演式，增加学生自动学习的机会，将教学方法的改革指向民主和科学。

在这场政府引导下进行的教学方法改革运动中，传教士和留学生担当着重要的角色。洋务运动时期,传教士在华设立的教会学校引入了西方的课程设置和学科教学方法,出现了私塾、教会学校、新式学校并存的格局,在以文科教学为主,强调机械记忆和静坐体悟的传统主流学校教学方法体系之外,以重实际、重实证、重实践为特征的实学方法受到了重视。民国时期和国民政府时期,留日师范生通过译书、著书以及从事教学活动,将"五段教学法""单级教学法"等引入国内;留美生用实验的方式将"道尔顿制""设计教学法""分团教学法""文纳特卡制"等引入国内,并邀请杜威、孟禄、推士等西方教育家来华指导,积极推进教学方法改革的科学化和民主化进程。以洋务学堂、新式书院、幼稚园、新式小学和中学为主的教育机构,在借鉴国外教学方法的基础上对传统教学方法进行改革,经过部分吸收、全面借鉴、理性实验三个阶段的发展,创生出"教学做合一""整体教学法""廉方教学法"等本土教学方法。

互联网的场景化思维,在教学研究领域何尝不是一种有效的方法。本书在资料、论文结构和研究方法上,注重某一特定教学方法本身的演变线索以及其在不同历史阶段、不同学校的微观表现,关注各种教育机构在不同历史时期所采用的方法,并选取特定教育机构作为案例,从微观层面进行分析。具体体现在:以典型教学方法的演进为经线,以同一时期各式学校的教学方法为纬线,经纬线交织布局全篇;以近代学校的改革为线索,从学校发展的角度进行研究,将教学方法的改革与学校的发展联系起来;以教育机构作为案例进行研究,就该教育机构整个发展历程作以描述分析,历史地看待采用特定教学法的学校运转以及其兴衰的原因。

笔者试图从历史发展的视角,秉持客观理性的原则,综合运用历史文献、统计分析、案例研究、比较鉴别等研究方法,生动、形象、立体地描绘出一幅近代教学方法演进地图,带领读者体会那一代教育同人的理念和作为,由此引发教学改革者和家长的深入思考,从而不再迷茫和焦虑,让学校教育、家庭教育都逐渐走向从容和淡定。

目　　录

第 一 章

历史的惯性冲突

　　无论是在教学方法理论的研究领域，还是在教学方法实践的发展前沿，教学方法变革的政治、经济背景和教学传统的影响都是不容忽视的问题。教学方法的变革总是与特定历史阶段的社会政治、经济发展相联系，近代教学方法的变革也不例外。近代的教学方法变革受到政治变革、生产力发展和生产关系调整的影响，传统的优秀教学方法也逐渐显示出了不适应的一面。本章拟对此进行深入分析，以全面揭示近代教学方法变革的历史背景。

第一节　社会的变迁对传统课堂教法的冲击

　　近代社会的变迁是内外力交互作用的产物，这种力量对传统教学方法产生了剧烈的刺激。中国传统的教学方法是与以个别教学为主的传统教学组织形式相配合，与封建社会以农业经济为主的经济形态相适应的。明中叶以来，商业和手工业发展较快，在京杭大运河周边以及江南出现了小村镇和城市，商店和小手工作坊比比皆是，已经萌生了近代资本主义的生产关系及生产方式。清朝人口的急剧增加，对传统的社会生产方式和教学组织形式提出了新的要求，"为农者十辈于前而田不加增，为商贾者十倍于前而货不加增，为士者十倍于前而佣书授徒之馆不加增"①。工商业的发展、市民阶层的形成和人口的剧增对教学内容和教学组织形

---

① （清）洪亮吉：《意言二十篇·生计篇第七》，《卷施阁文甲集》（卷1），（清）洪亮吉撰，刘德权点校：《洪亮吉集》，中华书局2001年版，第16页。

式提出了新的要求。

外部的力量直接促发了传统教学方法向近代教学方法转变。中英贸易中中国的贸易顺差由来已久，丝茶远销海外。英国为了扭转贸易逆差，从18世纪70年代起通过东印度公司将鸦片销往中国，使得清王朝大量白银流失海外。鸦片对于中国人民身心的危害尤甚，更使得东南沿海地区的工商业萧条。清朝统治者逐渐意识到了问题的严重性，"鸦片流毒，为中国三千年未有之祸"，采取措施极力挽回，于1839年派钦差大臣林则徐赴粤禁烟。中英之间的禁烟冲突最终转化为武装对抗。1839年7月和9月，中国水师与英国兵舰在九龙尖沙咀和穿鼻洋两度交战，战争以中国战败，并于1842年签署中国近代史上第一个不平等条约——《南京条约》告终。自此，西方的战舰将西方的鸦片、文化以及宗教通过"合法"的手段输入中国。随着中西贸易和交流的频繁，中国社会的职业构成趋向复杂化，社会分工开始细致专门化，新的职业大量出现。晚清社会群体的变动，促使阶层体系开始由传统士、农、工、商"四民"结构向近代职业结构转变。社会可以提供的职位增多，专门人才的需求出现缺口，但传统学校培养出的人才却无法满足要求，从而直接刺激了传统教学方法的变革。

一　传统教学方法的成就

中国传统的教学内容和方法的选择受到社会生产、生活发展和需求的制约。教学内容以儒家经典理论为主，定儒学于一尊的格局，是历史形成的，与历朝历代的行政指导思想有关。自西汉吸取秦亡的教训，董仲舒对答武帝三次策问，适时重振儒学始，隋、唐、宋、明、清各朝君临天下，俱崇尚儒学，并完善科举考试，使得学子皓首穷经。漫长的封建社会以农业和手工业生产为主，生产技能的教学多采用师傅带徒弟的方式在坊间进行，学校教学的目标是培养精通儒家经典、具有高尚德行的统治人才。

教学内容、目标、方法和组织形式构成教学论的主要内容。教学组织形式和教学方法一定程度上需要与特定的教学内容、目标相适应。教学原则和方法是在一定的教学组织形式中，经过实践检验，不断提炼得出的，因而，教学方法的运用和发展在组织形式的演变中得以充分体现。

因此，描述传统教学方法的演变不得不首先概述教学组织形式的演变历程。

（一）教学组织形式的演变

教学组织形式，是为了实现一定的教学目标，围绕一定的教学内容，在一定的时空环境下，运用一定的媒体，教师与学生之间相互作用的方式、结构与程序。教学组织形式主要是解决如何组织教学活动、掌控教学的时间和空间的问题。教学组织形式一般分为个别教学和班级教学两类。我国教学组织形式的演变经历了从家庭教育，传统手工作坊式的师傅带徒弟，到个别教学，进而宋、元、明、清之际的书院和官学中普遍采用的班组教学，进而分科教学。社会经济的发展及社会的需要是促使其发生演变的根本动因。

在原始社会以及封建社会的早期，生产力水平较低，教育活动在生产劳动和社会生活中进行，教学与生产和生活联系紧密，直接为生产服务。父母或者师傅通过口耳相传的方式，手把手地进行教学实践。父母教子、师傅授徒的教学组织形式因其教学的直接性和师生关系的紧密性，适应特定领域生产技能传承的需要，一定程度上推动了社会的发展。但随着生产资料的不断丰富，人类对社会文化生活的要求不断提高，个别教学逐渐取而代之，成为我国封建社会主要的教学组织形式。

个别教学是一种教师分别对学生进行教学的组织形式。对学生的入学年龄和修业年度不作限制，在相同的空间内，学生的学习进度完全不同。中国的奴隶社会、封建社会延续时间较长，农业经济一直占据优势地位，资本主义工商业的发展缓慢，社会对教育的拉动不够，因此，个别教学成为我国古代主要的教学组织形式，形成颇具特色的私人讲学传统，例如孔子创办的私学。学校规模较小，教师有精力和条件针对每个学生身心发展的水平制订教学计划，并在课堂上督促其完成，各因其才，个别教学。这种教学组织形式在我国传统小学教育阶段，例如私塾的教学中广泛采用。一代代的私塾先生在个别教学中提炼出诸多教学方法，成为近代教学方法改革的基础。

虽然我国工商业的缓慢发展限制了班级授课制的产生，但是不能因此否认出现过集体教学的早期模式。造纸术的改进和印刷术的出现，使得知识的传播媒体扩展，加速了教育的普及。书院和私塾作为主要的教学机构，分布的范围较广。书院①是我国特有的教育机构，在中国内地延续千年之久。其规模和学生数量在封建社会晚期逐年增加。据记载，1053 年北宋时，周式为岳麓书院第一任山长，奏报政府扩建书院后，生徒人数增至数百，到 1194 年，岳麓书院的田产达五十顷②，学生人数逾千。随着学生人数增多，书院和官学中普遍采用"个别—小组教学制"，即主讲教师以大课的形式讲学，然后分派进度较快或者学有所长的学生，辅导学弟，这是我国最初的集体教学模式。

此种集体教学模式发展到后期，已经具备分系分科教学、理论教学与实习锻炼相结合的特征，发展成为"分斋教学法"。"分斋教学法"源于宋朝，胡瑗在主持湖州州学时创设经义、治事两斋，经义斋招收"可任大事者"，学习内容以儒家经典著作为主；治事斋（又称治道斋）分设治民、治兵、水利、算数等学科，学生可"一人各治一事，又兼摄一事"。分斋教学实际为分科教学，并有主、辅修的相关规定，对后世产生了深远的影响。其后的官学体系中也部分采用了分科教学的形式，太学"取胡瑗法以为法"，明清时期的国子监③采用坐监历事的教学形式。所谓坐监，教师在国子监内讲学，或在会堂上公开讲解儒家经典著作，或个别辅导、教授。晚清建立新式学堂之时，部分官员依然倡议采用"苏胡教法"。

教学方法的选择与采用在一定程度上受到教学组织形式的影响。在传统教学组织形式下，教育者在实践基础上总结出一系列的教学方法，例如启发教学法、问答法和自学辅导法。传统教学方法既是教学经验的积淀，又成为近代教学方法改革的基础。

---

①　"书院"的名称始于唐代，指中央机构的藏书之处，或者民间设立的读书场所。作为教育机构的书院，形成和兴盛于宋代。其产生受到我国私学讲学传统和佛教禅林的影响。宋代出现了一批以白鹿洞书院、岳麓书院、丽泽书院、象山书院为代表的著名书院。——作者注。

②　学田制是宋代书院的显著特征，政府赐予田产作为书院的办学经费来源，在物质层面促进了书院教育制度的形成，同时，学田制也是政府控制书院教育教学的一种有效手段。——作者注。

③　国子监也称国学或国子学，始建于 276 年，属西晋时期，唐宋时期成为国家教育管理机构，明清时期是最高教育机构，同时也是教育行政机构。在监读书的学生被称为监生，太学生或者国子生。——作者注。

（二）教学经验的积淀

教学相长，教师教学的过程同时也是持续更新知识的过程，既包含显性知识的学习，还囊括隐性知识的积淀。在教师自觉的实践—反思过程中，源源不断的隐性知识经验积淀成为教师的教学智慧。中国有句俗语："教学有法，但无定法"，二"法"有些差别，前者着眼理论层面，突出教学过程中客观规律的存在，"不以规矩，不成方圆"；后者立足操作层面，显现教学方法运用中的灵活多变。实际上，这句俗语传神地体现了传统教学方法的不易操作性。传统的教学方法与其说是一种教学方法，更不如言其为教学原则。

1. 启发式教学法

启发式教学法是一种有着悠久历史的教学方法，在教育工作者不断批判继承的基础上，秉承着丰富的内涵。"中国的第一位私学教师"——孔子正式提出启发式教学理论，历代的孔门弟子进行了详细阐发。子善教人，鼓励学生"存疑"，学习思考，积极主动的学习。教师的责任是珍视学生固有的求知欲望，准确把握分寸火候，"不愤不启，不悱不发。举一隅不以三隅反，则不复也"[1]。后人朱熹被谓为"孔学集大成者"，他对启发教学做过精辟的注解，"愤者，心求通而未得之意；悱者，口欲言而未能之貌；启，谓开其意；发，谓达其辞。物之有四隅者，举一可知其三。返者，还以相证之义。复，再告也"[2]。教学时必须先让学生对问题有好奇心，认真思考，充分调动其学习的积极性，同时要求教师善于察言观色，在学生思考未果时把握时机进行启发，学生经过思考有所领悟，但无法以适当的言辞表达出来时，教师可以明确说出自己的观点。学生经过思考学习所得印象比较深刻，有利于知识从短时记忆转化为长时记忆，加长知识在头脑中的保存时间，以后遇到类似的问题，学生才会举一反三，正确进行知识的迁移，此时，知识也就转化成为解决问题的能力。"愤""悱"是学生的动作，是启发教学的逻辑起点，"启""发"是教师的动作。"启发"与"愤悱"生动体现了教与学的互动过程。总括起来，启发式教学法的核心不外乎两点：其一，强调教学过程

---

① 《论语·述而第七》，（宋）朱熹：《四书章句集注》，中华书局1983年版，第95页。

② （宋）朱熹：《四书章句集注》，中华书局1983年版，第95页。

中学生主体性的发挥，教师要"承认学生是学习的主体，注意调动他们的学习主动性，引导他们独立思考，积极探索，生动活泼地学习，自觉地掌握知识，提高分析问题和解决问题的能力"①；其二，教师善于启发诱导，营造和谐的教学氛围。

启发式教学法对教师提出了较高的要求，教师要善于启发诱导，创设相互信任、尊重、和谐的教学氛围。教师教学活动的核心在"喻"，"君子之教，喻也"，教师在教学过程中善"喻"，何谓"喻"？"喻"即引导。"道而弗牵，强而弗抑，开而弗达。道而弗牵则和，强而弗抑则易，开而弗达则思，和易以思，谓善喻矣。"教师引导学生都有一定尺度，不能过也不能不及。要启发诱导而非耳提面命，严格要求而非压抑个性，可以告知答案但要留有思考的余地。教学是一件需要智慧把握分寸的工作，"善为师者，既美其道，有（又）慎其行，齐时早晚，任多少，适疾徐，造而勿趋，稽而勿苦，省其所为，而成其所湛，故力不劳而身大成"②。如此则教学效果如"圣化"，化人于无形。孔子具有高尚的德性和修养，学生言其"循循然善诱人，博我以文，约我以礼。欲罢不能，既竭吾才，如有所立卓尔"③。然而，并非所有教师都具有如此高超的教学能力和教学水平。任何教学方法只有教师能正确和创造性地加以运用，才能达到其应有的效果。启发式运用不得当，"好像教师是诱骗者，学生是被骗者"，"骗得着，兴趣淋漓，骗不着，徒费时间和脑力，结果成一套把戏"④。也正因为启发式教学法的难以操控性，使其在古代基础教育机构的教学中难以得到正确使用。

学生必要的知识积累是启发式教学法实施的前提。在中国教育史上，《周易》较早涉及启发教学，《蒙》卦载："匪我求童蒙，童蒙求我，初筮告，再三渎，渎则不告"⑤。年幼无知者谓之"童蒙"，这里指初筮者反复提出同样的疑问，再三求筮，是对筮人的污辱，强调必要的知识积

① 王道俊、王汉澜主编：《教育学》，人民教育出版社 1989 年版，第 232—233 页。

② （汉）董仲舒：《春秋繁露·玉杯第二》，苏舆撰，钟哲点校：《春秋繁露义证》，中华书局 1992 年版，第 37—38 页。

③ 《论语·子罕》，（宋）朱熹：《四书章句集注》，中华书局 1983 年版，第 111—112 页。

④ 吴增芥：《小学教学法概要》，《教育杂志》1924 年第 16 卷第 1 期。

⑤ 《蒙第四》，高亨：《周易古经今注》，上海书店 1991 年版，第 17 页。

累和知识迁移能力。教学与之类似，学生求知不动脑筋，反复请教同一问题，被视为亵渎师长，没有教导的必要。学生应当具备一定的知识积累和心理准备，教师倾向于帮助学生由一般原理演绎出具体操作形式。传统教学方法的演绎推理模式使得实际教学操作中，教师过分强化知识的积累，再加上隋唐以来科举取士制度的兴盛，压抑了独立思考、创新的学术氛围。士子们终日备考科举，读背经书成为主要的学习方法。明清时期，科举演变为八股，教师的主要精力用于指导学生如何破题、承题、起讲、入手，起股、中股、后股、束股。启发教学法逐渐走向畸形，其精神实质不断削弱。

鸦片战争以后，西方教学法大规模传入我国，教育者将启发式教学法的外延不断延伸。朱孔文在《教授法通论》中，将发问式、课题式都纳入启发式教学法的范畴。更有学者将西方以儿童为中心的教学方法都囊括其中。"启发主义乃对注入主义而言，注入主义以教师之活动为中心，而儿童则处于被动之地位，启发主义则以儿童为活动之中心，教师则处于客位，近于儿童之学习，施以指导与辅导而已。"启发法最终演变为一种教学原则，启发式教学法在近代出现的泛化现象，是其本身操作形式的不完备所决定的。

2. 问答法

问答法也是一种传统的教学方法，是个别教学中最常采用的方法。"问答法"又称"谈话法"，是指教师根据学生已有的知识和经验，通过提问和回答的方式，使学生获得知识、发展智力和提高思想觉悟的方法。"问答法"的核心是促发教师和学生之间的积极互动。但要做到"积极互动"谈何容易！关键是要调动学生认识上的自我矛盾，引发学生的思考。

教师运用"问答法"时，需要在课前明晰教学目的，围绕教学内容设计问题。在准备问题时要考虑到学生的知识准备和心理准备，设计具体的问题及问题提出顺序。课堂上，不要为备课设计模式所束缚，可根据教学情景随时调整。孔子擅长使用"问答法"，整部《论语》记载了孔子与弟子们之间互相讨论的问答情况，其中学生们提出的各种各样的问题达一百多次，如"问仁""问礼""问政"等①。

---

① 《论语·子罕第九》，（宋）朱熹：《四书章句集注》，中华书局1983年版，第109—116页。

孔子在教学中总结出 5 种问答形式。生问师答式,即学生有疑问的情况下,向教师请教。学生仲弓担任季氏的私邑总管,问老师怎样开展管理工作?子曰:"先有司,赦小过,举贤才。"仲弓追问:"焉知贤才而举之?"子曰:"举尔所知,尔所不知,人其舍诸。"① 可以看到,仲弓的问题极为具体,与自己的工作紧密相关,孔子的回答言简意赅。有时,孔子对于学生的问题并不直接回答,引导学生自己体悟、寻找答案。答案引导型问答法遵循"叩其两端"的方式,让学生在思考的基础上自己总结答案。子贡问为政时,"乡人皆好之,何如?"子曰:"未可也。""乡人皆恶之,何如?"子曰:"未可也。不如乡人之善者好之,其不善者恶之。"② 回答极为巧妙,发人深省。另外还有生问生答式,一学生问其他学生回答,其他学生可向老师发问,再转述;学生自问自答,教师再答;教师自问自答和师问生答式。

孔子认为"问答法"的使用需遵循"不愤不启,不悱不发"③ 的原则,鼓励学生自己提问。孔子的教学实践丰富和完善了问答法使用过程中基本的原则和操作模式,为现代"问答法"的发展奠定基础。现代学者普遍认为,问答法在运用过程中,需要注重问答自身的"过程性",问答双方地位上的相对"平等性",活动的"开放性"以及活动的"目的性"④。教师需要营造民主、轻松的提问环境。科学证明,在轻松的环境中,人的思维比较活跃,言语表达流畅准确。对于学生的回答,教师需要本着鼓励性原则,做出适当的评价。若不置可否,会搞得学生一头雾水,而一边倒的评价方式,又会使得学生被教师牵着鼻子走,不利于创造性思维的培养。

教学方法的使用和选择主要受到教师的个人风格和能力、教学内容、教学目标、教学组织形式和学生的身心特征等因素的影响。问答法极好地适应了传统的个别教学形式,因而在私塾、书院教学中得到普遍的应

---

① 《论语·子路篇第十三》,(宋)朱熹:《四书章句集注》,中华书局 1983 年版,第 141 页。

② 同上书,第 147 页。

③ 《论语·述而篇第七》,(宋)朱熹:《四书章句集注》,中华书局 1983 年版,第 95 页。

④ 张守奎:《苏格拉底的"对话—问答法"与当前哲学教学改革》,《平原大学学报》2006 年第 1 期,第 85 页。

用。问答法需要学生具有一定的知识储备和个人生活经验，孔门弟子年龄不一，大多已经具备一定的知识结构，在社会上拥有一定的职位，能够从日常工作中及时发现问题，为孔子的教学提供了便利条件。但这样的条件在普通私塾教学中是不具备的，在私塾实际教学中，教师多采用问答法检查学生的记忆状况，问题的答案唯一且不容置疑。问答法的关键在于问题的设置。教师设置开放性问题，利于发散学生的思维。答案唯一性问题并不能引起学生的思考，仅能起到了解学生学习进展的作用，这也是问答法在传统教学应用中得出的教训。

3. 读书指导法

纵观历史，我国古代关于教授法的记载存留不多，读书法著作却汗牛充栋。例如《论语》《中庸》以及后世儒生撰写的众多版本的《读书法》，其中朱熹的"朱子读书法"评价最高，很多人认为"朱子读书法"是儒家读书经验的经典总结。从某种意义上讲，读书法是教师指导学生自学的心得体会。书本是获得新知识的手段，培养阅读和发展智力的重要途径。读书是学生自学的有效途径，"不读书"则"不知所以为学之道"。读书指导法以"自学"为主，"辅导"为辅，适用于已具有一定的知识积累，基本能够自己阅读，粗略领会学习内容，但要全面、准确、透彻的理解，需要教师必要的辅导和帮助。

读书指导法意在教学生如何阅读，从而培养自学能力。学生读书是基础。读书需要循序渐进，学习结合，"学而不思则罔，思而不学则殆"，需要反复巩固，"学而时习之"从而达到"温故而知新"。《中庸》总结了学生自学的过程，"博学，审问，慎思，明辨，笃行"，其中"博学""审问"属于"学"的过程，"慎思""明辨"是"思"的过程，"笃行"则是"习"和"行"的过程。这五个步骤存在着内在联系，反映了"学、思、习、行"的教学阶段以及学以致用的基本理念，对我国古代教学曾起到过重大的影响作用。教师指导是其中的关键，教师的辅导需要有针对性。首先，需要针对学生学习中的困惑，"师者，传道授业解惑也"，在问题的指引下，调动学生的注意力和学习兴趣，从而取得良好的教学效果。其次，针对学生自学过程中表现出的不足，点拨引导。朱熹的弟子赵臣读《孟子》"不动心"章，朱子询问阅读进展，赵言"大略看得文意分明"。朱子接着问，你认为不动心之种种缘故中，哪种是最紧要处？赵臣先举"持其志无暴其气"，接着又举"集义所生"。朱子颇为赞许，为其详解"集义"与"养浩然之气"的联系，促使学生深入理解，此时赵臣却转而问另一问题："'夫有所受之也'，是如何？"对于学生的浮躁与不求甚解，朱子严厉批评道：

> 公如此看文字不得。且须逐项理会，理会这一项时，全不知有那一项；始得。"……不动心"一段，更着仔细去看，看着方知更有未晓处。须待十分晓得，无一句一字窒碍，方可看别处去。①

在朱熹看来，读书需要用心体会，只有如此，书和人才能融为一体，读书成为一种乐趣和精神享受。

读书指导法既是古代书院教学普遍采用的教学方法之一，也是近代新式学校广泛实验的自学辅导法的理论和实践源头之一。我国古代书院既是学术研究机构，又是教育机构。教师将研究与教学并重，教学过程科研化，鼓励学生自学，重视使学生掌握学习方法，养成良好的学习习惯。朱熹曾将《中庸》中关于自学的五个步骤，作为白鹿洞书院的为学之序。陈世仪在东林书院和常州太仓书院讲学，提出分年、分等、分类读书的方法，指导学生精读与略读结合。读书辅导法着重培养学生独立学习的能力，学生读书与教师辅导结合，正确引导学生的自学，避免盲目摸索过程中的精力和时间的浪费。从这个意义上说，读书指导法可以称得上是近代班级教学条件下，新式学校广泛实验的自学辅导法的理论和实践来源之一。

尽管从传统优秀的教学方法中，可以看到传统教学将学生本身看作教育的目的，教学过程是师生共同完善自己的过程。"教学相长"，师生共同成长、关系和谐。在教学过程中，师生的生命质量得到不断的升华和提高。但我国传统的教学方法依然折射出传统的教学理念，在运用过程中体现出教师和书本知识的权威性。启发、问答和自学辅导的核心都是使学生掌握既定的知识，答案呈现唯一性特征。教学过程是使学生理

---

① （宋）朱熹：《朱子十八·训门人》，朱杰人、严佐之、刘永翔主编：《朱子全书·第十八册》，上海古籍出版社、安徽教育出版社2002年版，第1698页。

解并掌握前人积累的道德经验，达成趋同认同。传统的教学方法与以"四书五经"为主的传统教学内容之间存在的极大亲和性，是我国古代教学方法体系的主流。在教学过程中，教师拥有极大的权威。"天、地、君、亲、师"，古代教师的社会地位仅次于前四者，其"尊"可见。如此高的社会地位，源于古代对"师"的定义较为宽泛，其外延有所扩展，主持科考的考官也可称师，"官师"代表着人们对"官"的敬畏和向往。正是在官本位思想的影响下，师生关系定格为尊卑关系。对于一个国家而言，经验是成功的有力保障，但反过来讲，历史的包袱越沉越大，其前进的步伐则愈加蹒跚。教师和书本知识的极大权威性成为阻碍近代教学方法改革的主要因素。随着近代社会的变革，传统教学方法的局限日渐凸显。

二　传统教学方法的局限

教学方法是具体的、可操作的，特定的教学方法与一定的教学内容具有亲和性，适应一定的受教育群体。"教学方法是多种因素的有机组合，存在着效率与公平、教师与学生、规模与质量、知识与能力、统一与个性等之间的矛盾。"① 无论多么优秀的教学方法，都具有自己特定的职能、适应范围和应用条件。传统教学方法在其发展过程中也逐渐暴露出其固有的局限。

首先，传统教学方法普遍适用于文科教学。受到传统的教学内容和教学目标的限制，我国传统教学方法体系中缺少理科、工科教学的相关内容，适用范围狭窄。这一特点极好地适应了以经学为主的传统教学，但在近代教学中，随着教学内容的增加，其局限性也日益突出。

其次，传统教学方法理论与实践脱节。我国传统优秀的教学方法对师资水平有着严格的要求，灵活多变，普通教师难以驾驭。因而，实际上，传统教学方法理论与实践严重脱节。孔门弟子竭力建构的教学方法理论体系，对当时以及其后的教学实践并没有起到应有的作用。机械记忆一直被推崇为最有效的学习方法，教师的职责在于监督学生的记忆情况。苦学、苦写、苦记，最后功成名就的教学案例比比皆是，广为传颂。

---

① 黄甫全、王本陆主编：《现代教学论学程》，教育科学出版社 1998 年版，第 245 页。

"头悬梁、锥刺股"的读书精神激励了一代又一代的读书人。这种状况的形成与教学方法本身的可操作性差有关。以启发式教学法为例，教师运用不得当，会适得其反，"想方法去引起动机，有时找不到好动机，就用假兴味来引起。以致学生对于学习态度，愈趋愈下。竟至以学习为娱乐。启发教学成为戏法教学。""一句直接痛快一说就明白的话"，教师"偏要扭扭捏捏设问取答，及其弊，教学的时间多半费在问答上，而儿童所得无几"①。传统教学方法适合个别教学的组织形式。近代班级教学组织下，教学方法操作性差，效率较低的缺陷彰显。存在即合理，传统教学方法理论与实践的脱节，是科举选士制度的畸瘤，也是家族制度的结果。"父为子纲"，子女隶属于整个家族，其成败荣辱与家族息息相关。子女的学习并非个人的事情，而是寄托着整个家族的希望。学生在重压下，如何轻松学习，快乐学习？教师在重压下，如何游戏教学，活动教学？长此以往，形成了我国苦学、苦教的传统，影响着近现代的课堂教学。

再次，过分强调语言知识传授与知识记忆。传统教师一般传授结论性的知识，教学方法以语言知识的传授为主，教学过程成为知识从教师到学生的传输过程，同时，会存在一个反馈的过程。儿童早期教学以识字为主，通过不断重复，强化记忆。识字教学实际是一种以机械记忆为主的教学方式，学生按照材料呈现的时空顺序逐字逐句地识记。在学习的初级阶段，学生对知识本身缺乏理解，经常采用机械记忆。1850 年，王筠的《教童子法》直抒对语文教学的见解，如"蒙养之时，识字为先，不必遽读书，先取象形、指事之纯体字教之"②，识字两千，教师才可讲解文章内容，夏楚收威、死记硬背诸事宜戒之，稍长，以学生体悟为主。学生一定的知识积累是教学活动展开需要的条件之一，幼年的学习是知识积累的过程。学生幼年时期具有记忆力好、理解力差、好模仿的特点，告诉学生现成的知识结果比较经济有效。但由于过分强调记忆，不利于学习兴趣的培养。实践证明，培养学生深厚的学习兴趣，是提高课堂教学质量、发展学生思维能力的有效途径。心理学研究表明：学习漫不经

---

① 吴增芥：《小学教学法概要》，《教育杂志》1924 年第 16 卷第 1 期。

② 《王筠：教童子法》，璩鑫圭编：《中国近代教育史资料汇编·鸦片战争时期教育》，上海教育出版社 2007 年版，第 397 页。

心，是大脑皮层处于抑制状态的表现；而敢于质疑问难，则是大脑皮层处于兴奋状态，而大脑的兴奋活动有助于创造思维的形成。传统教学过于强调语言知识的传授和机械记忆，阻碍了学生创造力的培养和发散思维的形成。

复次，过于强调教师的权威性。"权"即权力，"威"即威信。权威反映了权威者与权威对象间影响与被影响、支配与服从的关系。传统、法定的权威源于古代的教育制度，外在于教师个体，其大小取决于社会的文化传统和有关教师权利的法律条款；感召的、专业的权威而则源于教师个体的素养，是内在于教师个体的，其大小是由教师个体素养高低所决定的。[1] 传统教学强调知识结果的传授，教师所拥有的知识具有独占性，在课堂上具有绝对的权威性，既有传统、法定的权威，也有感召的、专业的权威。教师权威是学校秩序得以保证的关键因素，作为课堂的组织者和管理者，教师必然要在教学中体现一定的权威。赫尔巴特认为："心智屈服于权威，权威能拘束儿童超出常规的活动。"[2] 意思是教师在课堂管理中体现的权威性应该限定在不影响学生主体性发挥的范围内。

教师传统、法定的权威源于多数统治者采取尊儒的文教政策，传统教学中教师的绝对权威性取决于民间尊师重教的文化传统、"教师"外延的泛化以及特殊的教师雇佣制度。学校聘任教师之前的调查、了解工作细致而烦琐，涉及面广泛。充分考虑其学问、人品、德性和性格的基础上予以聘任，聘期一般一年。聘期内，任何人都没有权力对教师的教学工作指手画脚，教师是学校的绝对权威，拥有惩戒学生的权力。即使在教学实践中看到了教师的不合格，家长对教师不满意，也只能忍耐到年终，合约期满时，以体面的方式将教师送走。学生不敢怀疑教师，课堂气氛沉闷，影响学生主动性的发挥。其中，仅有游方学者有权力稍作指点、批评。[3] 但游方学者的德行一般又不被认同，至于他的批评意见，现任教师是否可以听进去，值得怀疑，而且，当地民众也不会太重视游方

---

① 吴康宁：《教育社会学》，人民教育出版社 1998 年版，第 209 页。

② ［德］赫尔巴特：《普通教育学》，尚仲衣译，商务印书馆 1936 年版，第 52 页。

③ ［英］麦高温：《中国人生活的明与暗》，朱涛、倪静译，中华书局 2006 年版，第 61—72 页。

学者的意见。教师在学生和家长心目中的威信最根本来源于教师本身的素养，它决定着教师的工作能否得到良性发展。可见，教学中教师的权威性像双刃剑，同时，也给教师带来巨大的压力。

最后，学习时间过长，学生的游戏时间偏短。我国教育史上最早的一部教学理论专著，《学记》记载，"时教必有正业，退息必有居学"，鼓励培养学生的业余爱好，做到"藏焉修焉""息焉游焉"，学习、娱乐各有所安，各得其所。但在科举压力以及家族制度下，实际的课堂教学中，学生学习的时间过长，游戏时间很短。

可以看到，传统教学方法的优势和劣势都十分明显，这就使得传统教学方法在清末教育机构中的使用，备受争议。清朝处于从传统农业社会向近代社会转型的过渡期，社会演变对教育教学相应产生影响。在这样的背景下，传统教学方法在清末教育机构中的应用优势逐渐模糊化，局限性则日益彰显。传统教学方法体系无法满足近代社会对教育机构提出的人才培养需求，尤其是理科教学方法的缺乏、实验思想的缺失以及传统的重视脑力劳动，轻视体力劳动的恶习，甚至阻碍了近代教育教学改革和发展的步伐。

三　传统教学方法的延续

清朝教育机构的设置基本上沿袭明制，主要有官学和私学两种，而官学主要分中央和地方两类。但与明朝相比，作为少数民族政权，清政府在学校的设置上融入了本民族的一些特点。官学体系包括设在京师的国子监、宗学、觉罗学、景山学、咸安宫学以及设在地方的府学、州学和县学。宗学、觉罗学和景山学的招生和培养对象是本民族子弟，在教学内容和方法上，呈现出独特的民族个性。这些特权学校的出现实际上加重了传统教学中师生关系的不平等，但同时以汉民族为核心形成的传统教学方法在这里也遭到强烈的质疑。与此同时，由于清初统治者实施民族歧视政策，汉族知识分子仕途受阻，只好埋头编书、勘书。民间以义学、社学和私塾为代表的私学兴办之风极为昌盛，这类学校以汉族子弟为主要招生和培养对象，而私学教学中较多地继承了传统的教学方法。教学方法本身的特点决定了其在各个教育机构中的使用根据培养目标和教学内容的不同而有所差异。因而，清朝学校教育机构组成的独特性使得传统教学方法在各个机构中的作用呈分化的趋势。

（一）官学的教学方法

清朝官学的培养目标是未来的统治人才，教师职位同时也是官职，如顺治元年（1644），清廷沿袭明制，在国子监内设祭酒、司业以及监丞、博士、助教、学正、学录、典籍、典簿等官职，主持教学工作。地方官学中，府学、州学和县学的具体负责人都具有相应的官职名称，府曰教授，州曰学正，县曰教喻。[1] 此类官职的权限仅在学校事宜，规定各学学官不得干预地方事务。官学的招生对象并非面向贫民，如国子监招生限定在七品以上官员子弟，民间的廪生、增生、附生，前朝的贵族以及满族勋臣子弟。[2] 值得指出的是，八旗官学是清王朝特有的学校类型，顺治十年（1653）始设的宗学招收十岁以上的未封宗室子弟，雍正七年（1729）始设规制与宗学类似，招收八岁至十八岁的觉罗子弟的觉罗学，康熙二十四（1685）年设景山官学，招收内府三旗左领、管领官职以下的人员的子嗣等。[3] 官学体系中，教师职业的官员化更加强化了传统以尊卑为核心的师生关系；学生多或家世显赫，或已经取得一定功名，并由户部定期发给生活费，学生的贵族化愈加增长了骄奢的学习风气。

清朝官学教师的官吏化、学生的贵族化以及其对教学方法产生的影响，给洋务时期新式学校教学方法的改革造成巨大的阻力。受其影响，洋务学堂教学中的官僚气氛较为浓重，教师和学生维持上级与下级的尊卑关系。洋务学堂的培养目标多为舰队或制造局的工作者，学校的管理者同时也是未来的工作领导者。这种师生关系的形成除去当时社会现状的影响外，明显受到传统官学教学的影响，从某种意义上可以说是传统师生关系的遗留。而平均的生活费制度无论对近代还是现代的学校教学都产生了深远的影响，近代的新式学堂初期依然普遍发放生活费，现在的大学教育中的生活补助制度也渊源于此。生活费制度实际上养成了学生的懒散习气，缺少竞争意识，从而使得教学过程中，教师始终在考虑

---

[1] 孙培青主编：《中国教育史》，华东师范大学出版社 2000 年版，第 255 页。

[2] 《清史稿选举志》，璩鑫圭编：《中国近代教育史资料汇编·鸦片战争时期教育》，上海教育出版社 2007 年版，第 109 页。

[3] 同上书，第 117—118 页。

如何设法调动学生的学习积极性，这一点也正是近代教学方法改革的重点之一。

官学的教学组织形式仿照苏湖教法，分堂或分班展开教学活动。如国子监一般设率性、修道、诚心、正义、崇志、广业六堂，并分为内、外两班。[1] 教师在教学中普遍采用"讲书"与"复讲"结合的方法。各类教师按照事先的安排轮流讲授经书，即"讲书"。助教的讲书时间定在每月的初旬，学正和学录定于每月望后。在座位安排方式上采用圆圈式，教师坐在中间，学生环坐，若有疑问可以随时向教师请教。教师鼓励学生在听讲及自学过程中，如有心得或者疑问要及时地记在读书札记上。教师"讲书"三天之后，以抽签的方式组织学生"复讲"，对于那些对教学内容有所感悟，且能够连贯复述的学生给予一定物质嘉奖，并在此过程中，纠正和补充讲解未被领悟的部分。[2] "讲书、复讲、上书、复背每月三次，周而复始。"[3] 整个教学过程实际上是让学生理解的基础上进行记忆的过程。八旗官学每日的语言文字教学依照授书、背书、讲书、回讲、写字、默书的流程有条不紊地进行，并要求学生将每日所学记载在功课本上，以便自己定期复习和教师检查。每月的三日、六日、九日，教师需要挑选典型意义的经句，逐条给学生讲解，以便做到重点、难点突出。

在教学过程中，为了调动学生的学习积极性，一般采用课考制度辅助教学。札记定期上缴，内班学生必须三天交给助教一次，助教研究，逐条批示，评出优劣，并于每月的初一和十五，在课堂上公开讲解，公布优劣排序，以起奖励和警示作用。对于教学进度的考核有月课和小课，举行的次数和考核的内容有差异。六堂学生，无论内外班，每月的月课"除博士厅于每月初一日出课题经解一、策一，或论一，拟定名次，于二十一日呈堂查阅外，助教于每月初三日出'四书'题一、诗题一，或经

① 《清史稿选举志》，璩鑫圭编：《中国近代教育史资料汇编·鸦片战争时期教育》，上海教育出版社 2007 年版，第 109 页。

② 《钦定国子监则例》，璩鑫圭编：《中国近代教育史资料汇编·鸦片战争时期教育》，上海教育出版社 2007 年版，第 133 页。

③ 《清史稿选举志》，璩鑫圭编：《中国近代教育史资料汇编·鸦片战争时期教育》，上海教育出版社 2007 年版，第 110 页。

文一，面课诸生"，内班的学生当天交卷，外班的学生期限适当放宽，三天内交卷，于"十一日博士厅汇齐呈堂查阅"①。学正和学录的出题时间定在每月的十八日，内容涵盖"四书"、诗文、策论，二十六日博士厅汇齐呈堂。另外，每月还要进行三次小课，及时考查学生对于教学内容的掌握程度。小课内容与月课类似，同样规定了交卷的期限，批示完毕后，教师采用个别谈话方式，届期亲呈指示。② 八旗官学每年的春、夏、秋、冬四季各会课一次，助教和讲习碰面出题，令学生作答，考查各科的语言文字知识掌握情况以及翻译等，并将翻译卷当场批示，回发给学生，及时反馈法有助于修正错误。③

同时，教育者已经开始意识到传统教学过于偏重记忆，导致学生学习积极性下降，知识应用能力较差的问题，试图通过加强实践操作环节的教学，调动学习动机并培养学生的知识运用能力。国子监实施积分历事教学法，将旨在积累行政经验的实习与积分法配合使用，在调动学习积极性的同时，给学生提供一个积累人脉资源的机会。初期"监生坐监期满，拨历部院练习政体，三月考勤，一年期满送廷试"。廷试是学生毕业考试的最后环节，其成绩对毕业分配产生直接影响。积分历事法一般与讲书、月课和小课互相配合，积分决定着学生能否毕业及毕业后的职位分配。各朝的积分规定不尽相同。顺治三年（1646）时规定，每月的常规性考试俱区分等级，一等积1分，年终考核统计分数，积满12分者，可以跳过实习环节，直接参加廷试；不满者选送各部历事后参加廷试。顺治十五年（1658）规定，一等积1分，二等积0.5分，二等以下0分，积满8分为及格。④ 积分历事法虽然在提高教学质量，培养学生的实践能力方面功不可没，但其将学生的学习成绩与毕业后授予官职的大小挂钩，鼓励了长久以来形成的以功名利禄作为诱饵，激发学习动机的教学传统，同时，也给予在监生一定的特权，无形中滋生了骄奢风气，引起其他社

---

① 《钦定国子监则例》，璩鑫圭编：《中国近代教育史资料汇编·鸦片战争时期教育》，上海教育出版社 2007 年版，第 133 页。

② 同上。

③ 同上书，第 141 页。

④ 《清史稿选举志》，璩鑫圭编：《中国近代教育史资料汇编·鸦片战争时期教育》，上海教育出版社 2007 年版，第 110 页。

会考生的不满。顺治十七年（1660），固尔嘉浑奏报朝廷倡议罢停积分法，准奏。康熙初年（1662），停止国子监选士派送各部历事实习的办法。

可以看出，清代官学在培养目标的指引下，教学方法的使用比较单一，主要采用教授法，并通过考试的方式定期检查学生的理解、记忆情况及作文的水平，试图从外部给学生施加刺激，从而激发学生持续的学习行为，督促学生学习，对后世造成的影响是广泛和持久的。频繁课考、评优排序和个别谈话等传统的教学辅助方法一直延续到近代甚至现代，既是近代教学方法改革的难点，也是当今中国教学方法改革亟须治愈的顽症之一。其实，课考的方式仅仅给学生造成一定的压力，尤其应该指出的是，传统考试的目的是检验知识掌握和记忆程度，体现出答案的唯一性和知识的既定性特征，这一点对近代教学方法的改革带来的阻力是不容忽视的。

（二）私学的教学方法

清朝沿袭前制，在地方设置社学、义学，敦行教化，教师的工资以及学校的经费由各省划拨，同时鼓励各地乡民根据实际需要捐款设置义学、私塾和家塾。家塾、私塾一直以来都是我国乡绅阶层子弟接受教育的主要组织，家塾由家族出资聘请教师，教育本族的子弟，私塾一般是赋闲在家的士大夫，在自己家中开馆设学。社学、义学、家塾、私塾构成了清末的私学主体，大都属于小学，即蒙学。

私学一般仅有一间教室，班容量在二三十人。教室内悬挂"某处义塾"的牌匾、孔子像以及学校规则条款。教师的教具比较简陋，桌椅各一把，木榜、教鞭各一。教师一般住在教室隔壁的房间，[1] 生活清贫，饱受两地分居，不能享受天伦之乐的痛苦，于是流传下来"家有五斗粮，不当孩子王"的谚语。蒙学的教学围绕"训以官音、教以礼义、学为文字"展开。[2] 读书、写字和习礼成为教学的主要内容。

---

[1] 《周凯：义学章程十条》，璩鑫圭编：《中国近代教育史资料汇编·鸦片战争时期教育》，上海教育出版社 2007 年版，第 343 页。

[2] 璩鑫圭编：《中国近代教育史资料汇编·鸦片战争时期教育》，上海教育出版社 2007 年版，第 323 页。

读书教学主要采用放声朗诵和复述的方法。教师在指导学生诵读之前，需要教授句读法，即点书。"句，曲也"，"凡章句之句，亦取稽留可鉤乙之意"①。"读，讽也"，"汉儒注经，断其章句为读"②。句读都是断句单位。古人行文不用标点符号，断句不同，对文章词句的理解也就不同，因而句读是学习读书的一项基本功。句用一个圈或弧线标记，读用一个点来标记，读是小于句的停顿。标注句读的方法有黑点、黑抹、红点、红旁抹、红中抹等。红中抹，纲、凡例；红旁抹，警语、要语；红点，字义、字眼；黑抹，考订、制度；黑点，补不足。③

学生学会章句点书后，教授急读和缓读，强调朗读过程中的收放心，最终目的是成诵，以能够复述和解释章句含义，并在现实生活领悟义理为标准。教师带读，学生跟着念。教师在示范性朗读中，必须声音清朗，"毋增、毋减、毋复、毋高、毋低、毋疾、毋迟"，更不能"兴至则如骂詈，如蛙鸣；兴衰如蚤吟，如蝇鸣"。教读时，应该照顾儿童的年龄特征和个别差异，"如教八句诗，先教四句成诵，后再教四句"④，每教两三遍，可让学生自己读一遍，巩固成果。如遇到较为愚钝的学生，教师则要耐心地一句一句教，可让学生多读几遍。等到学生基本可以诵读的时候，教师要屏息静听，有的放矢地加以纠正，教学自然事半功倍，效果卓然。

复述记忆是阅读教学的核心。儿童的机械记忆比较好，理解能力较差，他们往往能够直观地记住事物，尽管并不知道所记何物。古人正是意识到这一点，在发蒙时期，让学生记住一系列的它们并不理解的经史书籍，等到一定年龄阶段才开始讲解。幼年时期进行一些记忆训练，有助于培养学生的记忆能力。儿童记忆的精确性和稳固性较差，需要不断重复呈现记忆材料。私塾教学要求学生"读书必记遍数，遍数已足而未成诵，必须成诵乃已。遍数未足，虽已成诵，比满遍数，方能背熟"。

---

① （汉）许慎撰，（清）段玉裁注：《说文解字注》，中州古籍出版社 2006 年版，第 98 页。

② 同上。

③ （元）程端礼：《程氏家塾读书分年日程纲领·四部丛刊续编》，商务印书馆 1934 年版，第 21 页。

④ 《崔学古：幼训》，璩鑫圭编：《中国近代教育史资料汇编·鸦片战争时期教育》，上海教育出版社 2007 年版，第 394 页。

"一书既熟，再读一书，勿泛观，勿强记。"① 所谓遍数的累计，不是要求一天之内完成，而是分成数十天，前五天可能比较生疏，待到后五天精熟，此方法叫探书，由生疏到精熟也是熟读精思的道理所在。随着时间的累积，生书与熟书难免会冲突，使得学生疲惫不堪，应接不暇，此时教师应教如何理书。每天需要进行详细规划讲书、背书、探书的时间分配，月末、季末、年末要对所学进行全面梳理，以便将所记材料系统化。② 教学考核主要采用背书的方式，不仅要求能够按顺序背诵，而且随意挑出几句也可接着背下去，背诵过程中稍有停顿便施以严厉的体罚措施，或打手板或面壁罚站。但家长对教学过程中使用的严厉体罚措施一般比较认同，学馆的声誉也因此相对较好。

私学中的阅读教学和识字教学主要是一种模仿能力的训练，模仿发声、运笔以及字体的结构搭配，学生模仿能力在识字教学的主要培养目标，但由于我国蒙学过于偏重识字教学，从而使模仿成为中国传统教学方法的主要特色之一。这与近代社会要求学生所具备的创造能力是相悖的。传统的模仿性教学对清末新式学校的算术、作文、音乐、常识等学科教学方法都产生了极大的影响，教学缺少创造能力的培养和学生主动精神的发掘。近代引进西方以杜威教育学为指导的教学方法，正是为了纠正我国长期形成的偏重模仿的不足，培养研究能力和知识运用能力。

（三）书院的教学方法

书院承担我国中等教育及以上的部分教学工作，在唐宋元时期为私人讲学场所，一度成为官学系统外的人才培养基地，明清时期才逐渐官学化。书院与官学的根本区别是将教育活动与学术研究结合在一起，培养出一批以学术与文化教育为终生职业的平民学者。书院教学以学为主，以教为辅。教学由山长全面负责，采取了形式多样的教学形式：有教师的"讲学""讲会"，学生的自学，师友之间的"质疑问难""切磋"，考察地理的活动，还有定期或不定期的考课。总括起来，书院的独特教学

---

① 《周凯：兴学规则十八条》，璩鑫圭编：《中国近代教育史资料汇编·鸦片战争时期教育》，上海教育出版社 2007 年版，第 348 页。

② 《贺长龄：塾规》，璩鑫圭编：《中国近代教育史资料汇编·鸦片战争时期教育》，上海教育出版社 2007 年版，第 366—367 页。

方法体系主要有以下几点：

第一，自学为主。书院教学过程中，以学生自学为主，山长讲学时就某一论题，仅作提纲挈领式点拨，注重对学生的启发诱导，引导学生独立思考，学思并进，培养独立研究能力。山长讲学过程中，学生领悟愈多，所得愈多。自学、独立思考是一种探求事物本质的高级理性活动，也是存疑的过程。陆九渊认为，"为学患无疑，疑则有进，孔门如子贡即无所疑，所以不至于道"，做学问须辨是非，其 11 岁读书有觉，"最会一见便有疑，一疑便有觉"①，并时时告诫学生，"小疑则小进，大疑则大进"②。这种教学方法与近代的自学辅导法在教学理念上具有相似之处，但在操作程序上较为随意。书院定期用"讲书"的方式进行考察，在讲书环节上南北方书院体现出学风的差异，南方书院讲书较为灵活，以粤秀书院为例，讲书"不拘四书、五经、经史，听院长抽阅发问"，"诸生务宜各抒心得，贯穿义蕴，明白宣讲，则平时义理精熟，不特识见开朗，作为文辞自无剿说之弊。其有疑义，登堂质问"③。北方书院相对比较古板一些，气氛比较严肃，主张厚积薄发，习学先习不言。学校学习是积累的过程，"习学先习不言"，"未透未行"者，不发一言，④ 力制数日、渐至数月，日积月累，知识储备渐厚渐深，虽不发一言，但知识已系统化，不鸣则已，一鸣惊人。

第二，师学为辅。师学有讲学和讲会两种形式，具体操作形式都为演讲法。讲学和讲会占用在院学生的时间比例不大，有的学生甚至没有机会接受山长面授机宜。书院教师的聘任比较民主、开放。书院讲学往往倾向于儒家经典的大意阐发以及各学派理论的逻辑体系，如朱熹曾在白鹿洞书院传授理学，陆九渊在象山书院讲学。与此同时，书院开创讲会制度，加强学者间的学术交流。南宋淳熙八年（1181）朱熹邀请学术上与自己有分歧的陆九渊到白鹿洞书院讲学，首开书院"讲会"制度先

①　（宋）陆九渊：《陆九渊集·语录》，中华书局 1980 年版，第 472 页。
②　同上书，第 482 页。
③　《粤秀书院条规十八则》，璩鑫圭编：《中国近代教育史资料汇编·鸦片战争时期教育》，上海教育出版社 2007 年版，第 196 页。
④　《李容：关中书院学程》，璩鑫圭编：《中国近代教育史资料汇编·鸦片战争时期教育》，上海教育出版社 2007 年版，第 177 页。

河。自此以后，讲会之风盛行，各学派为了扩大影响，到处讲学，组织讲会。

第三，推崇友学。友学是自学主、师学辅的衍生物。自学自然产生独学和友学两种后果。《学记》有言："独学而无友，则孤陋而寡闻"，又有"燕朋溺其师，燕僻废其学"。如果交友不慎，整日忙于游戏以及声色犬马，以酒肉呼朋唤友，不仅无助于学业，学成以后，在官场上也难免沾染不良风气。因而，书院章程中明确提出学生在院需要"慎交友"①。在院期间，交到志同道合的朋友，可以互相激励、辩论，互相启发。友学实际上是一种讨论法，讨论是质疑、解疑的过程，利于知识的学习和运用。

第四，倡导苦学。苦学的含义有三个，专注、刻苦、有毅力。曾为白鹿洞书院山长的朱熹总结出六条读书方法，其中有着紧用力，居敬持志两项，即为苦学条款。着紧用力，指读书要奋发精神，下苦功夫，花大力气。居敬持志，指读书要有专静纯一的心境、坚定久远的志向和百折不挠的毅力。②古人早有名言"业精于勤，荒于嬉"，读书需要细水长流，最忌进锐退速、一曝十寒。学院会为每个学生准备一个分程簿册，记录每天功课进度，定期呈交山长以核勤惰，稽查得失。③

与官学和私学类似，明清官学化时期的书院一般也坚持课考结合的原则，每年的农历正月，学院举行甄别考试，以便划分等级，按照学习程度分为内课、外课和附课三类，录取的名额一定。④ 教学过程中，可以各按学习进度、程度安排课业，配备师资，取古代因材施教之法，启近代分班分年级教学之义。墨池书院每月进行三次考课，官课一次，堂课二次。生员课卷分为超等、特等、一等；童生课卷分为上取或正取、次

---

① 《岳麓书院教条》，璩鑫圭编：《中国近代教育史资料汇编·鸦片战争时期教育》，上海教育出版社 2007 年版，第 209 页。

② 孙培青主编：《中国教育史》，华东师范大学出版社 2000 年版，第 224—225 页。

③ 《陈寿祺：拟定鳌峰书院事宜》，璩鑫圭编：《中国近代教育史资料汇编·鸦片战争时期教育》，上海教育出版社 2007 年版，第 183 页。

④ 《敷文书院增设孝廉月课章程》，璩鑫圭编：《中国近代教育史资料汇编·鸦片战争时期教育》，上海教育出版社 2007 年版，第 213 页。

取，亦有分为上、中、次取者；其列超等、上取者发给奖银。①

　　总而言之，我国传统教学方法体系中，私学以知识记忆和礼仪模仿为主，学生年龄稍长，进入官学或者书院，以知识的理解和体悟为核心。私学注重模仿训练，强调用强制的方式培养学生当时社会人群普遍遵从的待人接物礼仪，掌握必备的文字知识。其主要教学目标是养成儿童良好的生活和学习习惯，习惯的养成靠持久的外力控制，进而转化为自发控制，达到无须控制，机械化的水平。社会化的模仿训练是养成教育的特征之一，适应学生年龄较小，可塑性较强的发展特点，但同时也表现出机械化的一面。蒙学教学方法以背诵为主，考课结合，使得课堂气氛压抑，师生关系恶化。科学证明，在压抑的环境中，人的思维处于麻木状态，或无序状态。这样运用教学方法严重抹杀了儿童好动的天性，挫伤了固有的求知欲望，兼以功名利禄为诱饵，激发学习的外在动机，虽一时可以起效，促使形成稳固的知识记忆。但从长远来看，这是一种饮鸩止渴的教学行为，一旦学成出仕，会终日忙于幼小时期就已扎根于心灵深处的功名利禄的追求。这样的教学行为，并非着眼学生身心的长远发展，而是将学生作为一种特殊的工具来培养。

　　书院教学强调在教师的指导下，学生刻苦持续的自我体悟，理解经书的内涵，并与自身的实践结合，知识内化，达到书人合一。体悟法的核心是静坐思考，以自学和苦学为基础，以友学、师讲辅之，学校教学普遍存在忽视学生动手能力培养的缺陷，这是重文轻理教学内容结构的产物，也是封建社会文官集团占优势的结果。

　　方法与内容和目标适应，同时也是为内容和目标服务的。方法本身并没有好与坏、对与错之分，只有适合或不适合之别。传统系统的教学模式，与封建社会的农业经济及其上层建筑相适应，但随着社会的发展逐渐表现出阻碍社会进步的趋势。传统教育忽视理科教学、忽视实验性教学，压抑了科学技术的发展，导致军事、科技、矿冶、交通的发展缓慢。学生终日静坐书斋，"四体不勤，五谷不分"，忽视体育锻炼，蔑视体力劳动，从而使得书生定格在文弱形象上，难以培养学生豁达的个性。

----

① 《墨池书院章程》，璩鑫圭编：《中国近代教育史资料汇编·鸦片战争时期教育》，上海教育出版社 2007 年版，第 183 页。

以致战争来临，传统教学方法培养出的文官集团慌做一团，互相猜忌、排挤，难以达成并实施强而有效的外交对策，传统教学方法更没有培养出可与列强对抗的杰出将领和可在战场上独当一面的士兵，没有传授现代化的兵器和防御工具的制造方法。

　　传统教学方法在清末学校中仍在发展流变着，那些经由历代因循流传下来的根本模型、模式、准则和精神在中国新式学校的发展中继续延续，其中存在精华，也含有糟粕。在近代社会发展的牵引下，教学内容不断更新，传统方法的不适应性日益凸显，督促教育者对传统教育范畴下的方法体系必须下一番苦功进行加工、改造和创新。传统教学方法的调整已列入日程，但传统的力量毕竟根深蒂固，并且有其生存的适宜土壤，其惯性影响使得教学方法的近代化、科学化成为一项持久而艰巨的任务。

第二节　教学方法的调整及局部改革

　　明清以后，我国传统以文科教学和养成教育为主形成的一系列教学方法，随着社会的变迁，逐渐表现出不适应性状。明清时期产生了资本主义的萌芽，在战争的直接影响下，社会经济和政治产生变革，传统的人才培养模式受到剧烈冲击。原来居于次要地位的实学派开始从幕后转到台前，其教学主张逐渐受到社会的关注。1680 年，直隶巡抚于成龙设立彰南书院，不辞辛苦，三顾茅庐，请身在河北博野的实学家颜元主持教学工作，颜元主张书院教学"读书作文如常课，而习行、歌诗、学书记、举石、超距、击拳、率以肆三为程"，建议"讨论兵、农，辨商今古"①。可以看到，实学派倡导设置天文、经济类理科课程。作为中国理科教学的倡导者，实学派的教学主张和实践成为影响教学方法调整和改革的主要因素之一。

一　实学教学方法体系的初步形成

　　实学是一个内容极为丰富的多层次概念。在不同的历史时期，不同

---

① （清）颜元著，王星贤等点校：《颜元集》（下），中华书局 1987 年版，第 412 页。

的学者眼中，实学理论各有所偏重，大体上不外"经世之学"和"格物游艺之学"或称为"天地动植之学"。与儒学有着千丝万缕关系的实学，将自然科学纳入其中，代表社会底层人们要求掌握实用知识的心声。实学家在传播思想、各处讲学过程中逐渐形成一套与实用的理科教学内容相适应的教学方法，力图培养拥有一技之长的实用人才。实学派的教学方法理论在漫长的历史进程中，虽时隐时现，但从未停止过，成为近代教学方法形成的理论基础。

历史上最早的实学论持有者当推墨子。墨子是一个实践家，创造的教学理论极具特色，称为"墨学"。墨学代表小生产者利益，在教学内容上突破儒家的"六艺"教育，本着实用的原则，墨学将物理、数学等科目引入教学，教学方法上注重学生的身体力行。墨子是把科学实验方法引入教学的先行者，[1] 他针对孟子提出的"君子不作，述而已"，明确提出，"古之善者则诛之，今之善者则作之，欲善之益多也"[2]，"知，传授之，闻也"，"身观焉，亲也"[3]，鼓励学生通过亲知、闻知、说知，获取感性知识，厚积薄发，鼓励学生在实践中学习做事，学习制艺，师生共同努力研制出连弩车、转射机等军工器械，发现小孔成像的原理。

同时，墨子还强调利用多种形式训练学生的口才与思维，重视教师在教学中的表率作用。教师应当具有演说家的精神，主动宣扬自己的观点，"不强说人，人莫之知也"，不赞同儒家"叩则鸣，不叩则不鸣"的教学方法，认为人都有惰性，学生亦然，因而，学生"虽不叩"，教师"必鸣者也"[4]。并且，身体力行，曾"裂足裹裳""行十日十夜"，止楚攻宋。其教学热情和实践的姿态影响着一代又一代的实学家。其"不叩"亦"鸣"的教学主张与儒学教学方法体系截然不同，主张教师要克服学生的惰性，主动积极进行教学，督促学生用眼观、耳听、动手制作的方

① 张瑞璠：《中国教育史研究·先秦卷》，华东师范大学出版社1995年版，第146页。

② 墨翟：《墨子·耕柱第四十六》，（清）孙诒让著，孙以楷点校：《墨子闲诂》，中华书局1986年版，第397页。

③ 墨翟：《墨子·经说上第四十二》，（清）孙诒让著，孙以楷点校：《墨子闲诂》，中华书局1986年版，第317页。

④ 墨翟：《墨子·公孟第四十八》，（清）孙诒让著，孙以楷点校：《墨子闲诂》，中华书局1986年版，第412页。

式展开学习活动，强迫学生通过身体力行获得感性经验，获取实用知识和技能。

教授实用的知识，通过直观教学，培养学生的务实精神成为后继者的主要教学主张。南北朝时期的颜之推认为，唯有如此，即使身处乱世，在"朝市迁革，铨衡选举，非复曩者，当路秉权，不见昔时之党"的恶劣情况下，学生们仍然能够有所得而"求诸身"，有所用而"施之世"，在社会上立足谋生。学习的目的是利行、经世致用。切勿教学生高谈阔论，教学必须涉及世务，有益于物。颜之推倡导"眼学"，即直观教学，"凡人之信，唯耳与目，耳目之外，咸致疑焉"，耳听为虚，眼见为实，注重培养学生的务实精神。① 阅读典籍必须考察原文，对于一些操作性较强的经验性知识，需要亲自实践、亲自勘察，以求精确无疑。

在此基础上，北宋初期的著名教育家胡瑗，创设出"分斋教学法"。胡瑗在任教苏州郡学、湖州州学、国子监和太学近三十年的时间里，以分科教学为核心，在"苏湖教法"的基础上进行了一系列实验。"苏湖教法"以"敦尚行实、灵活多变"特征闻名于世，人皆乐从。"分斋教学法"是"苏湖教法"理论体系的核心。据《安定言行录》中记载：学中故有经义斋、治事斋。经义斋者，择疏通有器局者居之；治事斋者，人各治一事，又兼一事，如边防、水利之类。经义斋讲授经学，治事斋（又称治道斋），分治民、讲武、堰水、历算等科。中国教学发展史上，首次将实科教学与经学并列，实行分科教学，并有主修和辅修的规定。"分斋教学法"在中国教育史上具有划时代的意义，是在分科教学的条件下进行的有效教学形式。这一点基本上得到了后世学者的肯定。明初理学家薛瑄曾称赞道："昔胡安定教授苏、湖间，因人成就，故弟子见用于当时者，或治水利，或治学术，皆有实用。"② 从其培养的学生受到社会欢迎这一点来看，"分斋教学法"适应了社会对学校教学的要求，同时也反映出当时学科人才缺乏的现实。

北宋王安石（1021—1086）对分斋教学法也颇为赞许。王从小博览

① 庾国琼：《颜之推的教育思想》，《四川师院学报》1984 年第 3 期，第 91—92 页。

② （明）薛瑄：《薛文清公文集》（卷十五），中国实学研究会主编：《实学文化与当代思潮》，首都师范大学出版社 2002 年版，第 6 页。

群书，"自百家诸子之书，至于《南经》、《素问》、《本草》、诸小说，无所不读"，更难能可贵的是能够注重实际，不耻下问，"农夫女工，无所不问"。如法学习，"然后于经为能知其大体而无疑"，才能领悟儒学的真谛，① 成就改革大业。神宗朝任宰相期间的，改革太学的教学，创"太学三舍选查升补之法"（以下简称"三舍法"）。据《宋史·神宗本纪》记载，熙宁四年（1071）十月，"立太学生内、外、上舍法"②。将太学生分为外舍，内舍、上舍三级，进行分舍分级教学。初入学的学生交验"所隶州公据"，考试合格入外舍，经过月考，岁考，成绩优异者依次升舍，升舍的名额固定，外舍升内舍，名额二百人；内舍升上舍，名额一百人。王安石利用升舍法，加强考核与督导的力度，提高教学质量，培养经世致用的人才。王安石的教学方法思想具有崇实尚用的显著特征，在当时具有扭转北宋空疏学风的积极意义，而且影响到了明末清初的"颜李学派"。

从明中叶到清代的乾嘉时期是实学思想发展的鼎盛时期。晚明，自然科学复兴，涌现出以徐霞客、李时珍、徐光启、李之藻、方以智为代表的科学家。与此同时，西方的耶稣会士此时来华，带来了近代的自然科学，扩充了实学的内容。《本草纲目》《河防一览》《农政全书》《几何原本》《泰西水法》《崇祯历法》《徐霞客游记》《天工开物》《同文算指》《泰西奇器图说》等一批科学论著问世，表达了知识分子以科技谋求富国的愿望。自然科学的发展，冲击着儒家务虚的传统学风。颜元抨击宋儒教人"读书静坐""空谈命理"，明清以来"著述讲论之功多而实学实教之力少"，更使得学生一头钻入故纸堆中，"耗尽身心力气，做弱人、病人、无用人"。颜元毕生从事教学活动，主张教学"惟在实学、实习、实用之天下"，"实学不明，言虽精，书虽备，于世何功！于道何补"③！颜元极力提倡一个"习"字，"读书无他道，只需在'行'字上着力"，

① （宋）王安石：《王临川集》（卷七十三），中国实学研究会主编：《实学文化与当代思潮》，首都师范大学出版社2002年版，第83页。

② 《宋史卷十四·神宗本纪》，上海古籍出版社上海书店编：《二十五史·宋史（上）》，上海古籍出版社、上海书店1986年版，第154页。

③ （清）颜元：《存学编》，王星贤等点校：《颜元集》（上），中华书局1987年版，第75页。

其居所名"习斋",因之被称为习斋先生,其教学方法理论被后世称为"习斋教学法"。"习行"是习斋教学法的理论基点。梁启超认为"习斋教学法"具有实践实用主义的特征,言其"习"字有两层含义,一是改良习惯,二是练习实务。最终的落脚点在练习实务。[1] 颜元62岁时应肥乡漳南书院的聘请,前往设教,实验教学方法思想。漳南书院分设六斋:文事斋,习礼、乐、书、数、天文、地理等;武备斋,习兵法、战法以及射御、技击等科目;经史斋,习经、史、诗文等;艺能斋,习水利、工学、火学、象数等;理学斋,习程、朱、陆、王之学;帖括斋,习八股文章。[2] 颜元的唯习主义,将教学内容限定在唐虞三代时期的实务:"礼、乐、射、御、书、数",但其具体内容已经囊括了近代的西方算术、技击等科目,具有近代科学教学的踪影。"习斋教学法"成为近代分科教学的雏形。开学之际,漳水决口,书院在水患中摧毁,[3] 习斋的教学方法实验也就此搁浅。

实学家相互策应,以实学相期许。他们用批判的眼光对待古人、古事、古理,倡导重实际、重实证、重实践的学风。实学家的教学方法思想是中国民间唯物主义的宇宙观以及工商业发展的潜流激荡下的产物。实学教学方法一定程度上修正了主流儒学教学方法的缺陷,促进了传统教学方法的局部调整。如清朝的白鹿洞书院就曾采用分斋教学法,将治事斋分为治民、讲武、水利、算数等学科,教学多鼓励实践,学生结伴游览大山名川,考察风土人情以及地表地貌。从某种意义上说,实学教学方法启迪了考古、地理学科的发展,明末清初出现一批地理学家,如徐霞客等都蒙其恩泽。实学教学方法体系虽属于传统教学的支流,且多遭压抑,王安石的理想因为政治的原因,未能得到持续地贯彻;"习斋教学法"也由于自然灾害的缘故,未能实施。但古代实学家提出并在一定范围内实施了实学教学方法,修正和完善了传统教学,为近代实学思想的发展奠定坚实的基础。作为接班人,近代实学家在批判传统主流教学

---

① 梁启超:《中国近三百年学术史》,上海三联书店2006年版,第100页。

② (清)颜元:《存学编》,王星贤等点校:《颜元集》(下),中华书局1987年版,第412—413页。

③ 同上书,第414页。

方法的基础上，吸收了古代实学教学方法的精华，进而验证和完善了整个实学教学方法体系，并将其推向新的发展阶段，成为近代教学方法改革的一部分。

二 近代实学家对传统主流教学方法的批判

鸦片战争时期，以龚自珍、林则徐、魏源、曾国藩、李鸿章和张之洞等为代表的一批先进知识分子官员，从小接受传统教育，面临乱世，冲破固有的局势，猛烈抨击清末教育的衰败，立志改革清末教育，培养新式人才，逐渐形成近代实学家群体。近代实学家突破传统闭门读书的迂腐文人形象，积极融入近代社会事业的创办当中。林则徐、魏源是极富创造力和行动力的官员，积极引进西方的科学课程和教学方法，曾国藩则直接促成中国近代留学史上具有重大意义的庚款留美，这批留美学生后来直接领导了教学方法的改革和实验。张之洞从小受父亲之命饱读经书、科举入仕，曾随父征战各处镇压农民起义，20岁以前的大部分时间都在贵州军旅中度过，在科考过程中办过清平团练，取得功名之后，成为毛昶熙、张之万的幕府成员，完成入仕的实习工作，成为洋务运动时期改革传统教育，倡导新式教育的核心人物。

近代实学家在创办新式教育事业的过程中，对传统教育的衰败和教学方法的滞后表现出较为明晰的态度，这在当时是难能可贵的。他们认为传统教育以科举考试为核心，明清科举考试的程式化促使教学内容更加经学化，与之配套的教学方法无法适应新兴学科的教学，严重滞后于近代教学的发展。龚自珍曾撰写《病梅馆记》，讽刺描述传统教育对学生的身心束缚及限制发展。他呼吁社会改革传统教育，培养新型人才，他的"我劝天公重抖擞，不拘一格降人才"成为千古名句。林则徐、魏源、曾国藩、李鸿章和张之洞等，都深刻地抨击了传统教育和教学方法体系。他们认为，传统教育走向衰败是社会变迁的产物。

鸦片战争以及农民运动使得清政府的国库不再丰裕，依靠政府财政支持的各地官学逐渐走向衰落。与此同时，清朝政府为了镇压太平天国运动，以及弥补战争赔款带来的国库亏空，制定章程增加生员名额，加大捐生比例。如1853年，清政府定增加捐生名额，并将捐献所得划入团练的粮饷范围，并明确规定，捐纳两千两白银可得暂行捐监，一万两白银可得常行例监;到 1968 年,行市上涨至四千两白银和两万两白银;到 1871 年,全国 1810 所官学中例监名额由 25485 名扩至 30113 名,增加了 4628 名。① 清政府广开捐例,使得官学中凭借金钱获得入学资格的学生所占比例呈现上升趋势,学生的整体质量表现出下滑态势,继而对学风产生了负面影响,学得好不如生得好。因此可以说,社会变迁是清末教育,尤其是官学教学走向衰落的原因之一。

而在传统教育逐渐走向衰败的背景下,"书斋式"教学方法和浮躁、功利的学风占据主导地位,这一现象的形成与传统学校教育教学过度依附于科举考试关系密切。隋唐时期的科举重创新,辞赋,学生终日忙于科举时文的研究与演练,对于前人著作仅稍加涉猎,难以静心安坐,一字一句地揣摩回味,"近日真个读书人少,也缘科举时文之弊也"②。教育考核制度以立意新奇为标准,在其影响下,读书人急于求新求异,读书不领会文章本意,"东边绰得几句,西边绰得几句,都不曾贯穿浃洽"③。朱熹的学生李方子认为这是"躁易凌躐之患""贪多欲速之蔽",是过于急躁的学风造成的,④ 认为科举考试以新奇为终极追求目标,严重影响严谨求实学风的形成。

明清时期出现并盛行八股时文,学风更是为八股所累。明清两代的官员晋升途径主要是教育和科举考试,使学风变得极端功利。正如鲁迅所说:"在三四十年前,凡有企图获取权势的人,就是希望做官的人,都是读《四书》《五经》做'八股',一些人就将这些书籍和文章,统名之为'敲门砖'。这就是说,文官考试一及第,这些东西也就同时被忘却,恰如敲门时所用的砖头一样,门一开这砖头也就被抛掉了。"科举考试成为学校教学的指挥棒,学生习八股、练八股,两耳不闻窗外事,对于自然界的现象、科技的发展、社会的情况以及政治的得失,没有调查研究

① 蔡振生:《张之洞教育思想研究》,辽宁教育出版社 1994 年版,第 18 页。

② (宋)朱熹:《朱子十八·训门人》,朱杰人、严佐之、刘永翔主编:《朱子全书·第十八册》,上海古籍出版社、安徽教育出版社 2002 年版,第 329 页。

③ (宋)朱熹:《与张敬夫论癸巳论语说,转引张敬夫语》,朱杰人、严佐之、刘永翔主编:《朱子全书·第十八册》,上海古籍出版社、安徽教育出版社 2002 年版,第 2505 页。

④ (明)李方子:《紫阳年谱后论》,朱杰人、严佐之、刘永翔主编:《朱子全书·第十八册》,上海古籍出版社、安徽教育出版社 2002 年版,第 645 页。

的兴趣，从而形成了我国重视书面材料的整理以及文章论述的结构层次安排，忽视实地调查研究的"书斋式"教学方法影响至今。

近代实学家顾炎武将天下人才不兴，自然科学学科教学法欠缺的原因直接归于八股，时文"败坏天下之人才"，从而使得"士不成士，官不成官，将不成将"①。梁启超认为，明清"学术界最大的障碍物，自然是八股。八股和一切学问都不相容，而科学为尤甚。清初袭用明朝的八股取士，不管他是否有意借此愚民，抑或误认为一种良制度，总之当时功名富贵皆出于此途，有谁肯抛弃这种捷径而去学艰辛迂远的科学呢？以当时康熙帝之热心西方文物，为何不开个学校造就此人才？就算他不是有心窒塞民智，也不能不算他失策，因为这种专门学问，非专门教授不可。……所以，科举制度，我认为是科学不兴的一个原因"②。这个结论的产生是有一定道理的。明清时期，国家只重科举，忽略学校教育，学校成为科举考试的预备机构，一切教学活动都围绕着科举考试进行。八股将教育内容限定在四书五经，排斥其他应用性科目，从而使得学校课程主要有识字、切字、文法启蒙、论语、习楷、作文、《孟子》、《左传》等，缺乏地理、数学、物理等理科科目。学校教育无法培养出社会需要的理科人才。读书人终日埋头于经书，不注重研究现实问题以及自然科学，求真求实的读书目的逐渐淡化，具有强烈功利色彩的读书观、学习观盛行，从而导致学校教学的异化，使培养出的学生不具备实用型知识结构，不能适应近代社会发展的需要。

传统学校的一切教学活动都围绕科举考试进行，内容呈现经学化趋势。蒙学主要教授《三字经》《百家姓》《千字文》等识字教材以及四书，年龄稍长，逐渐增加五经教学。传统教学内容以富含道德教育意义的经学等语言类内容为主，抑制了中国理工类学科的发展，使得教学方法也仅适用于文科教学，强调学生行为习惯的养成和语言文字的记忆。讲授法以其操作的便捷性和高效性，及与语言类教学内容，尤其是语言文字的教学高度契合性，成为传统教学方法体系的重要组成部分。与此

---

① （清）顾炎武：《日知录·生员论》卷九注引，转引自中国时学研究会编《实学文化与当代思潮》，首都师范大学出版社 2002 年版，第 282—283 页。

② 梁启超：《中国近三百年学术史》，天津古籍出版社 2003 年版，第 20 页。

同时，传统教学组织形式以个别教学为主，学生的人数较少，年龄差异较大，心智发展水平参差不齐，教师运用讲授法受到一定局限，只能以学生的自学为主，辅助教授指导，从而使得自学辅导法得到普遍使用。自学辅导法本身注重学生在学习过程中充分发挥其主体性作用，但受到传统教学内容和目标的制约，方法使用的整个过程以培养和训练学生记忆能力为核心。例如，私塾教学完全忽视学生学习兴趣的培养，终日摇头晃脑于辞章语句的背诵，严重挫败了学习的创造性和积极性。在这种情况下，教学方法虽有效，但其运用是以伤害儿童的求知欲望，抹杀学习兴趣为代价，以培养和训练记忆力为目标指向，势必导致其培养的学生虽满腹经纶，出口成章，但对于实务却一窍不通，很多成为近代社会变革中盲目自信的守旧派，跟不上时代步伐，制约了社会的发展。

三　近代实学家对教学方法改革的构想

清末出现了近代工业生产的萌芽，生产方式决定生产关系，社会对于实用人才和理科人才的需求加大。在此背景下，近代实学家赋予传统实学以新的内容，将其发展到崭新的阶段。他们在深刻批判传统教学方法存在不足的基础上，初步勾勒出了教学方法改革的轮廓，即构建以"经世致用"为核心的教学方法体系。

明末清初实学家认为教育应注重"讲学"，讲学制度是我国传统优秀的教学方法之一，"立人达人全在讲学，移风易俗全在讲学，拨乱反正全在讲学，旋乾转坤全在讲学"①。此时的讲学制度与传统不同，认为工农胥商都应该学习，主张将教育的对象扩及平民，与此同时，教学内容得到扩充，将实用的学科纳入其中。这一点在李颙的"体用全学"和颜元的"彰南书院"课程设计中已有所体现。

李颙倡导的教学内容侧重实用、变通，主张"体用全学"。他在教学中给学生开列的书目几乎都是经世类，如《大学衍义》《衍义补》《文献通考》《吕氏实政录》《衡门芹》《经世挈要》《武备志》《经世八纲》《资治通鉴纲目大全》《农政全书》《水利全书》《泰西水法》《地理险

---

① （清）李颙：《二曲全集·匡世要务》（卷十二），转引自中国时学研究会编《实学文化与当代思潮》，首都师范大学出版社 2002 年版，第 283 页。

要》等，指示学生要潜心修读这些与社会经济息息相关的书目，并且要注意变通，审时度势，方为俊杰。颜元主张分斋教学，设置文事、武备、经史、艺能四个系列，将实用学科纳入学校课程，并将其单独设系，重视程度可见一斑。

新型的课程设置最要紧的应该是落实在实施环节中，颜元强烈反对课程实施过程中使用静坐、冥思、讲学等传统方法，提倡"动学"，主张实践，梁启超称之为"实践主义"①。"动学"的本质是通过练习实务，改良传统的教学习惯。但颜元将实务的内容回归到儒学先师孔子倡导的"六艺教育"，主张："礼乐射御之学，健人筋骨，和人血气，调人情性，长人仁义。一时学行，受一时之福；一日习行，受一日之福；一人体之，赐福一人；一家体之，赐福一家；一国天下皆然。小之却一身之疾，大之错民物之安。"② 可以看到，颜元关于教学内容和方法的设想依然带有很大的保守性，这与其求学经历和生活环境有关。身处中国内陆小城市，他除青年时期东北寻父外，足迹罕出里门，交游甚少，自创"动学"已属不易，苛求古人也不是现代教学方法研究者应该抱有的态度。换个角度而言，创新中带有保守，反映出明末清初经济发展决定教育已经自发走向实践实用的方向，但由于封建社会长期重文轻理，导致理工类学科发展缓慢，因而，颜元将课程构想又返回到了先秦时期。

鸦片战争后涌现出的实学家如林则徐、魏源、曾国藩等，其持有的实业救国思想与传统的实学思想一脉相承，同时又有所突破，认识到西方的教育体制和方法使得人民"通商日增，见识日广，此时欧列国万民之智慧才能高大，纬武经文，故新地日开，遍于四海焉"③，主张学习西方。魏源提出西学推介构想，认为中国要自强，必须首先学习西方，建立起全新的学校教育体系。欧洲的学校教育体系分为小学、中学和大学，"其小学曰文科，有四种：一古贤名训，一各国史书，一各种诗文，一文章议论。学者七八岁至十七八岁，学成而本学师儒试之，优者进于中学，

---

① 梁启超：《中国近三百年学术史》，上海三联书店 2006 年版，第 101 页。
② （清）颜元：《言行录·习过》，王星贤等点校：《颜元集》（下），中华书局 1987 年版，第 693 页。
③ 魏源：《海国图志》（中），岳麓书院 1998 年版，第 1103 页。

曰理科,有三家:初年学费日加,译言辩是非之法;二年学费西加,译言察性理以上之学。总名斐录所费亚。学成而本学师儒又试之,优者进于大学"①。魏源认为中国急需仿照欧洲,建立起新式小学,教授文学、语言、历史、写作以及自然科学的基础知识,培养学生的读书、看报、写信、记事等初步的读写能力,陶冶基本的道德情操;建立起新式中学,进一步提高学生的读写和思维能力,进行必要的职业技术训练;建立起新式大学,分医科、治科、教科和道科等系别。教学方法则主张突破静坐讲授,提倡动手操作和演示实践。

任何一种教育的现象都不可能孤立存在,它必定与其外部环境发生千丝万缕的联系,清末社会、经济的发展,城市的出现以及国际关系的改变是近代实学家提出新式教学方法构想的大背景。随着对外交流机会的增多,文化和贸易摩擦相应出现,魏源、林则徐主张"师夷长技以制夷",向西方学习,改变传统教学内容与方法,将"西文""西艺"引入课堂教学,从而改变中国的落后地位。近代实学家的改革主张或因人轻言微,影响波及范围较小,或因自然灾害的缘故,未能得到实施,但作为中国教学传统的一部分,已经或正在产生积极的影响,成为推动教学方法调整和改革的一股来自本土的力量,不容低估,也不容忽视。

概括而言,传统教学方法本身存在的不足是促使学校进行教学方法调整和改革的根本原因。传统教学方法的实施是形成文化传统的一种因素,同时也成为传统文化的组成部分。譬如孔子的问答教学法在思维上着重演绎推理,教学过程往往注重从"仁、义、礼、智、信"等基本命题推演出其具体的实施方式。教学过程关注现实社会,通过问答的方式使学生掌握管理的方法和策略。学生仲弓担任季氏的主管,咨询如何开展管理工作。孔子说,"先有司,赦小过,举贤才"。仲弓追问:"焉知贤才而举之?"子曰:"举尔所知,尔所不知,人其舍诸。"②孔子教给学生如何去做,做什么。在这种"极端重视现时实用特点"的"实践理性"③

---

① 魏源:《海国图志》(中),岳麓书院 1998 年版,第 1106 页。

② 《论语·子路篇第十三》,(宋)朱熹:《四书章句集注》,中华书局 1983 年版,第141 页。

③ 李泽厚:《中国古代思想史论》,人民出版社 1985 年版,第 29—30 页。

的影响下，中国传统主流教育逐渐具有直觉思维的特征，提倡天人合一，重在实用，缺少普遍性知识和抽象性概念的习得。在主流教育文化的影响下，教学策略成为中国传统教育理论的主要组成部分，但教学策略又缺少有效的逻辑联系，呈现出散碎的特征，从而使得教学方法的普及和应用带有极大的随意性，方法的使用与正确的教学理念不能融为一体，进而导致死记硬背、鞭打体罚成为学校教学，尤其是蒙学教学的主流。这也是传统优秀的教学理念如启发原则、教学相长原则等未得到普遍和正确贯彻的深层原因。传统教学方法不利于培养学生的抽象思维和思辨理性，必然阻碍科学理论的发展。

清末国家社会危机的出现成为教学方法改革的最有力的外在推动因素。从天朝上国到战败国的强烈反差，极大地触动了中国人的敏感神经，怀着急切的心情寻找强国和富国的良方，"师夷长技以制夷"，学习西方的科学理论和技术，"中体西用"，利用中国传统的教学理念和方法去吸收西方的科学技术。但是，西方科学教学中采用的教学方法和承载的教学理念与中国传统教学方法是迥然不同的。从苏格拉底开始，西方的教学方法注重综合和归纳，其思维方式是从特殊到一般，从具体到抽象，西方的教学传统更注重思辨理性。这就导致吸收和学习的路途艰难坎坷。因而，教育者从失败中不断吸取教训，逐渐意识到教学方法改革的必要，进而推动了近代教学方法的调整和改革。

第三节　教会学校与西方教学方法的导入

在推动中国近代教学方法改革的因素中，存在一股不容忽视的外在力量。这股外在力量就是传教士，尤其是基督教士的特殊布道形式——教会学校的影响。以教会学校作为传教的途径，首先由在华传教的基督教士创行。1739 年，卫斯理兄弟在英格兰建立第一个传教组织，进而在英伦掀起一场灵性奋兴运动，为贫困会员开办学校，照顾病人，提供廉价宗教读物。这场福音奋进运动推动了基督教的海外布道，1792 年，威廉·凯里建立了第一个海外传教组织——浸礼宗广传福音会（The particular Baptist Society for Propagating the Gospel Among the Heathens）。在凯里的影响下，1795 年伦敦传教会（The London Missionary Society），1799 年英国传道会（The Church Missionary Society）相继成立，此外还有苏格兰教会、格拉斯哥差会等，一场轰轰烈烈的海外传教运动就此展开，而英国成为基督教传教的发源地。

在此背景下，基督教开始在华创办教会学校，如 1818 年马六甲（Malacca）英华书院（Anglo-Chinese College），1836 年澳门马礼逊学校（Morrison Education Society's School）（亦称马礼逊教育协会学校）成立，以教会学校为载体，西方尤其是英国和美国的课堂教学模式传入我国。尤其是在鸦片战争以后，传教士社会地位迅速提升，其交际范围也由社会底层劳动人民转向上层士绅阶层，为传教兴办的教会学校的社会地位上升，影响也越来越大，其教学方法和模式得到上层士绅的认可。

一 教会学校的创立

18 世纪基督教的"福音奋兴运动"，推动海外传教的兴起。在此背景下，传教士来华并创办教会学校。1807 年公理会联合长老会下属的海外传教机构伦敦传教会派马礼逊来华，1843 年圣公会下属的海外传教机构英国传道会派史丹顿（Stanton）来华传教。马礼逊踏上中国领土后发现，传教活动困难重重，华语艰深难学之外，清政府对教会刊印书籍采取了极为严厉的禁令。1805 年嘉庆帝发布禁止西洋人刻书传教的谕令，查京师同文馆"各堂西洋人，每与内地人民往来讲习，并有刊刻书籍，私自流传之事。在该国习俗相延，信奉天主教，伊等自行讲论，立说成书，原所不禁，至内地刊刻书籍，私与民人传习，向来本定有例禁……嗣后管理洋务大臣，留心稽查，如有西洋人私刊书籍，即行查出销毁。并随时谕知在京之西洋人等务当安分习艺，不得言语内地人民交接"①。清廷在查处陈若望私代西方传教士德天赐传送书信地图事件后，重申这一律令的同时更加严厉了执行规程。清政府仅允许外国人在澳门合法居留，而作为葡萄牙的殖民地，澳门早已成为天主教的势力范围，因而，基督教传教士在华活动举步维艰。

正是在此背景下，1813 年伦敦会派遣米怜来华时，马礼逊借机提出一项"恒河外方传教计划"（The Ultra-Ganges Mission），内容重点是主张

① （清）王之春著，赵春晨点校：《清朝柔远记》，中华书局 2000 年版，第 149 页。

在马六甲设立华人传道总部，创办英华书院。1815 年 4 月 17 日，米怜及其助手梁发等抵达马六甲，并于 8 月 5 日开办一所免费学校，作为英华书院的预备学校，① 开设数学、写作科目，教学语言为福建语，教师由华人担任，并于次年加设粤语学校。在预备学校的基础上，英国伦敦会总部正式设立以招收中学或中学程度以上学生为主的英华书院。② 1836 年，为了纪念马礼逊先生，在澳门成立马礼逊学校（Morrison Education Society's School）（亦称马礼逊教育协会学校）。以马六甲、澳门两地为主要地盘，教会学校得到了一定的发展。③

早期教会学校的校舍，虽然在中国国土上建造起来，但一直处于非正统的异己地位，主要招收贫困子弟，原因何在？总括起来，主要有四个方面：其一，文化排异性。东西方文化是两种截然不同的上层建筑，一方要改造另一方是极其困难的，双方都具有排异性。中国传统文化的排异性主要集中在士绅阶层，贫民文化的排异性相对较弱，下层社会群体对西方文化是适应而非改革，下层贫民能很快适应西方的声光电化。下层社会群体也更关注实利和实用。其二，传教士的办学目的并非健全我国教育体制，而在传播教义，因而，引起中国知识分子阶层的普遍反感。其三，初期，传教士的积极主张并未得到所属教会的认可。甚至在整个近代，通过创办学校传播教义的做法在宗教界一直未达成共识。其四，科举考试制度仍然存在，并左右着教师的教育观和学生的学习观。教学观的错解及其产生的决策误导，使得士绅子弟游离于教会学校之外。

鸦片战争是在华教会学校发展的转折点。枪口下的震撼不仅是一种精神冲击，更使得西方国家的意志借助战争的胜利成为一纸条约。随后的一百余年里，中国同外国签订的不平等条约多达千余条，外国人依照条约，"合法"剥夺榨取、管束控制中国。来华人数日渐增多，1850 年在华外人达 500 余人，其中商人、传教士居多。在中国设立学校的天主教各修会来自法国、意大利、西班牙等国家，有本笃会、方济各会、多明我会、耶稣

---

① 顾长声：《从马礼逊到司徒雷登——来华新教传教士评传》，上海人民出版社 1985 年版，第 9 页。

② 高时良主编：《中国教会学校史》，湖南教育出版社 1994 年版，第 43 页。

③ 同上书，第 46 页。

会、遣使会和仁爱会等外派组织；新教派组织有伦敦会、美以美会、圣公会、仁义会、规正教会、浸礼会，以上数会分属于公理、监理、圣公、信义、长老、浸礼六个宗，除此之外，在中国活动的还有公谊会、贵格会和宣道会等。教会势力借助教会学校在中国迅速扩张和蔓延。

教会学校的数目逐渐增多。据统计，1876 年男日间学校为 177 所，学生 2991 人；男寄宿学校 30 所，学生 611 人，女寄宿学校 82 所，学生 1307 人。学生数合计 4909 人。1889 年所有学校学生数为 16836 人。1906 年男日间学校和初级小学 2196 所，男生 35378 人，女生 7168 人，合计 42546 人。1905 年高中和书院 389 所，男女生合计 15137 人。[①] 有生存就有竞争，达尔文的物竞天择理论在教育领域同样适用。教会学校要想在中国立足不仅要与公立学校竞争，而且各教派、教会之间也存在利益之争。天主教修会早踏华土，在各省所设学校规模虽不及新教，但广泛分布的同时，在大城市相对集中。鸦片战争以后，新教派创办的学校在数量和质量上都占据上风。例如，耶稣会 1850 年于上海设立徐汇公学，拯亡会 1855 年设立徐汇女塾，1904 年设立启明女塾，圣母会 1864 年设立圣方济学校。1912 年于天津成立教区，设立圣路易学校、圣约瑟学校、法汉学校，还有 95 所男公学，30 所女公学。[②]

教会学校创办的目的是要将宗教的理念更好地灌输给中国人，使其更易接受宗教信条。以创办登州文会馆闻名的美国北长老会传教士狄考文（Calvin W. mateer）说过，教会学校建立的真正目的，其作用并不单在传教，使学生受洗入教。他们看得更远，要使学生能成为社会上、教会里有势力的人物，成为一般人民的教师和其他领袖人物。[③] 这恰是西方人的聪明之处，他们有自己独特的做事原则，不会无偿地帮助任何人，但同时，他们也不会计较眼前的得失，将关注的目光投射到将来，善于从长计议。西方国家的“对外文化关系首先是在国际政治中运用文化影响的一种特殊政策工具，文化手段和政治、经济、军事手段一样……都

---

　　① D. MacGillivray：*A Century of Protestant Missions in America* 1807—1907，转引自高时良主编《中国教会学校史》，湖南教育出版社 1994 年版，第 19 页。

　　② 高时良主编：《中国教会学校史》，湖南教育出版社 1994 年版，第 30—31 页。

　　③ 同上书，第 75—76 页。

是其外交政策的组成部分。……文化手段……成为……穿越障碍的一种更加重要的强大渗透工具"①。意识到这一点，教会学校在中国的出现及其以后的发展就不难理解了。

鸦片战争以后，外国人传教的权利得到保证和活动范围得到扩展，教会学校的社会地位随之提升，招收对象也由贫苦百姓转向社会上层。当时，"许多中国人都在探索、渴望学习西方的科学，科学的名声已传遍中国的每一角落"。教会学校的产生也恰好适应了变革时期的中国教育亟待改革的现状，弥补了传统教育的不足。"教会学校的教育特性，不仅为传布福音，还有各种教育、教学的内容和方法配套"②，在中国人的面前呈现出一种崭新的教学模式，从而逐渐吸引了民众关注的目光。

二 教会学校的课程设置及对传统教学的影响

教会学校在课程上突破了中国传统经学科目，仿照西方学校的课程设置，融入近代的自然科学知识，并将其系统化，中西兼备。马六甲英华书院的办学宗旨是"交互教育中西文学"和"传播基督教理"，课程计划中，除了中、英语言外，还包括天文、地理、历史、数学、几何、机械、西方科学、伦理和基督教神学等。课程的时间安排顺序大致如下：早餐前高年级班学习《书经》；餐后朗读《幼学诗》和《四书》，并进行翻译工作；低年级班中午读《明心宝鉴》，尝试中译英；晚上温习中文功课。在英文教学中，两个班都要学习会话、写作、语法等，神学课程设置了布道、礼拜和晨读等。可以看出，翻译课程占据整个课程结构的主体，除去中西交涉的英文翻译外，学生广泛翻译西方数学和其他科学著作。

马礼逊学校是基督教在华设立的另外一所教会学校。马礼逊在华工作三十余载，1834年不幸病逝，同人念其鞠躬尽瘁于中国教育事业，两年后成立马礼逊教育协会。协会经费充裕，第一届董事会的五位董事中，主席邓肯、副主席霍斯、财务威廉渣甸三人是英国洋行商人，实际事务由裨治文负责推动。1841年的马礼逊学校，学生人数增达17人，教材采

---

① 王晓德：《美国文化与外交》，世界知识出版社2000年版，第226页。
② 高时良主编：《中国教会学校史》，湖南教育出版社1994年版，序3。

用柏利（Perley）的地理学、哥顿（Gorden）的数学、《四书》《诗经》
《圣经》等。① 鸦片战争之后，英国占有香港，一时，传教士纷至香港，
马礼逊学校也随之从澳门迁到港岛东区黄泥涌与快活谷交界，该地段因
之得名。学校得到政府拨地和资金支持兴建校舍，在香港的发展颇具规
模。1843 年共招收学生 32 人，分四班，为当时香港学校之冠。课程依然
中西兼备，校长勃朗（Rev. Samuel R. Brown）牧师担任英文教师、邦尼
（Bonny）和麦士（William Macy）协助。中文课程由华人教师担任。学校
进行科学、中文知识传授的同时，修养道德，健全学生身心。港督更迭，
赞助的经费取消，董事的个人资金得不到保证，随着协会主席裨治文离
港赴沪，学校亦于 1850 年停办。②

　　学校课程学科门类的变化，更多地牵扯教学准备、教学的可能性、
学生的兴趣以及教师的教学能力等因素。教会学校的经费来源是教会，
新式学科教师的另一个身份是传教士，具有传播教义的职责。学生学习
的兴趣更多集中在西方新兴学科，而对宗教的教义有所抵触。有一位名
叫孙兰的学者，曾师从汤若望学习天文历算之学，著有《柳庭舆地隅
说》，对于传教士借机传播教义的做法很是不满，"常谓西儒以七克为教，
似近于孔门克己复礼。然接其人，聆其论，咸精于历数，合于制器尚象
之旨；独膜拜天神，侈言天堂地狱，则异教也"③。教会学校开设的新式
学科夹杂着宗教的成分，教师教学附带着其他目的，无疑会影响教学活
动的流畅性。但教会教学将新的学科门类引入中国，开设天文、地理、
历史、数学、几何、机械、西方科学等在中国传统教学中，难寻踪影的
学科，加速了中国教育近代化的历程。

　　课程是社会对人才需求的温度计，社会需求的变化首先体现在课程
的设置上。教会学校也正因为其有别于中国传统教学内容的课程设置，
吸引了众多的生源，获得了发展的空间。教会学校扩展了学科门类，为
中国传统学校教学注入了新鲜血液。

───────────

　　① 高时良主编：《中国教会学校史》，湖南教育出版社 1994 年版，第 49 页。
　　② 同上书，第 50 页。
　　③ 孙兰：《柳庭舆地隅说》，转引自谢国桢《明末清初的学风》，上海书店出版社 2006 年
版，第 6 页。

三　教会学校教学方法实施引起的波动

19世纪西方文化和社会处于新旧交替的断层，民族精神陷入空虚和焦躁之中，宗教热情再度高涨，呈现"宗教复兴"的盛况。伴随资本主义的发展和殖民扩张的加强，以英国和美国为主的教会的海外布道事业也同步发展，马礼逊、史丹顿、裨治文等传教士在此背景下踏上中国的国土。

由于中国贫民文化排他性弱，因此，初期教会学校的生源主要是贫民子弟，免收学费，提供食宿。伴随1862年的第二次鸦片战争，西方国家在中国取得了更多政治、经济和文化权利，传教士逐渐意识到贫民文化的内化力和影响力相对较弱，因此在19世纪60年代，教会学校的招生对象转向富家子弟以及士绅阶层。这无疑是一次在华教会办学的成功转型，传教士抓住了中国社会的本质，扩大了教会学校的影响，提升了教会学校和传教士的社会地位，使得其对中国教育和学校教学拥有更大的发言权。

（一）西方传教士对传统教学方法的批判

不同的文化有着不同的价值判断标准和审美标准，文化之间的对话总是存在障碍，尤其是强势文化和弱势文化之间的交流更是难上加难。最初的大多数传教士总是戴着有色眼镜看待中国社会现象和中国人的生活、学习和交际，用他们自己的一套标准审视中国的一切，自然感觉到无所适从，认同感极差。当他们直面中国的教育问题时，诧异于教学传统的根深蒂固，对传统的教学方法进行了猛烈的抨击。传教士对于中国传统教学方法的批判带有强烈的宗教性和文化中心主义的色彩。对其批评意见，我们需要进行辩证的分析，对于正确的意见应该虚心接受，但又不得不承认，传教士对传统教学方法的批判，其中的大部分恰恰是传统教学问题的症结所在，是影响中国教学方法近代化的主要原因。

首先，教师的表情过于严肃，课堂气氛过于死板，师生之间的言语交流极少。英国伦敦会传教士麦高温（John Macgowan）在中国生活了五十年，深入中国教育的内部，目睹了中国私塾教学中严肃课堂气氛。在学生的面前，教师必须始终保持严肃的面容，要努力营造让学生捉摸不透的威严。"功课布置下来后，每个孩子都进入了角色，而老师则摆出一副冷面孔，皱着眉头为孩子们准备日后用的字帖。"① 在很多情况下，教师鼓励学生用书写的方式提出疑问，即笔问，教师作出笔答。中国传统中将师父并称，教师的地位和威严绝不亚于父亲，师生间的关系是君臣关系、父子关系的延续。在君权和父权至高无上的社会，想要营造轻松和谐的课堂气氛十分困难。

其次，教授儒家经典时过于强调对教学材料的记忆，忽略了学生学习兴趣的培养。传统的经学教学注重对教学材料的记忆，一般情况下，在儿童开蒙之后，逐年将四书五经列入需要记忆的书目。私塾教学阶段的一大特色是背诵课文，在课堂上，教师教读之后，要求学生自己复习记诵，"……立刻就有一个细细的颤抖的声音从屋子的一角传出，几乎是同时，从对面的方向又发出另一个低沉的信号。一个接一个，其他声音也陆陆续续地加入进来。每个人都以他所能发出的最高声调，叫喊式地念着他的课文。……这种混杂的声音，各自含着某些需要记住的内容。……"②传统的塾师认为这种口头训练是学校教学体系中最有意义的事情之一。家长们很乐意听到从孩子们嘴里发出的既不和谐也无节奏的和声。当记忆材料积累到一定程度后，教师开始讲解，而这个时间期限一般是四年到五年。大部分传教士对此种教学方法十分诧异，"中国人对孩子们的早期教育法不利于孩子们的学习兴趣"③，严重扼杀了儿童的天性和创造能力。"最初，教师并不会着重告诉孩子们这些字的意思，只是教发音，在结束了单调的识字过程后，老师开始讲解他们学过的所有课文的意思，这时整个书本充满了活力，而不再是些稀奇古怪、对头脑毫无启发的符号了。"他们认为，造成此种状况的主要原因是知识的载体——文言文，"书本第一次放入学生手中时，展现在他们眼前的是一系列一笔一画拼成的图案，每一个都有其特殊的记号"④。因而，激进的传教士努力寻找另外一种书面语言取代文言文，例如用罗马字母注音的方式。赫士认为应该用阅读取代背诵，花之安则建议尽可能减少背诵

---

① ［英］麦高温：《中国人生活的明与暗》，朱涛、倪静译，中华书局 2006 年版，第67 页。
② 同上书，第 67—68 页。
③ 同上书，第 68 页。
④ 同上书，第 68—69 页。

的内容。但具体实施的难度远远超出了他们的想象，"我们赞同这种体制的唯一原因是我们没有更好的体制，并对有效地取代它感到完全困惑"①。

再次，拘泥于古训，缺少创新。狄考文曾批评中国教育古训至上，以科举为取向，教学活动围绕无稗实际、禁锢才智的八股帖括展开，教学内容限定在"仁义礼智孝悌忠信"，比较单一，涵盖的学科门类范围狭窄。他建议中国改革传统教育制度，广设普通学校、职业学校、大学和女学，并把士农工商都纳入课程体系。实际上，教育制度和教学内容的改革有助于方法体系的改革和创新。

最后，学习时间过长，休息和游戏时间偏短。这一点可从麦高温对传统私塾一天的课程教学安排中得到反映。

> 早晨六点钟左右就能看见小孩子背着书包往教室走去……孩子们得学到八点钟才能回家吃早饭。一小时后，他们又必须回来，坐在各自的高木凳上，摇头晃脑地高声诵读几百年前的古文，一直念到中午才再次被放回去吃午饭。……课间也没有休息时间……唯一可能的放松是允许孩子们出去一两分钟，而且一次只能出去一个人。在老师的桌子上有一根竹签，无论什么时候，只要有谁因疲倦而想休息一下，他就可以去拿那根签子，并把它放在自己的桌上，直到休息回来再放在原处。这样老师就可以看见是谁出去了，出去了多长时间，没人能躲过老师的目光。②

严格的规制和冗沉的课业负担，是中国人口众多，年轻人面临严峻的就业形势导致的，延续时间较长，而且至今存在。教学方法的选择和采用以能否实现教学目标为最终归宿，方法体系中存在的问题归根结底在于教学目标设定上的不确切。曾主持过马礼逊学堂的美国传教士布朗在《中国丛报》上斥责中国的教育"从未以支持完整性自由的人格发展为目的"，而"仅仅是为这个国家培养了勤恳的沉默的臣仆……教育的目

---

① 《中国教育会第二次"三年"会议记录》，上海美华书馆1896年英文版，第118页。
② ［英］麦高温：《中国人生活的明与暗》，朱涛、倪静译，中华书局2006年版，第70页。

的是为了培育身心健全的、高尚的人。这是中国的教育体系达不到也不想达到的"。传统教学方法以教师为中心,以儒家经义为主旨,因袭传统,缺少创新,缺少人格关怀,适应以经义为主的教学内容,且教学效率很高,但无法适应近代工业化社会要求其社会成员具备的必要素质的培养,急需改革。

实际上,传教士对于传统教学方法的批评,不只局限在言语方面,并身体力行创办教会学校,引入西方的教学模式,教授较为系统的近代知识科目,从而形成颇具特色的学科教学方法体系,启蒙了弊端丛生的中国传统教育体制,刺激中国传统教学内容和方法的更新。

(二)教会学校的学科教学方法

最初来华的天主教各修会在华创办的学校大多属于小学和中学性质,分布的地区比较广,但在一些大城市相对集中。其中较负盛名的学校有徐汇公学(1850)、徐汇女塾(1855)、圣芳济学校(1864)基本上都集中在上海。基督教修会除伦敦传道会(London Missionary Society)、公理会(Congregational Church)、美圣公会(The Protestant Episcopal Church)以外,绝大多数都是在鸦片战争以后来到中国,不过基督教的办学速度和规模迅速赶超天主教会。在中国近代史上留下明显踪迹的学校大多为基督教创办,其办学理念、课程设置以及教学方法对中国新式教育的创办产生较大的影响。

初期的教会学校为了生存和商业价值,开设中文经典、英语和《圣经》课,并用英文讲解一些西方近代基础科学知识。因而可以说,1877年以前,教会学校多具有小学性质;1877年之后,出现一定数量中学及个别大学。洋务运动的开展进一步将教会学校从社会底层推到了社会上层。教会学校无论规模、教学质量都得到了长足的发展,西学传播功能经过了逐渐强化的过程。教学保持了外国语言教学的一贯优势,并对单纯的宗教课程有所突破,课程设置逐步走向世俗化,增加了理化课程以及农林、工程等工科课程。

教会学校开设经学课程已经基本达成共识,如马礼逊学校将《四书》纳入课程范围,同时还教授英文,在课时安排上一般是"半日中文,半日英文"。据第一位校长布朗(Samuel Robbins Brown)记载,教会学校开设中文课程是基于学生毕业后要在中国谋生的考虑。教中文的先生会

"忠实地按中国方式教书"，教学生"记诵中国经典"，并学习文字书写。[1] 尽管传教士对中国传统的教学方法认同感很差，但令人无奈的是，他们也找不出更为间接有效的新方法，只是希望有所突破，鼓励学生试着将《孟子》《圣经》译成英文，[2] 鼓励教师采用一些西方化的、活泼的教学方法。如课堂上，学生们围坐在四周，教师"向听得懂的学生讲解以前背诵过的内容"，教学生"以中文作文，或是从经典中摘出句子，然后缀上一些相对应的意思不同文句，或是以同一作者的某种论点为中心，以相似的文笔，或多或少地加以敷衍扩充"[3]，努力打破经学教学重记忆轻讲解的传统。

在课程的实施过程中，关于教学语言的使用，中国的教会界曾经有过激烈的讨论。1877 年起，教会界出现了关于是否应该开设英语，并将英语作为日常教学语言的一场争论，此争论波及范围较广，涉及在华基督教的各修会以及亚洲其他国家的基督教派。可以说，这是教会教育发展到一定阶段以后，需要面临的一个共同问题。这次讨论的核心是英语教学问题。

1877 年狄考文（C. W. Mateer）在传教士第一次全国代表大会上做了《教会与教育的关系》的演讲。登州文会馆设在中国内陆地区，培养的学生学会英语之后一味追求优裕的生活，狄考文认为宗教对其人格形成影响不大，因而呼吁教会学校用汉语教学。主持潞河书院的谢卫楼也持同样的观点。但大多数身处南方沿海地区的传教士坚决反对，美国公理会（American Board of Commissioners for Foreign Missions）传教士和约瑟（J. E. Walker）、丁家立（C. D. Tenney），监理会（Methodist Episcopal Church, South）的李安德（L. W. Pilcher）、李承恩（Nathan J. Plumb）、卜舫济（F. L. Hawks Pott）反复强调英语教学的重要性，认为英语教学是实现科学教育的途径，用中文教授科学课程达不到预期的效果。德国传教士花之安（E. Faber）认为英语教学应该与基督教精神更好地糅合在一起，做到哪里教授英语哪里就有基督教。[4] 尽管教会学校办学目的以及教

---

[1] 《中国丛报》卷 11，第 547 页，1942 年 10 月号。

[2] 同上。

[3] 《中国丛报》卷 13，第 630 号，1843 年 12 月号。

[4] 顾卫星：《晚清传教士关于教会学校英语教学的争论》，《解放军外国语学院学报》2002 年第 1 期，第 18—22 页。

学内容的变动始终围绕文化侵略展开，但用英语作为教学语言，在满足社会需求的同时，从长远来看也有助于教义的传播。

教会学校的重中之重在英语教育。马礼逊教育会临时筹办委员会曾发表声明，其资助的学校需使本地青年掌握本国语言的同时，能够阅读和书写英文，并能借助这一工具，阅读《圣经》和基督教书籍，掌握西方各种门类的知识。因而，马礼逊学校用英语教授地理、历史、天文、算术、代数与几何、力学、音乐、伦理学、圣经讲解等课程。①

外语教学成就最为突出，最初普遍采用语法—翻译法，培养的学生由于口语流利，翻译水平较高，受到社会的广泛欢迎。汉英互译，背书，默书，习字造句，认字写字，文字拼法，阅读，讲改文法以及字母，音，字句，文的分析综合法是翻译法的重要特征。语法翻译法在中国的沿用历史可追溯到 1818 年传教士在马六甲创办的英华书院。英华书院英语教学使用英文原版的《圣经》和《新约》，传教士自编的英语读本，如默里的《简要英语语法》、马礼逊的《中英语法》、乔伊斯的《科技对话》《中英习惯用法》等。当时初级班开设的英语课程有"写作，翻译和语法"，高级班的英语课程强调"翻译和写作"，除开设语法课程外，学生每天还必须进行大量的"中英互译，并完成校长布置的写作"②。斯特恩认为："母语对外语学习者来说是一种参考语言，非常重要，因此翻译在外语学习过程中起一定的作用；学习者努力掌握外语语法系统，语法学习必不可少；学习者把外语形成特点和翻译看成一种训练技巧的同时，就在主动解决问题，是一种明示的学习策略；语法翻译法在教学中很容易操作。"③ 欧洲学校应用语法翻译法，是基于普遍英语交流的社会环境，而中国没有类似的社会氛围，效果一般，后来为了弥补语法翻译法的不足，开设口语课程，教学生背诵习惯用语。

教会学校将近代理化学科引入课堂教学中，重视理化实验室教学。1876 年狄考文将其创办的蒙养学堂更名为文会馆，套用"分斋教学法"

---

① 高时良主编：《中国教会学校史》，湖南教育出版社 1994 年版，第 48 页。

② 顾卫星：《晚清"语法—翻译"教学法剖析》，《苏州大学学报》（哲学社会科学版）2002 年第 4 期，第 87 页。

③ Stern, H. H., *Fundamental Concepts of Language Teaching*, New York：Oxford University Press, 1983, p. 455.

的名称，分备斋和正斋两个部门，备斋学制三年，正斋学制六年。狄考文本人精通数学、天文和机械物理学，受本人兴趣的影响，文会馆开设物理课程，设置实验室，配备若干从美国进口或者自己研制的教学仪器。文会馆还开设土木工程、电学、电报学等工科课程，并建立理化实验室，配备电工、木工、铁工、车工等工艺设备，供学生实验学习。狄考文甚至创办了理化仪器制造厂，本人兼任技师和教师，传授教学仪器的制造技术，包括铁炉、蒸汽机、柴油机、电动机、发电机、车床、磨光机、螺丝机等，学生在做中学，还可以获取一定的利润。[①]

教会学校沿袭欧洲通行的教学方法，将学生按照年龄和学业成绩分成若干班级，实行班级授课制。如英华书院把学生分为高级班（一班）、二班、三班、初级班（四班），同等水平的学生在人数较多情况下又分为若干小班。各班的课程设置、教学进度以及教学重点有所差异。高级班的教学重点是中英文翻译和英文写作，要求教师用一年的教学时间讲解《但以理书》《约翰福音》《使徒行传》《彼得前书》《彼得后书》和《圣经》中的部分内容，并要求学生在记忆的基础上，能够互相交谈讨论学习的内容。学生能够背诵《简要英语语法》，教师讲解《地理学问答手册》和《人文学问答手册》，增长学生地理学和天文学知识，了解不同国家的位置和疆域、天体的距离、大小、运动和其他天体现象的基础知识，并能将其译成中文。相对高级班而言，二班的教学要求有所降低，教师讲解《中英语法》、米怜的《灵魂篇》第一卷和《问答手册》，要求学生具备良好的英文书写能力。三班、四班的学生重点学习中英文互译。[②]

（三）教会学校教学方法的影响

教会学校是传教士在近代中外不平等条约网络下创办的，以弘扬上帝的旨意和传播西方文化为核心，逐渐由小学教育发展到中学、大学教育的一组学校。教会学校的教学目标是培养天主教徒或基督教徒和宗教代言人。教会学校的教学方法带有西方资本主义社会初期教育的特征，是近代西方教育渗入中国封建社会的开端，我们看到其历史局限性的同

---

①　高时良主编：《中国教会学校史》，湖南教育出版社 1994 年版，第 76—77 页。

②　*Report of the Anglo-Chinese College and Chinese Missions at Malacca*，Malacca：Printed at the Mission Press，1825，pp. 4－6.

时，更应该意识到它在建立中国近代教育制度，传播近代教学思想等方面所起到的积极作用。

首先，教会学校的教学方法是近代西方教学方法在中国封建社会举办的一次模拟展示，成为中国改革传统教学，创办新式学校，采用近代科学教学方法的模板，是中国新教育的蓝本。中国从京师同文馆到京师大学堂的设立，从官学的改造到新式私立学校的兴起，在课程结构和教学方法上都无不直接或间接地受到教会学校的影响。如外语教学，以京师同文馆为代表的一批官办外语学校，外语教学方法均仿照教会学校，采用语法—翻译法，重视翻译能力的培养。光绪二年（1876）朝廷公布了京师同文馆八年课程表和五年课程表。从课程表中可见，课程设置虽多为理科实用性科目，但核心是优化学生的知识结构，培养翻译能力。同文馆在外语教学上"凡文字，先考其母以别异同。次审其音，以分轻清重浊之殊。次审其比合为体以成文。次审其兼通互贯，以识其名物象数之繁"。外语的考试内容也是中外互译："初次考试将各国配送洋字照会令其译成汉文；覆试将各国条约摘出一段，令其翻译成译文。"① 语法—翻译法对中国的影响远不止于洋务时期，甚至波及清末新政时期。清末新政的教育改革中，规定外语教学使用语法—翻译法。1904 年的《奏定中学堂章程》对外语在教学方法上有明确规定："当先审发音，习缀字，再进则习简易文章之读法，译解，书法，再进则讲普通之文章及文法之大要，兼使会话，习字，作文二。"② 《奏定高等学堂章程》中对外国语教学的学时规定最多，学习内容三年都是"讲读、文法、翻译、作文"③。

其次，教会学校实施分级分班教学，使得其教学组织形式具有近代年级教学和班级授课制的特征，直接影响了中国传统教学组织形式的改造。例如圣约翰书院分正馆和备馆两个学级，学制四年，正馆即正科，

---

① 《同文馆题名录》，高时良、黄仁贤编：《中国近代教育史资料汇编·洋务运动时期的教育》，上海教育出版社 2007 年版，第 93—94 页。

② 《奏定中学堂章程》，璩鑫圭、唐炎良编：《中国近代教育史资料汇编·学制演变》，上海教育出版社 2007 年版，第 329 页。

③ 同上书，第 339—341 页。

备馆即预科。① 中西书院学制八年，实施初级、中级和高级三级教育，从低到高，依次展开教学。② 大多数的教会学校借鉴西方国家的教学组织形式，实施班级授课制。新式学校教学组织形式的实施，推动了班级授课制在中国的推广，推动了中国新式教育的发展。

再次，教会学校开设物理、化学、算术等理科基础科目，设置实验室，安排教学进度。由于中国传统教学中以经义等文科课程为主，鲜见数学、物理、化学、天文等理科课程，传教士着眼中国教育的不足，开设理化课程吸引社会的关注，获得较好的生源，增强与官办学校和中国本土的私立学校竞争的优势。例如山东登州书院建有物理、化学实验室和机械厂、发电厂、天文台等；③ 圣约翰书院建造的"格致楼"内安置了物力、化学等专门实验室。以鲜明的理科课程教学为特色的教会学校进入近代学校竞争的比赛场，从而刺激了中国官立学校和私立学校的发展，促进其课程和教学方法的近代化。

最后，中国近代教学方法产生变迁的主要因素有三个，其一是传统教学方法本身存在的不易操作性、学科适应的限定性等特征严重制约了近代新式教育的形成，无法适应晚清社会变迁导致的职业结构转变，以及随着社会可以提供的新职位增多、社会对专门理科人才的需求。其二是教会学校将西方的学科教学法引入中国，其课程设置和教学方法为近代的教学方法改革提供了示范模板。其三是传统的实学教学方法体系是教学方法变革的内在动力，实学的教学原则是通经致用，在此基础上，近代实学家将西学纳入实学的范围，从而丰富了传统实学的教学方法体系。内因和外因的共同作用下，传统学校教学方法开始调整，并创设了教会学校、新式学堂等新的教法改良基地。随着近代实学家逐渐掌握地方政权，拥有更多的经济和政治基础，其新式教学构想逐步付诸实践，拉开近代教学方法改革的序幕。

---

① 高时良主编：《中国教会学校史》，湖南教育出版社 1994 年版，第 133 页。
② 同上书，第 81 页。
③ 同上书，第 79 页。

第 二 章

晚清的课堂嬗变

教育的近代化始终伴随民族屈辱踽踽前行。1856 年第二次鸦片战争中国战败，签订《天津条约》，增加南京、汉口、九江等 9 个城市为对外通商口岸；1858 年《中俄瑷珲条约》割让外兴安岭以南、黑龙江以北的大片领土；1860 年与英、法、俄等国签订《北京条约》，开天津为商埠。中国越来越难以独立发展，被强行卷入世界政治、工业、经济发展的大潮，清政府必须与外国政府、军队时刻保持畅通的联络。

在此背景下，清政府于 1861 年 1 月 20 日（咸丰十年十二月十日）设立专门的涉外机构——总理各国事务衙门处理"洋务"，历史上有名的洋务运动即肇始于此。洋务派主张通过创办军工产业、船政产业等近代新式工业"求富"，进而达到"自强"的目标，新式工业的发展进而对传统人才的知识结构和能力提出质疑，围绕新的教学目标和内容设置新式教育机构，改革传统教学方法，成为这一时期教育发展的主要特征。

奕䜣在总理各国事务衙门成立不久便上疏拟在北京设立外国语学校，"广东、上海商人，有专习英、法、美三国文字语言之人，请饬各省督抚挑选诚实可靠者，每省各派二人，共派四人，携带各国书籍来京，并于八旗中挑选天资聪慧，年在十三四以下者各四五人，俾资学习"①。官方设立外语学校，是出于外语教学混乱，教育机构良莠参差不齐的考虑，

---

① 奕䜣等：《通筹善后章程折》，高时良、黄仁贤编：《中国近代教育史资料汇编·洋务运动时期的教育》，上海教育出版社 2007 年版，第 6 页。

这一点在冯桂芬请办上海同文馆的奏章中有所体现。[1] 从而掀起创办新式教育的高潮，从单纯的语言专科学校，逐渐增加技术专科学校和军事院校，后人对洋务运动评价最高的也正是其教育事业。

学者们惯于用"顿挫"与"嬗变"描述晚清社会变革图景，赋予晚清时期创办的学校辉煌的光环，晚清西文学堂是东西方沟通的桥梁，西艺学堂是富国之路，军事学堂是强兵之路，晚清教会学堂是新式教育的先导，女子学堂是近代女子解放的捷径，普通学堂则是新式教育的狂飙。洋务运动时期的教育标榜"新式教育"，洋务运动时期创办的学校冠名"新式学校"。"新"字不仅体现在名称的变革即由"书院"到"学堂"，教学内容的变革即由经书到"西文""西艺"，教育机构中增加军事和女子学堂，而且体现在教学方法由偏重动脑到强调动手的转变。这一转变始终伴随着民族危机的加重和课程设置的不断改革。

第一节 洋务运动时期的课堂

洋务运动，又称"同治中兴""同光新政"，是一场地主阶级自发组织的自强、自救运动。洋务运动始于1861年1月20日总理各国事务衙门的成立，截至19世纪90年代。总理各国事务衙门连同京师同文馆、总税务司，并与设在上海、天津的南洋大臣、北洋大臣共同处理洋务事宜。我国传统的最高教育行政管理部门是礼部，在教育和对外事务上，一直以礼部和理藩院为主。总理各国事务衙门成立后，始终把持在洋务派官员的手中，总揽外交以及与外国相关的财政、军事、教育、制造、矿藏、

---

① 上海会外语的"通事"人数甚多，薪资丰厚，成为有别于士农工商的另外一种新型职业。冯桂芬认为通事的人员组成"不外两种：一为无业商贾，凡市井中游闲跅弛，不齿乡里，无复转移执事之路者，以学习通事为逋逃薮；一为义学生徒，英法两国设立义学，广招贫苦童稚，与以衣食而教习之，市儿村竖流品甚杂，不特异于染洋泾习气，且多传习天主教，更出无业商贾之下。此两种人者，声色货利之外，不知其他；惟借洋人势力，狐假虎威，气压平民，蔑视官长，以求其所欲"。详见冯桂芬《上海设立同文馆议》，高时良、黄仁贤编：《中国近代教育史资料汇编·洋务运动时期的教育》，上海教育出版社2007年版，第7页。通事习得的语言只不过"货名银数""俚浅文理"，对外交涉中不能担当重任，因而奏请仿照京师同文馆，在上海、广州仿照创办同文馆。——作者注

交通、海防等事宜,社会地位和影响逐渐超越六部,引导着中国教育和教学改革的发展方向。

这一时期,中国主要的国际交通运输方式是海洋运输,且依照不平等条约开放的城市依布局而言,主要是沿海城市如广州、福州、宁波、上海等,如地处海运交通要塞的上海,在当时成为货品集散地。各国事务衙门下属的南、北洋大臣在这些城市创建生产枪炮等军用器械的新式军事企业,从而使得大工业生产在国内萌芽,这是传统工业生产所无法比拟的。经济发展必然促进新型文化的形成,现代学者业已用数学统计的方法证明,经济发展与教育存在正相关联系。洋务派进而在文化教育上的新设施是此次运动中仅次于工业的重要内容。

以洋务派为主的先进知识分子改革私塾和书院的课程和课堂教学方法,倡导军事和实业教育,并创办新式实业学堂即后人所称之洋务学堂。洋务学堂的师资尤其是理工科,大多直接聘请国外的技师和专家,以实习和实践为主,强调动手能力的培养,这与传统静坐体悟的教学方法是截然不同的,通过课程和教学方法的改革,传统人才培养模式和价值观念正在不断遭遇挑战并发生改变,这是中西教学文化博弈的结果,同时也是中国传统强调"经世致用"的实学教学方法在近代的演进历程。以新式学校为主体进行的教学方法变更所带来的影响是历史上任何一次农民起义无法比拟的。没有轰隆的枪炮声,没有激昂的呐喊声,新的理念伴随一件件具体的事物,一次次新式的课堂教学,潜移默化地影响着世世代代中国人的思想。

一 洋务派的教学改革

清末面临内忧外患的困境,涌现出在中央以奕䜣为代表,在地方以曾国藩、左宗棠、李鸿章、张之洞和刘坤一等为代表的一批主张自强论、求富论、育才论官员,后人称为洋务派。洋务派主张学习西方先进的科学技术,创办中国自己的军事工业、民用工业,创建海军,创办新式学堂,派遣留学生等方式,期望改变清政府的困局,挽救封建统治。与此同时,清廷还并存清流派和保守派。现代"社会角色"和"权力"理论认为，角色是"社会结构中占有特定地位的人士应有的行为模式和规范"①。各个政治派别都担负着重要的社会角色，角色是权力的基础。洋务派担当晚清社会结构中的进步角色，代表了社会前进的方向。洋务派官员身体力行办洋务，创办新式教育。当他们拥有角色赋予的有限权力时，必须规范使用手中的权力，否则将引起社会结构的改变。

洋务派是一个政治派别，追求权力永远是其本质理念。权力通常是一种被物化的概念，为某人、某团体或者某机构所拥有。权力源于权利，表现为支配力和控制力。科尔曼认为，权力有意识形态的、军事的、经济的和政治的四个来源。四种来源之间总是处在一个彼此制衡、此消彼长的动态过程。权力承载于具体的物质之上，现代学者称为"权力寻租"。洋务派通过创办洋务事业掌握了众多的经济资源，获得了巨大的经济权力。经济权力虽然只是政治权力和文化权力的附属，但巨大的经济权力使得洋务派权力寻租的空间、概率加大。鉴于中国封建社会是一个封闭的社会，源于意识形态的权力一直占据主要地位，统治者凭借意识形态的权力有效控制着整个社会，洋务派在追求经济权力的同时，利用已经获得的经济资源，本着"变器不变道"的原则，创办新式学校，积极探讨和调整教学目标，并提出新的课程设置构想，在新式学校中实验与目标、课程相适应的教学方法，从而提高新式学校的教学效率，增加市场竞争力，达到谋求文化权力和控制文化话语权的目的。

（一）教学目标的调整与课程设置的构想

教学目标是教师和学生以当下为基础，以具体的教学活动为依托，指向未来时空的一种结果。教学目标的达成需要教师和学生的共同努力。教学目标是教学活动的起点，同时也是终点，它为教学内容和教学方法的选择提供一种生成性、整体性、可测量的标准。教学目标通过课程等环节渗透在具体教学中。② 课程是教学内容外化和呈现的载体之一，是有关教育和教学的指导性文件。课程设置是关于各门学科在学校教学内容中的学习时数以及安排顺序。实际上，课程设置制约着教学内容的选择，

①　［英］彼得·伯克：《历史学与社会理论》，姚朋、周玉鹏等译，上海人民出版社2000年版，第57页。

②　裴娣娜主编：《教学论》，教育科学出版社2007年版，第96页。

每个学科都有相应的课程标准。有效教学行为的展开则需要教学目标和课程的指引，同时也需要与其相适应的教学方法体系的支持。不同时期，教学改革的主要基调有所差异。但一般而言，教学改革始终围绕着教学目标展开，以增强教学行为的有效性为根本，教学行为是具体而微观的，教学方法是对大量具有某种共同特性的教学行为的抽象和概括，是增强教学有效性的主要工具。洋务运动时期的学校教学改革依然如此，洋务派关于目标调整和课程设置的讨论成为教学方法变革的前提。

1. 教学目标的调整

传统的教学目标是使学生通晓儒家经典。19 世纪初国际局势的变化使得传统教学目标逐渐受到学者的质疑。龚自珍认为教学目标应该进行调整，革虚就实，改变传统的"不农、不工、不商"的目标，"尊德性"和"道问学"两者兼备。教学应该培养学生高尚的德性，同时使之掌握义理、了解事物的本质，从而养成踏实的学习风格。[1] 致用成为儒经教学的目标，张之洞任湖北、四川两省学政期间，致力于传统教育的改革，将教学目标定为"通经为世用，名道守儒珍"。

随着局势的进一步恶化，魏源将中国在鸦片战争中的失败归因于内政不修，内政不修则源于治国安邦人才的缺乏，因而，主张学校教学应该培养具有实际知识和技能的实用人才，培养学生"以实事程实功，以实功程实事"[2]，使其具有军事、外交和实业方面实际的知识和技能。王韬在《原才》一文中提出，教学应该培养各行各业"真才"，教学目标可以是"怀抱圣贤之典籍、上下三千年之史册"，并精通政务的君子，也可以是"以有用之心思，施之于有用之地，日事讲求富国之效"，各科实用人才。可见，教学目标初步具备"中体西用"的特征，在传统德性目标的基础上，添加西学知识和技能的内容。

甲午海战以后，"中体西用"成为流行语，"张之洞最乐道之，而举国以为至言"[3]，从而使得"中学为体，西学为用"成为洋务运动时期教

---

① 毛礼锐、沈灌群主编：《中国教育通史》，山东教育出版社 2005 年版，第 15—16 页。

② （清）魏源：《海国图志叙》，中华书局编辑部编：《魏源集》（上），中华书局 1976 年版，第 208 页。

③ 梁启超：《清代学术概论》，中国古籍出版社 2006 年版，第 158 页。

学改革的主旋律。"中体西用"教学目标虽由张之洞提出，但其讨论和实施在早期洋务派的教学改革言论中已多有体现。他们认为西学确实有益于中学者，学校教学应该取彼之长，益我之短，择善而从。可见洋务派主张从西学中抽取"艺"和"文"部分，融入"中学"当中。李鸿章认为学校教学的目标是使学生"精熟西文"，明白"测算之学、搁置之理、制器尚象之法"，通晓"轮船、火器等巧计"。如其奏请设立的上海广方言馆，将"读书明理""精熟西文"设定为教学目标。这一时期的洋务派基本上致力于培养政治人才，以期谋求政治权力。如1884年中法战争爆发，张之洞直接参与了军事指挥和后勤保障事宜，政治地位上升，为其洋务事业争取了更多的政治权力。

政治权力的获得使洋务派在教育上拥有更多主宰权。他们整顿传统教育机构——书院，恢复讲学和研究的功能，增加语言类和经济类科目，培养通经致用，"出为名臣，处为名儒"的人才。"舍理而言势"，创办近代的军事教育，培养军事人才，军事教学随之成为一项主要的内容，但与此同时并未完全舍弃"理"学，军事人才的培养目标中包含理学修养一项，体现在招生要求挑选业已读书史能文章的幼童，日常教学中"每日清晨先读四书五经数刻，以端其本。每逢洋教习歇课之日即令讲习书史，试以策论，俾其通知中国史事兵事，以适于用"①。

洋务运动后期，张之洞、刘坤一等已经不满足于改革传统教育机构的课程和教学目标，趋向于围绕培养各个学科、各个行业的专门人才，设立专门学校。中国如欲自强，必须舍弃传统的教学目标，在全国各地广泛设立专门学校，转向培养各行各业的专门人才。"晚近来，惟士有学，若农若工若商无专门之学，遂无专门之才，不如西洋各国之事事设学，处处设学。"② 从而反映出，洋务派中的激进者在运动晚期，将教学目标侧重于"器使之才"。究其原因，可能与中日战争的战败给洋务派造成的强烈刺激有关，同时也是洋务事业经过初期发展的伴随结果。

---

① （清）李鸿章：《奏议21》，许同莘编：《张文襄公全集》（卷21），台北文海出版社1970年版，第26页。

② （清）李鸿章：《奏议40》，许同莘编：《张文襄公全集》（卷40），台北文海出版社1970年版，第34页。

但总体而言，洋务派主张将教学目标调整为中学修养与西学造诣并重。在社会动荡时期，利益集团军事力量的大小决定其政治权力。晚清的洋务派大都参与战争以及善后事宜，在政府中拥有一定职位。中法战争期间，张之洞任两广总督；甲午海战期间，张之洞任湖广总督，刘坤一任南洋大臣。雄厚的经济实力和巨大的政治权力使得洋务派具备调整教学目标的勇气，以及围绕教学目标，改革书院，设置洋务学堂，重新构建自己的课程体系的能力。

2. 课程设置的构想

教学目标的实现，需要依靠课程和教学行为来完成。兼重中西的教学目标的实现需要完善的课程体系作支撑。洋务派认为中国传统课程着重"圣贤之道"，轻视科学技术是国力衰微的主要原因。中国"自强之本"在于设立"洋学局"，培养各方面的实用人才，并将其分为"格致、测算、舆图、火轮机器、兵法、炮法、化学、电气等数门"，并主张在原有学校课程体系中添加设置"机器、重学、算学、化学、电学"等实用性很强的科学技术课程。王韬认为，新式学校的常规课程应该包括两部分，一部分是文学，即经学、史学、掌故之学、辞章之学；另一部分是艺学，即舆图、格致、天文、数学和法律等。中"文"西"艺"四字基本上可以代表洋务派课程设置构想的基本精神，与其教学目标也是一致的。

洋务派的课程构想在其创办的新式学堂中得到了微观的体现。其创办的学校以专科学校为主，课程分为语言、专业和经史三类。例如广东水陆师学堂，语言类课程有英语和德语，分水师和陆师两个学堂，水师分管轮和驾驶两项，课程有天文、海道、驾驶、攻战等，陆师分马步、枪炮、营造三项。教师一般都是直接聘请的外籍教官，并给年龄较大的学生配备汉语翻译。经史类课程并非必修课，但要求每日固定时间温习和讲解。[①] 张之洞在改革广东教育期间，提出"洋务五学"，主张新式学堂开设矿学、化学、电学、植物学、公法学。[②] 专科学校未将经史类课程

---

① （清）张之洞：《奏创办水陆师学堂折》，高时良、黄仁贤编：《中国近代教育史资料汇编·洋务运动时期的教育》，上海教育出版社2007年版，第469—470页。

② （清）张之洞：《增设洋务五学片》，高时良、黄仁贤编：《中国近代教育史资料汇编·洋务运动时期的教育》，上海教育出版社2007年版，第474页。

作为必修课设定，并不代表专科学校培养的专门人才儒学修养的缺失，实际上，洋务派在招生环节，已经将没有儒学根基的生源排除局外。广州水陆师学堂招收对象是"业已读书史能文章"，年龄在 16 岁以上 30 岁以下的儒生。① 每天温习诗书仅是巩固基础而已。

在书院基础上改造而成的普通中学课程设置本着"砺人品，储人才"的原则，在传统经、史、性理、辞章的基础上，扩大了知识面，增加了实用性知识和实用科目。例如广雅书院的课程有经学、史学、理学、文学和经济学，"经学以能通大义为主，不取琐屑；史学以贯通古今为主，不取空论；性理之学以践履笃实为主，不取矫伪；经济之学以至今切用为主，不取泛滥；辞章之学以翔实尔雅为主，不取浮靡"。总体来说，学生的学习"以廉谨厚重为主，不取嚣张"②。两湖书院增加了算学和经济学。③

新式中学在课程设置上偏重西学。例如自强学堂的课程分为方言、格致、算学、商务四门。方言即外语，格致包括化学、力学、机械学、电学、光学等。④ 洋务运动后期创办的学校课程基本上都以西学为主，专业设置上也基本采纳西方。储材学堂的专业分为交涉、农政、工艺、商务四大门类。各个门类下分若干子目，交涉门分四个子目：律政、赋税、舆图和翻书，培养目标是翻译和文员；农政门分种植、水利、畜牧、农器四个子目；工艺门分为化学、汽机、矿务、工程四个子目；商务门的学生主要学习各国好尚、中国土货、钱币轻重、各国货物的衰旺。⑤ 此类学校虽然在课程设置上学科分类细致，类似专科学校，但实际教学传授的知识基本上各个学科的基础知识，其本质是综合中学。

---

① （清）张之洞：《奏创办水陆师学堂折》，高时良、黄仁贤编：《中国近代教育史资料汇编·洋务运动时期的教育》，上海教育出版社 2007 年版，第 469 页。

② （清）张之洞：《创建广雅书院折》，高时良、黄仁贤编：《中国近代教育史资料汇编·洋务运动时期的教育》，上海教育出版社 2007 年版，第 802 页。

③ （清）张之洞：《咨南北学院调两湖书院肄业生并单》，高时良、黄仁贤编：《中国近代教育史资料汇编·洋务运动时期的教育》，上海教育出版社 2007 年版，第 816 页。

④ （清）张之洞：《奏设湖北自强学堂片》，高时良、黄仁贤编：《中国近代教育史资料汇编·洋务运动时期的教育》，上海教育出版社 2007 年版，第 271 页。

⑤ （清）张之洞：《创设江南储材学堂折》，高时良、黄仁贤编：《中国近代教育史资料汇编·洋务运动时期的教育》，上海教育出版社 2007 年版，第 802 页。

　　洋务派构思的课程体系中,不仅考虑了知识、技能的传授,还考虑到学生的学习能力以及人际交往能力的培养,规定经史类课程作为每日必修。传统的儒家经典实质上是一套中国特有的处世哲学。洋务派强调中学课程,强调"中学为体"受到阶级局限毋庸置疑,但通过这种途径,可以使学生适应当时的社会现状,并在社会上有择业优势。课程体系加强了实践环节的教学,培养学生的动手操作能力和语言翻译能力,使其可适应新职业的素质需求,而且洋务派人士鼓励学生参加科举考试,不主张学生放弃经史子集的学习,教学目标多元,学生的精力有限,势必会影响教学效果,但这也是在科举取士制度未废除的大环境下,教育适应社会的一种表现。

　　中文西艺课程的实施以及多元化教学目标的实现,都需要教师在具体科目教学情境中,寻找和使用适宜的教学方法。经学和艺学有着截然不同的知识形成过程和结构,经学侧重体悟,艺学偏于操作,语言教学则是符号的形成与输出过程,具有自己本身的教学特色。教学方法的操作过程,微观、细致、多元且琐碎,但在特定教学原则的指导下进行考察,便于形成系统。

（二）教学原则与教学方法

　　教学原则是人们根据一定的教学目标,遵循一定的教学规律,制定的指导教学工作的基本要求。教学原则服务于特地的教学目标,是人们在客观教学规律的基础上制定的,具有主观性。教学原则是实际教学经验的概括和总结,历史因素,教学目标和教学内容的选择和对学生身心发展规律的认识是影响教学原则制定和选择的三个因素,在其交互作用下,这一时期主要教学原则在传统善诱的基础上,融入更多的经济和实用成分。

　　洋务派的教学目标是培养实用型的专门人才,提出的另一个核心的教学原则是实用性原则,教学需要讲求实际、实用。由于学生群体的特殊性,课程本身的实用性以及课程体系的复杂性,要求教师在教学过程中体现实用性,在做中学,活学活用,要求一些实用科目的教师不能再以机械的、枯燥的形式进行教学,而是要通过丰富多彩的、真实的、直观的形式进行教学,培养学生的实际运用能力和动手能力。

　　教学原则是方法使用的灵魂,教学方法的选择虽依课程不同有所差异，但教育对象身心发展规律的既定性，使得教学原则指导下的方法体系具有相应的品质。善诱是指教师善于激发学生的内在学习动机，在学习方法上，传承理学读书法，定志、知要、定课、用心、笃信，强调学生学习，首先要树立追求真理和学问的志向，不能只是贪图膏火钱。善诱是传统经学教育的主要原则，实质上是我国传统的启发教学原则，近代商品经济的发展对思想理论界产生一定影响，教学原则中融入更多的教育经济学理念，张之洞在《创建尊经书院记》一文中，对惜力原则进行了详细的论述。惜力原则主张采用有效的教学方法，读书切忌毛躁，须平心静气，勉励而行，学习过程中要抓住要点，集中突破，集中精力阅读一本教材，有效得进行学习，贯通理解。① 实用性教学原则最早由传统实学派提出，洋务学堂中西兼顾的课程结构，尤其是添加的理科课程，使得教学活动以实用性原则为指导，逐步构建起偏重实践的教学方法体系。对于新增的军事类课程，洋务派主张多组织见习和实习，课堂教学与实际操作结合，在实际操作中学习。"其一途驾坐练船，周历华洋各海口，先中后外，借以周知诸邦口岸形势，战船规制，练习风涛驾驶。练船即为学堂，兼可讲习诸艺。"②

马克思曾经说过："现实的历史，与时间次序相一致的历史是观念、范畴和原理在其中出现的那种历史顺序。每个原理都有其出现的世纪。"③ "中体西用"模式的形成有其产生的必然社会条件，也与作为晚清政治团体之一的洋务派希望得到更多意识形态权力，即文化话语权有着密切的关系。洋务派的每个言论和每一步教学改革行为都举步维艰，1866 年 12 月奕䜣、文祥请旨在同文馆中加设天文算学课程，④ 以倭仁为代表的顽固派多为泥古而顽梗的士人，竭尽全力阻止每一次新的教学改革，两派之间就此展开的激烈争论，曾一度引起朝野混乱。但两者之间的互相制衡，

① （清）张之洞：《奏议 13》，许同莘编：《张文襄公全集》（卷 13），台北文海出版社 1970 年版，第 8 页。

② （清）张之洞：《古文 2》，许同莘编：《张文襄公全集》（卷 13），台北文海出版社 1970 年版，第 18—29 页。

③ 马克思：《政治经济学的形而上学》，《马克思恩格斯选集》第 1 卷，人民出版社 1971 年版，第 113 页。

④ （清）奕䜣等：《沥陈开设天文算学馆情由折》，高时良、黄仁贤编：《中国近代教育史资料汇编·洋务运动时期的教育》，上海教育出版社 2007 年版，第 48 页。

却也客观促进了教学改革的稳步进行。清廷中存在的另外一个政治派别——清流派，以张之洞、张佩纶、陈宝箴为代表，他们很多有留学经历，与洋务派有着相同的改革意愿，上书言事、评议时政，对洋务派教学革新的批评更多集中在具体实施细节上，起到了完善教学改革的作用。

洋务派和清流派的成员多由资历较深的汉族官绅组成，汉族官绅的社会地位在太平天国运动之后得到提升。他们大多亲自参与战争，握有兵权，同时又是沿海或沿边一省或者多省的主要行政官员，拥有全省的行政权和财政权。但是，当权者依然是清朝贵族，大部分满族官员思想比较保守，站在顽固派的行列。此种情况下，洋务派欲破启固蔽何其艰难？他们用移花接木的方法构思出"中体西用"，逐渐由表及里，由具体到抽象，从19世纪60年代中叶，军事技术教育的摸索到19世纪70—80年代机器工业的自强求富，并由此带来教学目标、原则和方法的变革。

洋务运动时期是新教育的起步阶段或者说是启动时期。新式学校的"新"字体现在教学目标的调整，课程的重新设定以及教学原则和教学方法继承与发展。洋务派以"中体西用"为核心指导思想，在通经明理、精熟西文的教学目标统领下，构建出中文西"艺"的课程结构，提出善诱、惜力和实用的教学原则，以及相应的有效、实用教学方法体系。

但是，实际办学过程中，由于受到办学经费、师资以及生源的影响，在综合学校中，西学或搁置或敷衍。在专科学校中，师资相对而言有所保证，大都聘请外国的专业技师担任教师，并配备中文翻译。但是科举制度当时仍然是学生进入仕途的唯一有效途径，学生们长期以来受"学而优则仕"求学理念的影响，专科学校的学生也并不专注于技术的习得，读写八股文章的兴趣依然不减。但洋务运动时期的新教育作为一种新的教学模式，它突破了传统体悟、理解、记忆的方法范围，强调实践、实用、经济的方法，这些变革难能可贵且意义重大，开启了近代教学方法变革的序幕。

二　新式学校的课堂教学

中国传统教育机构分为两级，小学和大学，缺少中间阶段的过渡，小学阶段学习课程和教学计划依个人智力、接受能力、记忆能力、理解能力以及学习的刻苦程度不同分别制定。大学阶段的教育机构主要是书院，全国各省、州、县等行政区域都设有书院，还有一些私立书院，规模较大。书院发展到清末，课程设置及教学完全围绕"八股试帖之业"，成为科举制度的附庸，完全丧失了讲学、辩论的良好传统。整个传统教育系统培养的学生满腹儒家经文，仅善于应对科举考试，不能满足鸦片战争以后对精通外语以及科技知识人才的社会实际需要。培养新式人才成为教育机构发展的必然，改革传统教育机构，创办新式教育机构的呼声日益高涨。

针对新式学校如何兴办的问题，学者各执一词，有的主张保留传统书院，并对其进行改革，有的主张创办新式书院，有的倾向于创办专科学校。兴办新式学校需要大量经费，国家正值患贫，何来巨款？且当权者并未痛下决心，来彻底改革传统的教育制度，仅进行局部的修修补补，希望继续维持祖宗家法和濒危的统治。清政府中的改革势力洋务派集中主要财力支持语言类、军工业和技术学校，增强国家的军事力量，应对西方列强的入侵；地方乡绅改革传统书院，恢复讲学传统，增加西学课程；开明的社会进步人士投资兴办新式书院，以及综合学校。大量的新式综合学校是官办民助的形式。

这些新式教育机构的课程基本上是在传统经学的基础上，增加了"西文"和"西艺"内容，教育机构名称的差异反映出教育对象和课程结构的差异，书院的教育对象是具有一定儒学根基的学生，洋务学堂则要求学生具有一定的外语能力。各个教育机构由于对象和培养目标的不同，中西学的具体学科设置和权重迥异。教学方法的使用也根据不同的教育对象、教学内容和教学目标表现出一定差异。可见，中文西艺原则指导下的学校教学方法呈现出多元特征。

（一）新式书院的科目设置及教学方法

新式书院中的一部分由传统书院改造而来，另一部分则是全新创办的。岳麓书院、湖南校经书院和陕西味经书院等都是经过改造的传统书院。全新兴办的书院多由有进步倾向的地方乡绅注资，办学性质为私立，主要有上海格致书院（1876）、上海正蒙书院（1878）、浙江瑞安学计馆、格致实学书院（1896）和浙江杭州求是书院等。新式书院是近代普通教育的前身,① 如徐寿和傅兰雅合作发起并开办,"令中国人明晓西国各种学问与工艺与造成之物"为宗旨的格致书院,② 后来发展成为上海格致中学。

与传统书院相比较而言,新式书院的特色在于本着通经致用的原则,改革或重新设置课程,增设"西文""西艺"课程,配置理化教学仪器,改革传统儒学教学方法,并借鉴吸收实学教学方法和英语语言教学方法和实验方法。

改造而来的新式书院,主要教学内容依然是经史之学,教学方法也主要采用传统体悟式教学法,并在此基础上吸收了实学教学方法体系的精髓和西方实验教学法。翰林院侍讲学士秦绶章奏请整顿书院,整顿工作围绕定课程、重师范、核经费,主张借鉴胡瑗教学法,进行分斋教学,设计的课程系统主要有六类:经学、史学、掌故之学、舆地之学、算学、译学。③ 始建于北宋初期的岳麓书院在甲午战争之后,更改章程,添设译学、算学与经史之学并列;校经书院以经学、史学、掌故、舆地、算学、辞章六类课程考课学生,湖南学政江标为之配备"天文、舆地、测量诸仪,光化、矿电试验各器,俾诸生于考古之外,兼可知今"④。

兴办的新式书院在教学过程中,恢复了传统书院讲学和研究的功能,同时增加"西学"内容。例如两湖书院的教学科目在原先经学、史学和文学的基础上,增加了算学和经济学,但实际上,由于师资缺乏,算学和经济学始终虚悬。⑤ 在科目设置上,新式书院还普遍增加了近代军事教育内容,两湖书院、自强学堂等综合学校中添设体操、兵操课程。有条件的书院开设英语课程,如1896年创办的上海三等公学的经馆规定了英

---

① 吕达:《中国近代课程史论》,人民教育出版社1994年版,第114页。

② 《上海格致书院发往各国之条陈》,高时良、黄仁贤编:《中国近代教育史资料汇编·洋务运动时期的教育》,上海教育出版社2007年版,第767页。

③ 《礼部:议复秦绶章奏请整顿各省书院折》,高时良、黄仁贤编:《中国近代教育史资料汇编·洋务运动时期的教育》,上海教育出版社2007年版,第726页。

④ (清) 江标:《奏校经书院添设天文、舆地诸仪并拟添设算学等课程折》,高时良、黄仁贤编:《中国近代教育史资料汇编·洋务运动时期的教育》,上海教育出版社2007年版,第871页。

⑤ (清) 张继煦:《两湖书院及其改章》,高时良、黄仁贤编:《中国近代教育史资料汇编·洋务运动时期的教育》,上海教育出版社2007年版,第818页。

文课的教学内容：第一年，识英文方字，讲拼法字义；第二年，仍识英文方字，讲文法初阶；第三年，讲解英文文法，读各种英文读本。1897年创办的安徽二等学堂的功课单规定"洋文"的教学内容是：第一年：英文初学浅书，英文功课书，英文拼法，朗诵书课，数学；第二年：英文文法，英文字拼法，朗诵书课，英文尺牍，翻译英文数学，并量法启蒙；第三年：英法讲改，文法，各国史鉴，地域学，英文官商尺牍，翻译英文，代数学；第四年：各国史鉴，格扬书，英文尺牍，翻译英文，平空量地法①。1895 年盛宣怀奏设的天津中西学堂（后改为天津大学堂），当时拟定的"头等学堂章程"及"功课"规定，英语是一门必修的主课，学生每年都要"作英文论，翻译英文"。新式书院在科目设置上的删改折射出社会对人才的需求状况。

实际上，通经致用一直是书院改革的主要方向。新式书院沿袭了历次书院改革的成果，研经治史，博习辞章。例如同治初年，苏州正谊书院修复后，在山长冯桂芬的带领下，"专课经古"②。1831 年湖南巡抚吴荣光仿照学海堂，设立的湘水校经堂，分设经义、治事和辞章三科。洋务运动时期，新式书院将西方实用科目引入后，在苏湖教法基础上，参考了教会学校的组织形式，实行班级授课制。例如1877 年（光绪三年）退休后的湖南学政顾云臣，修复勺湖书院，设经学、算学两塾，课经解和算术、几何，正课生童各 10 名，附课生无定额；③ 1897 年两湖书院规定，将全校学生 240 名，分为 8 个班级，每班 30 人，并为经学、史学、地理学和算学四科划定专门的教室，每个班级每天必须保证两个课时（1个课时 1 小时），每科配备特定的教师。④

新式书院教学采用的方法因课程的不同，呈现多样化特征。经学和史学课程，沿袭传统书院的教学方法，教师在讲台上笔谈，学生则笔记或笔问，不鼓励讨论，以学生自己体悟为主。引入的西方课程如舆地等，

---

① 李良佑、张日昇、刘犁编著：《中国英语教学史》，上海外语教育出版社 1988 年版，第83—84 页。

② 《苏州府志》（卷25），转引自邓洪波《中国书院史》，东方出版中心 2004 年版，第563 页。

③ 《续修山阳县志》，转引自邓洪波《中国书院史》，东方出版中心 2004 年版，第 563 页。

④ 蔡振生：《张之洞教育思想研究》，辽宁教育出版社 1994 年版，第 88 页。

采用讲演法，分科教学，对学生的考核采用积分法，语言类教学则仿照教会学校普遍采用的语法翻译法。例如 1894 年湖南学政江标对湘水校经堂的课程进行了改革，设置经学、史学、掌故、舆地、算学、辞章六科，经学课程的实施方式"为士子聚徒讲习，以期开阔心胸、研究实学、造成远大之器用"，同时添置"天文、舆地、测量诸仪，光化矿电试验各器，使诸生于考古之外，兼可知今"①；1878 年张焕纶创办正蒙书塾，设置国文、舆地、经史、实务、格致、数学等课程，1885 年更名为梅溪书院，添设英文、法文课程，分经义、治世两斋，分为数班，并设班长，"举德智体三育而兼之，与东西洋教授之法意多暗合"②。可见，班级授课制在新式书院中得到应用，教学开始围绕德智体兼顾发展的教学目标展开，在教学方法的使用上开始吸取中西教学法的精神。

新式书院根据课程的不同选择传统或者西式教学方法，教授中国经史课程和西方文化、科技知识，以经世致用为旗帜，引领了洋务时期教育机构教学方法改革的方向。新式书院中的大部分在维新时期发展成为新式中小学，其在洋务时期改革的成果，为近代中国教育的现代化奠定了坚实的基础。

（二）洋务学堂的课程结构

洋务学堂是洋务派开展洋务活动的一个重要成果。洋务派创办的洋务学堂，初期以中等以上的专科层次为主，后来又逐渐意识到科学技术教育从小学、中学开始采会更有实效，便又创办了一批综合性新式中小学。专科学堂主要分为语言专科学堂、军事专科学堂和技术专科学堂三种。洋务学堂的创立是清政府，更确切地说，是洋务派卧薪尝胆之举，如同文馆创办之议纷繁复杂，清廷中有一部分保守派官员认为，同文馆"严聘夷人教习正途一事，上亏国体，下失人心"③；有大臣奏"天象示警，人心浮动，请旨撤销同文馆，以弥天变而顺人心"，考"同文馆"三字来源于宋代狱名，实为不祥。④

---

① 刘祺、朱汉民：《湘水校经堂述评》，《岳麓书院一千零一十周年纪念文集》，湖南教育出版社 1986 年版，第 26—34 页。

② 邓洪波：《中国书院史》，东方出版中心 2004 年版，第 568 页。

③ 倭仁：《密陈同文馆招考天文算学请罢前议折》，高时良、黄仁贤编：《中国近代教育史资料汇编·洋务运动时期的教育》，上海教育出版社 2007 年版，第 14 页。

④ 杨廷熙：《请撤销同文馆以弭天变折》，高时良、黄仁贤编：《中国近代教育史资料汇编·洋务运动时期的教育》，上海教育出版社 2007 年版，第 21 页。

但是，清廷统治者内心清楚一点，客观的世界局势和国内局势已经使得新式学校的创办成为必然，因而将更多的赞同票投给洋务派。

1. 语言学堂

语言专科学堂包括京师同文馆以及仿照其办理的地方同文馆，主要有京师同文馆（1862）、上海广方言馆（1863）、广州同文馆（1864）、湖北自强学堂（1893）等。

从1876年公布的京师同文馆课程中，可以看到其课程设置缺乏普通教育课程，以专业教育课程为主，涉及代数、几何、物理、化学、历史、地理等相关知识的翻译课程。京师同文馆最初设立英、法、俄、德四种文字的分馆，文字教学先"考字母以别异同""次审其音，以分轻清重浊之殊""次审其比合为体以成文""次审其兼通互贯，以识其名物象数之繁"；天文学教学"必测七政以立法"，"七政"是指日、月、水、金、火、木、土七种天体，"象以仪器，窥以远镜"；"舆图"教学，必须"量以测器，申以算法，精以绘事"，使学生"识山水之高深"，"悉形势之险夷"；"算法"教学以加减乘除运算开始，渐渐过渡到"九章"，次"八线"，次"测量"，次中国传统数学的"四元术"，西方数学体系里的"代数术"。化学教授如何炼铁、炼银、炼铜、炼金、炼铂。"格致"之学分为"力学""水学""火学""电学""光学""声学"①。

内容庞杂，学科门类众多，各年度学科课程缺乏内在逻辑联系，过于注重学科之间的横向联合，忽视学科的纵向发展，显然，这种课程结构折射出清政府了解国外史地和科学知识的迫切心态。

2. 军事学堂

武备学堂和水师学堂构成军事学堂的主体，"练陆军之人才"以"武备学堂为根本"，"练水师之人才"以"驾驶、管轮学堂为根本"②。武备学堂主要有天津军备学堂（1886）、广东陆师学堂（1886）、天津军医学堂（1893）、湖北武备学堂（1896）、南京陆军学堂（1895）、直隶武备

---

① 《清会典》（卷100），高时良、黄仁贤编：《中国近代教育史资料汇编·洋务运动时期的教育》，上海教育出版社2007年版，第93—99页。

② （清）奕譞：《查北洋炮台、水陆操防、机器、武备、水师学堂情形折（附懿旨）》，高时良、黄仁贤编：《中国近代教育史资料汇编·洋务运动时期的教育》，上海教育出版社2007年版，第433页。

学堂等；水师学堂主要有天津水师学堂（1881）、广东水师学堂（1887）、广东黄埔鱼雷学堂（1884）、山东威海卫水师学堂（1890）、北洋旅顺口鱼雷学堂（1890）等。

武备学堂最初一般聘请德国教师，学堂的课程结构也都以德国学校为蓝本。如1896年张之洞、王秉恩等创办的湖北武备学堂，课程分为讲堂课和操场课两类，讲堂课包括军械学、算学、测绘学、各国战争史、枪炮机簧原理、枪炮各零部件的用法、子弹引信药力理法、子弹引信各部件用法、枪炮马队营阵攻守、营垒桥道制造以及山川险要攻守进退等；操场课有枪术、炮术、马术、营垒工程、行军、布雷、演试测验、体操等。[①]

中国近代最早的水师学堂是李鸿章本着"就地作养人才，以备异日之用"的原则，在天津设立的北洋水师学堂，学堂课程大致拟设立十个科目，英国语言文字、地舆图说、算学至开平立诸方、几何原本、代数至造对数表法、平弧三角法、驾驶诸法、测量天象、推算经纬度诸法、重学、化学格致。实际办学中，学校分设驾驶和管轮两班，驾驶班分为内堂课和外场课，内堂课教授国文、英文、代数、几何、平弧三角、立体几何、天文、驾驶、海上测绘、丈量学、静重学、水重学等；外场课教授陆军兵操、弹药及引信法理、信号、升桅操练等。管轮班内堂课科目有国文、英文、数学、几何、代数、立体几何、三角、化学、物理、静重学、水重学、汽学、力学、锅炉学、桥梁学、制图学、轮机全书、煤质学、手艺工作学、鱼雷学等；外场课科目与驾驶班类似。[②]

军事学堂不鼓励学生参加科举考试，其课程结构中，经史类课程明显减少，将其渗透在日常教学活动当中。实践类课程即操场课占据一定比例，与基本的理科课程并列成为主要课程。

3. 技术学堂

技术专科学堂主要有福州船政学堂（1867）、天津电报学堂（1879）、上海江南制造局附设机械学校（1869）、上海电报学堂（1882）、福州电

---

① 蔡振生：《张之洞教育思想研究》，辽宁教育出版社1994年版，第96页。

② 《北洋海军章程》，高时良、黄仁贤编：《中国近代教育史资料汇编·洋务运动时期的教育》，上海教育出版社2007年版，第453—454页。

报学堂（1876）、天津电报学堂（1880）、上海电报学堂（1882）、金陵同文电学馆（1883）、两广电报学堂（1887）等。

技术专科学堂划分专业，各个专业都有比较完整的课程体系和教学计划，基本上，外语、算术、平面几何，是共同必修课程。除此之外，每个专业各有其专业基础课程和专业课程，有的相通，有的则完全不同。技术学堂的课程设置中将国文与西方课程并列，但西方课程占据了较大的份额，专业实践课程为主，专业基础课程为辅，实际上沿承借鉴了中国传统的学徒制，将主要教学场所设置在工厂、轮船上等实际工作场所。如此的课程安排有助于培养学生的实践操作能力，也更加吻合其"技师""车间领班"等培养目标。

4. 综合学堂

与以上三类学校相比，综合学校设立的时间稍晚，洋务运动时期的综合学堂有广东实学馆、江南储材学堂、南洋公学、湖北自强学堂、天津中西学堂等。此类学堂在课程设置上多采用日本模式。学堂课程中西兼备，以西学为主，不鼓励学生在学校自学八股制艺相关课程准备参加科举考试。例如湖北自强学堂，设置方言、格致、算学和商学四类课程。学生必须专心致志，修习课堂上所讲授的课程，不准"在堂兼作时文试帖"，也不准"应各书院课试，以免两误"①。但张之洞在教学过程中发现，西方语言学习不精，探求西方"格致与商务之精微便不可能"。1896年，算学移归两湖书院，裁撤"格致""商务"两科，课程调整后，自强学堂分为英语、法语、德语、俄语四个专业，1898年添设日语。张之洞计划在学习语言的过程中，随着教学的深入，将商学、格致类原版课本作为教材。

再如，1876年成立的南洋公学附小课程有修身、国文、历史、地理、算术、理科、图画、体操等科，教学管理人员多为日本留学生或曾考察日本，如第三任校长林祖沿，以及继任者沈庆鸿都是日本留学生，因而附小的教育内容主要"以通达中国经史大义厚植根柢为基础，以西国政治家日本法部文部为指归，略仿法国国政学堂之意"，课程设置模仿日本

---

① 张之洞：《招考自强学堂学生示并章程》，高时良、黄仁贤编：《中国近代教育史资料汇编·洋务运动时期的教育》，上海教育出版社2007年版，第273页。

的痕迹较浓。① 1887 年创办的绍兴中西学堂，是绍兴最早的一所新式学堂，学堂课程有英语、法语，1898 年添设日语，并聘请日本人中川任教，并设体操课程。

可以看到，语言、技术、军事和综合类学堂构成洋务学堂的主体。前三类学堂的课程设置多采用德国模式，综合学堂课程设置多采用日本模式。但总体而言，洋务学堂的课程中西兼备，以西学为主，不鼓励学生在学堂自学八股制艺相关课程，应科举考试。洋务学堂借鉴其他国家学校的课程结构，主要开设自然科学、军事技术、商科和语言培训课程，推动了科学观念在中国的传播，并将与此类课程配套的西方教学方法同时引入，剧烈冲击了晚清科举取士制度，成为近代教学方法改革的先驱。

（三）洋务学堂的教学方法

洋务学堂的开办，无论从教学目标、课程的设置还是教材的选用、教学方法的采用，都有力地冲击了以学优则仕为核心的科举制度。教学以班为单位，但其实所谓的"班"，主要按学习的程度划分，课程内容有所差异，如上海广方言馆将学生分成"上班""下班"，"初进馆者先在下班，学习外国公理公法，如算学、代数学、对数学、几何学、重学、天文、地理、绘图等"，教材选用以内容较浅，难度不大为原则，并配备了固定教室，"每日于午前，毕集西学讲堂，专心学习"。年底进行考试，选取"性情相近，并意气所向"的学生进入"上班"，上班的"艺"主要分为七类，"辨查地产，分类各金，以备制造之材料"，"选用各金材料，或铸或打，以成机器""制造或木或铁各种""拟定各汽机图样或司机各事""行海理法""水陆攻战""外国语言文字，风俗国政"。上班的学生必须"专习一艺"②。

1. 语言学堂

洋务语言学堂的教学主要采用讲授法，重视学生的实验和实习。如

---

① http：//www.sjtu.edu.cn/intro/document/recall/r05.htm，2007.9.15.

② （清）冯焌光、郑藻如：《上督抚宪禀（附酌拟广方言馆课程十条）拟开办学馆事宜章程十六条》，高时良、黄仁贤编：《中国近代教育史资料汇编·洋务运动时期的教育》，上海教育出版社 2007 年版，第 191 页。

同文馆招收"正途科甲"人士，传授天文算术、轮船枪炮制造原理，"专讲习，勤考课"，教授和练习成为教学核心。上海广方言馆的课堂教学中，秉承传统的课堂口授法，或培养高足弟子，代为讲授，教师"口授"，学生"心手相随"，"笔述"教师所讲内容，或者教师"授以生徒""携之共事"①。

讲授法是一种传统而有效的教学方法。其实每一种教学方法都有其优势和劣势，换句话说，教学方法没有优劣之分，只有合适不合适之别，关键在于，运用的教学方法与教学内容的特性是否匹配。近代的课程设置以语言、算术、天文、地理等具体、直观的知识为主，这类知识隶属于认知领域，教学目标是知识的理解、应用、分析、综合、评价。教师通过语言、文字表达的方式传递给学生，而且由于语言的障碍也只能通过这种方法有效、快捷的传输知识。学校为学生免费提供纸、铅笔等学习用品，用于教学过程中记笔记，学校定期检查笔记情况，督促学生温故知新。洋务学堂除中文课程外，其他课程聘请外国教习，纯外语教学。用外语作教学语言可以帮助学生准确理解其承载的知识体系，领悟其中蕴含的科学精神。传教士也坚持此种观点，在教会学堂中坚持用外语教授各科课程。教学方法的运用需要外在条件的支持，由于洋务学堂招收的学生大多不会外语，因而每位教师需要配备一位中文翻译，翻译大多为上海或江浙地区教会学校、语言学校的早期毕业生。外教需要在上课前跟翻译进行沟通，耗费的精力很大，但优厚的薪金足以弥补这一缺憾。上海广方言馆筹办之际，拟"每日西教习课读，派通习西人语言文字之董事四人，环坐传递语言，发明西教习意旨，使诸生易于接受"②。寻求西方知识的精神实在令人不免赞叹。课程教学实际是双语教学，受到翻译人员个人素养的制约，很多情况下，不能确切表达教师的意图，从而影响到教学效果。

认知领域中的知识分为陈述性知识和程序性知识两种，陈述性

①　（清）冯焌光、郑藻如：《上督抚宪禀（附酌拟广方言馆课程十条）拟开办学馆事宜章程十六条》，高时良、黄仁贤编：《中国近代教育史资料汇编·洋务运动时期的教育》，上海教育出版社 2007 年版，第 193 页。

②　同上书，第 200 页。

知识是以命题网络的表征方式贮存在人的大脑中，程序性知识却是以产生式系统来表征的。知识的不同的表征方式就决定了教学采用不同的方法。语言的应用、化学、物理等学科，程序性知识所占比重较大，需要运用实验和实习的方法进行教学。语言课程的实习主要有两种途径，翻译书籍和充当翻译。京师同文馆、福州船政学堂和上海制造局鼓励学生翻译西方原版的书籍，但实习一般安排在学习积累到一定阶段或毕业前夕。京师同文馆规定八年毕业的学生在最后两年不许翻译书籍，由于京师同文馆地位特殊，与总理衙门关系密切，因而，学生实习期间翻译的书籍都可以经中印局刊行，免费发放国内官绅。对于语言学习而言，翻译书籍的实践能有效锻炼学生的书面表达能力。口头语言的掌握需要不断实际演练，同文馆为在校学生提供大量随外交使节出访，充当随行翻译的机会。"蒲安臣（Burlingame）使节有文馆学生六名，充当随行译员，虽则传译事宜都有英、法秘书全部担任，文馆学生并没有效力，但是他们活动于外教界，此次出国经历，亦有价值。""1870年崇厚使法'谢罪'也有两名文馆学生随行。"①

2. 技术学堂

技术类专科学堂的课堂教学大多也是采用讲授法和实习。教师聘请外籍人士担任，同时配备汉语翻译，教学一般是将外籍教师的讲授内容翻译成汉语，再教给学生。如福州船政学堂的前学堂教学大部分课程都用法语，后学堂用英语。但与同文馆教学不同之处在于没有文字性教材可供使用。军事和技术学校的教学内容属于动作技能领域，动作技能领域知识的教学目标是模仿、操作、准确、连贯、自然化。动作技能性知识仅靠课堂教学是不够的，要学游泳必须下到水中，从模仿开始，反复练习，直到熟练、自动化。"做过不如错过，错过不如错多。"福州船政学堂的教学实习原仅有两个月，时间过于短促，后来订购"平远"舰练船，并将"靖远"号轮船改为练船，实习期改为三年，学生在船上练习课堂上所学，练船可达"东则日本、高丽各洋，南则新加坡、槟榔屿各

---

① ［美］毕乃德:《同文馆考》，高时良、黄仁贤编:《中国近代教育史资料汇编·洋务运动时期的教育》，上海教育出版社2007年版，第174—175页。

埠，北则旅顺、大连港、海参卫，西则印度洋、红海、地中海"①。该记载仅为奏折，具体实施状况没有相关资料可以参看。仅《日益格与洋务运动》一书中稍有涉及，船政学堂的后学堂理论和实践课都用英文教学，教学目标是培养轮船驾驶员。轮船实践课大部分时间由德勒塞（Tracy）舰长教授，英国皇家海军舰长卢慕（Lvxmore）做助手。1871 年，他们得到了一艘名叫"健威"的德国练船，在练船上教导学生学习船舶驾驶术、航海术、射击和指挥，该船曾在学生驾驶下，最远航行至新加坡。②

福州船政学堂的造船学堂、设计学堂和学徒学堂采用全外教法语教学，并花费大量时间实习，实习教师由机械师担任，实习期间签订合同。造船学堂的培养目标是轮船机械设计和制造师，学生通过课堂教学理解蒸汽机各个部件的功能、构造，并在此基础上能够设计、制造零件，组装船体。蒸汽机制造的实习课由工程师 E. Jouvet 教授，船体构造实习课由木匠 M. Robin 指导，工头 F. Marzin 任教，实习课每天数课时。轮机学校和航海学校用英语教学，实习教学分配具体的安装任务，如："按陆地分别进行一百五十匹马力和八十匹马力蒸汽机的安装，在万年号上安装一台一百五十匹马力的蒸汽机，在湄云号上和福星号上各安装一台八十匹马力的蒸汽机，在深航号上安装一台八十匹马力的蒸汽机，另一台同型号的安装在靖远号上。还有在华伏波号和海彤云号上安装锅炉。"③ 具体项目的教学实习既实用，又可以激发工作热情，锻炼学生的动手能力和解决问题的能力。

除注重实习外，船政学堂实行分班教学和分科教学，依据学习内容的不同，学习程度、资质、培养目标的差异，将学生分成若干班级，教学进度和教学侧重点都有所差异。每科均有专职教师，1868 年法文学堂的物理和化学教师是 L. Rousset，数学教师是 L. M'edard，英文学堂的轮机房由 W. Allan 任教。医学堂按照学生的成绩安排座位，将学生"各分等

① （清）裴荫森：《购修觖板复设练船折》，高时良、黄仁贤编：《中国近代教育史资料汇编·洋务运动时期的教育》，上海教育出版社 2007 年版，第 365 页。
② 同上书，第 366 页。
③ ［法］日意格：《船政学堂教学状况记》，高时良、黄仁贤编：《中国近代教育史资料汇编·洋务运动时期的教育》，上海教育出版社 2007 年版，第 378 页。

第为一、二、三等，循序位置"①，每个人都安排固定座位，课桌上贴有学生的姓名，学生听课必须对号入座。这样的座位安排实际上是变相因袭传统的私塾教学组织形式，教师和学生面对面，学生的座位成矩阵分布，根据学生的学习成绩依次布局。矩阵式座位安排方式将教师和学生对立起来，凸显教师的地位，强调教师的权威性，不利于师生间的平等交流。根据成绩安排座位虽然可以使教师一目了然，便于掌握学生的学习程度和进度，因材施教，但强行掠夺学生选择座位，平等占有学习资源的权利，同时会伤害学生的自尊心，坐在最后一排的学生在一段时间里，永远抬不起头，容易形成部分学生的自傲或者自卑心理。

3. 军事学堂

洋务派最急于设立的学堂是军事学堂，"练陆军之人才"以"武备学堂为根本"，"练水师之人才"以"驾驶、管轮学堂为根本"②。军事类专科学堂"讲堂以明其理，操场以尽其用"。近代的系列中外战争，中国都输在海战中，因而"储人才、勤教练为水师第一要务"③。部分材料反映，水师学堂的教师多聘请英国人，用英语教授。武备学堂的外籍教师多从德国聘请，因为当时德国的军工制造比较先进。

军事学堂采用分班教学法，或分为两班，等级和学习程度上没有任何差别，分班采用随机分配的方式，或举行甄别考试按学业划分三班、二班、一班。如南洋水师学堂"在馆生徒仅八十名，分为驾驶与管轮两门教习，门各四十人，平分头班二班，次第习学。在学者之意，似重驾驶之业，而轻管轮之艺。故收录时以阄为分派，拈取何门，即归何门习业"④。西方人眼里平行的两个专业，近代学生往往能排出等次，学生一般都嫌弃管轮班课业艰苦。江南水师学堂将学生分为高低班进行教学，

① （清）李鸿章：《奏医院创立学堂折》，高时良、黄仁贤编：《中国近代教育史资料汇编·洋务运动时期的教育》，上海教育出版社 2007 年版，第 580 页。

② （清）奕譞：《查北洋炮台、水陆操防、机器、武备、水师学堂情形折（附懿旨）》，高时良、黄仁贤编：《中国近代教育史资料汇编·洋务运动时期的教育》，上海教育出版社 2007 年版，第 433 页。

③ （清）马建忠：《上李伯相复议何学士如璋奏设水师书》，高时良、黄仁贤编：《中国近代教育史资料汇编·洋务运动时期的教育》，上海教育出版社 2007 年版，第 422 页。

④ 《南洋水师学堂考试纪略》，高时良、黄仁贤编：《中国近代教育史资料汇编·洋务运动时期的教育》，上海教育出版社 2007 年版，第 496 页。

学生的待遇也有所差异。但据鲁迅①回忆，水师学堂的教学内容难度不大，教学方法有些单调，一周有四天诵读英文，一天习读《左传》，还有一天学做时文。教师的学术素养也令人怀疑，教师会把同学的名字"沈钊"错读成"沈钧"，但学校的政治气氛十分浓厚，会因为小事情开除学生，甚至设有"大堂"，可以下军令，剥夺学生的生存权利。江南水师学堂先设格外班，让考取的新生进修为期三个月的中英文，之后举行甄别考试，合格者入三班，以后再递升至二班、一班。②

军事学堂的中文教学相对较弱，但能持之以恒，每天汉语教师会"摘录经史一则，书于黑板，令诸生抄录，感发忠义之心"③。军事学堂的实际课堂教学效果并未彰显。据说德国人十分傲慢，教师在教学中有所保留，从而影响到教学效果。另外，此类学校的学生受到传统学风的影响，轻视实验和实地见习，"不喜欢体力劳动，因为怕弄脏手指"，认为体力劳动是下等人干的事情。外加双体并行及学堂依附于科举的地位，严重妨碍实际教学，学生敷衍西学、备考科举。对于军事学堂的实际教学效果，当时的官员和学者也深为不满，"闻天津学堂，章程可观，奉行不力，习业之时甚暂，嬉游之时恒多，提调不知，教习不问，无惑乎论者谓中国事多敷衍"④。因而，洋务官员上奏应派遣学生到英国和德国游历积累经验，实际上，条件较好的军事学堂都会在学生学习一两年后，派遣赴德国或英国军队中，在实践中培训一年至两年，增加实践知识的同时增长见识。

4. 综合学堂

中文和外文是综合学堂中普遍设立的课程，其教学特色主要体现在语言教学方面。例如，1895 年盛宣怀奏设的天津中西学堂（改为天津大学堂），当时拟定的"头等学堂章程"及"功课"规定，英语是一门必

---

①　鲁迅，曾考取江南水师学堂的实习生，经过三个月后成为正式生，分在管轮班学习。——作者注

②　《鲁迅年谱》，高时良、黄仁贤编：《中国近代教育史资料汇编·洋务运动时期的教育》，上海教育出版社 2007 年版，第 499 页。

③　《北洋武备学堂学规》，高时良、黄仁贤编：《中国近代教育史资料汇编·洋务运动时期的教育》，上海教育出版社 2007 年版，第 519 页。

④　（清）朱一新：《闽粤宜添置水陆学堂折》，高时良、黄仁贤编：《中国近代教育史资料汇编·洋务运动时期的教育》，上海教育出版社 2007 年版，第 435 页。

修的主课,学生每年都要"作英文论,翻译英文"。外语教学普遍参考教会学校的"语法翻译"教学法,先教音标、字母,次之讲解语法,次之缀句,最后翻译原文成为主要的学习方法和实习方法。科学的研究精神属于缄默知识,体现在教师从事研究的过程当中,学生在教师的指导下,致力于外文原版书籍的翻译,有利于培养学生的研究精神。语文教学借鉴英语教学的"语法翻译法",从专注背诵,趋向学习能力和技巧的培养,如蔡元在绍兴中西学堂开设"反切学"①。

上海一些夜校类的学校教授速成英语即洋泾浜英语,往往每天只讲习一小时,半年时间基本上能够掌握日常会话。洋泾浜英语是 19 世纪中外贸易发展的特定历史条件下的产物,尤其流行于广州、上海、宁波、福州、厦门等沿海城市,它的最大特点是具有混合性和非规范性。作为通事用语,它成了当时通事们与外国人进行交流的必要工具,在近代对外贸易、外交和文化接触中扮演了重要的角色,其影响极为深远。② 洋泾浜英语的学习方法也比较特殊。此类学校教授口头英语,不供书面使用,较少涉及语法规则,多以口头传授或汉语注音的方法进行教学,其中,背口诀是口授的常用方法之一。无疑,此种英语教学方法导致中国的通事只能勉强听说而不会读写。

三 典型教学方法举要

这一时期的教学方法与学校课程结构相适应,与通经明理、精熟西文的教学目标保持一致,表现出中西教学方法杂糅的特征。为了微观研究的需要,如果需要挑选出其中的两种典型教学方法,传统的体悟式教学法和国外引入的班级授课制是不二之选。

（一）体悟式教学法

新式学校的课程中西兼设,中学课程以经史性理为主,旁通实务,辅以辞章。教师在中学课程的教学过程中,较多地使用了体悟教学法。

---

① 国家档案局明清档案馆编:《戊戌变法档案史料》,中华书局 1958 年版,第 301—302 页。

② 季压西、陈伟民:《近代中国的洋泾浜英语》,《解放军外国语学报》2002 年第 1 期,第 23—24 页。

教师在使用体悟式教学法时，一般鼓励学生做读书笔记、身体力行。如
1863 年丁日昌创建的龙门书院推行严格的行事、读书日记制度，而这两
项是体悟教学法的主要程序。① 体悟式教学法强调教学过程中学生学习的
准备状态，进而将大量的课堂时间教给学生自由支配，用于自我知识积
累。读书和笔记是自我知识积累的有效途径。

体悟式教学法实质是中国传统教学方法的延续。知识的积累是体悟
式教学法实施的重要环节。知识和经验的准备是有效教学的基础。现代
教育理论家布卢姆（Bloom，B. S.）掌握学习理论强调学生学习活动的准
备状态，学生的学习准备包括认知准备状态和情感准备状态，认知准备
状态涵盖了学生的已有知识基础、学生的认知经历、言语能力、阅读理
解能力和学习方式，情感准备状态蕴含学习者的情感经历、兴趣、态度、
动机、自我概念。布卢姆相信任何学生在适宜的条件下都可以达到掌握
的水平，学习能力强的学生即快学习者，需要的教学时间短，学习能力
弱的学生即慢学习者，需要的学习时间相对较长。② 正是考虑学生的学习
进度不同，理解能力也有所差异，体悟教学法鼓励学生进行自学读书，
并将读书心得记录在相应的书册上。读书札记是学生读书学习心得体会
的书面表达形式，质疑论辩是学习体会的言语表达形式。以新式书院为
代表的教育机构，多采用鼓励学生辩难，检查读书札记的教学方式。书
院会为每个学生准备一个札记本，定期收回检查。例如 1873 年设置的陕
西味经书院，山长登堂讲说，逐条讲解，令学生贯通，阅其札记，别其
勤惰。③

体悟式教学法在实施过程中，倡导孔子提出的"学思结合""学而不
思则罔，思而不学则怠"，思考是训练阅读理解能力和培养内在学习动机
的有效方式。学生的思考行为也是体悟教学法的核心。教学过程中，强
调学生的主动学习，教师针对各个学生的学习进度设定任务并加以引导，
思考活动一般伴随面部表情和手部动作，教师在课堂教学过程中，善于

① 邓洪波：《中国书院史》，东方出版中心 2004 年版，第 568 页。
② 黄济、王策三主编：《现代教育论》，人民教育出版社 1996 年版，第 374 页。
③ 《味经书院志·教法第五》，高时良、黄仁贤编：《中国近代教育史资料汇编·洋务运动
时期的教育》，上海教育出版社 2007 年版，第 745 页。

捕捉学生学习的"最优时间"（Optimal Time）和状态，"不愤不启，不悱不发"，即"愤""悱"状态，抓住时机，适时给予讲解，期待学生在大量积累、思考领悟的基础上产生顿悟，领会经义要旨。这就要求教学过程按照一定的程序、有条不紊地展开。例如1847年翰林院修撰龙启瑞为15岁以下的儿童编制了《家塾课程》，指出教学宜按照读熟书、看生字、写字、作文先后顺利次第展开。教师对每天的课业活动作以规定，不鼓励教师草草讲解经书的内容。[①]

　　教师教授与学生学习活动时间的分配和利用是体悟式教学方法实施的重点。在学校课堂教学中，时间是一条有起点、有单位、有指向、有始有终的"线段"，时间是均匀流逝的客体。课堂教学过程中教学时间的有效利用已经成为一个众多学者关注的课题。[②] "满堂灌"表面来看是充分利用课堂教学的有限时间，但实质上忽略了学生"最佳学习时间"的存在，忽略学生的学习兴趣和动机等情感因素，容易造成"疲劳感"，实际的教学效率不高。体悟式教学与"满堂灌"截然不同，将大量时间留给学生自学，为学生提供适合其年龄阶段和学习阶段的教学材料，布置与其有着高度适合性的知识型学习任务，教师进行课堂教学常规管理，随时准备向有需要的学生提供帮助，引起学生"顿悟"和"高峰学习体验"。

　　就此点而言，体悟式教学方法在理论上与安德森提出的"时间利用"观点类似。安德森将教学所需要的时间分为五类：发展性时间利用（development timing）、准备性时间利用（entry-behavior timing）、瞬时性时间利用（instantaneous timing）、定步性时间利用（timing as pacing）、管理性时间利用（timing as managing）。发展性时间利用，是说课程设置的内容和难度要适合学生身心发展的程度，关注学生智力发展的关键期；准备

---

　　① （清）龙启瑞：《家塾课程》，高时良、黄仁贤编：《中国近代教育史资料汇编·洋务运动时期的教育》，上海教育出版社2007年版，第371—372页。

　　② 教学时间的相关研究有卡罗尔（Carroll，J. B.）的"学习程度"理论，伯利纳（Berliner，D. C.）、费希尔（Fisher，C.）和利伯曼（Lieberman，D. C.）的教学时间四层次分类，安德森（Anderson，L. W.）教学"时间利用"理论，卡威尔（Karwait，N.）的"学习变率"，旺（Wang，M. R. C.）的"整合环境"理论，斯莱文（Slavin，R. E.）"短板效益"和东阳中学的"教学实效"研究。——作者注

性时间利用是指教师需要给学生提供知识准备和情感准备的时间，以便顺利、有效地接受新知识和技能；瞬时性时间利用则要求教师准确把握学习者、学习任务和教学活动三者的最佳匹配时刻，在学生专注程度很高的情况下及时教授；定步性时间利用是指教学过程的步骤性和层次性；管理性时间利用做好衔接转换，灵活把握时间。①

中学课程的主体是语言和儒家经典。汉语学习的难度较大，因而读书识字的过程相对比较漫长，且儒家经典论著阐述的是处世哲学，哲学属于缄默知识，单靠教师的课堂讲解，很难达到效果，因而在课堂教学中划分出大块教学时间让学生自己理解领会，教师在恰当时间点拨讲解，不失为有效的方法。教师在经义课程的教学中使用体悟式教学方法，将讲读与课读结合起来，在读书认字的教学活动中，以课读为主，教师的讲读为辅。此种方式符合心理学的解说，儿童的大脑容易兴奋，但也极不稳定，记住容易，遗忘也快。传统的蒙学教学虽强调记忆，但优秀的教师会每天讲解一两句经义，指导学生课下仔细揣摩体会。例如，教师会选取《小学韵语》《弟子必读》《学堂讲语》等故事性强，富含教育意义的书籍，选择与学生的日常生活结合紧密条款，每天讲解一二，这些可法可效的故事将使学生终身受益。讲读的同时，课读跟进，设册记录，赏罚分明。

课读法是为了敦促学生及时理解和掌握讲读内容。一般来说，学校为每个学生准备一本记录册，学生在校的功过得失详加刊载，将赏罚标准向学生公布，有功必赏，有过必罚，但应同时遵循，赏多罚少的原则，"赏多则激其鼓舞之念，罚少则养其廉耻之心"②。奖励为主，坚持正面教育，循循善诱，可使学生不惮读书之苦。教师到校后的第一件事情就是检查功课，"按名考学生熟勤惰"，命学生讲解、背诵，"如书不成诵，讲解差错者，将本生名下记过一次。如两次不改，分别责处。如有能熟诵、能讲说、早夜勤劬，举止端重者，临时酌奖花红，以示优异"③。年龄较

①　盛群力等：《学与教的新方式》，浙江大学出版社 2007 年版，第 10—12 页。

②　（清）任兆麟：《任式家塾规条十则》，璩鑫圭编：《中国近代教育史资料汇编·鸦片战争时期教育》，上海教育出版社 2007 年版，第 368 页。

③　（清）栗毓美：《义学条规》，璩鑫圭编：《中国近代教育史资料汇编·鸦片战争时期教育》，上海教育出版社 2007 年版，第 354 页。

小的学生意志力薄弱，强制其将注意力持续投向某一事物，并保持较长时间，几乎是不可能的。奖惩方式不失为一种维持注意力的有效方式。如目前遗存的各个书院的月课文，是研究者考察体悟式教学法的重要证据。

另外，体悟式教学法还强调严格的行事制度，践行礼义。如1885年更名后的梅溪书院在教学中，要求学生认真演习洒扫应对进退礼仪。一屋不扫，何以扫天下？礼义教学需从小事做起，从学校生活中的事情做起。

总之，体悟式教学方法强调"学、思、习、行"的心理过程，蕴含了中国传统的优秀教学理念，有助于培养学生的自学能力，以及自我管理、自我监控的能力，同时有助于培养学生的礼节意识。体悟式教学法服务于培养具有儒学修养的实用人才的教学目标，契合经义理性的教学内容，在经义教学中发挥了应有的作用，从而成为一种有效的教学方法，刊入史册。

（二）班级授课制

班级授课制是在19世纪中外教育交流过程中，经由教会学校传入我国。中国境内的教会学校首先采用班级授课制，进而被洋务运动时期创立的新式学校所采纳。1860年，容闳向太平军中的洪仁玕建议设立实业、武备学校，仿照西方分行各级学校制度。而后，郑观应主张仿照西方学制，设立高、中、初三等学校系统，并规定学习年限，主张采用班级授课制。

实际上，洋务运动时期创办的新式学校已经基本上都采用分班教学方式。上海正蒙书院是中国最早采用班级授课制进行教学的小学。1878年张焕纶在上海创办正蒙书院。张焕纶先生"独奋于流俗之外，远师古小学教人之遗法，近采泰西小学校之成规，联同志数君子，通力合作，聚徒数十人，分曹讲习，规制粲然，一中国四千年来最先改良小学校也"[①]。正蒙书院的教学内容有经艺和治事两类，将学生按照原有知识储备水平的不同，划分为两个年级，每个年级一个班，以班为单位进行教

---

① 朱有瓛主编：《中国近代学制史料》（第1辑下册），华东师范大学出版社1986年版，第571页。

学，培养的学生"无不学贯中西，通达实务"。正蒙书院开中国教育的新风，最初社会舆论颇多非议，经年之后，成效显著，浮言渐息，教育学界逐渐认同班级教授法。1901 年清政府实行新政，"废科举，兴学堂"，明确将班级授课制定为我国学校基本的教学组织形式。

究其来源，班级授课制是 16 世纪捷克教育家夸美纽斯在《大教学论》中首创，而后传入我国的一种西方教学方法，是"把年龄和知识程度相同或相近的学生，变成固定人数的班级集体；按各门学科教学大纲规定的内容组织教材和选择适当的教学方法；并根据固定的时间表，向全班学生进行授课的教学组织形式"①。《教育大辞典》中的"班级"界定为"教学的基本组织形式"。班级授课制既是一种教学方法，也是一种教学管理模式，同时还是一种教学组织形式，体现出近代教学方法的模式化发展趋势。

班级授课制是近代工业生产发展的产物。夸美纽斯将近代工业化批量生产方式引入教育，提高了教学的效率，节约教师的时间和精力，同时创造学生之间互相竞争和激励的机会。夸美纽斯的教学思想并非仅是理论构想，他在担任匈牙利长期顾问期间，在沙罗斯—帕特克（Saros-Patak）创办了一所泛智学校。泛智学校准备采用班级授课制进行教学，设置七个年级招录学生，班级的名称和课程设置各异。门前班、入门班和内厅班的教学内容是语言知识，但三个班的入学要求不同，门前班要求学生识字，入门班要求懂得度量知识，内厅班则要求擅长口头表达。哲学班学习哲学知识，要求学生懂历史，逻辑班学习意志存在方面的知识，要求学生懂哲学，政治班要求学生具有逻辑经验或者理性思维，神学班拒绝招录渎神者。夸美纽斯为每个班级安排了独具特色的教学内容和教学方法。②但实际上由于匈牙利的教学传统和教师素质的原因，夸美纽斯的教学实验只招收了前三个班级就中途夭折了。但夸美纽斯首创教育实验方式进行教学研究，被誉为"教育史上的哥白尼"③。

---

① 中国大百科全书出版社编：《中国大百科全书·教育》，中国大百科全书出版社 1985 年版，第 151 页。

② 杨汉麟主编：《外国教育实验史》，人民教育出版社 2005 年版，第 27 页。

③ ［美］E. P. 克伯雷选编，华中师范大学教育系等译：《外国教育史料》，华中师范大学出版社 1991 年版，第 396 页。

可以看到，中国古代的"分斋教学法"与班级授课制在形式上十分类似。洋务时期，无论新式书院，还是军事、技术和语言学堂都普遍采用的班级授课制实际上带有明显的分斋教学法的特征。例如梅溪书院分为经义、治事两斋，并将学生分为数班，班设班长，斋置斋长，督之以学长，统之以教习。1897 年建成的崇实书院，分为政事和工艺两斋，各斋的课程设置有所不同。工艺斋注重格致、英文、算术和制造，并为学生添设"制造一区，专备诸生考求艺事，仿制品具之所"。分专业和班级展开教学，提高了教学的有效性和针对性，1898 年学生已经可以"仿造日本人工轧花机器"，以至于学校准备继续扩大学校规模，增加招生名额，添购"格致各器"①。

1898 年的两湖书院设经学、史学、地舆学和算学门，经心书院分设外政、天文、格致制造等门；1893 年创立的湖北自强学堂分方言、格致、算学和商务四门，每门学生 20 人，分斋教授；② 1897 年广东同文馆在原先英文班的基础上，添设法文和布文班，延聘教习，增加馆舍，时人认为若令三班同聚一堂，不但"师生拥挤"，且各班教学内容不同，易使"学业混淆"③。

可见，洋务时期新式学堂采用班级授课制具有自己的特征，新式学堂的分班依据多为教学内容和专业的不同，例如同文馆的英文班、法文班，湖北自强学堂的方言门、格致门、算学门和商务门，与此同时，设置班长一职，辅助教师完成教学任务。而分班依据的相异恰是分斋教学法与班级授课制两者存在的差别。"分斋教学法"是按照教学内容、教学方法以及培养目标的不同，划分成经义、治事等班级，学生的学习程度以及年龄特征只是参考因素。西方传入的班级授课制的出发点是考虑学生的身心发展，按照年龄和知识准备程度划分班级。二者的区别折射出中国与西方教学理念的不同，教学活动是否从"学生"出发，关注学生的发展，成为问题的核心，同时也是近代教学方法改革坚持不懈的努力

---

① 邓洪波：《中国书院史》，东方出版中心 2004 年版，第 570 页。

② （清）张之洞：《奏设湖北学堂片》，高时良、黄仁贤编：《中国近代教育史资料汇编·洋务运动时期的教育》，上海教育出版社 2007 年版，第 270 页。

③ （清）长善等：《请添设学馆增加经费折》，高时良、黄仁贤编：《中国近代教育史资料汇编·洋务运动时期的教育》，上海教育出版社 2007 年版，第 242 页。

方向。

洋务运动时期教育上的土洋结合，中西杂糅在体悟式教学法和班级授课制中得到充分的体现。新式学校教学中，针对不同的教学内容，普遍采用这两种教学方法。知识的既定性是两者的共同之处，无论中学的经义，还是西学的技术、军事以及语言，都需要学生通过不断练习和实践，逐渐强化掌握。相对于创新发现而言，知识和技能的掌握始终是教学重心。但相对于传统的个别教学而言，洋务时期的学校使用的班级授课制建立在学生身心发展差异和学科知识结构差异的基础上，利于提高教学效率和教育的普及，可以称得上是中国教学方法向科学化迈进的第一步。

但洋务运动时期教学方法的革新主要集中在中等以上的教育机构，这既是受"中体西用"指导思想的影响，同时也是急功近利心态的反映。中等以下教育机构教学改革的缺乏使得新式教育在三十余年的发展历程中，并未从根本上冲破传统的教学形式，从而使其教学方法的改革笼罩上浓厚的封建色彩。教育需要经过百年方能奠定基业，教学方法的改革也是一项长期而艰巨的任务，需要教育者的不断努力。

第二节　维新运动与清末"新政"时期的课堂

民族危机的不断加深是教育改革的推进器。1895 年中日甲午战争中，中方以战败国的身份签订了《马关条约》，这是促使维新思潮高涨，洋务派的办学思想和理念进行局部调整的直接诱因。在民族危亡之机，中国需要学习西方，洋务派和维新派对于这一点已经达成共识。此时洋务派的办学思想和理念伴随社会的发展及其对人才的要求进行了局部调整，教学内容由初期的中西并重逐渐过渡到强调西学。湖广总督张之洞和两江总督刘坤一连上三道奏折即《江楚会奏三折》，提出兴学育才、变更旧法、采用西法等一系列变法、变制主张。比较洋务派而言，维新派认同和接受西学的态度更为坚决。

两者的根本分歧在应该怎样学习"西文""西艺"才更有效。洋务派坚持认为传统的儒学不该放弃，坚信儒学修养与西方的科学技术完全可以融合。当然，我们不能片面地认为，甲午海战的失败证明洋务派思想体系的错误，但它很大程度上挫败了洋务人士的自信心，同时也暴露出晚清政治管理体制的缺陷。维新派恰好看到这一点，主张全面学习西方的政治和文化体制，希望通过改变部分社会文化、经济和教育体制，使得清朝的社会运行机制走出困境。以梁启超为代表的维新派与以张之洞、刘坤一位代表的洋务派在西学以及西学教学方法的认同程度上存在的矛盾，是影响教学改革趋向的直接原因。

1898 年 6 月 11 日光绪帝下明定国是诏书，维新变法由此开始，同年9 月 21 日发生宫廷政变，光绪帝被囚，宣告变法结束。在此期间光绪帝连续发布数条上谕，除旧布新，其中关涉教育的条款主要集中在改革科举和设立新学两方面。例如 6 月 23 日颁布 "自下科为始，乡会试及生童岁科各试，向用四书文者，一律改试策论" 上谕；7 月 10 日上谕 "书院改学堂"；7 月 13 日上谕 "命举经济特科，各省各举所知保荐人才"；8 月 18 日上谕 "派遣日本游学"；8 月 19 日上谕 "各省迅将开设学堂筹办情况具奏"；等等。

政策指引了教学改革的方向。甲午战争失败到维新变法运动失败的历史时期，是新教育猛进及中学与西学的调和时期。维新派的人员组成具有年轻化、知识结构上中西兼通、社会地位较低的特征，这决定了由其推动的维新运动①在教育改革方面更为彻底和西化。维新运动虽难逃失败的命运，但由其推动的教学改革适应社会发展的需要，改革的步伐已经无法停止。

1901 年 1 月 29 日，慈禧太后在西安以光绪帝的名义上谕 "预约变法"，令 "军机大臣、大学士、六部九卿、出使各国大臣、各省督抚，各就现在情弊参酌中西政要，举凡朝章国故、吏治民生、学校科举、军制财政，当因当革，当省当并，或取诸人，或求诸己，如何而国势始兴，如何而人才始盛，如何而度支始裕，如何而武备始精，各举所知，各抒己见，通限两个月内详悉条议以闻"②。清末新政的序幕就此拉开。新政

---

① 自清朝光绪二十四年四月二十三日（1898 年 6 月 11 日）光绪帝诏定国是、决定变法起，至同年八月初六慈禧太后重新 "训政" 止，共 103 天，史称 "百日维新"，也叫 "维新运动" 和 "戊戌变法"。——作者注

② 《光绪二十六年十二月初十日下诏变法》，璩鑫圭、唐炎良编：《中国近代教育史资料汇编·学制演变》，上海教育出版社 2007 年版，第 4 页。

时期，清政府在教育领域采取了一系列重大举措。1902 年制定《钦定学堂章程》即"壬寅学制"，但由于复杂的原因胎死腹中，并未颁布实施；1904 年颁布《奏订学堂章程》即"癸卯学制"。作为近代正式公布的第一个学制，"癸卯学制"在吸取"壬寅学制"精髓的基础上，构建出中国近代教育体制的雏形，加速了教学方法改革的规范化。

清廷于 1905 年废除科举制，并在此基础上，改革传统从礼部、国子监到府、州、县学的教育行政管理体制，创立学部及地方教育行政机构，履行新的教育管理职能。创办新式学堂、改革和废除科举、建立新学制和新的教育行政体系成为维新运动和清末"新政"时期的主要教学改革举措。学校教学方法的改革历程由此发生转折，开始全面学习国外。在这一时期，经由明治维新而走向自强的日本是主要的媒介和学习对象，日本的单级教学法、西方的五段教学法传入我国。中国的教学方法改革经历了传统与现代、中方与西方的激烈碰撞。

一　课堂教学改革

洋务运动时期的新式学堂以中等以上的教育机构为主，缺少小学程度的新式教育机构，此种教学改革布局带来的弊端逐渐被人们所认识。"设学之定法，自宜先由小学校办起；层累而上以至中学高等学大学，方为切实有序。"① 因而，维新变法和清末"新政"时期，在国家政策的引导下，全国范围内兴起了改良传统教育机构、兴办新式学堂的热潮。据统计，1895—1899 年，全国范围内共创办 150 所学校。② 1904 年新学制的颁布和 1905 年科举制废除，更使得新式学校大规模出现。

新式学堂数量的增多相继带来师资缺乏问题。初于保证教学质量的考虑，清政府加强了对教师资格的检定工作，于 1904 年拟定《任用教员章程》，同年颁布《各学堂管理通则》，对教员的职责作出具体规定。1911 年学部颁布《奏遵议检定小学教员章程及优待小学教员章程》，促进

---

① （清）张之洞、刘坤一：《设文武学堂折》，汤志钧、陈祖恩编：《中国近代教育史资料汇编·戊戌时期教育》，上海教育出版社 1993 年版，第 446 页。

② 汤志钧、陈祖恩编：《中国近代教育史资料汇编·戊戌时期教育》，上海教育出版社 1993 年版，第 119 页。

了教师的职业化。在此过程中，士绅群体开始大批流向与新的社会分工相联系的各种社会职业阶层。他们在流动过程中是以新式教育体制为中介的，因此，这时期的士绅群体具有"旧功名"和"新学历"的双重身份。①

这一时期，以美国为代表的世界各国同样面临公立教育发展、公立学校增加带来的师资缺乏的困境。美国设立师范学院国家资助培训中小学教师，期望提高教学质量。中国的教学改革无疑受到世界各国普遍发展公立教育和基础教育的影响，加入教学改革的行列。政府在新学制中将师范学堂列入，并在《学务纲要》中指出："师范学堂，意在使全国中小学堂各有师资。此为各项学堂之本源，兴学入手之第一义。"② 设立师范学校，聘请日本学者担任教师的同时，大规模派遣学生留学日本，学习军事和师范，通过出国考察，派遣留学，成立教育会等途径解决师资问题，优化教学方法，提高教学质量。

（一）改革科举

伴随民族危机的加深，改革科举，兴办学校，成为维新派救亡图强的要策。1898 年 6 月 30 日康有为再次上书，强调"时文积弊太深，不得不改选更张，以破拘墟之习"③。传统学校教学长期依附于科举制度，这种依附关系史的科举考试，尤其是八股制艺的存在严重阻碍了学校教学领域的革新。

新式书院和学校主要培养的是少年新进，近代的士绅大都讲求实学，儒宿学，或"已经通籍之人"，人才散落民间，没有渠道得到升迁和重用，因而，洋务运动后期至维新时期，官员频繁上奏要求改革科举考试的内容，迅设经济特科，1898 年 7 月 13 日，光绪帝听取大臣的意见，发布上谕："举经济特科，各省各举所知保荐人才"④，严定滥保，一经查出，从严惩处。1898 年 6 月，光绪帝上谕，乡试、会试以及生童岁科各

---

① 程蕾：《中国近代社会群体变迁研究》，硕士学位论文，西北大学，2005 年，第 22 页。

② 陈学恂主编：《中国近代教育史教学参考资料》，人民教育出版社 1987 年版，第 532 页。

③ 康有为：《奏请经济岁举归并各省岁科试迅即改试策论折——代宋伯鲁拟》，汤志钧、陈祖恩编：《中国近代教育史资料汇编·戊戌时期教育》，上海教育出版社 2007 年版，第 59 页。

④ 《上谕：命举经济特科，各省各举所知保荐人才》，汤志钧、陈祖恩编：《中国近代教育史资料汇编·戊戌时期教育》，上海教育出版社 2007 年版，第 61 页。

试，一律改试策论，并将经济特科并归正科，借以选拔"体用兼备"、通经济的人才，将八股文体驱逐出科举考试的阵营。

但这一时期，改革科举考试的举措并未浅尝辄止。清政府于 1901 年 8 月 29 日下令："嗣后武生童考试及武科乡、会试，着即一律永远停止。"① 自此，唐朝开始的武举考试废除。1901 年 5 月张之洞、刘坤一联名上奏："将科举略改旧章，令与学堂并行不悖，以期两无偏废；俟学堂人才渐多，即按科递减科举取士之额。"② 在此基础上加快中额递减步骤，预计 3 届 10 年后，科举制将在我国消亡。

1902—1904 年，清政府着手起草新学制，试图在借鉴日本教育崛起的经验，建立新的学制系统，走向民族自强道路。然而，1904 年中俄战争爆发，核心问题是中国东北的领土归属问题，这次战争对中、日、俄三方都带来巨大的冲击。中国政府尤其感觉到自己陷于威迫局势当中，科举考试与新式教育在内容和形式上的不和谐关系，使得科举考试的存在严重抑制了新式学校的发展。1905 年 9 月 2 日清政府颁布上谕："着即自丙午科为始，所有乡、会试一律停止，各省岁科考试亦即停止。"③ 这条上谕虽短短几字，却改变了众多士子的命运，在中国教育史上具有划时代的意义。

科举制度的废除，彻底掐断了传统士子对新式教育所持的观望态度，以为"朝廷之意并未专注学堂"，从而为新式学堂的创办、新式教学方法的应用和推广扫除了障碍。

（二）普设学堂

维新运动和清末"新政"时期，改革和废除科举的呼声始终与民间普设学堂的努力如影随形。1896 年 6 月 12 日（光绪二十二年五月二日），刑部左侍郎李端棻上《请推广学校折》，主张仿照西方设立小学、中学、大学连贯的学校系统。王季烈也认为："学问之道，由浅入深。小学者，学问之基础也。今日小学未开，基础不立，虽有精深之理，专门之业，唯以语之未窥门径者。如是，则虽开学堂，永无

---

① 沈桐生辑：《光绪政要》（第 27 卷），上海崇义堂刊本 1909 年版，第 61 页。
② 舒新城编：《中国近代教育史资料》（上册），人民教育出版社 1961 年版，第 56 页。
③ 沈桐生辑：《光绪政要》（第 27 卷），上海崇义堂刊本 1909 年版，第 59 页。

成才之日矣。"① 小学作为教育事业的基础,其普及程度对提高整个国家的国民素质至关重要。

在封建教育体制下,建立新式学校体系的困难可想而知,但这一时期维新人士坚持不懈地努力着。维新运动时期,光绪帝频繁颁布设立新式学堂的上谕,1898 年 7 月 29 日颁布"各省设学堂"的上谕,1898 年 8 月 4 日颁布"京城设小学堂"的上谕。国家政策的颁布保证了新式学堂的法律地位,从而刺激了其发展。梁启超在《戊戌政变记》中做过统计,1895—1898 年,维新派人士在全国共设 19 所新式学校,其中包括谭嗣同创办的浏阳算学馆(1897),陈芝昌等在广州创设的时敏学堂(1898),吴怀疢在上海创设的务本女学(1898)和经元善在上海创设的经正女学(1898)等。

清末"新政"延续了维新运动时期普设学堂的施政纲领,1901 年谕令"各府及直隶州均改设中学堂,各州、县均改设小学堂,并多设蒙养学堂"②。兴学令的颁布代表政府开始着重发展中等以下教育机构。此时期设立的学堂多为中小学,试图改变洋务运动以来学校设置上存在的结构性失衡。据统计,1909 年全国共有小学 51439 所,小学生 1522793 人;普通中学 400 所,学生 30000 余人。③ 普设学堂的政策一定程度上完善了中国的新式教育机构,为基础教育教学方法的改革提供了实验的场所和法律文本的支持,同时也对教师的教学水平提出新的要求。

(三)讲求实学

实学是一个内涵较为广阔的概念,古代的实学主要是指"经世之学",为人处世的知识系统,洋务派笔录言谈中涉及的实学,主要指"体用之学",侧重"经世之学","格物游艺之学",维新派在此基础上,将"西政"内容纳入其中,"西政"具体包含西方的政治制度、社会制度以

---

① 陈必祥主编:《中国现代语文教育发展史》,云南教育出版社 1987 年版,第 16 页。

② 《光绪二十七年八月初二日谕令各省、府、直隶州及各州、县分别将书院改设大、中、小学堂》,璩鑫圭、唐炎良编:《中国近代教育史资料汇编·学制演变》,上海教育出版社 2007 年版,第 7 页。

③ 张娜:《清末新政时期的中小学堂教习》,硕士学位论文,北京师范大学,2002 年,第 6 页。

及教育制度等。维新、新政时期的实学是针对与八股文密切相关的小楷时文提出的，摆脱传统官方认可的"悬而虚"的科举应试内容，谋求与社会经济的亲密性，更加贴近平民百姓生计，是古代实学思潮的延续，同时赋予其新的时代特征。清政府进行的教学改革和设立的新式学堂在课程设置上逐步讲求实学内容。洋务运动时期是实学思潮的酝酿时期，在实践层面上，将"格物游艺之学"列为学校的重要课程。经过洋务教学改革的努力，实学的内容逐渐被中国社会认可，并纳入新式学校的课程体系当中。

维新派是年轻有活力的群体，他们可以毫无心理压力、迅速接受新事物。甲午中日战争以后，新型传播媒体——报刊出现，使得信息的交流更为畅通和快捷。1876 年 2 月在上海创刊出版《格致汇编》初为月刊后改为季刊，傅兰雅（John Fryer）任编辑，较多介绍数、理、化、生物、医学和机械等学科内容；1879 年 3 月 16 日《益闻录》在上海创刊，后与 1898 年 3 月 13 日创刊的《格致新报》合并，更名《格致益闻汇报》主要连载生物学、物理学等著作；1887 年创办的《益文月报》主述天文、地理、格物、新机械、新技术及各地新闻；1868 年 9 月 5 日创刊的《教会新报》，从 1874 年 9 月 5 日开始，改称《万国公报》，内容以政事、教务、中外、杂事、格政等为主。报刊之所以能在晚清中国社会产生重大的影响，与其潜在的庞大读者群体分不开，上自皇帝、军机大臣，下至普通知识分子都会关注报刊上所承载的实学内容。这种新型的传播媒体得到了良好的社会声誉，发行范围遍及全国，对近代中国引进和学习西方教学内容，改造传统教学内容，尤其对维新期间的教学改革产生了重大影响，推动了讲求实学的社会风潮的兴起。

1898 年 8 月 19 日光绪颁布《废朝考，务振兴实学，停考诗赋，不凭楷法取士》的上谕，并开设经济特科。在其影响下，维新变法前后产生的新式学校的课程设置普遍以西学为主，讲求实学。盛宣怀创办的天津中西学堂（1895）、上海南洋公学（1896）、钟天纬创办的上海三等公学（1896）、绍兴中西学堂（1897）和叶澄衷创办的上海澄衷学堂在课程上都在传统课程的基础上添加了理化、外语等课程。但其数量毕竟有限，且多集中在对外交往较多的发达城市，对于全国范围内的学校而言，设置实学课程的学校屈指可数。此种局面亟须改观。

1904 年正式公布的《癸卯学制》中规定的小学课程标准正式将格致、算术与修身、中国文字、读经讲经、历史、地理、体操并列纳入"完全学科"，即便是在师资缺乏、学源较少的偏远地区，设定简易小学也并未将实学内容删去，规定可将历史、地理、格致合为一科。[①] 实学终于在教育法律上成为我国学校的主要课程之一。

新式学堂的课程增加实学内容，中西兼习，从而使得教学内容实现了从"通译"到"通艺"的转变，折射出课程内容从西方语言知识到科技知识的转变，教学内容的转变带动了教学方法的改革。

（四）重置教育行政机构

教学内容和教学机构的变更促进了教育行政机构的重置，而教育行政机构的调整有利于增强教学管理的效度和力度，从而有利于完善师资培训体系，促进教学方法改革。《奏定学堂章程》中的《学务纲要》规定设置总理学务大臣总揽教务事宜。但科举废除后，原有的管理体制在协调新式学校体系中举步维艰，清政府不得不考虑重新设置教育机构，并实行管理机构的新旧整合，加强对新教育的管理。1905 年 12 月，得到清政府的批准，学部成立，并将国子监并入。作为中央教育管理机关，最高领导称为尚书，尚书下设左右侍郎，左右侍郎下设咨议官。荣庆出任首任学部尚书。学部内采取司科设置，附有局、所。学部设 5 司 1 厅 12 科，附设编译图书局、京师督学局、学制调查局、高等教育会议所和教育研究所等机构。清政府在地方教育管理体制中，设立学务处（1904）与原有的提督学政并行。1906 年废除学务处和提督学政，设置提学使司，下设 6 课。各府、厅、州、县设立劝学所，并在县设置视学人员，兼任学务总董。

---

① 《奏定初等小学堂章程》，璩鑫圭、唐炎良编：《中国近代教育史资料汇编·学制演变》，上海教育出版社 2007 年版，第 302—303 页。

表2—1　　　　　　　　　　　　教育行政机构①

学部	总务司			专门司		普通司			实业司		会计司	司务厅	京师督学局	编译图书局	教育研究所	学制调查局
	机要科	案牍科	审定科	专门教务科	专门庶务科	师范教育科	高等教育科	小学教育科	实业教务科	实业庶务科	度支科	建筑科				
提学史司（学务公所）	总务科			专门科		普通科			实业科		会计科	图书科	视学官			
劝学所																

1906年学部在《奏定各省教育会章程折》规定在省会设立教育总会，在府州县设立教育分会"学务总董、县视学、各学堂监督、堂长及学界素有声誉者，均有发起分会之责"②。在地方上，教育会和劝学所担负着教育管理的职责，"教育会侧重于立法，劝学所侧重于行政"；教育会承袭以前学会，多为私立，成员多为年轻人，劝学所承袭学务公所，职员多为老成绅董；劝学所拥有一定的财政权，教育会则无。地方自治公所成立后，大多数教育权移入，但原有的章程并未废除，从而，自治公所、劝学所、教育会三机构不免冲突碰撞。

清末教育行政体制初步设立，完善了中国新式教育的管理，但由于各项规程都尚处于实验阶段，地方教育部门之间存在职责不明晰的现象，实际上，地方的教育会和劝学所成为教学方法改革的主要推进者。传统私塾教学法的改良主要是通过教育会下属的练习所和劝学所来实施，担负培训

---

① 李国钧、王炳照主编：《中国教育制度通史》（第6卷），山东教育出版社2000年版，第360—367页。

② 《学部：奏定各省教育会章程折》，朱有瓛、戚名琇、钱曼倩、霍益萍编：《近代教育史资料汇编·教育行政机构及教育团体》，上海教育出版社2007年版，第256页。

塾师的职责。1907 年（光绪三十三年），直隶提学司要求各地劝学所聘请师范毕业生，于每日晚间就最令塾师头疼的算学进行培训，为期 6 个月。1909 年（宣统元年），河南提学司颁布《改良私塾章程》，规定各地劝学所的主要职责之一是负责私塾改良工作，培养新师资，培训新的教学方法。因此可以说，教育会和劝学所在传统私塾教学法改革和新式教学法的推介中扮演着重要的角色，可以看作新的教学理念和方法的辐射源。

（五）《癸卯学制》对教学方法的规定

清末学校的设立和发展处于分散状态，学校教学各自为政，亟须统一的法律规定予以规范。1901 年清政府颁布"兴学诏书"鼓励设立新式学校，书院改学堂，但此时期设立的学校在入学条件、修业年限、课程设置上并不统一。洋务运动以来创设的专科学校如何"向下延伸"，民间、地方兴办的中、小学性质的学校如何"向上衔接"，"散落各方、处于游离状态的各个教育实体如何系统化整体化"①？这些问题逐渐成为教学改革道路上的羁绊。

中国历来是一个中央集权的国家，在教育上依然如此，教育管理的大权始终掌握在中央政府的手中。清政府宣布实施新政后，随即着手制定全国统一的学制。1902 年，清政府批准管学大臣张百熙拟定《钦定学堂章程》，由于张百熙筹办京师大学堂，而京师大学堂是戊戌变法的唯一遗留，学校的改革和发展上自朝廷，下到民间颇为关注，张百熙的改革活动在当时遭受各种猜疑，《钦定学堂章程》也遭受朝廷大臣的百般责难，最终胎死腹中，未能得以实施。但鉴于国内新式学校管理混乱、没有统一的章程可循，清政府感觉作为行政部门有义务统一学校标准，于是上谕："着即派张之洞会同张百熙、荣庆，将现办大学堂章程一切事宜，再行切实商订；并将各省学堂章程，一律厘定，详悉具奏。"② 张之洞为"当今第一通晓学务之人，湖北所办学堂颇有成效，此中利弊，阅历最深"③。张之洞的创办新式学校的教育实践影响，加上其老成持重的

① 刘虹：《癸卯学制百年简论》，《河北师范大学学报》2004 年第 6 期，第 33 页。
② 舒新城编：《中国近代教育史资料》（上册），人民教育出版社 1961 年版，第 197 页。
③ 《光绪朝东华录》，转引自王海燕《张之洞与癸卯学制的制定》，《历史教学问题》2000 年第 3 期，第 40 页。

处世态度，圆滑的政治风格，使他成为拟定学制的不二人选。

11 月，张之洞等人在《钦定学堂章程》的基础上，以日本学制为模式，拟定《初等小学堂章程》《高等小学堂章程》《中学堂章程》《高等学堂章程》《大学堂章程（附通儒院章程）》《蒙养院章程及家庭教育法章程》《初级师范学堂章程》《优级师范学堂章程》《初等农工商实业学堂章程》《中等农工商实业学堂章程》《高等农工商实业学堂章程》以及教师聘任、学校管理等章程若干，构成完整的《奏定学堂章程》，于 1904年 1 月 13 日正式颁布全国范围实施。诸章程构成完整学校体制颁布实施之年为癸卯年，因而此学制被称为"癸卯学制"。学制是一个国家学校教育的根本法令，是学校教学、课程设置、组织形式以及教学方法的参考准则。"癸卯学制"的颁行，对近代中国学校教育制度具有重大影响意义，直到 1922 年学制颁布之前，在癸卯学制的指导下，中国的新式学校在课程和教学组织形式上主要以日本为楷模。

"癸卯学制"共分三段七级。三段是初等教育、中等教育和高等教育，初等教育分为蒙养院（4 年）、初等小学（5 年）（七岁入小学）、高等小学（4 年），中等教育设中学堂（5 年），高等教育分为高等学堂或大学预备科（3 年），分科大学堂（3—4 年），通儒院（5 年）。另外设师范教育和实业教育两系与上述基础教育体系并行，师范教育分初级师范学堂及优级师范教育，修学年限共 8 年，实业教育分初等实业学堂、中等实业学堂、高等实业学堂三等，修业年限合计 15 年。①

"癸卯学制"规定初等小学的教学必须完全使用"循循善诱"的教学方法，"不宜操切以伤其身体，尤须晓以知耻之义。夏楚只可示威，不可轻施，尤以不用为最善"。教学方法"以讲解为最要，讲解明则领悟易"。但经史教学依然强调背诵，不提倡死记硬背，"万一有记性过钝"，实在不能成诵的学生，"宜于试验时则紧要处令其讲解""记性甚劣而悟性尚可"的学生并非少数，待年龄稍长"或渐能领会""若强则背诵，必伤脑力，不可不慎"②。高等小学堂的教学也应该采用循循善诱教学方式，"学

---

① 孙培青主编：《中国教育史》，华东师范大学出版社 2000 年版，第 345 页。
② 《奏定初等小学堂章程》，璩鑫圭、唐炎良编：《中国近代教育史资料汇编·学制演变》，上海教育出版社 2007 年版，第 309 页。

童至十三岁以上,夏楚万不可用",如学生实在顽劣可"罚以直立、禁假、禁出游,罚去体面诸事,亦足示儆"①。新学制以法律文本的形式对长期以来形成的以背诵和体罚为主要特征的传统教法进行了修正。

与此同时,"癸卯学制"对学科教学步骤和方法作出了提纲挈领性规定。修身,初等小学堂的教师应当身体力行,以身作则,"示以模范,使儿童变化气质于不自觉",同时教儿童"诵读有益风化"的古代诗歌,以便涵养性情,舒畅肺气。② 高等小学堂的教师以"讲说""四书"要义为根本,"讲授时不必每篇训讲,须就身心切近及日用实事讲之,令其实力奉行,不可所行与所讲相违"③。中学堂教法"宜稍恢广"④。

讲经读经,初等小学堂的教师教学生诵读字数较少的经文,浅显讲解,"先明章指,次释文义,务须平正明显,切于实用,勿令学童苦其繁难","每日所授之经,必使成诵"⑤。高等小学堂中学堂讲解需简要。

算术,初等小学堂先"以十以内之数示以加减乘除之方",再逐渐"加数至万位而止,兼及小数",并教授珠算法。⑥ 中学堂先讲算术,兼讲簿记之学,次讲平面几何及立体几何,兼讲代数。

外国语言文字,中学堂开设,教学"当先审发音,习缀字,再进则习简易文章之读法、译解、书法,再进则讲普通之文章及文法之大要,兼使会话,习字,作文",具体的课堂教学方法由教师"临时酌定","当以经书为主"⑦。高等学堂中对学习的规定是:外国语的学时最多,学习内容三年都是"讲读、文法、翻译作文"。

---

① 《奏定高等小学堂章程》,璩鑫圭、唐炎良编:《中国近代教育史资料汇编·学制演变》,上海教育出版社 2007 年版,第 323 页。

② 《奏定初等小学堂章程》,璩鑫圭、唐炎良编:《中国近代教育史资料汇编·学制演变》,上海教育出版社 2007 年版,第 303 页。

③ 《奏定高等小学堂章程》,璩鑫圭、唐炎良编:《中国近代教育史资料汇编·学制演变》,上海教育出版社 2007 年版,第 317 页。

④ 《奏定中学堂章程》,璩鑫圭、唐炎良编:《中国近代教育史资料汇编·学制演变》,上海教育出版社 2007 年版,第 328 页。

⑤ 《奏定初等小学堂章程》,璩鑫圭、唐炎良编:《中国近代教育史资料汇编·学制演变》,上海教育出版社 2007 年版,第 303 页。

⑥ 同上书,第 304 页。

⑦ 《奏定中学堂章程》,璩鑫圭、唐炎良编:《中国近代教育史资料汇编·学制演变》,上海教育出版社 2007 年版,第 329 页。

历史，初等小学堂教学的关键在于"略举古来圣主贤君重大美善之事……尤当先讲乡土历史，采本境内乡贤名宦流寓名人之事迹"①，并在教室的四周墙壁上悬挂历代帝王统系图。中学堂先讲中国史，次讲亚洲各国史，次讲欧洲、美洲史，教学过程注意阐发实事之间的关系，辨别文化发展历史。

地理，初等小学堂教学"要义在使知今日中国疆域之大略、五洲之简图，以养成其爱国之心，兼破其乡曲僻陋之见"②，先讲本地的乡土，次讲先贤的祠墓。在教室四周墙壁上悬挂本县、本省地图，中国地图以及世界地图。中学堂申论大地与人类的关系，"发明中国与列国相较之分际"，地文学须以"中国之事"教之。③

格致"要义在使知动物植物矿物等类之大略形象质性，并各物与人之关系，以备有益日用生计之用"。初等小学堂"先就教室中器具、学校用品及庭园中动物植物矿物，渐次及于附近山林川泽之动物植物矿物，为之解说其生活变化作用，以动其博识多闻之慕念"。中学堂物理化学教学应该"本诸实验，得真确之知识"④。

体操，初等小学堂应当以"有益之游戏及运动"加以引导，"以舒展其心思"⑤。高等小学堂应以兵式体操为主。中学堂宜"讲实用"，仍以兵式体操为主，普通体操教学先教准备法、矫正法、徒手哑铃等，再教球类、棍棒类体操。兵式体操"先教单人教练、柔软体操、小队教练及器械体操，再进则更教中队教练、枪剑术、野外演习及兵学大义"⑥。

新学制颁布之后，清政府对教学改革和教学方法又有新规定，进一步完善和修正了教学方法。与传统相比，新学制中规定的教育机构、教

① 《奏定初等小学堂章程》，璩鑫圭、唐炎良编：《中国近代教育史资料汇编·学制演变》，上海教育出版社 2007 年版，第 304 页。

② 同上书，第 305 页。

③ 《奏定中学堂章程》，璩鑫圭、唐炎良编：《中国近代教育史资料汇编·学制演变》，上海教育出版社 2007 年版，第 330 页。

④ 同上书，第 331 页。

⑤ 《奏定初等小学堂章程》，璩鑫圭、唐炎良编：《中国近代教育史资料汇编·学制演变》，上海教育出版社 2007 年版，第 305 页。

⑥ 《奏定中学堂章程》，璩鑫圭、唐炎良编：《中国近代教育史资料汇编·学制演变》，上海教育出版社 2007 年版，第 332 页。

学内容和培养目标都作了更改,这将直接影响到教学方法的调整。以实学为主的课程设置与中国传统以经史为主的教学内容存在较大差异,传统的教学方法无法适应新式教学内容。就全国范围而言,尤其是在中小学领域,新的教学方法研究并未完全兴起,实学科目教学方法的认识和采用处于茫然状态。因而,在学科教学创立伊始,政府对各科教学计划和教学方法的详细规定,有助于教师在实际教学中把握要领,避免盲目摸索,提高教学效率。全国性教育法规对教学方法的指导性规定在实际教学改革中指导和规范的作用是不容低估的。

二　中西方课堂教学的碰撞

新学制中对新学科规定了具体的教学方法,并对传统教学方法中的不合时宜部分进行修正,部分吸取了西方教学方法中的优秀成分,体现出政府对其采取的相对开放政策。但文字需要具体落实在教师教学实践当中,其落实过程是漫长的,其中蕴含中西方教学文化的交流和冲突,蕴含中、西方教学方法的碰撞过程。

(一)　中、西方教学方法及研究的差异

冲突和碰撞的产生是由于差异的存在。中西方教学方法在表现形式上存在差异,中国传统教学方法讲究体悟、背诵,西方近代教学方法关注实证、实验,这是由中西方国家长久形成的培养目标和教学内容传统决定的。中国传统教学内容以经史为主,偏好文科类,适应农业社会的人才需要,培养的是政治人才,形成了重脑力劳动、轻体力劳动,重心领神会、轻动手操作的教学传统。西方近代的教学方法适应工业社会的人才需求,培养熟练工人,偏重培养学生的动手能力和实践中创造应用理论知识的能力,教学内容以理化课程为主,多采用实验的方式展开教学。在研究方式上,中国传统教学方法的研究主要采用传承的方式,西方国家在19世纪主要采取实验法的研究模式。传承属于模仿学习,实验属于验证学习。

教学实验法是一种教学研究方法。实验假设产生于教学实践,实验过程是不脱离教学实践但又高于一般教学实践,有明确的教学理论假设,需要反复进行的系列过程,遵循发现问题、提出假说、界定变量、制定实验方案、控制干扰变量、选择实验设计模式、选择实验场所、实施实

验方案、评价实验结果、撰写实验报告的流程。实验法促进了教学心理学化，加强了教学方法革新的科学性和可操作性。艾宾浩斯（Hermann Ebbinghaus）的记忆实验研究，裴斯泰洛齐（Johann Heinrich Pestalozzi）的初等教育实验，拉伊等的经典性识字教学实验，蒙台梭利（Maria Montessori）的幼儿教育实验，杜威的"教育生活化""学校社会化"的教育实验等不断吸取自然科学实验和心理学实验的方法，加强实证研究，从而奠定了西方教学方法实证、实验的特征。

中、西方教学方法表现出的差异受到各自教学内容和生产力发展水平影响。中国传统的教学内容是经书，主要是处世哲学知识，西方近代的教学内容是工业革命中刚刚兴起的自然科学知识。更深层次而言，是社会发展阶段的差异。中国是封建小农经济占主导，半殖民地半封建社会中民族资本主义正在萌芽。西方社会处在工业化阶段，进步教育运动和新教育运动盛行。"进步主义教育运动"是19世纪末美国出现的教育革新运动，成为美国南北战争后适应工业革命、城乡变化、开发边疆和移民的需要而出现的社会改革运动的组成部分。新教育运动是欧洲出现的教育近代化运动，与美国进步教育运动性质相似、遥相呼应。进步教育运动和新教育运动的理论指导深受现代科学，尤其是生物科学和进化论的影响。进步教育运动和新教育运动期间诞生了帕克的"昆西教学法"，约翰逊（Marietta Johnson）的"有机教育学校"和活动课程计划，沃持（William Albert Wirt）的葛雷制（Gary System），帕克赫斯特（Helen Parkhurst）的道尔顿制，华虚朋（C. W. Washburne）的文纳特卡计划（Winnetka Plan），克伯屈（W. H. Kilpatric）的设计教学法。其中"以帕克及其昆西教学法、杜威的芝加哥实验学校、约翰逊及其有机教育学校等影响最大"[1]，帕克被尊为"进步教育之父"。

同时，中、西教学方法在表现形式上的差异反映出东、西方两种不同的教育文化和思维特色。中国的教学活动主要是告诉学生该怎样做，做什么，使学生掌握或领悟到做事的策略方法，采用从一般到特殊，从抽象到具体的演绎推理模式；西方的教学活动是使用策略使学生找到特殊行为、现象背后蕴含的一般道理，使用从特殊到一般，从现象到本质

———————————

① 顾明远主编：《中国教育大辞典》（11），上海教育出版社1991年版，第357页。

的归纳推理。相异的文化背景和思维特征，使得双方教学方法理论的发展具有截然不同的轨迹。

中国的教学方法理论多为经验性总结，建立在经验哲学的基础上，条款规定十分明晰，主张存异，关注教学实践过程中问题的妥善解决，教学方法体系复杂而富有个性；西方的教学方法理论专著于思辨，倾向于利用逻辑思维方式，从不同的个性中寻找一般的原理，主张求同，建立起严密的逻辑体系。

文化传播理论认为，文化传播的根源在于文化的差异性和多样性。文化的活力在于其交流性、双向性、传播性。文化传播发生的前提也正是两种异质文化的接触，闭关自守的封闭状态使接触失去可能。文化只有通过交流才能优势互补，共同发展。中西方教学方法正是由于差异的存在，使得近代的交流更具意义，而在这种交流活动的初期，教会学校在实践领域中起着媒介的作用，其在教学方法领域的一举一动，对国内外的学校教学都具有影响作用，同时，其变化从微观层面反映出中西教学方法的碰撞过程。

（二）教会学校教学方法的更动

教会学校是西方教育渗入中国的先行军，而清政府对在华教会学校采取的视而不见、放任自流的态度以及中国新式教育机构的欠缺使得在华教会学校获得发展的空间。1906（光绪三十二年），清政府学部回应各省督抚关于在华设学应否立案咨文，"外国人在内地设立学堂，《奏定章程》并无允许之文，除已设各学堂暂听设立，无庸立案外，嗣后如有外国人呈请在内地开设学堂者，亦均无庸立案，所有学生，概不给予奖励"①。本国政府的放任态度，客观上赋予教会学校完全独立的办学主权，教学模式的选择也基本上由本教派全权决策。自19世纪70年代以来，美国传教士倾向于把基督教教义与儒家思想中封建礼教的内容相结合，使学生更容易接受西教，在课程的价值取向上向"孔子加耶稣"的转变。"孔子加耶稣"的合流得到众多西方传教士的认同。教会学校学生主要学

---

① 两江学务处编：《学务杂志》（第6期），转引自高时良主编《中国教会学校史》，湖南教育出版社1994年版，第39—40页。

习《书经》《诗经》《论语》《礼记》《大学》《中庸》《左传》《易经》等。① 镇江女塾的课程中有《蒙学捷径》《三字经》《百家姓》《千字文》等。②

在 1893 年举行的中华教育会第一届年会上提到，凡是有条件的学校应在校内制造一种全盘英语化的气氛，使学生在校内如同置身于英国、美国一样，由此引起了一场英语教学大讨论。在华传教士无不牵涉其中，牵涉人员之多，影响范围之广，讨论气氛之热烈，在近代教会教育发展史上堪称典型。美国圣公会牧师卜舫济在 1896 年举行的第二届年会上提出，教会学校应尽量使用外语教材，用外语进行教学③，并最终达成共识。这届年会后，在各地的教会学校中，英语开始逐步成为学校的基本教学语言。

实际上，经过是否应该用英语教学的大讨论，教会学校逐渐明晰了教学的思路，明确了用英语作为教学语言的正确性，重视英语是中国社会的需要，"商业、政治生活、高等教育机关、社会生活，无处不用英语"，教会学校以英语教学为其职责是"因需求也"④。此时期的语言教学承载了更多的西方文化，特别是基督教的教义和基督精神。科学知识和科学精神是西方文化的精髓。传教士心里很清楚，自己掌握着"傲慢的中国学者既无法否认又难于抵制的科学知识"，正因为如此，他们才逐渐取得了中国士绅阶层的尊重和信任，他们同样坚信，"基督教是真理，而一切真理是互相关联的。因此，一种真正的精神和物质学说是基督教最好的副手和支持者"⑤。教会学校的英语教学除语言知识外，融入了更多的西方习俗、社会生活、思想观念和科学技术。语言是文化的载体，承载着英语国家的思维方式以及行为方式，综合的语言学习有助于学生进行中西文化的对比，更加全面地理解基督教义，做到"哪里在使用英

---

① 顾长声：《从马礼逊到司徒雷登》，上海教育出版社 1985 年版，第 285—288 页。

② 朱有瓛、高时良主编：《中国近代学制史料》（第 4 辑），华东师范大学出版社 1991 年版，第 342 页。

③ 顾长声：《传教士与近代中国》，上海人民出版社 1980 年版，第 241—242 页。

④ ［美］露懿思：《基督教教育在中国之情形》，陈学恂主编：《中国近代教育史教学参考资料》（下册），人民教育出版社 1987 年版，第 65—66 页。

⑤ ［美］狄考文：《基督教会与教育》，陈学恂主编：《中国近代教育史教学参考资料》（下册），人民教育出版社 1987 年版，第 8—9 页。

语，哪里就有基督教"①。

教会学校的外语教学是其主要特色和优势，在具体操作上，将语言教学生活化、氛围化、广泛化。教会学校有意创设全外语的语言学习环境，1894 年在上海创立的圣约翰大学是个典型的例子。该校不论何种系科，所用的教科书、参考书（包括中国的历史、地理等）都用英文编印。在课堂教学中，不仅美籍教师用英语讲课，华人教师也用英语授课。学校的一切布告、往来公函、会议发言一概用英文。② 客观上为学生提供了多层次的语言环境，形成全方位、多感官的正面刺激，创设出良好的英语输入和输出环境，而此种全方位的视听刺激作为语言学习的有效途径是现代语言习得理论的主要内容。

中国人凭借教会学校的"管"窥到了西方教学方法的"豹"，一方面，部分教会学校的学生获得在国外继续深造的机会，亲身感受了西方教学方法的魅力；另一方面，民间创办的新式学校在科学课程和外语课程的教学中普遍以教会学校为参考，同时派遣优秀毕业生留学国外继续从事研究。新式学校学生多派送日本，而日本此时正处于以欧美为学习对象，进行教育改革的时期，西方的实验研究思想在此两类学校培养的学生身上得以延伸和传承。

（三）留日学生与教学方法

1899—1900 年的义和团运动使得西方传教士的影响急剧减弱，同时中国人"要获得中国以外世界的讯息，还有可供选择的途径（也是大多数中国人较易接受的途径）"③ 增多，而最好的"选择途径"就是通过日本。清政府之所以将日本作为留学生输出国，有其特定的历史原因。1894—1895 年的中日战争使中国蒙受耻辱，倍感震惊。清末官绅反思国内情势，大致形成总体认知，把日本当作学习的模板。1895 年 3 月签订的《马关条约》中，中国将辽东半岛割给日本，但由于俄国、德国和法国的干预，日本未能占领辽东半岛。日本鉴于三国干预所受到的耻辱，

---

① 史静寰:《狄考文和司徒雷登在华的教育活动》，文津出版社 1991 年版，第 87 页。

② 高时良主编:《中国教会学校史》，湖南教育出版社 1994 年版，第 137—138 页。

③ 保罗·科恩:《1900 年以前的基督教传教活动及其影响》，转引自费正清、刘广京编《剑桥中国晚清史》上卷，中国社会科学出版社 1985 年版，第 573 页。

试图帮助中国发展军事，阻止俄国和其他列强的推进。本着没有永远的朋友，只有永远的利益的原则，日本主动邀请中国军事考察团赴日参观军事演习，即所谓的"川上主动"①。日本的军方代表神尾光臣1897年直接向张之洞声明，日本"今日急欲联英联中，以抗俄、德以图自保"②，因而愿意为中国培养军事、师范类人才。张之洞认为游学东洋，聘请日本教师地近、费省、效速较为合宜，而且，日本文化与中国文化颇多相似之处，经过改造的西方学制和教学内容及方法，更切合于中国的国情，在他的直接推动下，形成近代史上的留日高潮。

1898年2月，张之洞与神尾、宁都宫等日本人士达成协议，派遣中国教育考察团赴日，考察团由姚锡光领队，赴日进行为期大约两个月的教育考察。这是中国首次派遣代表团赴日学习。考察团归国后，向张之洞提交了调查报告即《东瀛学校举概》，详细陈述了日本的基础教育机构和军事教育机构、专门教育机构的情况。此次考察影响到了《劝学篇》的撰写，伴随《劝学篇》得到官方的肯定，利用政府的行政力量极大地推动了留学运动的发展。

其实，早在1896年，清政府已经向日本派遣了13名留学生，就读于东京高等师范学校。1898年派遣48名学生赴日，其中包括南洋公学、北洋大学、浙江求是书院等学校的学生。1899年又派遣14名学生赴日。1901年留学生人数增为276人，1902年为570人，1903年剧增为1300人，1904年和1905年人数分别为2400人、8000人，1906年是留日运动的最高峰，人数达12000—13000。而此后人数逐渐下降，截至1912年人数降至1400。粗略估计，1898—1911年，至少有2.5万中国学生求学东洋。③ 19世纪末20世纪初的留日高潮密切了中日两国的关系，有的学者用"黄金十年"来诠释1898—1907年的中日关系。④

留日学生数量的增加与日本政府采取的积极应对措施密切相关，而日本政府对中国留学生的态度又与日本官员的督促不可分割。鉴于当时

---

① ［美］任达：《新政革命与日本》，李仲贤译，江苏人民出版社1998年版，第24页。
② （清）张之洞：《张文襄公全集》（卷79），北平文华斋1928年版，第20页。
③ 李喜所：《中国留学史论稿》，中华书局2007年版，第248—252页。
④ ［美］任达：《新政革命与日本》，李仲贤译，江苏人民出版社1998年版，第7页。

日本在世界上的地位以及世界局势的变化，文部省专门学务局长兼东京帝国大学教授上田万年认为中国战败以后积极反省，对日本的态度也有所转变，日本政府应该积极推进中日之间的教育合作，"不惜重金为清朝留学生建立完备设施，以避免破坏彼国委托人之大事业"①。一时之间，日本国土上创办了为数较多的预备学校和速成学校，主要有日华学堂、东亚商业学校、成城学校、宏文学校、振武学校、东斌学校、同文书院、经纬学堂、政法大学速成科和普通科以及早稻田大学清国留学生部等。

清末教学改革与中国学生留日互为因果。教学改革带来师资缺乏问题，社会对新式教师以及教育研究者的需求量增大，"以中国之大，当事及学者之多，教育之事之亟，而无一人深究教育学理及教育行政者，是可异也"②。供求关系的存在将留学生的主体推向师范教育领域。与此同时，留日师范生担负着传播新式教育理论的使命，通过译书、著书以及从事教学活动，有力地推动了教学改革的进一步发展。

留学生在日本期间以及归国之后，通过创办报刊，翻译、撰写文章，积极将日本的教学体制和教学方法引入中国从而影响整个中国教育界。其创办的报刊有《游学译编》《湖北学生界》等，由于资金和管理方面的问题，在发行量以及对教育界的影响程度上不及《教育世界》和《教育杂志》，但作为留学生的自主创业行为实堪鼓励。此类报刊的办刊宗旨界定在传播东西方文明，普及文化知识，报道内容涵盖教育、政治、经济、历史、理工、农学、医学、文学等，较为广泛。

留日学生创办报刊一览：

《游学译编》：1902 年 12 月 14 日创刊，办刊宗旨是"专以输入文明、增益民智为本"，刊载内容以学术、政治教育、军事、理财、内政、外交、历史、地理、时论、世界新闻为主。

《湖北学生界》：1903 年 1 月 29 日创刊，办刊宗旨是"输入东西之学说，唤起国民之精神"，刊载内容以政法、教育、军事、经济实业（农学、工学、商学）、理科、医学、史学、地理、小说、词薮、杂俎、时评为主。

---

① ［美］任达：《新政革命与日本》，李仲贤译，江苏人民出版社 1998 年版，第 33 页。
② 姚淦铭等编：《王国维文集》（第 3 卷），中国文史出版社 1997 年版，第 80 页。

《海外丛学录》：1904 年 9 月 29 日创刊，刊载内容以论说、科学、教育、法律、外交、武备、地理、实业、杂俎、中外近事为主。

《教育新报》：1905 年 5 月 30 日创刊，办刊宗旨是"以输入关于教育之新知识，谋内地教育之完全发达"，刊载内容以论说、演说、报告为主。

《教育今语杂志》：1910 年 3 月 10 日创刊，办刊宗旨是"何存国故，振兴学艺，提倡平民普及教育"，刊载内容以中国文字学、群经学、中国历史学、中国地理学、中国教育学为主。

我国创办较早的教育类期刊《教育世界》（1901 年创刊）和《教育杂志》（1904 年创刊），其中的撰稿人相当一部分是留日学生。这两份杂志最初通过翻译介绍日本教育研究，对该时期中国教学研究的发展起到了积极推动作用，借此，日本教学理论界各学科教学法以及较为盛行的五段教学法传入我国。

留日学生归国后的去向问题，已经有学者做过专门的研究。20 世纪初正值新学制公布，留日学生回国后积极参与新式学校的创设，投身教学领域改革的最前沿，成为新知识分子[1]中的一员。新知识分子拥有更多的独立思考能力，其信仰和价值取向突破了传统的单一模式，趋向多元化，除了职业官僚以外，他们凭借谙熟的专业知识和良好的社会声望可以有别的社会职业选择。当然，这种选择也得益于社会发展和新职业的出现。

大批留日学生归国后主要担任新式教育机构的各科教师，开创了近代的学科教育，为各个学科体系的发展奠定了基础，如以日本近代法学教育机构为模板建立的北洋法政学堂，师资结构中留学日本的教师所占比例较大，历任的六任监督中有四人为日本留学生，[2] 教务长籍忠寅也曾留学日本。[3] 留学生的职业选择，一方面受到人才市场需求的影响，另一

---

[1]　新知识分子（也称新知识精英阶层）是市民群体中的另一个重要组成部分，他们受到良好的教育，具有自觉的民族责任感和从家庭或职业的世俗义务中摆脱出来的相对自由，使他们永远走在时代的前列，成为市民群体中积极批判社会现状的主角，在 20 世纪初，从他们当中产生了一大批思想和态度最为明朗的激进主义者。参见程蕾《中国近代社会群体变迁研究》，硕士学位论文，西北大学，2005 年，第 30 页。

[2]　第一任监督黎渊系日本中央大学法学系毕业，第二任熊范屿和第六任胡源汇俱为早稻田大学毕业，第五任李榘系法政大学毕业。——作者注

[3]　http：//www.kantsuu.com/riben/75302.shtml，2007.8.2.

方面政府通过行政干预的方式，对毕业留学生的职业选择进行宏观调控。1907 年 4 月，学部奏请：本部派遣的公费留学生回国后必须充任专科教师五年。学部认为，"近来出洋学生毕业回国之后，每由京外各衙门调用，以致专门师范转多缺乏，臣等现拟咨行京外各衙门，凡此次（京师大学堂）所选派之出洋游学生及以前学务大臣暨臣部先后所派之官费出洋游学生，将来毕业归国皆令充当专门教员五年以尽义务，其义务年限未满之前不得调用派充他项差使，庶几本国之专门教育可渐振兴，亦无用违其长之虑"①。留日学生选择教师职业也不免受到此规定的影响。

　　一般情况下，教师比较认同自己接受的教学方法，在实际的教学活动中也会偏向于此。留日高潮期间，日本学校采用的新式教学方法以五段教学法为主。1887 年德国教育家爱弥尔·郝斯耐克特（Emil Hausknecht）受聘于日本帝国大学，首次在日本传播经过赫尔巴特的学生加工改造过的赫尔巴特教育学说，推动了五段教学法在日本的传播，"日本政府，极欢迎海氏（赫尔巴特——笔者注）主义，一时教育思想界，为海派（赫尔巴特学派——笔者注）所风靡"②，1902 年和 1903 年达到高潮，此时期正是留日学生全面投入社会的时期。留日学生在教学实践当中会尝试使用五段教学法以及他们所接受的各学科教学法。

　　五段教学法源于德国，经由日本传入我国。在留日学生的影响下，维新变法和清末"新政"时期的学科教学具有明显模仿日本的痕迹。如维新新政时期，南洋附小招收两个班，学制三年，高小程度，曾在一年级之下设立一个相当于初小四年级的预备班，成为四年。南洋公学的教师以日本教师或者留日学生为主，盛宣怀在京为官只挂督办虚职，何嗣焜实际主持校务，下院（即附属小学）由堂长具体负责。第一任堂长姓吴名眺，字稚晖，就职时间不长，同时担任教师职位，继任者姓陈名懋治，字颂平，任职三年，继任者姓林名祖沿，字康侯，任职七年，继任者姓沈名庆鸿，字叔逵。诸人都为师范院毕业生留校任职，林、沈有日

　　① 《游学生义务》，（清）学部总务司编：《学部奏咨辑要》，文海出版社 1986 年版（影印本），第 281 页。

　　② 转引自肖朗，叶志坚《王国维与赫尔巴特教育学说的导入》，《华东师范大学学报》（教育科学版）2004 年第 4 期，第 78 页。

本留学或考察的经历，因而，课程设置和课堂教学多模仿日本。南洋公学陆续添加唱歌（1903）、英文（1906）、读经（1906）等科。教学词汇多从日本传入，例如星期的称呼使用月曜、火曜、水曜、木曜、金曜、土曜、日曜。[①]

　　鸦片战争后，洋务学堂、教会学校等中国近代新式学校虽然已经引进了西方的教育内容和方法，但从未开设过教育学专业课程。因而一直到 19 世纪末，中国近代意义的教育方法理论科学研究尚存在空白。在留日运动的影响和推动下，新学制将师范教育作为一个独立的体系，与基础教育和专门教育并列，教学研究机构设立为留日学生从事专门的教育研究创造了条件，从而推动了教学方法理论的发展。

三　新式学堂的发展与教学方法的嬗变

　　维新运动与清末"新政"时期的教学改革主要是由政府推动的。这一时期新式学校的建立主要通过三种渠道：改革旧式书院为新式学堂，各级政府创办新式学堂和政府奖励当地官绅兴办新式学堂。新式学堂创办过程中表现出的保守性，以及形式的多元化使得其教学方法的改革具有的特性。

　　（一）改书院、私塾为新式学堂

　　封建社会的皇帝作为最高行政者，颁布的政令具有法律效力，各地政府和人民必须无条件遵从，这也是由法律所具有的强制特性所决定的。1898 年 7 月 10 日，光绪帝颁布御令，"将各省府厅州县现有之大小书院，一律改为兼习中学西学之学校"，在学校的等级设计上，部分参考了李端棻的建议，以"省会之大书院为高等学，郡城之书院为中等学，州县之书院为小学"，学校的课程设置一律仿照京师大学堂，"中西兼习"[②]。某种程度上来说，书院改学堂体现了教育的传承性以及对旧式教学机构的改造。

　　据不完全统计，维新、新政时期出现的新式学堂群体中，全国二十

　　①　http：//www.sjtu.edu.cn/intro/document/recall/r05.htm，2007.11.16.

　　②　《上谕：书院改学堂》，汤志钧、陈祖恩等编：《中国近代教育史资料汇编·戊戌时期教育》，上海教育出版社 2007 年版，第 121 页。

一省兴办的新式学堂中，一半以上都是在旧式书院的基础上发展而来。新式学堂的数量与各地官绅的政绩紧密相关，因而目前存在的统计资料中，将官办新式学堂的兴办直接归在行政官员的名下。直隶省王文韶任总督，荣禄任巡抚期间，将原保定畿辅学堂改为中等学堂，原莲池书院改为高等学堂，原天津府集贤书院改为北洋高等学堂，原天津县问津、辅仁书院改为小学堂；江苏省在刘坤一任总督，奎俊任巡抚期间，将原南京储材学堂改为江南学堂，原钟山、彝经、惜阴、文正、凤池、奎光六大书院改为府县学堂；江西省德寿松寿任巡抚期间，改原友教书院为算学堂；浙江省廖寿丰任巡抚期间，改圆通寺为农务学堂；贵州王毓藻任巡抚期间改学古、经世书院为学堂。

在教学经费的筹措方面，政府主张从地方政府和民间筹集。同时，政府以行政的力量将不经常举行祀典仪式的民间祠庙收归国有，作为教学场所"即着由地方官晓谕民间，一律改为学堂"。将民间祠堂改作教学场所，符合中国长期以来形成的教化特征，长期以来，民间祠堂本身承担着社会教育的作用，改作学堂后又承担了学校教育的作用，一堂多用的背后隐藏着政府的财政危机。连年战争使得国库亏空，1901 年签署的《辛丑条约》赔款数额连息高达 98000 万两（白银），地方赔款 2200 万两（白银），战争直接导致清政府陷入财政危机，据《清朝文献通考》（卷68）记载，1903 年中央财政赤字 3000 万两，1911 年财政赤字高达 4169 万两。

私塾改造也是新式学堂创建的方式之一，主要途径是对塾师进行培训。清末设置数量众多的简易师范和优级师范，简易师范又称速成科，是训练新式学堂教师的主要机构，以六个月两年为限，速成科缺少教育学、心理学和教学实习等核心课程，速是能速，成却不能成。清末实施了教师资格检定制度，作为地方的教育行政机构，劝学所拥有教师遴选权。一般来说，塾师经过速成科的培训，再经过劝学所的检定之后即可上岗。据统计，至 1910 年上半年，经过改良的私塾达 136 所，学生达 3300 人。①

---

① 《学部：奏京师试办私塾改良办法情形折》，陈学恂主编：《中国近代教育史教学参考资料》，人民教育出版社 1987 年版，第 754 页。

名称的变革仅为表面现象，书院、私塾、祠堂改学堂，实质上是对传统教育机构的教学内容和教学方法进行革新，是传统教育向近代教育的迈进。但前进的步伐是缓慢的，学堂名称更改易，教师理念更新难。作为官绅合一的地方教育机构，劝学所的政府官员频繁调动使得权力逐渐为绅董掌握，在教师的检定上不免偏溺亲朋。另外，在政府财政危机的影响下，尤其是1909年之后，教师的薪金愈加微薄，使得教师无心教改，对学校教学产生了极大的负面影响。塾师煽动的毁学风潮时有发生，此种现象同样引起政府的关注，1902年，京师大学堂管学大臣张百熙上《进呈学堂章程折》，主张"各省督抚责成地方官核实兴办，凡名是实非之学堂及庸滥充数之教习，一律整顿从严，以无负朝廷兴学育才之盛心"①，严肃检定风气，提高教学质量。看来，对传统教育机构的改造任重道远，新学和旧学的冲突将会持续很长一段时间。

（二）政府创办新式学堂

维新变法和清末"新政"时期，政府频繁颁布设学谕令，发出兴学倡议。1898年7月29日颁布"各省设学堂"的上谕，1898年8月4日颁布"京城设小学堂"的上谕。清末"新政"延续了维新运动时期普设学堂的施政纲领，1901年谕令"各府厅直隶州均设中学堂，各州县均设小学堂，并多设蒙养学堂"②。

同时，出于调动地方官员兴学积极性的考虑，将兴学活动与地方官员的政绩挂钩。在前途利益和办学热情的双重动力驱动下，地方政府直接创办的新式学校为数不少。据统计，直隶省王文韶任总督，荣禄任巡抚期间，兴办北洋高等学堂附属中学堂、北洋高等学堂附属育材馆、天津水师学堂和武备学堂；江苏省在刘坤一任总督，奎俊任巡抚期间，创办苏州中西省会学堂、吴县小学堂、常州道器学堂、务本学堂、上海师范学堂、上海女学堂、南洋公学和东文学社；安徽邓华熙任巡抚期间，创办安庆中西学堂、求是学堂、芜湖中江书院；江西省德寿松寿任巡抚期间，创办南昌中学堂、务实学堂；浙江省廖寿丰任巡抚期间，创办杭

---

① 舒新城编：《中国近代教育史资料》（上册），人民教育出版社1963年版，第196页。

② 《上谕：书院改学堂》，汤志钧，陈祖恩等编：《中国近代教育史资料汇编·戊戌时期教育》，上海教育出版社2007年版，第121页。

州求是学堂学计馆、湖州崇实学堂、绍兴中西学堂、温州利济学堂、杭州武备学堂;山西胡聘之任巡抚期间,创办太原储材馆和武备学堂;福建边宝泉任总督期间创办南台东文学社;湖南陈宝箴任巡抚期间兴办长沙时务学堂、技经学堂、致用学堂、常德明达学堂、衢州时务学堂、湘乡东山精舍和浏阳算艺学堂;四川恭寿任总督期间兴办成都中西学堂;广东谭锺麟任总督,许振祎任巡抚期间,兴办广东时政学堂、业小学堂、动文学社、饶平女学堂、澳门大同学校和原生学舍;广西黄槐森任巡抚期间设立梧州广仁学堂;陕西魏光焘任巡抚期间设立西安游艺学堂、格致书院、实学书院;云南松蕃任总督,裕祥任巡抚期间设立武备学堂;奉天依克唐阿将军设立奉天中西学堂。[①]

此次兴学热潮,与洋务运动时期相比较而言,教育机构的层次、课程等有了较大的差异。从学堂的设置看,它已从专门的习西文和习西艺的培养外交军事人才的专门学堂,发展到近代教育结构初步完善的普通学堂,如京师大学堂、各省的实业学堂、南洋公学等。从课程的内容看,它已从偏重于理科转向偏重于实学,如长沙创办的时务学堂,定公法学、掌故学、格算学为专门学,把经学、诸子学降为普通学。京师大学堂设立后,把经学、理学、掌故学等列为普通学,以高等算学、格致学、农学、矿学、商学、卫生学等实学为专门学。从招生的对象看,首次将女性纳入学校教育体系,开办女子学堂,例如 1898 年 5 月 31 日上海电报局的经元善发起创办经正女子学堂,课程分中文、西文两种,中文课主要有《女孝经》、诗文、图画,医学等;西文课主要有体操、琴学等。[②] 从教育层次上来看,这一时期突破了洋务运动时期以中等以上教育机构为主的学校结构,倾向于推广基础教育,设立的学校以综合类的中小学为主。可以说,维新变法和清末"新政"时期开设的新式学堂比洋务学堂向前迈进了一大步。

(三) 奖掖私学

政府应当担负起普及基础教育的职责,兴办教育需要大量经费投入,

---

① (清)胡思敬:《戊戌履霜录》,转引自翦伯赞等编《戊戌变法》(第 1 册),神州国光社 1953 年版,第 360—380 页。

② 《女学堂章程》,汤志钧,陈祖恩等编:《中国近代教育史资料汇编·戊戌时期教育》,上海教育出版社 2007 年版,第 292 页。

清政府面临的财政窘境使其无法承担巨额的经费支出。这是清廷实施"奖掖私学"政策的直接原因。

1898 年颁布谕旨允许地方"自行捐办"义学、社学等，鼓励地方官绅创办新式学校，"有能独力创建学堂，开辟地利……着照军功之例给予特赏，以昭鼓励"①；1901 年兴学令规定："于蒙养学堂、地方中小学堂听由民间捐资筹设。"政府在鼓励民间集资筹设中小学的同时，对于热衷兴办教育者酌情奖赏，"各省官民如能捐建学堂或广为劝募，准各督抚按照筹捐数目酌量奏请给奖，其有独立措捐巨款者，朕必予以破格之赏"。此条规定实际上是朝廷从民间筹集教育经费的计策，无疑会调动各省的在籍候选官员办学的积极性，但这种积极性很大程度上是受利益的驱使。1905 年（光绪三十一年十二月），河南巡抚奏请朝廷给予本省西平县在籍候选直隶州州判赵国楹奖励，源于其捐赠宅基地三百五十余亩，房舍二十余间，合计白银一万三百余两，兴办学校。清政府准将其免选本班，如知县职位空缺，优先选用。② 此种私学奖掖办法不免带有"卖官鬻爵"的嫌疑。

实际上，维新变法和清末"新政"时期，政府对于基础教育的投资非常有限，1905 年学部成立后，教育拨款也仅限定在八旗初等小学堂和三旗初等小学堂，对其他基础教育的拨款微乎其微。

清政府之所以对私学采取奖励和支持的态度，考虑财力因素外，也是鉴于中国历来就有私学传统。中国长期以来的基础教育由私塾、乡塾等教育机构承担，历朝历代虽不断有整饬官学的政策和举措，但官学的不景气始终比较普遍，普及教育的重要使命始终在私学。但是，无论我们对清政府的该项政策如何定性，客观上它积极推动了新式教育的创办，极大促进了新式教育的发展。

（四）新式学堂的教学方法

新式学堂的"新"并非只体现在名称的新颖，而主要是与传统学校

---

① 《上谕：能独立创建学堂者予特赏》，汤志钧、陈祖恩等编：《中国近代教育史资料汇编·戊戌时期教育》，上海教育出版社 2007 年版，第 121 页。

② 《河南巡抚陈奏绅士独力捐助学堂经费恳请给奖折》，《教育杂志》（直隶）1905 年第 2 期。

相比，增加了西学课程。1901 年，光绪帝诏谕各省督抚，新式学校除教读四书五经外，主要学习中外政治、历史、艺学。1904 年新学制规定中小学普遍设置格致、体操、地理、历史、算术、外国语言文字和修身等课程。课程的知识特性和结构，一定程度上决定着教学方法的采用和选取。

教学方法的采用因人因课程而异，但"在各种差异之中，有两种共通之点。第一，在竭力接受班级教授之分班组织，团体讲演等新方法外，仍保持中国旧日讲学方法，和升级不拘一定年限，各科须做笔记等。此时采用班级组织与新教学法，并非对于新制度有精深的了解。只以为西洋日本之强盛，由于西艺之发达，中国欲救败图存，非习西艺不可；而西艺的授受，是用那样办法，故亦不得不仿效之。惟当时对于西洋之认识，只是艺的一事，中国的旧中学问尚未视为完全无用，故旧法尚于无形中有所保存。此期的教育方法，实是中西杂糅"①。"杂糅"实质上是学习过程的必然结果，学习过程实质上是内化的过程，用自身旧有的知识体系溶解新知识的过程，故此人与彼人，此国与彼国之间，学习的内容相同，但得到的成果却有所差异。

但与洋务运动时期相比，此"杂糅"不再是以中国的教学方法溶解西方的教学方法，而是用西方的方法改造和修正中国的教学方法。由此引起教学方法的变动，对教师的教学能力结构提出新的要求。留学日本学习速成师范，鼓励教师接受师范教育和教师资格检定制度的实施都是培养和改造教师能力结构的有力措施。作为国外传入的教学法，五段教学法、单级教学法、二部教学法和蒙台梭利教学法等，受到政府和教师的追捧。例如是否接受过单级教学法的培训，曾一度成为教师资格认定的内容之一，1911 年单级教授文凭和检定文凭，是教师任用中，除学历要求以外的两项重要标准。同时，西方教学法也完成着对中国当时存在的教学方法的改造任务。

这一时期的教学方法呈现出独特的历史特征，较为零散，不系统，也不全面。对于文科科目的教学记载较多，理工类较少，语言类科目教学方法灵活多样，且能较好地吸收教会学校教学的优点。总体来说，有

---

① 舒新城：《现代教育方法》，上海商务印书馆 1930 年版，第 446 页。

以下特点。

1. 继承洋务运动时期的教学方法依然实施分班教学

在创办新式学堂的热潮中，书院改造而成的新式学堂继承了洋务运动时期教学方法改革的成果，沿用在分斋教学法基础上创设的分班教学。翰林院侍讲学士秦绶章认为：“整顿书院约有三端：一曰定课程。宋胡瑗教授湖州，以经义，治事分为两斋法最称善；宜仿其意分类为六：曰经学，经说、讲义、训诂附焉；曰史学，时务附焉；曰掌故之学，洋务、条约、税则附焉；曰舆地之学，测量、图绘附焉；曰算学，格致、制造附焉；曰译学，各国语言文字附焉。士之肄业者，或专攻一艺，或兼习数艺，各从其便。”① 1896 年，刑部左侍郎李端棻在《请推广学校折》中，提出“自京师以及各省府州县皆设学堂……其省学大学所课，门目繁多，可仿宋胡瑗经义、治事之例，分斋讲习”②。分斋教学实质上是一种根据专业、学科划分班级，展开教学活动的系统教学方法，适用范围以中等及以上教育机构为限。

2. 注重实践，提倡践学

除课堂教学外，各个学堂努力为学生提供实习的机会，以同文馆为例，学生除了在课上学习外国语言课程以外，还经常做笔头和口头的翻译实践工作。据毕乃德所著的《同文馆考》记载：“同文馆重要活动之一，即在中西译书，——上面说过，八年毕业诸生，最末两年都须译书，而留馆学生也讲求翻译书籍。无论教习学生，译书有成的，均有奖励……”例如英文馆汪凤藻当时翻译的《英文文法举隅》（English Grammar）一书，据后人考证，远在《马氏文通》及《英文汉话》之前，亦可称为第一本介绍英国文法的中国之书③。

除了翻译书籍，同文馆学生还翻译报刊、电函等，同文馆的奉堂喻中提及，“同文馆学生多派有画电报之责”，“所有同文馆向来翻译各国洋

---

① 《礼部：议复秦绶章奏请整顿各省书院折》，高时良、黄仁贤编：《中国近代教育史资料汇编·洋务运动时期的教育》，上海教育出版社 2007 年版，第 726 页。

② （清）李端棻：《请推广学校折》，汤志钧，陈祖恩等编：《中国近代教育史资料汇编·戊戌时期教育》，上海教育出版社 2007 年版，第 221 页。

③ 李良佑、张日昇、刘犁编著：《中国英语教学史》，上海外语教育出版社 1988 年版，第 23 页。

文新报，现自五月初日起，隔七日进呈一次……"学生亦直接参加政府的外交谈判事务，据 1895 年的奉堂喻记载："嗣后各国会晤，应派熟悉该国语言之同文馆翻译官及学生等一二人，在旁静听，以免洋员翻译参差……"在清朝官员的提议下，1896 年同文馆学生分两批，每批各 16 名，随出使大臣分往英、法、俄、德四个使馆见习。①

3. 改进讲授法

《癸卯学制》规定新式学堂采用的教学方法应该采用循循善诱教学方式，"以讲解为最要，讲解明则领悟易""万一有记性过钝"，实在不能成诵的学生，"宜于试验时则紧要处令其讲解""记性甚劣而悟性尚可"的学生并非少数，待年龄稍长"或渐能领会""若强则背诵，必伤脑力，不可不慎"②。此项条款对新式学堂的学科教学起到了指导作用，在教学中普遍采用讲授法和问答法，读书、听讲、诘问构成教学活动的主要程序。广东实学馆的章程中规定："每日八点钟上堂，五点钟放学，每早录写上日所读西书，听洋文讲习，讲西文毕，随教授诘问答应。两年后均用西语以对。下午习西文，听讲算学。"

国文教学中普遍采用讲解方式，逐字逐句进行讲解，学生通过还讲、习问、默写的方式巩固练习，作文教学采用命题、批改和课读等形式，但与传统不同，命题舍弃以往抽象的论说性题目，选择多种文体练习，"记事体中之记人记言记物记事记风景记地理记物理，论说体中之论事论物论理论人以及信札契约账簿等人生应用之文毫无遗漏"③。识字教学最好用临摹本，规范书写方式和间架结构，教师用红笔批改。

此时期的讲授法在操作程序上借鉴了德国的五段教学法，因而其适用的范围大幅提高，基础教育机构的理科类学科教学在实际操作中也普遍采用五段教学法。形式阶段教学法切合学科教学的特征，利于教师操作，在理科教学诸如动物、植物、化学等学科中广泛采用。我们可以从杂志刊载的教案设计中明晰这一点。

---

① 范延妮：《试述晚清教学方法及其启示》，《基础教育外语教学研究》2003 年第 8 期，第 25 页。

② 《奏定初等小学堂章程》，璩鑫圭、唐炎良编：《中国近代教育史资料汇编·学制演变》，上海教育出版社 2007 年版，第 309 页。

③ 权骅：《教育实验心得》，《教育杂志》1911 年第 3 卷第 2 期。

例如高等小学第一二学年的植物教学中的"梅花"一课，教学目标：梅花及其种类。教学过程分为预备、提示、联络、总括和应用。预备阶段教师通过问答方式引出"梅花""诸生见人家窗棂上与冰文合嵌者为何花之纹？""当新春之时不畏寒气而开放者何花乎？""战争之时兵人所用之干果为何？"利用与实际生活联系紧密的问题引起学生的兴趣。然后示之以梅花的图片或者实物，指引学生观察，"叶之生法如何？""执花而嗅之如何？""其色如何？""瓣之数如何？""萼如何？""蕊之数如何？"等等。然后教师出示桃花、樱花等图片或实物，引导学生进行比较，"今日之梅与前日之桃比较，其花何似？""桃之花瓣如何？""瓣之数如何？""蕊之数如何？"然后，教师出示已经学习过的樱花图片或实物，叫学生指认，指出此类花皆为蔷薇科，此即为联络阶段。教师在总结阶段需要就提示阶段的问题采取边问边答的方式，并板书学生的答案。"（叶）圆形、互生。（花）白色或红色，有清香。（瓣）五枚。（萼）五枚。（蕊）雄蕊二十，雌蕊一……"并令学生做笔记。应用阶段师生合作制作梅花与樱花比较表，作观梅记。[①] 此类教案数目较多，动物中的"家鼠"教学，化学中的"空气成分"教学以及物理中的"膨胀现象"教学等，从侧面反映出新式学堂在学科教学方法体系上的偏好。

4. 外国语教学氛围化

这一时期的外国语教学继承了洋务学堂始终保持重视态度的传统，依然将其设置为学校课堂教学的重要组成部分。1876 年（光绪二年）公布的同文馆八年课程，对英语学习有这样的描述："……其习英文者，能借之以及诸课，而始终无阻。……至西语则当始终勤习，无或间断……"提倡始终坚持英语教学，并作为教学语言之一。[②] 交通大学的前身南洋公学为了使学生经常处于学习外语的环境中，规定"在英文课及用英文教授各课时，误用国语一语者，专科生罚铜圆两枚，二、三、四、五年级生罚铜圆一枚，初年级生免罚……其在上列课时，有必须用国语达意之

---

① 张世㭕：《莱因氏之五段教学法》，《教育杂志》1910 年第 2 卷第 9 期。

② 《同文馆题名录》，高时良、黄仁贤编：《中国近代教育史资料汇编·洋务运动时期的教育》，上海教育出版社 2007 年版，第 93—94 页。

处，应先以英语申明，否则照罚"①。在教学中，努力创设一个语言学习环境，十分有利于第二语言的习得。

鉴于洋务学堂双语教学的效率较差，新式学堂参考了教会学校的教学方法，使用原版教科书、将外国语主要是英语作为教学语言，鼓励学生在课余时间组织用英语进行交流的系列活动。例如清华学堂采用英文教科书，用英语取代汉语的位置，成了通用语言，除了少数几门功课外，所有课程全部用英语教授。学校的各种纸质文本如行政会议、布告、出版的级刊与年刊都用英文撰写，校长的训话、学生的各种活动大半也用英语。再如南洋公学十分重视外语教学，本着"以增进英文上之智识，以会话演讲为主要"的原则，每学期组织一次由全校学生参加的英文演讲会和英文辩论会，获胜者，由校长奖以金牌。② 四川高等学堂设有英语谈话会组织（English speaking society or English club），由师生共同组成，每周开会一次，节目有对话、说故事、辩论等。③

外语教学氛围化，对于非母语国家的学生来说意义重大，教师有意为学生营造一个用外语进行交流的环境，通过不断地强化运用提高语言的掌握水平和学习兴趣。营造外国语教学氛围，既受到当时教会学校语言教学方法发展的影响，同时也是洋务学堂教学经验和教训的总结，体现出教学方法改革的继承发展性。

5. 学科教学法受到日本的影响

除五段教学法、单级教学法外，日本的其他学科教学方法也成为新式学堂学科教学的模仿对象。体育是一门特殊的学科，属于技能性培训。中国传统的学校教学中缺少体育教学的实践，从而造成民力的欠缺，清末新政时期学校开设体育课程并将其作为一个重要的课程。兵式体操是新政时期学校体育教学的主要内容之一，教学方法主要采用教练式、体

---

① 《邮传部上海高等实业学堂英文会章》，转引自李良佑、张日昇、刘犁编著《中国英语教学史》，上海外语教育出版社 1988 年版，第 116 页。

② 李良佑、张日昇、刘犁编著：《中国英语教学史》，上海外语教育出版社 1988 年版，第 134 页。

③ 陆殿舆：《四川高等学堂纪略》，转引自李良佑、张日昇、刘犁编著《中国英语教学史》，上海外语教育出版社 1988 年版，第 127 页。

操式和游戏式。① 此种兵式体操的教学方法直接来源于日本。

唱歌科目采用由日本传入的简谱教唱法，用"独、览、梅、花、扫、腊、雪"七个字来唱 1、2、3、4、5、6、7 音符，但同时融入更多的本国语言特色，编制反映新时代内容的歌词，如《竹马歌》《缠足歌》等，在江浙一带广为流传，"男儿第一志气高，要想马上立功劳……"等文字简短、立意深刻的歌词曾伴随并影响一代人的成长。

教学改革的背景下，传统教学的束缚逐渐松弛，新式学堂在方法的使用上更为灵活。有着留日经历的教师精力充沛、足智多谋，在教学方法的使用上更为灵活机智，在教学实践中创造出一些独特的教学方法。例如南洋公学的吴稚晖不仅是一个教学管理者，同时还兼任语文教师，他创造出名为"群智会"的独特教学方法。在教学中，他让学生轮流演讲所学内容，这样做，一方面使学生能发挥其学习的主动性和积极性；另一方面也是为了锻炼学生的合作能力，用吴稚晖的话来说："会议之旨，冀其能合群也。合群而以会讲学问，僅智之事也。名其会曰群智，记实焉而已。"这种以活动演讲为主的新颖教学方式一改往日由老师照本宣科的一言堂做法，所以深受学生欢迎，每当同学演讲完毕，都会有"鼓掌之声达堂外"② 而其他班的一些同学也受此启发，组织了群力会、群德会以效仿。

新式学校的教学在方法的使用上中外杂糅、新旧交会。国文教学较多保留采用了传统的教学方法，外语教学较多参考教会学校的教学方法，教学实践中努力营造学习的氛围，其他新设课程则模仿日本，借鉴五段教学法，采用形式阶段教学。这一时期新式学堂的教学方法改革，一方面体现出教学方法的继承性特征；另一方面随着教学目标由统治者转变为具备一定知识结构的职业者，教学内容由论理、哲理性转向具体、可操作，在讲解方式和练习指导上具备一定灵活性，学习和借鉴国外的教学方法成为教学改革的重点。

---

① 蔡文森：《体操教授之各种问题》，《教育杂志》1910 年第 2 卷第 9 期。

② http：//www. sjtu. edu. cn/intro/document/recall/r05. htm，2007. 10. 2.

四　教学方法举要

清末新式学堂的兴起对教师提出了新的能力要求,师资的培训工作成为教育领域的主要任务之一。1904 年新学制将师范教育纳入学校教育体系,鼓励兴办简易师范和优级师范,与此同时,1904—1905 年留日运动进入高潮,留日生多修习师范专业。在此背景下,伴随师资培训工作的展开,"五段教学法""单级教学法"和"二部教学法"传入我国并得到推广。1909 年春江苏教育总会派遣俞子夷等赴日考察单级教学法,并于同年在上海举办单级教授练习所尝试推广。更确切地说,单级教学法和二部教学法实际上是一种教学模式,在具体的课程实施环节更多采用五段教学法推演出的形式阶段教学法。

模式是介于经验和理论之间的交叉知识系统,是沟通两者的知识范型,具有可操作性和简约化的特征。教学模式是教学方法实践与理论的交叉结合体,如五段教学法建立在"主知主义心理学"的基础上,以"观念"为核心,设计出"预备""提示""比较""总括"和"应用"五个教学步骤,一方面是方法操作体系的理论诉求,另一方面是基于一定理论的教学构想的实施范型。关于教学模式和教学方法之间的关系目前学界众说纷纭,尚未达成一致意见。但清末学者普遍认为,教学模式即教学方法。清末的教学方法实验已经突破了单纯教学策略和技术的界限,将特定的教学理念与系列教学策略统一构成特定的方法体系。中国五段教学法实验突破了其固有的五个操作步骤,在关注学生学习心理变化的前提下,发展为三段、四段,从而延伸了传统的教学方法范围,将其拓展至可操作的知识范型。

近代无论西方的教学模式,还是日本的教学模式,在中国的实验过程中,都已经发生了改变,融入了更多中国人自己的理解和中国特有的国情,因而,这一时期传入中国的名字虽未改变,但都具有了中国特性。

(一)五段教学法

五段教学法在德国创立,经由日本传入中国,学习的过程同时也是创造、吸收的过程,德国的五段教学法与日本、中国的方法在本质内容和原则上是一致的,在追求教学方法的科学化趋向上是一致的,但又各具特色,恰是这些特殊部分充分体现出本国的社会需求和民族教育传统。

五段教学法从 20 世纪初期开始传入我国，逐渐成为影响我国学校实际教学的主要教学方法。"首次大战前，小学教授法主要从日本传入，而其内容与本质主要是基于五段法的一套。"① 教学方法的学习改造过程是近代教育改革的有机组成部分，成为教学改革领域的活跃因子，促进了近代教育的转型。

1. 赫尔巴特学派与五段教学法

赫尔巴特学派首创"五段教学法"。德国教育家赫尔巴特（J. F. Herbart）出生于德国的奥尔登堡，18 岁时进耶拿大学学习，大学期间受到卢梭启蒙思想，康德以来的德国古典哲学家思想的影响，后在瑞士做家庭教师。他对教育工作充满热诚，认为"即使是两个或三个学童的塾师，吾人亦能创造其自己的学校"②。由此，这三个孩子成为他实验研究的开端。此后，赫尔巴特获得机会观摩裴斯泰洛齐在布格多夫进行的教学实验，使其对教学微观问题产生深层次思考，"为什么裴斯泰洛齐给学生如是之多的记忆材料？为什么他在选择教学的材料时，似乎很不注意儿童天性的倾向？为什么他只允许学生学习，而从不与儿童亲切的谈话……"③ 1809 年赫尔巴特被邀请到哥尼斯堡接任久负盛名的康德哲学讲座。在此期间他创办了教学理论研究班及实验学校，指导研究班的学生按照他的理论假设和示范在实验学校中进行教学方法的实验，与研究班的学生互相探讨实验中出现的问题并不断完善教学实验，其教学的"形式阶段"理论在实验过程中，逐渐产生并成形。

赫尔巴特的"形式阶段"理论在其学生的引申下不断向实证方向偏转，最终形成"五段教学"。在赫尔巴特学派中，赫尔巴特的学生齐勒（Tuiskon Ziller）和莱因（Wilhelm Rein）是促使其教育理论向实证主义方向转变的主要人物。1862 年齐勒任莱比锡大学教授，仿照自己的导师，建立实验学校和教育学研究所进行教学实验，不同的是，齐勒的研究兴奋点在教学技术方法和课程。莱因在耶拿大学同样开办研究班和实验学

---

① 俞子夷：《现代我国小学教学法演变一斑》，董远骞等编：《俞子夷教育论著选》，人民教育出版社 1991 年版，第 478 页。

② ［德］赫尔巴特：《普通教育学》，尚仲衣译，上海商务印书馆 1936 年版，第 11 页。

③ 同上书，第 18 页。

校，撰写《按照赫尔巴特的原则德国民族学校教学理论与实践》（*Theory and practice of Folk-School Instruction according to Herbartion Principles*）一书，将赫尔巴特的"形式阶段"理论从"四段"发展为"五步教学法"①。

2. 五段教学法的内核

五段教学法理论的提出是建立在"主知主义心理学"的基础之上，以"观念"（Idea）为核心概念。观念是指客观事物呈现于感官，在意识中留下的印象（Impression），观念与客观实际紧密相连，构成教学知识的主体。"统觉"（Apperception）是五段教学法的另一核心概念，主要是指新"观念"的同化过程。五段教学法主张教学过程应该依照学生学习活动中意识的变化过程展开，首先学生会"专心"（Vertiefung）于研究对象获得数量众多的个别认识即观念，对之进行正确把握的同时进行"审思"（Besinnung）统合，我们若将学生对某一事物的关注表示为"静止"，知识的迁移过程表示为"进动"，那么学习的过程是动静交替进行的过程。在此基础上，教学过程可以分为四个阶段，第一，属于"静止专心"的"明了"（Klarheit）阶段，教师准确呈现某一事物的特征，促使学生正确把握新"观念"，并能将其与其他事物区别开来；第二，属于"进动专心"的"联合"（Assoziation），教师引导学生建立新、旧"观念"之间的联系；第三，属于"静止审思"的"系统"，教师指导学生归纳、概括，寻找规律，从而促进新"观念"的同化；第四，属于"进动审思"的"方法"（Method），新知识的应用过程，教师通过布置作业的方式，指导学生将新知识正确输出。此即赫尔巴特的教学阶段理论，后来其学生齐勒将"明了"细化为"分解"与"综合"两段，莱因进而将其概括为"预备""提示""比较""总括""应用"，加强了可操作性，便于教师把握。

3. 五段教学法的辐射影响

19 世纪后半叶世界各国兴起一股科学主义的社会思潮，赫尔巴特提出教育学是一种科学，以"实践哲学和心理学为基础"，心理学理论可用来阐述"教育的途径、手段与障碍"，并致力于教学理论研究的心理学化

---

① 王策三：《教学实验论》，人民教育出版社 1998 年版，第 72 页。

和科学化。赫氏教学法是科学主义思潮的产物，也是科学主义思潮的推动者，最终结果是 19 世纪 60 年代在德国形成一股"赫尔巴特热"。1868年，席勒和斯托伊（Stoy）在莱比锡发起成立了科学教育学协会，宣传和发展赫尔巴特的教学理论。德国各州先后成立类似的组织，赫尔巴特学派（Herbartian）在德国各级教育机构广泛地运用五段教学法，同时出版了大量的研究文献，据莱因在其主编的《教育百科全书》（1895）中统计，19 世纪 60—90 年代，先后出版了 2234 部研究赫尔巴特学说的德文著作。①

　　强大的国家永远是世界各国取法学习的中心。19 世纪初期德国的排名位列英、法之后，并不属于政治和经济强国，德国地位的上升始于1871 年普法战争的胜利，将法国挤到身后。各国的政治集团和学术集团都将德国的兴起视为楷模，派相关人员到德国考察学习。莱因继承导师的衣钵，在耶拿大学继续开办研究生班讲授赫尔巴特教育学。研究生班成为一个辐射源，吸引了本国和欧美亚各国学者的注意并前来进修，加速了赫尔巴特思想的传播。

　　莱恩的学生德加谟（charles de Garmo）、麦克默里（Charles McMurry）和弗兰克（Frank）于 1892 年发起成立全国赫尔巴特俱乐部（Herbart Club），1895 年俱乐部更名为全国赫尔巴特协会（National Herbart Society）直接促成五段教学法在美国的广泛传播，"在美国的赫尔巴特教育学的信徒比在德国还多"②，五段教学法在美国产生了深远的影响。五段教学法在日本的传播源于德国人爱弥尔·郝斯耐克特（Emil Hausknecht）。1887 年 1 月，郝斯耐克特应聘到东京帝国大学文科大学担任教育学教师，讲授赫尔巴特教育学，"以郝斯耐克特赴日为契机，在其弟子谷本富的努力下，赫尔巴特教育学在日本迅速发展起来，到 1902—1903 年达到全盛时期"③。

　　传播本身也是结合自己的国情和文化加工改造的过程。五段教学法

---

　　①　张斌贤、陈露茜：《赫尔巴特在美国》，《教育学报》2006 年第 5 期，第 21 页。

　　②　Frederich Eby, *The Development of Modern Education*, New York, 1974, p. 786.

　　③　李文英：《赫尔巴特教育理论在日本》，《河北师范大学学报》（教育科学版）2001 年第 3 期，第 29 页。

无论在美国，还是在日本，都已经不是在德国时的纯粹形态。在美国，五段教学法被解释为"五步教学法"，"教学过程中的规律"。在日本，学者认为赫尔巴特教育学具有"强烈的个人教育学色彩"，赫尔巴特教学法虽然是"目前最为流行的势力，在这种流行旺盛的同时，不应该彻头彻尾地遵循不变，而应对本邦的教育法勇于进行取舍斟酌"，应该对其进行修改增加国家主义的成分。五段教学法在有些情况下，稍作变通，教学"采用三段或者四段能够完成教学的要领，也可以省略一部分顺序""所有的事事物物都必须遵循此法，反倒失于迂远、流于烦琐、贻笑大方"①。

4. 五段教学法在中国的传播

五段教学法经由日本传入中国主要三种途径：第一，20 世纪初翻译的大量日本教育学著作中的"教授论"部分均有形式阶段教学法的详细阐述，其中许多书中附有教学法的具体实施评价与教学案例。例如汤本武比古著的《教授学》、波多野之助的《教育学》、通口勘次郎的《小学统合新教授法》、神保小虎的《应用教授学》、田口义治的《小学校教授学纲要》、东基吉的《小学教授法》、长谷川乙彦的《教授原理》。② 第二，杂志和报刊中有"五段教授法"的介绍。教育世界社在出版《教育世界》的同时，汇编《教育丛书》（共 7 集），后者的前三集是对前者提及但未刊载的译著进行补充刊载，后四集是对前者所载内容的精选汇编。"教育丛书"第一集首册和第四册，详细介绍了五段教学法，并对该教学法给予较高的评价，称其为"教育改良之泰斗"。《教育世界》第24、25 号连载日本的教育学著作，其中涉及五段教学法。另外，《教育杂志》第 2 卷第 9 期发表《莱因氏五段教授法》（张世㭿），《中华教育界》1914 年 7 月号刊载《十九世纪大教育家海尔巴脱之学说》（欧化）。③ 第三，留日师范生与日籍外教在实际教学中的应用。可以看到，以上三个途径都与留日学生有关，留学生是方法传播的主体。

---

① ［日］《关于赫尔巴特主义》，转引自李文英《赫尔巴特教育理论在日本》，《河北师范大学学报》（教育科学版）2001 年第 3 期，第 31 页。

② 熊明安、周洪宇主编：《中国近现代教育实验史》，山东教育出版社 2001 年版，第28 页。

③ 同上书，第 29 页。

5. 五段教学法在中国的实验

新政时期，清朝教育新法令明文规定要采用阶段式教授法。"癸卯学制"的施行促进了中国近代新式学校的建立，新式学校中西兼重的课程设置引导教学方法的革新，学制规定各级学校的课堂教学中应以讲解为主要教学方式，摒弃传统的体罚和强迫记忆。五段教学法强调教师的讲解引导，强调教师主导作用的发挥应建立在科学基础之上。两者的契合使得"五段法"成为衡量各地办学水平和教师教学水平的标准之一。如1908年李揞荣检察河西初等小学堂教学状况后，上朝廷的报告中提及"教员张作舟，系通州初师毕业生……聆其讲授修身，于五段教授法稍欠研究"①。《教育杂志》第一期悬赏应征教授案初等小学第二年国文科组别中，名列前茅者普遍采用阶段教学法，一等奖获得者通州西亭初等第二小学教师何继休的《蜂》教学设计采用三段法，教学程序为预备—提示—应用，在时间上各阶段分别占5分钟、30分钟和10分钟。预备阶段利用蜜蜂采花和蜂房挂图，通过提问的方式，如教师指"图中花树问曰此何物？"学生答曰"花树"。教师问"在何处"，学生答"阶前或堂前"。教师问"在花树中飞者何物"，学生答"蜂"。教师问"图之下边有眼者何物"，学生答"蜂巢或蜂房"。……预备阶段，引起学生兴趣并引发出"蜜蜂"的教学主题。提示阶段，教师主要教读生字，先"授生字摘书熟字"，次范读令默读。应用阶段，教师引导学生复述课文的基础上，对蜜蜂的种类和人类赋予其勤劳精神加以引申，并通过换字练习强化训练。② 二等奖获得者常州冠英学堂教师刘宪采用五段法。③

媒体的传播使得国人初步了解这种新式教学方法，并在实际教学中有意识地加以应用，"自前清创设学校，规定教科，小学教员始知研习教授方法。当时赫尔巴特之阶段式教授法传入中国，小学教员皆奉之为圭臬"④。应用过程中出现种种问题和疑惑，民间自发组织教育团体，探求

---

① 朱有瓛主编：《中国近代学制史料》（第2辑）（上册），华东师范大学出版社1987年版，第317页。

② 《第一期悬赏应征教授案》，《教育杂志》1909年第1卷第4期。

③ 同上。

④ 孙世庆等：《中国之初等教育》，转引自徐珍编著《中外教学法演进》，群言出版社1996年版，第33页。

教学方法的改进和传播。例如1904年年初，直隶学务处组织教育研究所，随后福建教育会、杭州教育会、山东教育研究公所、粤省学界会、河南的教育协会等也相继发起成立。教育团体对于新式教学方法的研究也大多围绕赫尔巴特学派的理论展开。1909年8月，江苏教育总会在上海举办单级教授练习所，练习所采用理论讲授、教学实习、实验和观摩讨论相结合的办法。单级教授练习所的举办，"从一定意义上讲，标志着中国教育界对西方近代教学方法的研究借鉴，由舆论宣传、个别模仿的阶段进入了实际应用、全面铺开的新时期"①。课程资源是增强教学有效性的主要因素，课程资源分为课程物质资源和课程人力资源，而教师培训是课程人力资源的开发过程。清政府多次号召依照江苏教育采用新法教授，加速各学校人力资源的开发进程。教师培训的内容以五段教学法为主，从而促进教学法的广泛传播。陈宝泉说："前清末造，初兴学校的时候，真不知教授法为何事。曾忆初到日本，听教师讲五段教学法时，以为用科学的方法，发展儿童的本能，实为新教育之最大特色。所以当时官私编辑的小学教授用书，以及各小学实用的教授方法，殆无一不是适用五段教授法原理的。"②

中华民国成立后，以俞子夷、杨保恒、周维城为代表的一批知识分子在江苏第一师范附属小学实验、研究和推广五段教授法，将此教学法广泛应用到小学语文、算术、理科等学科教学中，并在实验过程中进行灵活变通，"语文教学中，五段简化为四段，在算术教学中，五段简化为三段"③。简化的目的是根据学科教学实际，依托五段教学法的理论建立一套行之有效的"教顺"，如教授语文读法，一般过程为事物教学，新字解释，课文讲读，讲读练习，段落大意，文体结构，应用练习。"虽实际上或用五段，或用三段，不免变通之点，然其教授之原理，均以赫尔巴特派之学说为依据。"④ 此套"教顺"因其贴近中国国情、便于教师备课

---

① 田正平：《留学生与中国教育近代化》，广东教育出版社1996年版，第240页。

② 康绍口述，薛鸿志编辑：《设计教学法辑要·陈著序》，上海商务印书馆1922年版。

③ 熊明安、周洪宇主编：《中国近现代教育实验史》，山东教育出版社2001年版，第32页。

④ 孙世庆等：《中国之初等教育》，转引自徐珍编著《中外教学法演进》，群言出版社1996年版，第33页。

以及在课堂教学中采用，因而受到广泛的欢迎。"以五段法为基础的教学过程……经过不断增补，已与当初从日本抬进来的面貌不同，成为我国独特的传统。"①

五段教学法对我国的教育理论和实践产生了深刻的影响。新式学校建立和普及以后，随着学生人数增多，教学组织形式由个别教学转向班级教学，教学内容由经史文章转向中西兼重的学科教学带来教学领域的混乱和教师的无所适从。五段教学法建立在学生认知心理的研究基础上，经过历代研究者的持续努力，形成了一套较易操作的程序化教学模式。与我国传统的启发式教学、问答法等相比，五段教学法"有许多精义，尤其对于缺乏经验与创造力的教员可以供给一个可以遵循的路程"②，对教师知识素养和教学经验的要求有所降低，为规模化培训师资创造了条件。从而促进了我国科学教育的普及，普遍提升了教师的教学实践操作能力，引导教师开始关注学生的心理发展。从这个意义上来讲，五段教学法在中国的广泛传播和实验，促进了教学理论和实践的科学化。

任何一种方法都不是放之四海皆准的，都有一定的适用范围，都有其优势同时也存在劣势。五段教学法侧重教师的主导地位，教学活动中以讲解为主要的策略，引导学生主动参与，整个过程围绕如何将知识科学、有效地传授给学生。林砺儒等学者也感同身受，"中国自有学校教育，其教授法即通用演讲式之注入主义，非惟中学然也。大抵文学、历史、地理等科，专赖教师之取材说明；即理科之实验，亦由教师行之，作为说明一种，学生旁观而已。学生之作业，除作文演算外，惟图画、手工、体操，则非诉诸学生之动作不可，然亦不过模拟的作业而已，其教授之良否，则纯视教师准备教材之是否丰富，说明之是否透辟为断。总之，学生所得，殆出自教授之授与"③。

五段教学法倡导的以教师为主的教学风格恰好与中国固有的教育传统相吻合，此亦为其产生深刻影响的原因之一，后期的学者始终相信形式教法"现在还没有到天然淘汰的时机……形式教法果然有大嫌拘谨的

---

①　董远骞、施敏英选编：《俞子夷教育论著选》，人民教育出版社1991年版，第479页。

②　盛朗西：《重估赫尔巴特派五段教学法之价值》，《教育杂志》1924年第16卷第11期。

③　林砺儒、程时煌：《中国之中等教育》，《北京师大教育丛刊》1923第4卷第2期。

地方,但是未尝不可加以变通或修正;不合宜的地方当剔除,含有真理的地方,则仍当保存"①。五段教学法依据学生的认知特点,将教学程序化,利于教师准确把握,对于清末学校课程初创时期而言,此种方法利于提高学科课程教学的科学性,利于教学质量的普遍提高,在近代学校教学中发挥了重大而持久的作用。对于中国现在的学校教学依然存在影响,以致现在的学校教学模式仍无法摆脱知识传授、教师中心的束缚。

(二) 单级教学法

教学目标和任务,学科本身具有的性质,学生的身心发展水平和学习风格,教师自身的优势和风格,现有的教学设备和条件等都是制约教学模式选择和运用的相关因素。1907 年后,清政府逐步完成了近代教育制度的引进和确立,全国掀起了第一次兴学热潮,新式学校数目的增多对现有的教学设备和师资提出了严峻的挑战,教育是一项"烧钱"的事业,清政府无力增加教育投入,单级教学法因而具有了生存的空间。中国的单级教学法糅合了阶段教学、设计教学等方法,以至于在某些学者的眼中,单级教学法具备载体特征,有力地推动了五段教学法、设计教学法等西方教学方法在中国的传播。

1. 单级教学法的内核

单级教学法,被近代学者称为"单级教授法",现代学者称为复式教学。单级教学是班级教学的特殊形式,将两个或两个以上年级的学生偏在同一班,单个教师采用不同的教材,以课堂的形式,采取直接教学与自动作业交替的办法开展教学活动的教学组织形式。单级教学的最大特征是直接教学与自动作业结合、交替轮换。直接教学要有计划地、系统地进行,教学时间确定,教学任务确定;作业的形式有预习、复习、练习或其他作业。年龄、程度不同的学生组织在同一教室内进行教学无疑加大了教师的压力,对教师的教学能力和组织能力提出更高的要求。最大的难度在于教学各环节的时间分配,要求准确协调时间链和任务链,各个年级的直接教学与作业时间吻合,充分发挥课堂教学的时间效能,正确处理"多"与"少","动"与"静","点"与"面"的关系。单级教学的具体形式有同室双级异科式、同室多级异科式、同室双级同科

---

① 盛朗西:《重估赫尔巴特派五段教学法之价值》,《教育杂志》1924 年第 16 卷第 11 期。

式、同室多级同科式、同室一级同科式。

2. 单级教学法的产生与传播

单级教学产生于日本，是日本为了适应普及教育的需要，针对农村中偏僻地区学龄儿童少的特殊情况而创设和实验的一种教学组织形式。1872 年，日本颁布了《学制令》，提出"邑无不学之户，家无不学之人"，普及学校教育。在政府力量推动下学校数目急剧增多，由此带来影响学校发展的两个主要因素，一个是生源问题，另一个就是师资问题。学校数目急剧膨胀，偏远地区的生源短缺，据 1877 年统计，一个教室的学校占全部小学的 26% 左右，一至三个教室的学校占 60%，十个教室以上的学校仅占 3%。① 针对微型学校有效教学的问题，1888 年东京高等师范附小创立单级教学法并投入实验，这是日本实施单级教学的开始。

中国的单级教学法是清末由日本输入的。② 清末教育改革以日本教育为模式建立中国近代学制，从而引导了 20 世纪初遍及全国的兴学热潮，改变了晚清以来偏向专业技术教育的办学模式，转而重视发展普通教育和师范教育，促进了课程设置和教育内容的改革，以江苏教育会为代表的社会团体研究教学改革，积极探索新式教学方法。1909 年春，俞子夷与杨保恒、周维城一起③，受江苏教育总会委托，赴日本学习考察单级教学法，以东京高师附小第三部之单级为主要对象，并考察东京女高师附小、东京高师附中、青山师范、金泽师范等学校，历时三个月。回国后，以俞子夷为代表在上海筹办练习所，将两所单级小学作为研究基地，作示范教学和组织实习，推广单级复式法。

3. 单级教学法的实验

清末兴学运动中诞生了数量众多的小学，在农村以及偏远地区，学校的规模比较小，而师范教育刚刚起步，我国还没有培养起足够数量的合格师资。这样的办学现状严重影响了教育的质量和学生的发展。而日

---

① 王桂：《日本教育史》，吉林教育出版社 1987 年版，第 123 页。

② 熊明安、周洪宇主编：《中国近现代教育实验史》，山东教育出版社 2001 年版，第 45 页。

③ 杨保恒担任团长之职，上海龙门师范附属二铺小学主持人。周维城，南通师范毕业，办事认真，学业成绩优秀。俞子夷系川沙青墩小学教师。另还有苏州的小学教师胡宝书，龙门师范毕业，自费随行。——作者注

本之前也同样面临过此类问题，并创设出单级复式教学法，较好地解决了特定时期的师资缺乏问题。

以江苏教育总会考察并实验为契机，政府屡次公布文书提倡单级复式教学法。1910 年，政府查"各处小学，每一校多则三四十人，少亦一二十人。其中程度不齐，多至三级，少至两级，每班一级者绝少。授课者合数班为一堂，甲班授课，乙、丙班默坐。小学每日授课六小时，而学生受课者，每班只得两小时。此无怪私塾之发达，而教育之难普及也"①。于是，学部将单级教授、二部教授列为"最要之事"。1911 年 3 月 24 日，学部通知各省初级师范学堂，加授单级教学法，文云：

> 兹查各省初等小学情形，并证以报部一览表，除省会商埠外，其穷僻地方之初等小学，类皆人数无多，年级各异，编制方法概用单级，非熟习单级教授法之教员，不足胜任。小学教员既趋重于单级教授，初级师范课程自应增授单级教授法，以为学生毕业后应用之资。②

1911 年 8 月 5 日，学部颁行《学部奏拟订单级教授、二部教授办法折》：

> 查单级教授之法，与普通教授不同。普通教授，按年级相当之学生以分班次，各班须各任一教员；单级教授，则合年级不同之学生若干班编为一级，一教员可兼教各班。两者相衡，一则需员多而用费繁，一则编制简而效用广。欧西、日本之教育，所以能日新月盛者，大抵得力于单级教授为多。中国兴学伊始，地方财力既极困穷，秉之各校之内，学童人数无多，程度复不齐一，居今日而欲谋

① 陈学恂主编：《中国近现代教育史教学参考资料》（上册），人民教育出版社 1986 年版，第 666—667 页。
② 朱有瓛主编：《中国近代学制史料》（第 2 辑下册），华东师范大学出版社 1989 年版，第 239 页。

普及，舍单级教授，更别无审端致力之方。①

清政府认为，江苏、直隶等省虽派遣教师学习单级教学法，且已经取得一定成果，但由于人数较少，尚未在国内形成较大的影响，因此主张在各省均设立单级教员养成所，推广、实验单级教学法和二部教授法，为新式学堂培养合格的师资。

单级教授法是不同年级的学生集中在同一空间内，由一名教师进行教学的组织形式，教师和学生应控制在一定比例，"教员一人，其学生不宜过六七十人以上"。课堂上教师直接教学和学生自动作业相结合，自动作业时间安排必须合理，需要考虑不同年级、不同年龄阶段学生的意志力发展水平以及注意力的维持水平，因为低年级的学生注意力很难较长时间维持在某一事物上，时间过长会导致教学效率降低。作业的难易程度适合学生的智力发展水平，低年级学生多安排活动作业、作业安排要有变化，并做检查督促，增强效率，可以通过选拔小助手的方式，调动学生学习积极性，同时配合督导管理。教师备课时，备"教材"与备"学生"同步进行，根据教材的难易程度和学生的发展水平，设计直接教学和自动作业时间配合模式，教材难度较大的话应该多安排教学时间，同时可以用黑板等教学辅助手段，节约课堂时间。

单级教学中教师直接教学基本采用五段教学法，"单级只是编制方式，教法实质仍不外乎日本通行的那一套所谓赫尔巴特的五段法"。侯鸿鉴编著的《最新式七个年单级教授法》（中华书局1914年版）述及单级小学校教学和方案设计时，指出"践教授之段阶，执各段阶而揭其顺序、方法之大要。"而"各教科教授之方法"按照预备、提示、练习、总结、应用（或提示、练习、应用）的教学阶段展开。年级、学科种类、课程类型和教材难度决定着直接教学和自动作业的轮换次序和时间配置。低年级学生的自学能力和自我监控能力较差，因而教学中应先在低年级进行直接教学，然后转向高年级；课程设置方面，对学生难度较大的学科首先考虑直接教学，先教数学后教国文；就整体接受程度而言，接受能

① 朱有瓛主编：《中国近代学制史料》（第2辑上册），华东师范大学出版社1987年版，第345页。

力较差的年级先进行直接教学，然后轮到其他年级；课程类型而言，复习课居先，新授课居后；就直接教学的频率而言，一天当中，每一年级直接教学次数以一至两次为宜。现以江苏省立第一师范附小的教学实验为例，具体说明中国单级教学实验的具体课堂情况。

表 2—2　　　　　　　　　　　　　　修身科单级教学流程

教学流程	教师活动	学生活动	设计意图
教学准备	对学生的座位进行恰当的排列，以不遮挡视线和管理方便为宜，采用纵列形式，将一年级学生交叉排成一列，二、三、四年级交叉排成两列。修身科教学过程中，一、二年级为一组，三、四年级为一组	复习已学旧知识	按照学习程度和接受能力合并小组，便于统一直接教学的方式和注意事项
教学过程：明了	整理必要之旧观念	自习组学生自己学习	以便形成新旧知识的链接
教学过程：联想	指示目的，讲授例话	直接教学组学生认真听课	教师讲解清晰、简洁，低年级需要使用挂图等辅助教具，以便形成直观印象
教学过程：系统	适当评讲，切于学生实践的要点，反复引证	直接教学组学生复演例话的要点	教师可以得到及时的反馈信息，调整教学活动
复习	总结课的要点	回顾检查笔记	巩固、系统化新知识

实验后期，单级教学法作为教学组织形式，有力推动了其他西方教学方法的传播。民国初年，我国出现了近代第二次兴学热潮，单级教学法依然作为学校教学的主要形式广泛存在。自学辅导法、分团教学法、蒙台梭利教学法纷纷传入，"五四"前后，随着杜威实用主义教育思潮在我国兴起，以学生为中心的设计教学法、道尔顿制、文纳特卡制和葛雷制纷至沓来，它们与单级教学法有机结合，形成中国近代别具特色的教学实验运动。

（三）二部教学法

1911 年 8 月 5 日，学部颁行《学部奏拟订单级教授、二部教授办法折》规定了二部教学法的具体规制，认为二部教学法将"全堂学生于一日之内，由一教员分为前后半日教授。其编制之方，则有单式二部和复式二部两种：单式二部得适于普通教授法，复式二部则需用单级教授法。其在穷僻之乡，此项学堂尤宜多设"①。在学部的倡导下，中国在乡村学校和义务教育实验区普遍采用此种教学形式，其主要特征是经济有效，部分解决了义务教育初期地方教育经费难以筹措，合格师资缺乏的问题。二部教学是单级教学的细化，加强了单级教学的操作性，弥补单级的不足。

二部教学法，是将较小规模学校的全部学生或者部分，分成前部和后部，由一位教师进行教学的组织形式，就具体形式而言，有半日式、全日式和折中式三种。半日式二部是指前部学生上午直接教学，下午自动作业，后部学生与之相反，两部学生可同时来校，也可异时来校，前后两部的直接教学时间可全然无关即全离式，也可根据教学内容和学生智力发展水平适当交叉即部合式。全日式二部中，前后两部学生间隔一天分别来校即隔日式，两部学生同时来校，以小时为单位，直接教学与自动作业交叉进行即隔时式。折中式二部是将全日式和半日式，依据学生的年龄特征利用混搭法，达到灵活有效的目的，一般对低年级采取半日式，对高年级采取全日式。

二部教学的编制上，单式教学和复式教学有所不同，主要采用单式教学的学校同年级学生较多的情况下，可以将同年级学生按照学习能力、家庭到学校的路途远近和家长的职业期望等因素进行分部，针对特点分别进行教学；一般情况下，将相近年级划为前后两部，便于学生补习功课、随时升降级，教具课桌也可通用。在乡村学校中复式教学较为普遍，复式二部可将学级两两合并，例如可将一、二年级编为前部，三、四年级编为后部，也可将其编为两个四年复式。复式二部教学形式灵活，前后部的编制可选择一个年级，也可选择两个年级，前后两部可采用全日

---

① 《学部奏拟订单级教授、二部教授办法折》，李桂林、戚名琇、钱曼倩编：《中国近代教育史资料汇编·普通教育》，上海教育出版社 2007 年版，第 76 页。

制，也可采用半日制。

对于二部教学存在的争议主要是教学时间的问题，直接教学时间相对缩短，学生自习时间增多，若自动作业的效果不能得到保证的话，或多或少对于教学质量有一定影响。正是这一点使得教师对其持有怀疑态度，近代学者为了解决这个问题，主要采用了两种办法，其一，处理好二部教学中教学时间的配合和转换问题，采取隔日、隔周、隔季转换的方式，尽量保证学生受教育机会的均等，增加共同上课的机会，减少每堂课的教学时间，从而增加轮换次数，废止休息时间变相增加教学时间。其二，二部教学与其他新教学方法结合，利用充分的准备和娴熟的教学技术加以弥补。例如文纳特卡制创设一些集体活动提供合作的机会，可以弥补二部教学天然形成的小团体，防止其畸形发展，文纳特科制完备的教材体系便于学生自动作业，独特的测验体制提供了自我学习效果检验的机会。道尔顿制用作业和检查表格有效督促学生自动作业的状况，帮助儿童养成自动学习的能力和习惯，提高教学效率。

总之，维新变法和清末"新政"时期采取的系列教学改革政策和措施，在法律文本、教育行政、教育机构设置以及教学方法理论的指导上，基本上建立起近代学校教育体系，极大促进了中国近代新式教育的发展，将教学方法的改革引领到基础教育阶段，开启了中小学学科教学法的研究工作。这一时期，中小学教学方法的变革更多表现在西方教学方法对中国教学方法的改造，这种改造活动通过师资培训的方式展开，留日学习速成师范、国内开办师范学校和教育会创办练习所都是其具体形式。应该指出的是，练习所采用观摩课的方式进行教学，引导共同讨论，这无疑具有教学方法实验的特征。整个教育界"从私塾的个别讲解转变为班级授课，'先生讲，学生听'，这一套新技术开始建立"，"优良小学，优良教师始以上课用启发为奋斗目标"[1]。

但是，中国有着两千多年的教育发展史，想在短短几十年内用西方的教学方法快速、彻底改造旧有的方法，是极其困难，也是极其不现实的。在改革过程中，大多数教师依然因循传统教学方法，"背黑板而面生

---

① 俞子夷：《海尔巴脱五段法》，陈学恂主编：《中国近代教育史教学参考资料》，人民教育出版社1987年版，第678页。

徒，通读一遍，若僧侣之唪经”，对于新学制倡导的“所谓解释以开彼心思，发问以试其记忆，寥若晨星”①。中与西，新与旧的冲突不断，教育者虽倡言新式教学，但“诚所谓买椟还珠者——对生徒之所以开发其智能陶冶其心性者，不闻不问”②。新式教学方法在使用过程中存在着形式与理念的不协调，教学理念的更新将是今后很长一段时间教学改革奋斗的主要目标。

---

① 《论说：摄政王交谕改良学堂感言》，《申报》1909 年 4 月 28 日。
② 《论说：论今日教育上急宜改良之要点》，《申报》1909 年 10 月 1 日。

第 三 章

民国的课堂变革

　　教学方法是教学文化的实践表征，近代中国的教学方法改革是在学习国外优秀教学经验的基础上展开的，是中西教学文化的不断较量和磨合过程。教学方法承载的异域文化和本土文化的碰撞，同时也受到来自政治、经济和种族等方面的影响。

　　中华民国是 1912 年清朝灭亡，南京国民政府成立至 1949 年中华人民共和国成立期间的国家名称，简称"民国"，是中国教学方法改革史上最波澜起伏、最恢宏壮丽的时期。1927 年 4 月 18 日蒋介石否认"武汉国民政府"，发动政变后在南京成立新政府即南京国民政府。历史学家一般将 1927 年之前称为民国早期，之后为民国后期。两个时期对于学校教育教学采取了不同的政策，从而使得教学方法的改革呈现出相异特征。

　　民国早期，在 1919 年的新文化运动的影响下，教学价值观发生转变，以学生为本的理念广泛渗入各级各类学校的教学领域。但这种渗透过程又是复杂多变的，其中蕴含着中西教学传统的冲突，在矛盾和冲突中，教学方法不断向科学化发展。民国后期，政府加强了对学校教学方法改革的价值观管理，实施训政。在政策的影响下，再加上对前一阶段教学方法改革的反思，学校教学方法的改革取向理性化和本土化。

第一节　民国早期(1912—1927)的课堂教学

　　民国早期经历了南京临时政府和北洋政府两届政权。1912 年元旦孙中山在南京宣誓就职，组建南京临时政府，定国号为"中华民国"，结束了中国两千多年的封建帝制，建立了资产阶级共和国。随后不久，孙中山在内外双重阻力下，将临时大总统的职位移交袁世凯，1912 年 4 月 1 日，袁世凯的北京政府成立，直到 1927 年 "四一二政变"，该时期的中华民国政府被称为北洋政府。

颁布教育政策一直是新政权巩固统治的重要举措，古代统治者在改朝换代之后，一般会颁布文教政策。民国早期，政权的更迭比较频繁，政府在教学改革中始终扮演着积极推进者和调控者的角色。1912 年 1 月 9 日中华民国南京临时政府教育部宣布成立，开始整顿教育事业，制定新的教育行政系统。1912 年 9 月，教育部颁布《学校系统令》，随后经过不断修补，于次年最终形成《壬子癸丑学制》，对清末以来的学校系统进行修改，并对学校教学方法作出新的规定。该学制对学校教育教学起到了干预和引导的作用，且在教学实践不断检验和修正的基础上，最终催生了 1922 年的《壬戌学制》。

在新学制的引导下，这一时期具有基础教育性质的学校类型较多，私塾、教会学校、新设的初等小学、高等小学以及附设的半日学校、国民学校和预备学校、中学等并列存在，都得到当时政府的认可。应该指出的是，国民学校和预备学校并行是中国近代出现的短暂 "双轨制"。1915 年袁世凯政府颁布《特定教育纲要》部分改革学制，将初等小学改为两种，"一名国民学校以符义务教育之义" "一名预备学校专为升学之预备"。袁世凯政府倒台后，教育部取消了预备学校，中国近代历史上，唯一的 "双轨制" 尝试宣布失败，预备学校在中国近代寿命短暂。

可见，这一时期，政府欲加强在教学改革中的领导地位，但由于后期军阀混战的缘故，政府对于学校教学无暇顾及，从而客观上赋予学校更多的办学自主权，给教师在教学方法领域的改革留下了更多自由发挥的空间。

一　教学改革

在中国历史上，颁布新的文教政策，进行教学改革一直是巩固新政权的重要手段之一，中华民国也不例外。南京政府和北洋政府在成立之初即开始着手设置新的教育行政机构，厘定教学目标，制定新学制，依照特定的目的规范学校教育系统，使教育更好地为其政权服务。客观上，政府的教学改革措施，推动了教学方法的变革。然而，变革的趋势和特征并不一致,受到多种因素的影响。

(一) 设置教育行政机构

1912年1月9日中华民国南京临时政府教育部宣布成立,蔡元培任教育总长。教育部成立后的首要任务是确立新的教学目标,建立新的教育行政系统和学校教育系统,以便恢复和整顿教育事业。

1912年3月底,南京参议院正式教育部官制,规定教育部的最高领导是教育总长,下设次长,总长、次长下设参事3人,1厅3司。1厅是指承政厅,负责人为秘书长,"专司机要及管理本厅事务",承政厅下设文书、统计、会计、建筑4科,编纂、审查2处。3司是指普通教育司、专门教育司和社会教育司,各司的负责人为司长。普通教育司下设5科,第1科主管幼儿园和小学教育事宜,第2科负责中学教育,第3科管理师范教育、临时教员养成所、高等师范教育,第4科主营普通实业学校、实业补习科、艺徒学校,第5科负责管理蒙、藏、回等少数民族教育事宜。① 1912年8月,颁布《修正教育部官制》,将承政厅改称为总务厅,下设秘书、编纂、审查3处,文书、会计、统计、庶务4科,原先的建筑科并入庶务科。五司名称不变,但个别司增删相应的内容。普通教育司第1科主管师范教育,第2科掌管小学。

地方教育行政分为省县两级。1917年颁布的《教育厅署组织大纲》和《教育厅暂行条例》,用法定形式确定了全国统一的地方教育行政机关,省级教育机关为教育厅,隶属于教育部,教育厅下设科室一般为3科,同时设视学4—6人。民初县一级行政机构沿用劝学所,1913年县公署添设第3科管理教育,分担教育管理事业。1915年7月公布《地方学事通则》,规定各学区组织学务委员会,没有条件的省份仍由劝学所代理。1915年12月,颁布《劝学所规程》,1916年4月28日颁行《劝学所规程实施细则》和《学务委员会规程实施细则》,对各自的职权和组织细化。②

此种新旧交杂的地方教育行政机构一直沿用到1922年新学制的颁布。

---

① 李国钧、王炳照主编:《中国教育制度通史》(第7卷),山东教育出版社2000年版,第14—16页。

② 同上书,第17页。

伴随学制改革，教育部通过《县教育机关组织大纲案》《特别市教育机关组织大纲案》《现任劝学长校长暂停选举纲要案》及《关于地方教育行政机关专利号案，遇有特别情形，得酌予变通建议案》对地方教育行政机构重新规划。地方教育行政机构中，县区、市乡镇成立各级教育局，并设与之并列的董事会，局长下设事务员和各级视学。个别省份的教育局仿照教育部司科设置，下设总务、学校教育、社会教育3课。①

在中央，普通教育司下设5科分管各个阶段教育机构，与清末学制规定相比，更加具体和细化，利于专项管理，对于教学改革的指导工作责权分明。与此同时，中央和各省成立与3司并行的视学处，各级视学对学校的教学改革进行督导。地方行政机构的名称有所变动，从劝学所、学务委员会到教育局，其职责逐渐细化，按照中央的司科设置划分各课，各自范围缩小。这种逐渐细化、专业化的管理体制，更利于分清责权，加强对基层教学方法变革的引导和监控。

（二）厘定教学目标

教育对于社会经济文化发展具有相对依附性，反之，教育管理也是政府行政的主要内容之一，政府通过规定、调整教学目标和课程，从而加强对教学的管理。

1912年9月2日教育部公布新的教学目标："注重道德教育、以实利教育、军国民教育辅之，更以美感教育完成其道德。"各级教育机构的教学目标有所差异。小学教育"以留意儿童身心之发育，培养国民道德之基础，并授以生活所必需之知识技能为宗旨"②；中学校"以完足普通教育，造成健全国民为宗旨"③；大学"以国家需要教授高深学术、养成硕学闳材、应国家需要为宗旨"④。

1903年的教育宗旨的核心是忠孝思想，体现了"中学为体，西学为

---

① 李国钧、王炳照主编：《中国教育制度通史》（第7卷），山东教育出版社2000年版，第17—18页。

② 《小学校令》，璩鑫圭、唐炎良编：《中国近代教育史资料汇编·学制演变》，上海教育出版社2007年版，第663页。

③ 《中学校令》，璩鑫圭、唐炎良编：《中国近代教育史资料汇编·学制演变》，上海教育出版社2007年版，第669页。

④ 《大学校令》，璩鑫圭、唐炎良编：《中国近代教育史资料汇编·学制演变》，上海教育出版社2007年版，第673页。

用"的纲领。1906年的"忠君、尊孔、尚公、尚武、尚实"的教育宗旨是以封建的伦理道德为基准，强调维护封建国家的公共精神。1912年教育部提出"五育"并举的教学目标。与以往相比，南京临时政府教育部公布的教学目标强调个体价值的实现和学生个人情感的养成，但两者又具有一致性，即以学生的社会认同感为旨归。教学目标体现了国家主义的原则，偏重德育。

教育的进步和教学的改革并不能一蹴而就，总有回环反复的过程。袁世凯的北洋政府将具有西方特征的"美感教育"删除，强化传统道德目标，于1915年2月《颁定教育要旨》，将教学目标确定为："爱国、尚武、崇实、法孔孟、重自治、戒贪争，戒躁进。"①

两者的共同点是语言描述过于抽象，每一条都可以细化出若干子目标，这也使得基层教师难以准确把握教学目标的内核，使得执行起来差之毫厘，谬以千里。学校教学中依然固守"灌输法"，注重文字的迂回解释，缺乏实用性，缺乏对人本身的关注。

1922年《壬戌学制》规定"七项标准"作为新的指导原则：第一，适应社会之需要；第二，发挥平民教育精神；第三，谋个性之发展；第四，注意国民经济力；第五，注意生活教育；第六，使教育易与普及；第七，多留各地伸缩余地。② 这一教学目标更加具体，易理解易操作，更多体现出民主、科学、灵活的特色。

民初教学目标在表述方式上从清末的抽象转为具体，利于基层教师准确把握，深刻领会；在精神内核上从清末忠君尊孔的外在社会要求转为学生德智体美平衡发展的内在要求，其间虽有法孔孟、戒贪争的回环，但民主和个性的要求逐渐成为发展趋势。这一变化过程对学校教学方法领域的影响是不可低估的，它引导着教学方法朝着更加尊重学生的身心发展，更加尊重学生的主动性发挥的方向发展。

（三）课程的统一及调整

针对清末以来形成的课程不一致、不易管理的现象，民国教育部成

---

① 《大总统颁定教育要旨》，璩鑫圭、唐良炎编：《中国近代教育史资料汇编·学制演变》，上海教育出版社1991年版，第771—779页。

② 《教育部召集之学制会议及其议决案》，《教育杂志》1922年第14卷第10期。

立不久即颁布《普通教育暂行办法》和《普通教育暂行课程标准》，对学校管理体制、课程设置和相关标准作了规定，统一全国各级学校的课程设置。

教育部规定，小学开设的课程有国语、算术、卫生、公民、历史、地理、社会、自然园艺、工用艺术、形象艺术、体育和音乐。中学采用学分制和选科制。初中以社会科（公民、历史、地理）、语文科（国语、外语）、算学、自然科、艺术科（图画、手工、音乐）、体育科（生理卫生、体育）六科组织教学。高中采用综合中学制度，分普通科和职业科。普通科以升学为目的，分文学、社科、数理三类；职业科分农、工、商、船四类。普通科课程分为公共必修科目（国语、外语、人生哲学、社会问题、文化史、科学概论、体育）、分科专修科目（三角、高中几何、高中代数、解析几何、物理、化学、生物）、纯选修科目三种。①

1915 年 7 月 31 日北洋政府发布"大总统申令"，设立国民学校（相当于初级小学）学制四年，教学科目为修身、读经、国文、算术、手工、图画、唱歌、体操，女子加缝纫课，高小课程与初小基本一致。幼儿园的保育课程有游戏、唱歌、谈话和手艺。② 1916 年 10 月 9 日，教育部第 19 号令，对"大总统申令"的部分条款进行了修正，废除"读经"一科。随后教育部要求各交通部省区学校可以根据本地情形酌量增减科目和教学时间，以弥补统一课程的不足。

课程的统一固然利于管理，但中国地域广阔，风俗习惯不同，课程制定者"安坐北京城中，制定种种章程，勒令全国实行"③，无补于当地社会的发展，也无法满足各地人民的需求。因而，1922 年颁布实施的《壬戌学制》对课程设置的标准进行了调整，《壬戌学制》与以往颁布的学制最大的差异在于，这是一次从下到上，经过试点实验，经过全国教育联合会数次会议反复论证，最终决议实施的学制。《壬戌学制》对于课程的设定秉承一个横向标准和一个纵向限度。新课程标准系统规定了小

---

① 《教育部订定小学校教则及课程表》，《教育杂志》1912 年第 4 卷第 10 期。

② 《大总统申令》，璩鑫圭、唐炎良编：《中国近代教育史资料汇编·学制演变》，上海教育出版社 2007 年版，第 790—792 页。

③ 舒新城：《中学学制问题》，《教育杂志》1922 年第 14 卷第 1 期。

学、初中、高中和师范学校的课程体系。小学课程含有国语、算术、卫生、公民、历史、地理（前4年卫生、公民、历史、地理合并为社会科）、自然、园艺（前4年园艺合并到自然科）、公用艺术、形象艺术、音乐和体育。初级中学设置社会（含公民、历史、地理）、语文（国语和外国语）、算学、自然、艺术（图画、手工、音乐）、体育（生理卫生、体育）。高级中学分普通科和职业科，培养目标不同决定其课程相异。[①]

这一时期，课程的名称表述从"国文"到"国语"，从"理科"到"自然""社会"，从"修身"到"公民""卫生"，从"图画""手工"到"形象艺术""公用艺术"，一系列的变化反映出课程改革已不单纯以数量为唯一衡量指标，开始侧重课程本身的内涵，注重学科之间的联系，开设社会、艺术等大综合课程，便于知识的融会贯通。课程的综合化决定清末形成的学科教学方法开始向可以打通各科的综合性教学模式转变。同时，政府对于课程改革的审慎态度以及试点实验的方式，即受到这一时期教学方法变革采用的实验方式的影响，同时也更加强化了实验变革策略。

（四）《壬子癸丑学制》对学科教学方法的规定

1912年9月，教育部颁布《学校系统令》（《壬子学制》），并于次年经过修补，《壬子癸丑学制》最终成型。作为中华民国政府制定公布的学制系统，《壬子癸丑学制》体现了新一代教育工作者的教学理念。整个学程分为三段四级，三段分别为初等教育、中等教育、高等教育，其中初等教育分两级，初等小学是义务教育，学制4年，高等小学学制3年。学生从6岁入学到23岁、24岁大学毕业，总学制为17年或18年。普通教育系统之外，还设有师范教育和实业教育两个系统。与此同时，教育部先后颁布具体法令辅助新学制的实施。1912年9月和10月颁布了《小学校令》《中学校令》《专门学校令》《大学令》《师范教育令》，1913年8月颁布《实业学校令》，规范学校课程、组织形式和教学管理等。

与以往学制相比，《壬子癸丑学制》具有明显的特征。该学制缩短了学制，并第一次明确规定实施义务教育，自此以后，各级地方政府和中

---

① 李国钧、王炳照主编：《中国教育制度通史》（第7卷），山东教育出版社2000年版，第56—61页。

央政府的历任者，都将义务教育作为一项重要的任务对待以表现政绩。在学制的引导下，1915 年袁世凯颁布《特定教育纲要》，1918 年山西省督军阎锡山颁布《全省施行义务教育规程》，1928 年国民政府第一次全国教育会议通过《整理中华民国学校系统案》，1937 年国民政府教育部颁布《学龄儿童强迫入学暂行办法》等，厉行义务教育。再者，改学堂为学校，进一步加强了教育的国际化，便于教育交流。

《壬子癸丑学制》规定各科教学方法的使用"务使正确，并宜互相联络，以资补助"①，令学生"反复熟习，应用自如"。修身科可用"嘉言懿行及谚词等指导儿童，使知诚勉，兼演习礼仪"。国文科教学宜先"正其发音，使知简单文字之读法、书法、作法，渐授以日用文章，并使练习语言"，务必使读法、书法、做法联络一致。算术教学"务令解释精审，运算纯熟，又宜说明运算之方法理由"。历史教学宜采用标本、图画、地图等实物，使儿童获得直观印象，如同时能与修身科目教学联系起来更佳。理科教学"务须实地考察，或示以标本、模型、图画等，并施简易实验"。农业知识教学"须与地理、理科所授事项联络，并就本土农业实地指示，使其知识确实"。体操教学以普通体操为主，男生加授兵式体操，也可利用时令游戏、户外运动或游泳等方式锻炼学生体魄。英语采用语法翻译法，先教"发音及单词短句，讲授浅近文章之读法、书法、作法、语法"，以实用为主，并"注意于发音，以正确之国文译释之"②。

壬子学制将教学方法的变革定格在联络各学科，趋向综合化的发展方向上，这一变革既符合使学生得到全面发展的教学目标的要求，也与课程的改革保持一致，还受到世界各国教学方法改革模式化的影响。

（五）《壬戌学制》对教学方法的规定

在陶行知看来，"壬子学制，经十年之试验，弱点发现甚多。近一、二年来，教育思潮猛进，该学制几有不可终日之势"③。在教学实践过程

---

①　《教育部订定小学校教则及课程表》，《教育杂志》1912 年第 4 卷第 10 期。

②　同上。

③　陶行知：《我们对新学制草案应持之态度》，璩鑫圭、唐良炎编：《中国近代教育史资料汇编·学制演变》，上海教育出版社 1991 年版，第 918 页。

中，《壬子学制》的弊端日益凸显，1922 年《壬戌学制》的颁布，实际上是在此基础上，对《壬子学制》的修订。

该学制是民主教育思潮影响的产物，是中美教育关系亲密的体现。《壬戌学制》无教育宗旨，"七项标准""六三三制"等几个方面较多地体现了美国教育的特征。废除教育宗旨是杜威"教育无目的"影响的结果，也是中国本身对 1903 年、1906 年和 1912 年厘定的教育宗旨（方针）的反思。与此同时，《壬戌学制》在制定过程中让民间团体积极参与进来，其中最有影响的有全国教育会联合会、中华教育改进社、中华职业教育社和平民教育社等，通过试点实验方式检验修正后，各省有选择、有弹性地付诸实施，在历次教育联合会会议讨论内容的基础上，逐渐成形并成文。

《壬戌学制》在教学方法的规定上试图突破讲演式，增加学生自动学习的机会，减少课堂教学时间，增加学生自修以及预习、复习的时间。该学制对学校教学方法变革产生的影响是直接而全面的，它将教学方法的改革指向民主主义和科学主义。虽未对具体的操作形式给予限定和说明，但其制定过程和指导思想引发了教育者"思想观念层面的震撼与反省"[1]，有力地推动了学校教学方法改革的民主化、科学化、实用化和专业化。

二　西方教育家与课堂教学实验

东西方学者对彼此学术交流的渴求由来已久。对于西方社会的代表美国和东方社会的代表中国而言，彼此在地理和文化方面，有着诸多相似处。"中国在太平洋畔，美国在大西洋边，面积、纬度相当，河网、山系类似。密西西比河恰似滚滚东去的长江；遥远的蒙古高原正如我国西北绵延的大草原。"美国"用选票选举"，中国"用考试选拔人才。"两国的"教育制度也有点相似，都是自愿，而非强迫"，都"高度重视学校教育""推崇教师为最高的职业"。美国有许多东西可以向中国学习，中国也可以向美国学习很多东西。[2] 近代社会为这样的交流提供了一个广阔

---

① 田正平主编：《中外教育交流史》，广东教育出版社 2004 年版，第 16 页。

② 钱刚、胡劲草：《留美幼童——中国最早的官派留学生》，文汇出版社 2004 年版，第 40 页。

的舞台，20 世纪 20 年代以前，中国的学者纷纷出国求学，在异国寻找救国良方；20 世纪 20 年代左右，在中国新文化运动的推动下，西方学者陆续来华，帮助中国改善教学方法。

（一）西方教育家来华

1912 年成立的国民政府加强了与西方国家的教育交流与合作，西方教育家受到邀请纷纷来华。此种转变有着复杂的原因。20 世纪 20 年代左右中国教育界开始对前一阶段教学方法改革进行反思，教育界存在的理论与实践严重脱节的现象令学者们感到无助。学生在学校里对于社会和政治上的不良现象深恶痛绝，大声疾呼改革，但一旦步入社会，则会尽弃原有想法，与之同流合污。1919 年爆发"五四"新文化运动是这种不满情绪的发泄，试图对传统文化进行改造，追求科学和民主。而这两项恰是西方国家学校教学的主要特征，此时清末中美之间的"庚款留美"项目发挥出其应有的作用，美国培养的中国留学生开始走上历史舞台，在教学改革中发挥作用。20 世纪 20 年代左右，在国家教育部门和教育机构担任主要职位者大多是留美学生，如胡适、蒋梦麟等。

西方教育尤其是美国教育对中国的影响逐渐增大，《壬子学制》和《壬戌学制》较多参考了西方的学校教育体制，教学目标、课程设置等都受到西方的影响，教学方法的改革也不例外。以留美生为主的中国学者态度虔诚地邀请西方教育家来华，考察指导，并希望他们能够提出宝贵的改进意见。

在此背景下，近代教学实验发展史中曾有重大影响的西方教育家陆续来华。1919 年 4 月杜威（John Dewey）来华；1921 年孟禄（Paul Monroe）来华，指导中小学教学；1922 年麦柯尔（W. A. McCall）和推士（G. K. Twiss）来华，指导编制心理与教育测验；1925 年柏克赫斯特（Helen Huss Parkhurst）来华宣讲"迈尔顿制"教学法；1928 年克伯屈（William Heard Kilpatric）带着"设计教学法"来华。西方教育家来华与新文化运动几乎同步，但实际上，两者互为因果。中国的新文化运动促使西方教育家的中国之行顺利且效果显著，而西方教育家在华的考察活动和提出的改革建议积极推动中国的教学改革实验的发展，推动了儿童中心教学思想在中国的传播，进而推动以"民主""科学"为核心的新文化运动的继续开展。

（二）杜威与中国实用主义教学方法

杜威访华肇始于其 1919 年年初的日本之行，同年 2 月，胡适得知此消息，致函陶行知商讨邀请杜威访华事宜并最终成行。杜威在其学生陶行知、胡适、蒋梦麟等的陪同下，巡回全国演讲实用主义教育，足迹遍布江苏、直隶、山西、奉天、山东、浙江、湖南、湖北、江西、安徽、福建、广东等十余省，场次达两百余，在中国教育界引起较大反响。通过演讲、考察以及报刊报道、学术作品刊印等渠道，杜威的实用主义教学价值观跟随杜威在中国的脚步传播到全国各地。

在华期间，杜威描绘出中国教育蓝图，当然这张图带有明显实用主义色彩。杜威看到中国教育存在的问题，并从宏观上给出指导意见。中国教育偏重高等教育，忽视基础教育。"中国要想成一个真正的共和国，必须拿着办高等教育的注意去办普及教育……一般人受过普及教育，便能读新闻；便能知国事；……对于国家对外的事情他仍能作后盾，对内的事情他们知道如何整顿，便就可以得一种良好的结果。"[①] 国民教育的不普及、不重视，使得基础教育只限于少数人是很危险的。不掌握知识的多数人会被少数人愚弄。"为何外国的政治比较的优良呢？就是因为他们的群众都受过普及教育。"[②] 多数人掌握知识，具有鉴别能力，明白事理，可阻止少数人的营私舞弊。中国的教育过于向高等教育倾斜，殊不知"扩充小学教育，就是扩充高等教育的基础"[③]。曾经接受普通教育的人，会从内心深处接受高等教育。小学教育是"房子"的基础，高等教育则如"重楼叠阁"[④]，小学教育的完备和制度的完善，是高等教育发展的前提和基础。

小学教师需要在思想观念上破旧立新，舍弃旧有的价值判断标准，打破遗留的习惯、古训和旧法，[⑤] 打破知识教学中存在的"贵族制度和贵

---

① 杜威：《学校的行政和组织与社会之关系》，袁刚等编：《民治主义与现代社会——杜威在华讲演集》，北京大学出版社 2004 年版，第 626 页。

② 同上书，第 627 页。

③ 同上。

④ 同上。

⑤ 杜威：《教育哲学》，袁刚等编：《民治主义与现代社会——杜威在华讲演集》，北京大学出版社 2004 年版，第 423—424 页。

族观念"①，打破"从前选择学科的孤陋，扩大从前对于学科偏重文艺的范围"②，打破以现成材料作起点的教学传统，树立以儿童为中心的教学价值观，革除过去传授知识的观念，要注重发展个人的才能，还要注意把个人才能指引到有益于社会的方向上。③ 在教学方法上，应该多采用游戏，"凡是有价值的手工，一定含有游戏的动作，儿童的这种天性要发挥出来，可以训练他的官能；使他随机应变；最重要的输入知识教育的价值"④。"一切学问和训练，必然要拿人类天然的生来的本能做根据，利用自动的能力，发展他原有的天性，才是新教育的宗旨。"⑤

以杜威来华为起点，中国教学改革的重心开始转移到基础教育。教学价值观也由以教师为主，转向以学生为主，从而影响到大批教育工作者的教学方法改革理念，以陈鹤琴、张雪门为代表的教育研究者将幼儿园教学引向游戏化和生活化，陶行知在杜威"做中学"的基础上提出"教学做合一"教学法，并进行了实验验证。杜威的中国教育蓝图，为当时的教学方法改革提供了理论上的指导，同时拉开了美国教育家来华的序幕，并定下了关注中国基础教育的基调，关注中国的教学方法和教育实验。孟禄、克伯屈、柏克赫斯特等美国教育家来华指导中国教育都在杜威设计的中国教育蓝图的框架内进行。⑥ 杜威的教学理论对教学界的影响深远，导致中国教学模式发生相应的变动，学生自治、设计教学法、道尔顿制、选科制等关注学生发展的教学模式得到广泛的实验和实施，实用主义、生本主义成为中国基础教育教学方法改革的主要指导思想之一。

---

① 杜威：《教育哲学》，袁刚等编：《民治主义与现代社会——杜威在华讲演集》，北京大学出版社 2004 年版，第 437 页。

② 同上书，第 439 页。

③ 杜威：《现代教育之趋势》，袁刚等编：《民治主义与现代社会——杜威在华讲演集》，北京大学出版社 2004 年版，第 670 页。

④ 杜威：《教育哲学》，袁刚等编：《民治主义与现代社会——杜威在华讲演集》，北京大学出版社 2004 年版，第 421—422 页。

⑤ 杜威：《现代教育之趋势》，袁刚等编：《民治主义与现代社会——杜威在华讲演集》，北京大学出版社 2004 年版，第 662 页。

⑥ 王小丁：《中美教育关系研究》，博士学位论文，河北大学，2007 年，第 192 页。

（三）孟禄与中国中学教学方法

在来华的美国教育家中，孟禄到中国次数较多，在华时间跨度较长、与中国基础教育界的接触较广。据统计，[①] 孟禄共 14 次来华，第一次是1913 年顺道来华；而后，1921 年应邀来华为中国教育出谋划策，时间长达 3 个多月；1924 年出席中基会非官方会议；1925 年率美教育考察团途经上海；1925 年 5 月，参加中基会年会；1926 年、1927 年、1928 年、1929 年、1935 年、1937 年、1939 年、1940 年、1941 年分别来中国参加中基会年会，处理中基会的事物，关注中国的科学教育。

杜威富于理想，孟禄长于实行。孟禄从 1921 年 9 月 5 日至 12 月 7 日在中国进行了学校调查，历时 3 月，足迹遍及北京等 9 省 16 市。他的一批弟子为他的调查做了大量工作，他们与孟禄同行，考察了中国的幼儿园、中小学、大学、私塾乃至教育行政机关达 150 处。[②] 孟禄的这次教育调查，对中国的基础教学改革具有重要意义。他所到之处一般都会安演讲，题目集中在"影响教育之新势力""共和与教育""学生机会和责任""女子教育和家庭教育""教育的新趋势和新觉悟""旧教育与新教育的差异""女子教育""教育与压迫中国的新思潮""平民主义在教育上的应用""中国之学生运动""好的教员""新教育与科学""科学教育""共和国家与女子教育""交通与教育""教育之社会的政治的涵义""大学之职务"等。[③]

但孟禄本人偏重中学研究，认为"中学关系颇大，一方面预备升入大学；另一方面预备职业，大学好不好，视中学毕业生如何，中学毕业

---

① 统计资料详见《孟禄在华活动年表（1913—1937）》，《华东师范大学学报》（教育科学版）2003 年第 3 期；华中师范大学陈竞蓉的 2005 年硕士论文《孟禄与中国近现代教育》和王卓然的《中国教育一瞥录》，商务印书馆 1933 年版。

② ［日］阿部洋：《保尔·孟禄与中国的近代教育》，钟启泉译，《外国教育资料》1996 年第 1 期。陈竞蓉、周洪宇的论文《孟禄与壬戌学制》与阿部洋论文中的数据不一致，陈文提到的有 9 省 18 市，考察的地方是 200 多处。尽管有所出入，但都足以说明，孟禄的工作做得十分扎实和全面。

③ 根据《新教育》1922 年 4 月第 4 卷第 4 期及周洪宇、陈竞蓉《孟禄在华活动年表（1913—1937）》，《华东师范大学学报》（教育科学版）2003 年第 3 期统计。

生不一定能升学，所以还要使他们有从事职业的能力，以便将来自谋生计"①。孟禄认为，中学课程的设置，要增加其灵活性，要应适合社会和个人的需要，要有几种选修科，使学生自由选择。中学与小学不一样，它是培养领袖人才的。科目不可拿美国及他国做榜样，只可拿他们做参考，要依中国社会情形而定。② 中学课程的设置，应适应社会和个人的需要，留有一定余地。美国中学六年分为初高两级，前三年是普通科学，后三年实行分科。理科是预备学生将来学医、农业、工业等的实用学科，文科是预备学生将来学政治、法律。高中阶段开设选修科，可使学生根据自己兴趣、特长和需要自由选择。这就有利于教师的因材施教和学生的自由发展。

孟禄通过考察发现目前中国中学教学主要采用讲演法，"学生居于被动地位，无自动的精神。此种方法……不适宜于今日的科学"，他批评道："中国今日的教学法，譬如踢球，是只教学生研究踢球方法，不叫学生自己踢球。"③ 讲演法与留美学生也有一定关系，他们是在美国的大学里而不是在中学，习惯了讲演法，回国后就照搬执行。"按中国中学教学法，学生都处于被动的地位，与'行以求知'底原则，正是相反。"④ "行以求知"原则是孟禄所著《思维术》（*How We Think*）中的主要原则之一，旨在通过切于实用的教学方式，培养学生的独立思考能力。他指出："美国学校，特别注意试验室与实地练习的工作，其时间三四倍于讲授的时间。中国学校，讲读教科书为事，无怪学许多空泛的文章，而不能致之实用。"⑤ "现在美国教育最新的趋势，不仅使学生自动，参与学习历程，并进一步使学生自动，解决具体的问题，这种方法，名之'设计教学法'。"⑥

孟禄建议中国教育界聘请外国教授来华考察，并指导科学教学。在

① 陈宝泉、陶行知、胡适编：《孟禄的中国教育讨论》，实际教育调查社 1922 年版，第 31 页。

② 同上书，第 28 页。

③ 同上书，第 38 页。

④ 同上书，第 32—33 页。

⑤ 《学生的机会与责任》，《新教育》1922 年第 4 卷第 4 期。

⑥ 陈宝泉、陶行知、胡适编：《孟禄的中国教育讨论》，实际教育调查社 1922 年版，第 37 页。

他的推荐下，美国俄亥俄州立大学教授、科学教育专家推士专程来华作科学教育调查，并提出改进意见。1922 年 6 月，推士抵达上海，随后对我国 10 省、24 市、248 所学校展开了调查，历时一年多。1922 年，孟禄向中华教育改进社推荐了哥伦比亚大学师范学院心理学教授、教育心理测量专家麦柯尔，让他到中国开展心理与教育测验活动。1925 年、1927年柏克赫斯特、克伯屈也借助实用主义在中国的传播之势，把当时在美国流行且在中国早有介绍的道尔顿制和设计教学法在中国极力推广。

　　孟禄"强调教育作为一种应用而不是观念的获得，他的建议产生于1921 年相近的调查研究，已经引起了对各种问题的严肃考虑，特别是激起了中等教育和自然科学教学的改革"[1]。确实，孟禄启动了中国的中学教学方法改革实验，在其推动下，实验的观念传入中国，掀起教育实验的高潮。孟禄来华，将西方教学方法的主要研究方式推介进来，指出前一阶段中国教学方法改革中存在的问题是教学领域缺少实验、实证方法。以此为转折点，西方教学方法开始了对中国教学方法的全面改造。

（四）教学方法实验的高潮

　　1919 年之后中国教学方法实验进入高潮时期，这与西方教育科学研究的发展密不可分。20 世纪二三十年代，西方实验教育学派研究进入了兴旺时期，实验的方法也日益得到发展。英国统计学家皮尔逊（Person）和尤尔（Yule）研究发展了相关法和回归理论，发表了卡方技术和多重相关数，测量实验结果可靠性的斯皮尔曼—布朗（Spearman-Brown）公式出现，因素分析法在教学实验中开始应用，戈塞特（Gossett）提出测量标准误差的方法，并对 T 检验原则作了形式化处理，费舍尔（S. R Fisher）的《研究者的统计方法》问世，其中小样本推断统计被创造出来，对自由度概念、T 检验和方差分析技术作了深入说明。麦柯尔《教育实验方法》一书的出版标志着科学主义教学实验模式形成，推动了教学实验科学化的发展，教学方法的研究开始较多地采用智力测验、学务调查的方式进行，教学方法的研究趋向科学化和心理学化。

　　留美学生回国与西方教育家来华无形中将西方的科学实验理论介绍

---

　　① 上海市陶行知研究会、上海市陶行知纪念馆、上海师范大学陶研会编：《陶行知佚文集》，四川教育出版社 1989 年版，第 23 页。

到国内。中华教育改进社聘请推士进行学科教学法改革实验，麦柯尔开展心理与教育测验，在西方教育家的推动下，关于学校教学方法实验的文章频繁出现，张铸、程宗潮、常道直、于化龙、孙邦正等在《中华教育界》《新教育》《教育杂志》等刊物上发表关于学校教学实验的研究介绍。蔡元培在演讲中也经常呼吁教育者关注实验学校。作为西方教学方法与中国教学实践结合的研究基地，实验学校是新教育运动的具体表现，是近代科学迅速发达的起源。

中国进入教学方法实验的高潮期。一方面，表现为在中国投入实验运用的教学方法种类的增多，这一时期的教学实验大都是教学模式实验，包括设计教学法、道尔顿制、文纳特卡制、葛雷制等；另一方面，表现为教师对于西方新式教学方法的渴求。设计教学法传入我国后，"夏季教育讲演，没一处没这题目，铁路轮船上没一天没参观或演讲设计教学法的人往来。……一方面也有反对的。但是决心加入试验的学校仍旧一天多（于）一天。……这样待遇菲薄的小学教员，却肯这样热心的自求上进，在全世界中，实在是不可多得的。四川开讲习会，教员徒步到会，半路被兵队捉去做苦工。做完了差再来听讲"①。如此虔诚的求学精神，难能可贵。另外，教学实验和研究的方法更加科学化。1919 年开始，中国开始利用国外的科学研究方法，研究学生的心理和教育心理学方面的问题，并运用教育统计学和教育测量的方式，进行教学方法的研究，如南京高等师范学校的俞子夷、廖世承、陈鹤琴和北京高等师范学校的张耀翔、刘廷芳等。可以说，在国外教育研究科学化潮流的推动下，中国教育研究的科学化提高了教学方法实验的可信度和效度，优化了教学方法改革的操作程序，将近代教学方法改革推向科学化。

三　学校教学方法的变革

民国早期的教学界受国外尤其是西方的影响比较明显，中西教育交流主要表现在教学方法领域。"最近教育之进步，大部分即为教学法之进

---

① 董远骞、施敏英选编：《俞子夷教育论著选》，人民教育出版社 1991 年版，第 52—53 页。

步。"① 西方以儿童为主的教学理念凭借各种新式教学方法在中国广泛渗透。实用主义的思潮在教学方法的改革领域较为盛行。但共性中又存在诸多的个性，教育机构、年级和学科的不同使得教学方法实验在微观实践层面呈现相异的特征。

（一）幼儿园教学方法实验

民初的幼儿园在硬件设施上已经基本具备了现代幼儿园的特征，如天津的怀瑛堂幼稚园坐北朝南，拥有东西对称的两间教室，一个 90 平方米的圆形活动室，教室有镶嵌磨砂玻璃的大窗户，木质地板，配备风琴、滑梯和跷跷板等活动器具，以及一些大型玩具和木质小房子。② 硬件设置和教学辅助材料的完备是新式教学方法运用的有力保障。

在儿童中心教学思想的影响下，游戏教学成为中国幼儿园教学的主要改革方向。教育者逐渐认识到爱好游戏是儿童的天性，幼儿园的教学方法采用游戏形式，已经成为各个幼儿园努力的方向。游戏在幼儿园教学中占据重要的位置，中国传统社会固有的游戏"老鹰捉小鸡""猫捉老鼠""瞎子猜人"，简便易行，且对场地等要求较低，实验幼儿园将其纳入课堂教学中。《幼儿园课程标准》中规定："各种活动于实际实施时，应该打成一片，所谓科目打成一片的方法应该以一种需要的材料，做一日或两三日的中心，一切活动都不离乎这个中心的范围。"③ 教师要参与到儿童的游戏当中，成为幼儿群体的一分子，忘却自己的成人身份，在游戏中进行指导而非从旁指导。教师的态度和蔼，动作敏捷，担任游戏中儿童的小领袖，用暗示的方法校正游戏中儿童的动作，鼓励儿童的兴趣，对于胆小或者性格柔弱的孩子应该态度温和，多用赞誉的方法。

游戏之前教师会将游戏的规则和方法解释清楚，由于儿童的理解力较弱，因而在游戏过程中应该适当的示范，根据游戏性质的不同，可自己示范，也可挑选理解力和动作协调性较好的儿童进行示范。教师在游戏教学中应该注意维持游戏秩序，强调遵守游戏规则，对于犯规者可采

① 教育杂志社编：《小学教学法概要》，上海商务印书馆 1925 年版，第 32 页。
② 邢志柏主编：《塘沽教育百年》，天津教育出版社 2007 年版，第 115 页。
③ 吴增芥、沈百英等编著：《幼稚园游戏一百六十种》，上海商务印书馆 1935 年版，第 2 页。

取相应的惩罚措施，令其退出游戏的行列。教学中地点的选择和参加人数的选定应该是教师考虑的问题，人数多不利于维持秩序，游戏中儿童的安全保障问题也不容忽视。进行实验的游戏种类有竞赛游戏，如抢椅子汽车比赛等，追逐游戏，如猫捉老鼠，故事游戏，如"你到哪里去"，计数游戏如"数目换位"，节奏游戏如"蝴蝶采花"，感觉游戏如"瞎兄瞎弟""谁敲了我的门"，模拟游戏如"黄牛耕田""快乐农夫"等。①

实际上，游戏教学与杜威"做中学"的教学理念保持一致，并在其中加入了娱乐的成分，更加符合学前儿童身心发展规律。游戏教学的适用性相对比较广泛，可在单一学科中运用，也可联合各个学科，可做个体练习，也可做集体练习。西方蒙台梭利的教具是一套儿童个体进行感官游戏教学的教具，动作自然且饶有兴味。在中国，实验者对其进行了一定程度的修改。实验幼儿园的教学用联络多重的感官游戏代替单一器官的感官游戏，用社交的游戏代替个人的感官训练，用小团体的形式做积木练习，过家家游戏或实际生活的模仿游戏，共同游戏锻炼儿童的社交能力和组织能力，集体的体操游戏可矫正儿童的身形，竞争游戏可增强动作的速度，增强脏器的工作效率，挑战的能力和抗压能力。北平幼稚园组织听琴声寻找珠子，盲人捉鸡，摸鞋猜人和找球等游戏，训练触觉、听觉和视觉的同时，训练速度和竞争能力。中国历来是一个竞争激烈的社会，这是与国外最大的不同之一，人数众多使得生存的空间变得狭小，因而团体游戏、社会生存能力和竞争能力的训练是中国幼儿园教学实验的特色。算术教学与儿童的生活联系十分紧密，在入园之前已经获得一定的数量关系的认知，在教学过程中，例题的援引应多考虑实际生活，注意引导儿童观察生活中的数字。儿童由于生理发展的特点，对于直观的现象和工具能够较快认知，数学教学中多使用木刻或材料，通过看图游戏等直观的方式，将抽象的数字教学具体化。

浙东、北平和天津等地的幼儿园教学活动的组织紧密联系生活实际，尤其注重儿童的自发创造活动。手工教学中组织学生在春天养蚕，夏天用各种果汁和"洋菜"（"洋粉"）调和，待其发酵后，煮熟晾凉后即为

---

① 吴增芥、沈百英等编著：《幼稚园游戏一百六十种》，上海商务印书馆 1935 年版，第 5 页。

凉糕。秋天可教儿童做糖桂花、酸梅汤。幼儿园的手工科教学实验与旧有的方法相比主要有六大区别,第一,结果的不确定性,以往的教学虽制作方式不同但最终的成品都有严格的要求,教师提供一个模型,制作过程是模仿的过程,如折纸,无论纸张的大小,教师要求学生最终折出来的是整齐划一的老人。结果的确定性使得教学过程仍为知识技能由教师到学生的传输过程,扼杀了学生的创造天赋。教学实验中,教师并不提供统一的模型,对于结果也未设定标准,任由学生发挥。第二,摒除孤立的教材,将实验教材与儿童的生活联系起来。第三,淡化教学中的技术培训色彩,放弃过去过于重视技术的过程,如绘画教学中范本的使用,教学生从自然中寻找绘画的灵感。第四,放弃手把手传授的模式,教学的真正价值并不在于表面工作的好坏,而在于学生过程中学生如何选择方法,如何尝试错误不断校正。第五,固定教具不利于培养儿童的发现能力和鼓励儿童的发明活动,蒙台梭利的恩物虽然制作别具匠心,精巧,但其前10种教具的固定特点较为明显,实验幼儿园多为儿童的学习活动准备粗糙的原料,供其任意发挥。第六,实验幼儿园在教学之前,准备各种工具,鼓励儿童不要只凭双手去做,需要善假于物,对工具的性质、价值和工作原理有充分的了解。[①]

国语教学较多采用故事的形式,旧有的故事教学全仗教师的讲演,儿童失去活动的机会,新的教学实验将故事、谚语、神话等儿童文学形式广泛化,并注意调动儿童的主动性。北京艺文幼稚园和香山慈幼院的蒙养园的故事教学多采用儿童自编自讲的形式,儿童充分享受到创作的乐趣,并将其自编故事整理成册,使之享受到创作成功的喜悦。由复述到创作,增强故事教学的游戏性和娱乐性,将音乐、表演等因素充分融合进来。减少故事教学中的背诵成分,故事的背诵仅仅训练了儿童的记忆力,但故事教学的更大价值在于欣赏,欣赏文艺作品中蕴含的美感,陶冶性情。[②]

可见,幼儿园的教学实验趋向于游戏化,趋向于生活化,出发点和归结点都定位在儿童动手能力和创造能力的培养,与以往的教学实验相

[①]　张雪门:《幼稚园教材研究》,上海中华书局1934年版,第29—32页。

[②]　同上书,第47—53页。

比，加入了更多的实用主义的因素。这种特征的产生是中西教育交流的产物，同时也体现出幼儿园教学方法的科学化趋向，启迪后来的研究者对西方教学方法实质的研究和对中国学校教学实际的关注。

（二）小学教学方法实验

民国初年虽然开始实施义务教育，但清末遗留下来的经费紧张和师资短缺问题依然在小学教育界普遍存在。教学经费短缺导致相应的教学设备短缺，甚至桌椅板凳都无法达到标准的要求，教师的待遇得不到应有的保障；师资缺乏，条件稍好的学校可以保证每门课程都有一个专业教师，但存在课时较多的课程的代课老师极为辛苦，疲于奔命，没有时间备课充电，教学质量有所下降的问题。条件差一些的学校酌情采用单级教学。富国办富教育，穷国办穷教育。民国早期，小学教学领域就单级教学法、注入法、启发法、自学辅导法、设计教学法和道尔顿制等教学方法展开实验，① 其发展趋势是提高教学有效性，并且关注学生的发展。

单级教学法实验在民国初期小学中占据一定位置。在"民穷财匮，师资缺乏"之机，教育的普及"舍单级编制无他善法"，因而在经济较为困难、学生数量较少的学区，普遍采用单级编制。② 其中，五段教学法与单级教学法在教学实践中紧密结合，采取单级教学的形式和阶段教学的方式。1911 年《教育杂志》举办的教育实验心得征文比赛中，获得头筹的征文中，常州明志小学堂的教师刘传厚详细介绍了该校实验单级教学法的具体情况，指出单级教学法的难点在于"无纲纪"，教学实施困难，设定适合的课程可以弥补这一缺陷。教师在单级教学中，需要顾及每个年级学生的学习，如在国文课堂上应"提起精神，目光四射，而又必借重教鞭"，对甲乙进行言语教学的同时，要求丙丁完成习字练习，教师应该用目光不时关注，发现书写潦草或用左手执笔书写的学生用教鞭做出指示动作，但同时不延误甲乙教学。课程和具体教学内容的合理分配和布置，为教学节奏的掌握和教学管理提供便利。③ 寿州蒙养学堂四年级的

---

① 教育杂志社编：《小学教学法概要》，上海商务印书馆 1925 年版，第 18 页。
② 郑朝熙：《单级教授之要项》，《教育杂志》1913 年第 5 卷第 9 期。
③ 刘传厚：《教育实验心得》，《教育杂志》1911 年第 3 卷第 2 期。

国语教学灵活采用阶段教学，或五段或三段。①

　　小学教学方法的变革趋势是越来越关注学生的活动，强调学生自主学习能力和解决问题能力的道尔顿制，在小学教育界展开实验。作为西方正在实验阶段的教学方法，道尔顿制传入时间较晚，其教学实验已经在中学得到一定范围的实施，关于小学是否适合使用道尔顿制尚未得出结论。这一时期河南一师附小、湖南一师附小、上海尚公学校、中国公学、浙江第四师范附小、北京京师公立第二十九国民学校六校等都进行了道尔顿制教学实验，探讨小学使用道尔顿制的可行性。通过实验，学者普遍认为道尔顿制存在诸多需要进一步解决的问题，也有的认为，道尔顿制仅仅适合于高年级学生，有的认为道尔顿制不能单独使用，应与设计教学法混合使用。争论的存在恰好反映出道尔顿制在中国小学教学实验的广泛开展，从而折射出小学教学关注学生自学能力发展的倾向。

　　新式小学的教学目标是培养学生的健全人格，学生的体格锻炼、兴趣爱好、社会情感、知识技能等都是具体的教学目标。围绕教学目标，小学教师大胆尝试实验西方尚不成熟的道尔顿制教学法、设计教学法等，并在实验的基础上做出推广与否的决策。如第七届教育联合会就通过了河南省提出的"推行小学校设计教学法案"，并通函各省区教育会，但对于道尔顿制，学界看法不一。

　　小学教学实验的展开反映出教师已经不再拘泥于旧法，而是根据教学内容的特点和学生的要求灵活采用适宜的方法。例如协动教学法的提出，协动教学法主要通过与学生校园生活密切相关的实际教学设计展开教学，在江苏九师附小的协动教学实验，包含分级分业、分级合业和预定作业等关键环节。分级分业活动围绕教学环境的布置展开，学生参与意见，各年级分设不同的任务，一年级将其教室布置为游戏室，二年级为工作房，三年级是图书馆，四年级为读书处。办事间由三、四年级合作布置，小公园由各年级通力合作。在全校周会中布置任务，同时师生共同拟定合同，分小组或个人填写志愿书并画押，如：

　　　　张老师，我愿意布置书架子读书桌子、读书椅子，我从明天起

---

　　① 灌骅：《教育实验心得》，《教育杂志》1911 年第 3 卷第 2 期。

只要两天就布置好。

　　　　学生屠宣押九月八日①

又如：

　　我们能够照着协议的办法去买中堂对子，中堂是有鸟有花的对子，是说读书的买得不对愿意去调换。

　　张明洁　押　　　傅佩玉　押
　　潘志高　押　　　夏鸿图　押
　　陆益寿　押　　　崔满仓　押②

　　任务执行过程中，分派专人核查，教师制定记录簿，仔细记录各团的工作进展。分级合作实际上是指各年级共同完成一项任务，公开课和集体仪式是其主要组织形式。在江苏九师附小的教学实验中，我们可以看到道尔顿制、设计教学法的踪影，但又不完全吻合，具备了更多的综合化和本土化的特征。

　　教学是一项灵活而复杂的技术性工作，需要各种方法和技巧的结合。教师在教学过程中不必拘泥于某种教学法，根据教学的需要综合运用各种教学方法，如在设计教学中加入更多的练习，强化所学知识，加速知识的积累进程。教学方法的综合化可以让学生学会思考、拥有理想、保持学习兴趣等，从而自觉维持长效的学习活动。

　　（三）中学教学方法实验

　　教育具有一定的周期性，1904 年清末新学制颁布至 1920 年也不过 16 年时间，且清末设置的新式基础教育机构多为小学，因而，民国早期的中学教育机构和教学环节发展较为缓慢，这种情况在孟禄来华后有了一定的改观。

　　民国早期，教学方法多沿袭传统讲解笔记的方式。1913 年 4 月 17 日教育部曾通令颁布通令，强调教学过程中需令学生做笔记，"凡中学校师

---

① 张九如编：《试行协动教学法的成绩报告》，上海商务印书馆 1925 年版，第 5 页。
② 同上书，第 13 页。

范学校，以后至第三学年始，任择何种科目，每周以二时或三时就教员所讲，令学生笔记。逐渐加强加速，仍由教员随时视察指正讹误。庶预备有素，日后升学听讲，无格不通之弊。即有不升学者，得经此时练习，将为习写文字，自能敏捷，亦属裨益甚多。为此令知，遵照办理"①。由于中学尚处于发展的初步阶段，且早期学者和政府将教学改革的重心放在小学阶段，故中学的教学基本沿袭教师课堂讲授，学生笔记的方式。

曾有一段时间，中学教育阶段将普通教育与职业教育课程并列。1922 年《壬戌学制》规定，"中学分为初级中学和高级中学，修业年限各三年""初级中学实施普通教育，但得视地方需要兼设各种职业科，高级中学分设普通、师范、农业、工业、商业、家事各科"，将职业教育、师范教育都纳入综合中学，此种办理模式决定了大多数中学根据各个学科采用了较为零碎的教学方法，无法就西方较为系统的教学方法展开实验。

这种情况在西方教育家来华后，有了一定改观。1919 年左右，在孟禄等西方教育家的影响之下，教学方法研究的重心逐渐由小学转向中学，但由于中学教学的头绪繁多，各科教学都极其重要，也极其艰难。此时期的部分中学积极进行西方教学法的实验，比较有名的实验学校有北京艺文、东南大学附中、上海公学中学、长沙楚怡学校、无锡竞志女中。中学教育界探索以学生自动作业为主的新型教学方法。

中学教学方法与小学保持一致，依然朝着以学生为本的方向发展。中学在国文教材的选择上兼重写实主义和理想主义，教学趋向以学生的学习为主，以实用主义教育哲学为指导，教学过程依预习、板书文题体例及作者小传、分段指名直读、令疑问难字句、发问难字句、分段指名讲、推究语句文法、令分段落、演述各段意义、概举全文大要、指示佳句、指名分段朗读、指名全文朗读、应用。② 上海吴淞中学和东大附中实施的道尔顿制实验，成果最为突出。吴淞中学就国文和社会常识课程分设作业室，利用工作成绩表、学生工作登记表等维持和记录教学活动。

---

① 《教育部通行中学、师范生练习笔记训令》，李桂林、戚名琇、钱曼倩编：《中国近代教育史资料汇编·普通教育》，上海教育出版社 2007 年版，第 824 页。

② 孙本文：《中学校之读文教学》，《教育杂志》1919 年第 11 卷第 7 期。

东大附中设置实验组和非实验组，实验学科和非实验学科，以作业的方式展开教学，从而引导教学实验从盲目逐渐走向理性。

联络各学科也是中学教学方法变革的方向之一。联络学科进行教学可使学生将知识融会贯通。例如天津一所普通中学的语文课上，教师在教学过程中有意识地将各学科贯通起来，课前让两位美术比较好的学生每人在黑板上画一幅"竹子"，然后给学生讲述郑板桥的故事，并引出诗句"四十年来画竹枝，日间挥写夜里思，剔尽冗繁留清瘦，画到生时是熟时"，讲解学画和学习的道理，引导学生体味学习的乐趣。初一讲授附带医学知识的课文时，教师用各种颜色的粉笔在黑板上勾勒出人体的动脉、静脉和神经等辅助讲解，使之形象化。

中学教学方法的变革虽然起步较晚，但其操作形式较为成熟，对于教学实验结果的把握也比较客观，如东大附中的实验得出道尔顿制的教学效果并不十分明显的结论，给各地狂热的教学方法实验注入了更多的理性因素，同时也使作为新式教育机构的中学，在教学方法领域得到了完善和发展。

（四）教会学校教学方法的新思路

教会学校在清末已经发展到了一定规模，美国人在中国创办的教会教育事业逐渐增多。到1914年为止，美国在中国开设的初等教会学校已近2000所，学生45000名，中、高等学校共286所，学生23000名。在中国从事教育的美国人与英国人相比，在1905年已是7.7：2.3，美国占压倒优势。[①] 当时中国官立学校共有57267所，学生共约163万名，如1914年，中国官立学校与教会学校的比例是5：1，学生数是6：1。[②] 可见当时教会学校势力之大，在中国教育界独当一面。

民国时期教会学校在数量上继续急剧扩张，在原先小学教育的基础上，积极致力于中等教育和高等教育事业的创办，其中基督教创办的教育事业已经遥遥领先于其他教派。到1918年，教会学校比1900年以前增加了约四倍，共约13000所，其中大学有14所。基督教学生约20万名，

---

① 顾长声：《传教士与近代中国》，上海人民出版社1981年版，第333页。

② James W. Bashford, *China：An Interpretation*, The Abingdon Press, 1907, p.113.

其中大学生约 1000 名。^① 另据统计，到 1914 年为止，基督新教在华开办的各类学校共有 4100 所，学生总数达 11.3 万名。^② 基督教的异军突起得益于美国在华办学的努力，而美国人所办学校中，基督教派学校占据相当大的比例。1914—1918 年，由于第一次世界大战的爆发，所有参战国在中国的教育事业都受到影响，唯独美国利用战争机会加速扩展在华教会学校，这几年教会学校的净增数美国所占比例在 70% 以上，约 6 万名学生。^③ 其实，美国各差会在清末民初的兴学运动中就加大了对华传教活动，传教活动同时又加速了教会教育的快速增长。新教传教士人数 1901 年是 1500 人，到 1914 年激增至 5400 人，其中美国传教士增加最快，英美传教士比例 1900 年是 1 : 1，1914 年是 4 : 5，1918 年美国传教士占新教传教士的比例达到了 60%。这一时期教会教育迅速扩张，1912 年学生数为 13.8937 万人，1920 年为 24.5049 万人，1926 年的学校约 6000 所，其中大学 16 所，中学 200 所，小学 5000 所，学生 30 万人左右。到 1934 年基督教中学数为 259 所，学生 44032 人，大学 25 所，学生 6475 人。^④

教会学校的办学目的是使"基督教文化战胜中国固有的文化"，宗教课程在教会学校的课程结构中占据较大比例，除此之外，为了达到吸引中国学生维持教会学校运转的考虑，还设置了语言课程、儒学课程和科学课程。其中语言课程和科学课程的教学一直是教会学校教学的特色和优势。这一时期，教会学校除了继续发挥其在外语教学上的优势，在原先语法翻译法的基础上，更加倾向于直接教学法，这一点在英语学科教学法的演变中已有涉及，这里不再赘述。

科学课程在以往实验法的基础上，针对具体的学科性质创行媒体教学法和实践教学法。媒体教学法是指教学过程中，教师运用幻灯、影片和照片等现代媒体，将事物形象地呈现给学生，辅助教学。实际上辅助教学媒体的运用节约了教学时间，提高了教学效率，"传布这些很优美很丰富的知识，并不耗费许多的光阴，人看了一分钟的图画，所得的知识，

---

① 顾长声：《传教士与近代中国》，上海人民出版社 1981 年版，第 333 页。

② James W. Bashford, *China: An Interpretation*, The Abingdon Press, 1907, pp. 113 - 114.

③ 顾长声：《传教士与近代中国》，上海人民出版社 1981 年版，第 334 页。

④ 同上书，第 251 页。

比听了一个钟头的演讲还要多些"①。而且媒体教学法形象生动，学生印象深刻，有利于维持其注意力。实践教学法是将学生放置在真实情景中，从具体的操作中强化知识。中华三育神学创设校办农场和工厂，试用工读制度，让学生半工半读，学习的同时还可以获得报酬，补助经济困难的同时，体会到知识的实用性，从而激发学习兴趣。

教会学校教学方法的变化加速了中国教学方法的变革和创新。教会在华创办新式学校的过程中会对中国的其他学校的创办和发展产生影响，即教会学校的方法外延效应，教会学校教学方法的更新通过毕业生到本地学校任教、教育考察和教会学校人力资源的流动等形式，加速中国自办学校教学方法的变革和创新。

20 世纪 30 年代，华北公理会创办义务小学和暑期儿童圣经班，采取分班教学的组织形式，设置奖品、玩具和用具辅助教学，同类的学校有夏令儿童义务学校、地安桥民众学校、安内交道口福音堂立夏令民众学校、暑期儿童圣经班、汇文民众学校暑期儿童班、公理会暑期讲习班等。在课程上，一般设置国语、游戏、算术、常识、社会、圣经故事、唱歌、手工、图画和卫生等。夏令儿童义务学校、暑期儿童圣经班和地安桥民众学校采取单级授课制，其中暑期儿童圣经班分四级。其他学校采取班级授课制，安内交道口福音堂立夏令民众学校分班分组进行教学，按照学习程度的不同分为两班，每班分两组；公理会暑期讲习班分为初小一年级、二年级、三年级三个班；汇文民众学校暑期儿童班设置初小一年级、二年级、四年级和高小一年级四班。在创办初期，教师挑选一队小朋友临时协助教学和管理，但"未曾收到多大的效果和记录"，后期教会学校的教师认识到"教导小孩的时候，是要和他们共同生活，来随时的指导"②，在学校中，教师的言谈举止必须十分谨慎检点。

在时人眼中，教会学校的教学设备完善、学校建筑宏丽、课程设置合理，但其实最主要的特点在于教学方法的独特。民国时期的教会学校

---

① 《中国现时图像教育的需要》，转引自田正平主编《中国小学常识教学史》，山东教育出版社 1996 年版，第 253 页。

② 陈松：《北平公理会暑期儿童圣经班报告》，《华北公理会联会会刊》1931 年第 5 卷第 7 期。

不设立宗教课程,不举行宗教集会仪式。教育者认为,学校"外面虽可没有宗教的色彩,但可用暗示的方法,使学生都能得到基督——博爱牺牲服务的精神"①。在教学上采用人格教育法,通过教师人格修养和学校环境的影响,形成学生完美的人格。这一点异于其他的公立、私立中小学的教学。学科教学中吸取了培斯泰洛齐的儿童教学法。②

在 20 世纪初中国大陆发生过两次规模巨大的反基督教运动:"一次是 1900 年的义和团运动,一次是 1922 至 1927 年的非基督教运动。两次运动都引发了东西方的冲突以及中国人民反对外来文化的严重危机。"③北京政府教育部于 1925 年 11 月 16 日颁发布告,制定了 6 项"外人捐资设立学校请求认可办法",明确规定"学校不得以传布宗教为宗旨",学校的课程设置必须符合部颁标准,"不得以宗教目列为必修课"。抗日战争时期,教会学校的资产遭到冻结,很多传教士被抓进集中营,教会学校已经无法维持下去,纷纷解散。抗日战争结束后,教会学校迅速执行复苏计划。"从 1946 年年初起,大批传教士涌到中国,到 1947 年年底迅速增加到三千五百名左右。其中美国传教士的比例占到 60% 以上,他们被分别派赴东北、华北、华东、华南等沿海省份执行复兴计划。"新教教会发起了"三年复兴"运动,但随着内战的持续进行,教界人士预感到了国民党势力的衰微,于 1949 年陆续撤离。

(五) 私塾

私塾在民国时期依然是我国教学机构之一。以私塾为主的私学在中国具有极强的生命力,清末到民国时期始终受到家长的广泛认可,在数量和规模上都保持着一定的水平。如天津北塘一带,清末民初的私塾有 26 所,清末张子仰在东前街、余焕章在北塘天德街宅内、张子铭在东后街宅内开馆授徒,民初私塾教学从未间断,孔祥钟、张渭良、翟荫轩、李伯陶等多在自家宅内设馆,20 世纪 30—40 年代的私塾仍有 18 余所,1945 年前吕相臣在埝道街宅内教书,1940 年左右张星桥在东前街宅内,

① 成均菴:《美国公理会总会田俶博士来晋汾之感言》,《华北公理会联会会刊》1931 年第 5 卷第 4 期。

② [日] 贺川丰彦:《个人之宗教教育》,《华北公理会联会会刊》1931 年第 5 卷第 4 期。

③ 顾卫民:《基督教与近代中国社会》,上海人民出版社 1996 年版,第 403—404 页。

1930 年左右苗李氏开设女塾，等等。[①]

传统的私塾教学能够得到维持与战争也有关系，战争期间公立学校多不能正常开课，失学儿童会选择塾馆继续求学，如 1937 年 7 月 7 日日军侵占天津，郑纬世离开东沽小学，在宿儒郑秉典老先生的塾馆内学习古典文学。[②] 除此之外，民国政府采取的保存和改良措施也是私塾教学得以维持的原因之一。

民国早期，政府对教育机构采取"引旧布新"策略。1912 年教育部认为"私塾在小学发达之后，自当归于消灭；然在小学未遍设之前，从事整理，亦未始非小学之一助"[③]，对私塾采取了审慎的态度，将其视为新式小学的辅助教育机构，对传统的私塾教学予以引导。私塾的改良进程依然在按部就班地运行。教育部添设夜班传习所，就语文、数学、体育等学科知识以及相应的教学方法，对塾师进行培训，规定只有经过培训的师资才能担任教学工作，开馆授徒。此时的传习所与清末的劝学所担当的职能具有一致性。

1914 年的教育部对"苟可以设法改良"的私塾持奖进态度，"渐就范围，足为异日代用小学之备"[④]。政府鼓励私塾的发展，准备以后将其改造成新式小学，因而，在教育部政策的引导下，私塾教育获得一定发展，教学方法改革一定范围内展开。私塾教学多采用练习法，即复述和背诵，机械练习对于技能的形成和固定知识的掌握而言，不失为一种相对有效的教学方法。私塾教学强调知识的整体性，国文教学中，塾师一般先将某一章节的主要意思粗略讲解，然后让学生朗读，朗诵中体会文字的音律美感，全面体会篇章大意，易形成整体的知识体系。私塾的学生较少，塾师有条件按照每个学生的学习进度，安排读书、写字、作对、开笔作文，进行单独辅导。但私塾教学存在的一个重大缺陷是体罚现象比较严重，背诵和复述的机械学习方式较为枯燥，因而塾师不得不靠严厉的措施维持教学活动。

[①] 邢志柏主编：《塘沽教育百年》，天津教育出版社 2007 年版，第 17—21 页。

[②] 同上书，第 20—21 页。

[③] 《1912 年教育部整理私塾》，朱有瓛主编：《中国近代学制史料》（第 3 辑上册），华东师范大学出版社 1990 年版，第 313 页。

[④] 朱有瓛主编：《中国近代学制史料》（第 3 辑上册），华东师范大学出版社 1990 年版，第 313—314 页。

体罚和机械背诵对学生身心造成的损害是无法估量的。私塾教学存在的另一大缺陷是课程设置单一,以经史为主,缺少其他基础课程。课程结构决定其教学方法体系的不健全,学生知识结构的单一。

1937 年 6 月 1 日教育部公布《改良私塾办法》,① 经过改良的私塾在课程设置上分基本课程和补充课程两类,基本课程包括国语、常识、算术和体育,补充课程则由塾师根据本塾、本地的实际情况酌情开设,自行决定。基本课程使用的教材由教育部审订或编辑。新式课程的设置对塾师的教学技术和知识结构提出新的要求。教学方法上要求注重讲解,不能过于强调强记硬背。

但西方以学生为主,尊重学生创造性发挥的教学方法在私塾教学中会大打折扣。塾师自己所接受的教育使其对新式教学方法抱有怀疑态度,严厉的体罚和背诵始终是私塾教学的顽症。民国时期吕相臣在埝道街宅内设的私塾依然以严厉著称。作为近代学校教学的重要组成部分,存在即合理,私塾教学虽多遭贬斥,但依然存在,其背后蕴藏的复杂原因值得教育者深深的思索。

四 新式教学方法实验

18—19 世纪伴随工业革命的兴起,夸美纽斯提出的班级授课制得到迅速推广,到 19 世纪 70 年代西方学界已经开始对班级授课制存在的弊端进行反思,直到 19 世纪末 20 世纪初,美国教育界出现了进步主义教育运动,欧洲教育界出现了新教育运动,在运动中诞生了名目繁多的新式教学方法,例如设计教学法、道尔顿制、文纳特卡制、葛雷制等。而此时的中国教育学界刚刚接触集体教学组织形式,对其存在的缺陷尚未有深刻的认识。据黄炎培 1914 年为时 8 个月、历 7 个省市、对 120 所左右学校的调查,其所得的结论是:"学校训练难言点,教授大都用注入式。"② 如果说,19 世纪末,中国的教学改革慢西方发达国家半拍的话,那么"20 世纪 20 年代国内的教育改革与当时世界各国教育发展的总趋势大致

---

① 中央教育科学研究所编:《中国现代教育大事记》,教育科学出版社 1988 年版,第 366 页。

② 黄炎培:《黄炎培考察教育日记》,商务印书馆 1915 年版,第 158 页。

保持同步的状态"①。教学组织形式上，出现了个别化教学组织形式，出现了设计教学、联络、协助、个别辅导教学。作为现代教学的辅助形式，个别教学可以满足学生的个性发展的需求，使学生都得到最优发展，学习进度较慢的学生不丧失信心，进度较快的学生得到进一步学习的条件，从而培养学生的独立学习和研究能力。

（一）自学辅导法

近代的自学辅导法"不仅在传授知识技能，而于养成儿童之实力及习性视为要件。且以儿童自力研究之进行方法，认为教授法终极之目的"②。大致操作程序分为三步：第一，"细心的、详密的指定功课，或指示学习范围、学习方法等"，指定作业是自学辅导法的第一步，将教学目标呈给学生，呈现过程中应该注意以下几点：第一，概念表达清晰，使学生明白要做什么，做此事的价值以及该怎样科学地研究操作；第二，作业指定时要充分顾及学生的个别差异，适当分配讲述时间和作业时间。③ 第三，"个别的辅导儿童学习教师所指定的作业"，教师指导阅读、练习、讨论和实验操作。第四，"举行个别测验，以明了各人的学习情形"④，检查和总结是信息反馈过程，是学生对自己的学习行为进行纠差补偏，教师有针对性的辅导教学的过程。

自学辅导法的传入与兴起既与"我国教育界解决单级教授中学生自动作业问题有关，又深受自动主义、儿童中心主义思想的影响，突出了教学中儿童自习、自动的价值，对传统的程序阶段教学加以调整"⑤。自学辅导法的主要影响范围是小学教育界。1913 年秋末冬初，俞子夷与美国哥伦比亚大学师范学院在读学生郭秉文、陈容以欧美教育考察团成员的身份赴美考察教育，在美期间接触到马克·马利（M. C. Murry）的《怎样自学与怎样教自学》一书。1914 年俞子夷在《小学校》杂志上发

① 田正平主编：《中国教育史研究·近代分卷》，华东师范大学出版社 2001 年版，第250 页。

② 俞子夷：《欧美新教育之趋势（二）新教授法之根本原则》，《小学校》1914 年第 2 期。

③ 赵廷为编著：《小学教学法通论》，商务印书馆 1936 年版，第 220—228 页。

④ 吴研因、吴增芥编：《小学教学法》，上海中华书局 1933 年版，第 133 页。

⑤ 熊明安、周洪宇主编：《中国近现代教育实验史》，山东教育出版社 2001 年版，第67 页。

表《教授法上之动机自学辅导法之基础》，标志着自学辅导法传入我国。

　　近代从西方传入的自学辅导法与中国古代的自学辅导法相比，最根本的区别在于教学价值观的不同。近代学者认为自学辅导法的特质在于：第一，反教师本位而为学生本位；第二，反教授本位而为学习本位；第三，反机械的记忆、记诵而为理解的实验和运用；第四，排斥强制的注入，而唤起儿童自学的动机；第五，反个性的压迫而主张自发的活动；第六，反旧日无意识的模仿，而注重创造的制作。① 作为传统阶段教学与自由主义教学调和的产物，综合了双方的优势，"在各种教学方法中，其价值之为人们注意，没有过于自学辅导者"。然而理论不免带有更多的理想色彩，实际的教学实验受到诸多因素的影响。传统的教学价值观在许多教师头脑中仍然占据一定地位，相应的教材和教具缺乏，再加上时局动荡，使得教学实验处在断续、随意状态。

　　1915 年，江苏省立第一师范附小在语文读法教学中"采自学辅导主义"②。大约在 1916 年，自学辅导主义的在华传播达到高潮，在小学教育界得到推广。自学辅导教学法的运用灵活，主要用在单级教学和五段教学的个别教学环节，或五段法的预备段，教师指明材料布置预习内容，然后以提问的方式，检查学生预习情况，进而将预习中的难点作为教学中的要点；或提示段，就儿童力所不及之处提示新材料并补充说明，纠偏补错；或五段法中的比较总括阶段；或练习和复习过程中，在其中起补充完善的作用。温州的浙江第十师范附属小学的"教授方法，向亦偏重注入式，嗣渐加以革进，遂专取自学辅导主义。各科一以儿童自动为主，教师处于指导之地位。其实施之状况，教授前重预习，教授时重启发用问答式，教授后重整理"③。

　　近代自学辅导法实验的最大作用在于一定程度上扭转了中国传统以教师为主的教学观，教学过程中开始重视学生的学习心理活动。"因儿童自动主义学说传来，小学教员之思想为之一变。往日之教授法以教员之

---

　　① 李晓农、辛曾辉编：《乡村小学教学法》，黎明书局 1936 年版，第 26—27 页。

　　② 江苏省立第一师范附属小学校读法研究部：《国文科读法教授顺序说明书》，《小学校》1915 年第 3 号。

　　③ 朱有瓛主编：《中国近代学制史料》（第 3 辑上册），华东师范大学出版社 1990 年版，第 287 页。

说明为教授之中心，此时则以儿童之动作为教授之中心。"于是"自学辅导主义和分团教学输入我国。教师从此竭力研究怎样增进学生的领受力，渐能在'学'字上用功夫"①。俞子夷认为"设计法的萌芽，实亦出生于"自学辅导法。周予同在评价民国以后小学教育改革时也认为自学辅导法改变了教师讲授传统，教学活动转向儿童的学习。

（二）设计教学法

设计教学法是 20 世纪初由美国教育家克伯屈（William Heard Kilpatrick）提出的，建立在桑代克"学习律"的学习心理理论基础上，20 世纪 10—30 年代在中国的新式小学中得到广泛的实验和推广，对中国教学方法的演变和教学理念的更新发生过重要的影响。

1. 克伯屈与设计教学法

克伯屈是美国进步主义教育家，是杜威的学生，同时也是杜威的同事。克雷明曾这样评价克伯屈与杜威，"在 20 世纪起领导作用的进步教育家中，没有一个有师范学院的克伯屈同这种立场的关系密切。人们认为他比其他任何人更是杜威教育理论的解释者和推广者"②。克伯屈秉承杜威教育理论的精髓，创造出以实用主义思想为指导的一种教学方法——设计教学法，将学校课程分成四种主要的设计类型：创造性的或建构性的设计、鉴赏性的设计、问题的设计、具体的学习设计。实际上，从根源来说，设计教学法的广泛传播，无疑成为"向全世界教师和学生传播杜威某些重要思想的优先途径"③。

克伯屈在 20 世纪 20 年代曾两次来华。第一次是在 1927 年，应中华教育改进社的邀请访华指导教学实验。克伯屈表示："谓中国现教育制度，吾当竭吾力之所能，助中国适应此巨变。"④ 此次克伯屈来华历经 3 个月，足迹遍及北京、南京、上海、广州、汉口、杭州等地，所做演讲和讨论百余起。克伯屈第二次来华是在 1929 年，受到卡特基金会的资助，

---

① 吴研因、翁之达等：《三十五年来之中国小学教育》，《最近三十五年之中国教育》，商务印书馆 1931 年版，第 4 页。

② ［美］克雷明：《学校的变革》，单中惠等译，上海教育出版社 1994 年版，第 215 页。

③ ［澳］W. F. 康内尔：《二十世纪世界教育史》，张法琨、方能达、李乐天等译，人民教育出版社 1990 年版，第 284 页。

④ 陈科美：《来华演讲之克伯屈教授》，《教育杂志》1927 年第 19 卷第 2 期。

逗留时间不足一个月。不过在此期间，他与中国教育界的人士广泛接触，参观实验学校，讨论中国教育问题。中国教育界之所以邀请克伯屈来华，也正是由于设计教学法实验进入反思徘徊阶段，需要经验丰富的教育学者加以指点。克伯屈来华时正处战乱时期，他看到了战争对教育的破坏，认为中国的教育与中国的统一直接有关，中国的首要问题是政权统一的问题，这是解决一切问题的核心。教育在其中应该主动地发挥积极作用，"大规模的为公的通力合作"，"培养道德上的胆量"，"增加生产力"①。而道德教育的第一要务是培养兴趣，以便"养成道德生活习惯，更进而求道德行为理解"②，设计教学法可以"设计一种尽可能'象生活'的教育"③，"在设计教学法中，儿童作为'自由的道德动因'，是设计教学法根本的，必要的因素。利用儿童的目的是设计教学法的本质"④。"设计教学法是以有目的的方式对待儿童，以便激发儿童身上最好的东西，然后尽可能放手让他们自己管理自己。"⑤ 他将学生道德的培养也纳入教学设计中，并且指出这种培养并不是空洞的、抽象的道德说教，而是与现实生活联系紧密，更有利于学生身体力行。实质上，设计教学法与其说是一种教学方法，还不如说是一种教学观念，倡导以学生为主，强调学生独立性的培养和公共道德观念的形成。

　　2. "学习律"与设计教学法

　　19世纪末，桑代克提出的"学习律"是设计教学法的主要心理学依据。人类的学习行为并非都是无意识的，很多情境下，学习行为的发生是人类积极作用环境产生的不同效果。桑代克通过著名的"迷箱实验"观察得出，动物的学习是刺激—反应"联结的形成与巩固"过程，并在人类学习研究的基础上，提出三大学习定律：准备律、练习律和效果律。

　　动机是人类活动的内在动力，促发人类的探究行为。有效学习活动

---

　　① 胡叔异、张铭鼎笔记：《中国目前的教育问题》，《克伯屈在京演讲录》，《教育杂志》1927年第19卷第6期。

　　② 胡叔异、张铭鼎笔记：《道德与教育》，《克伯屈在京演讲录》，《教育杂志》1927年第19卷第6期。

　　③ ［美］克雷明：《学校的变革》，单中惠等译，上海教育出版社1994年版，第243页。

　　④ 赵祥麟主编：《外国教育家评传》（第二卷），上海教育出版社1992年版，第798页。

　　⑤ ［美］克伯屈：《教学方法原理——教育漫谈》，王建新译，人民教育出版社1991年版，第304页。

发生的前提是使学生处于"饥饿"状态，拥有较强的学习动机。设计教学法"要求教学建立在儿童兴趣和需要之上，有目的的活动作为教育过程的核心或有效学习的依据，在教育组织上废除班级授课制，打破学科体系，以儿童有目的的活动作为所设计的学习单元，以组织教学活动"①。有目的的活动作为教学的单元，在设计上需要从儿童的兴趣和需要出发，在内容上打破学科界限，学科知识在同一目的的指引下有机结合，形成针对性极强的问题解决模式。活动单元大都不是单一个体所能完成，需要通力合作，因而教学单元实质上是师生从学生的兴趣出发，以某一问题为核心的合作计划。

学习过程中，学生通过适量的重复练习，促使"联结"的形成，并使强度不断增加，即"有用律"，而不练习导致原有的"联结"失效即"失用律"。学习过程是不断练习过程中经验的获得，这种学习过程是一种有目的的自发练习，是不断尝试错误的过程，即学习行为发生在人为的刺激之前，这也是操作条件作用（operant conditioning）的主要特征。杜威的"做中学"理论也是建立在这一学习心理发现基础之上。设计教学法很大程度上汲取了杜威的教学理念，强调学生在学习活动中自主精神的培养，鼓励学生自行考察和解决问题，并形成富有成效的结果。在设计教学实施过程中，教师应该注意及时引导和帮助，但切忌越俎代庖，要知道不断尝试错误的过程，同时也是学生不断探究解决问题的方法的过程。学习行为发生后，学生心理上获得"满意或不舒适的程度越高，刺激—反应联结越加强或越削弱"，即效果律。设计教学中，教师应该仔细观察学生，对于正确的练习结果要及时地以正面评价的方式进行强化，加强"联结"的牢固程度。

实际上，设计教学法是在操作条件作用理论和民主哲学思潮的双重影响下，提出并逐渐得到完善的。它的最大意义在于颠覆了以教师为主体的传统教育价值观，确立了教学过程中学生的主体地位。在知识观上抛弃抽象理性知识的传输，主张"学生运用自己的计划、运用他人已有的知识和经验，通过自己实际操作，在实际教学情境中解决实际的问题"。在知识体系上，设计教学法"打破了学科体系的框架，它以某一主

————————

① 葛承训：《设计教学之调查研究》，《中华教育界》1925 年第 14 卷第 12 期。

题为核心实现了各科学习的综合"①。

3. 设计教学法在中国的传播与实验

设计教学法在中国的实施经历了一个渐进式的过程,② 大致分为四个阶段:1914—1919 年,"联络"各科教学内容,创造改革阶段;1919—1924 年,引进实验阶段;1924—1927 年为反思阶段;1927—1935 年为改造阶段。

1914—1919 年,江苏第一师范附小、上海万竹小学和南京高师附小尝试模糊化学科界限,课堂教学围绕某项统一的教学内容展开。江苏第一师范附小将"音乐、游戏相结合,一年级做些幼儿园用的小积木供儿童玩,手工联络他科并多作沙箱装排,以及自然角养些鱼虫蝌蚪供观察之类"③。基本上教学内容限于常识课程,在课时设置上因循传统,将不同科目的课时在原来基础上简单缩短合并,"时间仍每节 45 分钟,但一节里可上两科,如 30 分钟读书,15 分钟音乐"④。实际上,"联络教材"的些微创新在小学教育界已经引起了不小的反响,参观学习者络绎不绝。同时,有些学校适当选取乡土教具材料和教学内容,尝试用中心联络法,将其运用到各个学科的教学当中。万竹小学选取具有乡土特色的教具材料,如篾丝、棋子、贝壳、纱绳等廉价材料,在语文习字环节、美术以及算术教学中普遍运用,有效激发儿童的好奇心和学习动机。有一些学校就某一主题在特定时间各个学科从不同方面集中教授,如动物"猪"的学习,常识课研究"猪的生活",语文阅读课教"两只猪的故事",作文做"小猪的快乐",算术围绕"猪肉的卖价"展开,美术画"艺猪和

---

① 汪海龙:《论设计教学法对语文课程改革的启示》,《天津师范大学学报》(基础教育版)2004 年第 3 期。

② 有的学者把这一过程分为这样几个阶段:模仿期、高潮期、低潮期、复苏期四个阶段。1914—1919 年为模仿期,1919—1924 年为高潮期,1924—1927 年以后为设计教学法的低潮期,1927—1935 年前是设计教学法的复苏期。也有学者将其分为尝试模仿期(1914—1919 年),正式实验期(1919—1921 年)、高潮期(1919—1924 年)、衰弱期(1924 年以后)。

③ 董远骞、施敏英选编:《俞子夷教育论著选》,人民教育出版社 1991 年版,第 490—491 页。

④ 同上。

小猪"，手工做泥猪和猪圈，音乐课唱"小猪争食"①。

这一阶段的教学改革尝试实质上不能归类于设计教学法，因为教学活动依然围绕教师展开，学生只是知识输入的接收方。只是在教学内容和形式上有一些新颖的举措，更加贴近现实生活，注意到教学活动中学生学习动机的作用，不过，此类尝试为设计教学法实验奠定了实践基础。

1919—1924 年为引进实验阶段，这一时期的教学改革越来越接近于设计教学法的本意。一般认为，我国正式研究和实验设计教学法始于1919 年秋的南京高师附小的教学改革。他们在原来"联络教材"的基础上，"把学科性质相同或相近的几门学科组成混合科，如语言、文字、故事等合成一系，史地、公民、社会常识等合成一系，自然、卫生、园艺、算术等合成一系，音乐、体育合成一系，美术、劳作合成一系，便于儿童提出问题"②。同时将低、中年级的教室按照活动内容重新命名，如游戏室、音乐室、谈话室、读书室和工作室等，学生按照活动内容重新组合，以设计计划为中心，自由分配时间。沈百英、顾西林在江苏第一师范附小一年级进行的实验走向了极端，"没有上课、下课，也没有课内、课外，也不分科目"，教师竟然对学生说，"今后你们要学什么就学什么，你们要学什么我就教什么"。课堂上"一个角落讲故事，一个角落放些书供儿童阅读，另一个角落做游戏，再一个角落做手工"。诸如此类的教学法实验虽然领会了设计教学法以学生为本的教学理念，但在教学组织形式上仍需继续改进，否则失之随意。

正是实验阶段良莠不分、各自为政的现状促使教育联合会总结各学校的实验结果，选取较为优秀的典型作适当推广。此时南京高师附小的设计教学法实验已经在全校范围普遍推广，影响较大，社会反应不错，适宜进一步推广。第七届全国教育会联合会提出"推行小学校设计教学法案"，认为小学适宜推行设计法的理由有二个：其一，中国的教学改革是世界教育改革的一部分，设计教学法符合先进国家教育发展的大趋势，"按近今教育先进国家，对于小学实施设计教学法，教材教法纯取活动

① 熊明安、周洪宇主编：《中国近现代教育实验史》，山东教育出版社 2001 年版，第116 页。

② 同上书，第 117 页。

的，准儿童心理发达之程序，取社会环境接触之事物，因势利导，以发展其固有之本能，学者既饶有兴趣，教者亦无格，法良意美，无逾于此"。其二，我国目前的教学实验已经取得一定成绩，具备进一步推广的条件。"现在吾国试用其法者，渐见成绩，宜指定各省区师范学校将设计教学法加以研究，并由师范附属小学及城市规模较大之小学先行实施，作为模范，律资仿效，庶教学良法，可逐渐推及全国。"①

教育会联合会的决议案有力地推动了设计教学法在中国小学教育界的广泛实验和传播，推广的方式有参观、考察、演讲会、暑假讲习会、暑假学校等，最终于 20 世纪 20 年代中期形成实验高潮。实验学校的数量增多，关于设计教学法的著作和文章频频刊出，据统计，中国教育者的相关撰著有 13 种，论文 118 篇。②"短时期里，却出了好多种书，可以见得我们做教员的人对于这一方面的热心了。此外杂志里散见的文章和实例，实在也不少。虽是近一年来，似乎不如二三年前那么多，但是前后总计起来，恐怕也有好几十篇。截至民国十二年六月，《初等教育》一卷四期 608 页的参考书表里已经有八十几种了。"③ 据舒新城在《现代教育方法》（商务印书馆 1930 年版）估算，"十一年三月北京高师之'设计教学法辑要'为始"，截至 1927 年，图书市场上的"专书有数十种，论文数百篇，小学之行此方法者亦已遍全国了"。"热潮"的"热"字极为确切地表达出当时的教育工作者对于设计教学法的认可程度，"设计教学法是预备人得到完全的生活法子的好方法，应该早早实现，免得一误再误"④；"这种教学法，是哥伦比亚师范院各教授最新的发明，能为儿童造幸福，为教育界放异彩，是决无可疑的……所以近二年来，设计教学法，为改进旧教法之唯一法门，已为教育界所公认"⑤。这些并不意味着设计教学法的实验操作已经成熟，但可以说明教育者已经基本把握教学法的

---

① 《第七届全国教育会联合大会有关决议案·推行小学校设计法案》，李桂林、戚名琇、钱曼倩编：《中国近代教育史资料汇编·普通教育》，上海教育出版社 2007 年版，第 524 页。

② 盛朗西：《介绍中国学者关于设计法与道尔顿制之主要著述》，《教育杂志》1924 年第 16 卷第 10 期。

③ 俞子夷：《读了十二本设计教学法专书后》，《教育杂志》1924 年第 16 卷第 10 期。

④ 知我：《设计教学法的研究》，《教育杂志》1912 年第 4 卷第 7 期。

⑤ 陈宝泉：《对于设计教学法辑要的感想》，《新教育》1922 年第 4 卷第 5 期。

内核。教学单元设计已经基本成型,大致分为四类:创作的设计、欣赏的设计、解决疑难的设计、获取技能的设计。教学设计的实施步骤为"疑问、假设、执行假设、证验假设",在此过程中,强调儿童的积极参与。①

1924 年的军阀混战和 1927 年实施的党化教育,极大挫伤了教育的发展态势,整个教育界的实验热情随之锐减,设计教学法本身存在的问题也逐渐彰显,主要问题在于学习内容和教具的选择无法形成统一、程式化的标准,不利于教师操作,使得有些学校的教学实验出现过于松散的局面,不利于儿童对于知识的掌握和学习能力的培养。另外,设计教学法忽略学科的逻辑结构,不利于系统知识的掌握,不利于培养学生的逻辑思维,尤其对于数学等逻辑性较强的学科。设计教学法的特性决定其只能部分运用到教学环节中,不适宜全面铺开。崔唐卿认为设计教学法有三大缺点:第一,教材不易保存各科论理的线索;第二,学生不易得到各人普遍的发展和完整的经验;第三,设计方面比较平常不甚经济。②设计教学法的实验进入反思阶段。1927 年克伯屈应中国教育界的邀请,来华指导教学实验,他从中国教育的实际问题入手,指出中国教育需要新的实验和新的方法,从而促使设计教学法出现了上升的势头,开始与其他教学法结合使用,从俞子夷主持的南京高等师范学校的附属小学的实验历程,我们可以直观看到设计教学法在中国的传播和实验过程。该校从"民国七年秋起,试验联络教材的教学法",从"民国八年秋季开始试验设计教学法","民国九年秋起试验分系设计法",打乱科目设置,将教学内容都囊括在观察(observation)、手工(handwork)、故事(stories)和体育(physical exercises)四个系列,从"民国十一年秋起,试验自定时间表作业与废除时间表作业,采用混合设计法",从"民国十二年秋起,全校行设计教学法",实验中采用道尔顿制研究室的编制,将两种教学方法融合。③ 教学界出现了协动教学法、联络教学法,设计教学法进入

---

① 熊明安、周洪宇主编:《中国近现代教育实验史》,山东教育出版社 2001 年版,第 119 页。

② 同上书,第 123 页。

③ 中央大学实验小学编:《一个小学十年努力记》,中华书局 1930 年版,第 9 页。

全新的实验阶段，在幼稚园、小学中实施设计教学法又掀起了一次高潮。就 1934 年上海一地而言，49 所幼稚园中施行设计教学法的，有 20 所，间或采用设计教学法的有 5 所，占 51%。① 据陈志刚在《教育家陈润霖先生生平事略》（长沙楚怡学校校史资料）中记载，20 世纪 30 年代的长沙楚怡学校在"一、二年级试行混合设计法，三、四年级试行分科设计教学，五、六年级试行道尔顿制。幼稚园也试行混合设计教学"。这可以说明，设计教学法在中国还有一定的影响力。

设计教学法以学生的自发活动（initiative）为中心，强调学科知识之间的联系贯通。在近代进行的实验，将儿童中心主义思想引入进来，强调教育与生活的关系，对于中国教学内容脱离实际生活，以教师为中心的传统，具有一定的冲击作用，无形中改造了教师的教学理念。民国后期，陈鹤琴的"活教育"思想和陶行知的"教学做合一"教学法都受到设计教学法的影响。在中国教学方法变革过程中发挥了重要的作用。

（三）道尔顿制

道尔顿制（The Dalton Laboratory Plan）诞生于欧美进步教育运动和新教育运动的大背景下，是美国教育家柏克赫斯特（Helen Parkherst）创行的，根据学科性质分别设置不同的实验室，打破严格的年级划分，通过教师与学生签订"作业承包合同"（assignment），在学科教师的帮助和指导下，学生独立自主分配学习时间完成作业的一种新颖的教学组织形式。

柏克赫斯特女士是一位在教学第一线工作多年的中学教师，其本人极富想象力和创造力，以"'想入非非'（freak myself）之人"自诩。② 受到《在做事上用心》（*Mind in the Making*）一书的影响，制作出"教育实验室"工作计划，但由于现实的原因未得到实施。1914—1915 年帕克赫斯特前往意大利研究蒙台梭利教学法，归国后在克瑞恩夫人（Mrs. Murray Crane）的帮助下，将其实验室计划在马萨诸塞州道尔顿镇的一所男女混合中学得以全面实施，并将其正式命名为"道尔顿实验室计划"，

① 瞿葆奎主编：《教育学文集·教学》（上），人民教育出版社 1988 年版，第 374 页。
② Helen Parkherst, *Education on the Dalton Plan*, G. Bell and Sons Ltd., London, 1937, p. 1.

从而在英国和美国产生较大的影响。①

柏克赫斯特本人认为："道尔顿制不是一种体系或方法，也不是一种课程。"② 实际上，道尔顿制是一种特殊的教学模式。在教学理念上，道尔顿制倡导培养学生的独立工作能力和责任感，教学过程中，在学习范围内给予学生充分的自由，但这种自由"不是放纵，更不是无纪律"③，这种自由可以激发和保持学生的学习兴趣，使得他们"在智力上更敏锐、更机智、更能驾驭"，"学习过程中可能产生的任何困难"④。这种自由建立在师生之间签订"作业承包合同"，培养学生的责任意识，将"工作的问题完全放在学生面前，只告诉他应该达到的程度"，允许学生运用自己想出的适当办法，"按自己的速度处理事情"，学会自己掌控时间。这种自由更体现在友善亲密的新型师生关系上，同学之间的合作方面。

道尔顿制实验室的建立分别以某一学科为基础，相关学科互相渗透，包括作业承包合同、实验室（laboratory）、专科教师（teacher）和表格纪录（graph record）四要素。作业承包合同又称为学习工作契约（contract），由教师拟定，其格式大致如下:⑤

　　　我是_____，系第_____年级学生，约定做_____科指
定的作业。
　　　日期与签名_____

合同具体内容包括题目（topic）、问题（problem）、笔述的工作（written work）、记忆工作（memory work）、会议或讲授（conferences）、参考（references）、工作单位的计算（equivalents）、杂类的研究（bulletin

---

① 杨汉麟主编:《外国教育实验史》，人民教育出版社 2006 年版，第 349—351 页。
② 舒新城编:《道尔顿制研究集》，中华书局 1930 年版，第 10 页。
③ Helen Parkherst, *Education on the Dalton Plan*, G. Bell and Sons Ltd., London, 1937, p. 16.
④ Ibid., p. 37.
⑤ 杨汉麟主编:《外国教育实验史》，人民教育出版社 2006 年版，第 354 页。

study）和附属作业（departmental cuts）。① 在具体实施中根据学科内容和学习程度会有所删减。实验室是将学校教室改成社会的实验室，实验室必须配备各种参考书目、实验工具以及图表标本等，实验室的划分以学科为单位，学生是实验的对象。专科教师具体负责实验室日常工作，具有多重身份，既是学生的顾问，也是监察者；既是被咨询者，也是学生的朋友。表格记录实际上起着督促的作用，大致有教师的实验室进度表（the instrutor's laboratory graph）、学生工约表（the pupil's contract graph）、实验室表（house graph）和出勤表（the attendance graph）。② 从某种意义上讲，道尔顿制是一种个别教学的教学模式。

道尔顿制于 1921 年传入我国，《教育杂志》第 13 卷第 8 期"欧美教育新潮"栏目中的《道尔顿制案》标志着道尔顿制首次在中国教育界出现。随后余家菊在《中华教育界》上发表《道尔顿制之实际》一文，③ 鲍德征撰写《道尔顿制实验室计划》一文，④ 对道尔顿制进行了详细介绍。后来以舒新城为代表的一批教育者翻译和撰写关于道尔顿制的文章和著作，如《道尔顿实验室制》《道尔顿制概观》以及《道尔顿制研究集》。在理论研究的指导下，道尔顿制实验逐次在一些大城市的中学展开。上海的吴淞中学、东南大学附中和北京艺文中学等学校开始实验道尔顿制，并取得一定成绩，集结成《东大附中道尔顿制实验报告》和《道尔顿制试行的经过》等实验报告。据统计，到 1925 年 7 月，全国共有 100 余所学校实行。⑤ 1925 年柏克赫斯特应邀来华讲学，进一步推动了实验的开展。

上海吴淞中学和东大附中是实验道尔顿制的主要学校，以其为实验案例进行研究，有助于现代教学者更好地了解此种教学模式在中国的实验状况，以便起到以古鉴今的效果。

---

① 杨汉麟主编：《外国教育实验史》，人民教育出版社 2006 年版，第 355—356 页。

② 同上书，第 359—364 页。

③ 余家菊：《道尔顿制之实际》，《中华教育界》1922 年第 12 卷第 12 期。

④ 鲍德征：《道尔顿制实验室计划》，《教育杂志》1922 年第 14 卷第 6 期。

⑤ 中央教育科学研究所编：《中国现代教育大事记》，教育科学出版社 1988 年版，第 102 页。

上海吴淞中学道尔顿制实验①：

（1）实验背景

1924 年（民国十三年）秋，宝山县教育局在吴淞创设县立初级中学，1928 年（十七年）八月，改隶上海特别市政府，更名上海市立吴淞中学，1920 年（十九年）三月，更名上海吴淞中学。1922 年10 月，本校教师舒新城实验道尔顿制，学科范围仅限于国文和社会常识。

（2）实验准备

布置实验室　设置"教员作业室"和"学生作业室"，两间教室之间可互通。"教员作业室"中配备有关书籍、报刊杂志，并在周围墙壁上粘贴工作概要表、学生成绩表、试行迫尔顿制办法等。

张贴表格在"教员作业室"的门外，张贴新购书籍一览表、新到杂志一览表、捐书一览表、工作时间表等。

悬挂木牌"学生作业室"门外悬挂"正在作业""停止作业"木质小牌。

悬挂时钟在"教员作业室"和"学生作业室"都悬挂时钟。

（3）实施过程

师生分组教师在一个实验室，学生在另外一个实验室，两个实验室之间可以来回走动，将学生按照能力和现有水平分为甲乙丙丁戊己六组。

制定工作概要表拟定工作的种类和标准。

独立学习在"教员作业室"中的书橱中抽取需要阅读的书籍，再到通往"学生作业室"的门旁边的桌上放置的"阅书簿"上登记"姓名""书名""阅书起讫"，然后到"学生作业室"学习。

还书并记录阅读完毕，需在"阅书簿"上盖"缴还"戳，将书放回原处，登记学生工作成绩表和学生工作登记表。

成绩考核、工作成绩表、学生工作登记表和工约除外，根据练习答案、本科研究心得报告、讨论问题的笔记、参考书摘

---

① 熊明安、周洪宇主编：《中国近现代教育实验史》，山东教育出版社 2001 年版，第157—160 页。

要、临时口问笔试等形式对学生的自学情况进行考察，评出优等、及格、不及格三等，每周总结一次，每四周由教员报告教务处。

通过实验，近代学者得出道尔顿制不适合中国的教学实际的结论。作为一种全新的教学模式，教师和学生对其评价各殊，学生认为道尔顿制可以增加学生跟教师单独接触的时间，培养自学能力和合作精神，时间较为自由，但同时也容易放纵自己，习惯了班级授课，对于自己动手解决问题感到任务比较重。教师认为道尔顿制确实有利于因材施教，利于学生的个人发展，但教学时间客观上延长，教学任务加重，不太经济。但实际上，道尔顿制对教师素质的要求提高了，不但要求教师有"学理上的预备"，通过阅读书籍和实地考察的方式，"彻底了解道尔顿制的种种原理"，还要有"方法上的预备"，熟悉教学法的组织、教具、教材、著作和表格等项目。[①] 中国大多数学校的实际情况无法满足道尔顿制对于硬件设备和师资的高要求，"因人才上、经济上、历史上的种种原因，道尔顿制的学校逐渐减少以至于绝迹"[②]。道尔顿制在中国的实验维持一段时间后随即走向低谷。有学者认为[③]，近代的道尔顿制实验迅速走向衰落的原因主要是教育经费的不足，师资和教学设备水平的限制，东西方文化的差异以及道尔顿制本身的局限性。正是上述原因使得道尔顿制在中国没有全面铺开，不过道尔顿制教学法对中国教育界的影响，更多体现在教学观念层面，将自由、合作、平等的观念渗透到教学领域。中国教育者也以"道尔顿制的个别练习方法为本"，创造出"更适宜于中国国情的方法，以复兴个人独立创造的固有精神"[④]，也可算是学到了道尔顿制的精神实质。

（四）分团教学法

分团教学法实质上是在班级授课制的教学组织形式下，将一个

---

① 舒新城：《道尔顿制研究集》，中华书局 1930 年版，第 222—224 页。

② 舒新城：《今后中国的道尔顿制》，《中华教育界》1925 年第 15 卷第 5 期。

③ 熊明安、周洪宇主编：《中国近现代教育实验史》，山东教育出版社 2001 年版，第 160—159 页。

④ 舒新城：《现代教育方法》，商务印书馆 1930 年版，第 261 页。

年级班的学生按照学习能力的不同进行分组，在座位安排和教学过程中，充分考虑各个组别学生的需求，采用弹性教学方式便于因材施教。分团教学中蕴含着教育平等的理念，让每个学生都获得充分的发展。针对班级教学中存在的统一内容、统一要求，统一教学方法等"一刀切"形式带来的优等生"吃不饱"，接受能力较差的学生跟不上教学进度，容易产生厌学情绪而导致恶性循环，产生留级或辍学等严重后果的现状，教育者开始关注个体发展的需要。一部分学者主张对传统教学进行根本性变革，教学过程以学生自学为主，产生了一系列个别教学方法，其中以文纳特卡制和道尔顿制为代表。另一部分学者主张对班级教学法进行改良，分团教学即班级教学的改良版。

1907 年，日本学者及川平治在明石女子师范附小进行"分团式活动性教育法"实验，具体包括"使做主义的教育""分团式教育"和"活动性教育"三部分。教学过程中，"将年龄、天赋能力、身心发展的程度几乎相等的人作为一团，配置相适应的教师、相适应的课程、实施与之相适应的实际教育"，注重学生动手能力的培养，通过作业的方式，锻炼学生的肌肉运动，进而获得直接经验。[1] 传入中国的分团教学法大体上只保留了"分团式教育"一段，按照学习能力将学生分成优等、中等和劣等，分别进行相应的教学活动。袁希涛在《五十年来之中国初等教育》中认为，分团教学法是就单式教学中同一年的儿童，就其资质及学力之差等，分为若干团。教师在同一施教时，关注各团学生的接受能力，考虑资质和学力的差别，因材施教，使皆能各如其量，满足其求知欲望。可见，分团教学法的理念是学生之间确实存在智力水平和发展水平的差异，这种差异是与生俱来的，理智的教育者应该正视学生之间存在的差异，将学生分成若干组别因材施教，以弥补统一的班级教学忽视学生差异的不足。

在中国，范祥善、朱元善等人最早提倡"分团教学"（group teaching），从小学第二学期起开始实验，将一、二年级学生分成"普通组""劣等组"，到三、四年级再细化出"优等组"，制定特殊的教学方法着重

---

① 杨汉麟主编：《外国教育实验史》，人民教育出版社 2006 年版，第 519—520 页。

指导"劣等组"学生，减少留级和辍学的现象。紧跟其后，陈文钟等在尚公学校进行实验，其教学模式大致如下：

表 3—1　　　　　　　　数学科分团教学流程表①

教学流程	教师活动	学生活动	设计意图
分团	方法一，练习某问题时，据经验按能力分团；方法二，选取代表性练习试题，依学生成绩分团，参考平时能力；方法三，按照学生在目前教学中能否正确运算分团	学生在学习过程中尽量发挥最好水平	使分团的依据尽量客观、具体，同时具有灵活的特征
安排座位	一般将学生分成"优等组""劣等组"和"一般组"，以优劣生配对的方式安排座位	学生之间互相帮助	着意于对劣等生的教学帮助，优等生可以在帮助活动中获得教学相长的效果
教学过程	较少指导优等生，较多指导劣等生	优等生独立练习的机会增多，获得指导的机会减少	掌握适度原则，使优等生和普通生在原有的基础上得到发展，同时不让劣等生落后太多
问题要求	题意理解程度、计算速度和问题本身的难度都因团而异		通过要求的差异达到因材施教的效果
作业布置	假设劣等学生的作业量为 1，则普通学生为 2，优等生为 3—4		通过不同的作业量强化知识记忆，培养相应的知识运用能力

其实，尚公学校的分团教学法看起来照顾到了劣等生的利益，保证以让一个学生落后，使全班学生得到均衡发展，但实际上，其教学理念恰好与真正的分团教学法相反，分团教学法的实质并不是全班学生的均衡发展，而是考虑学生个别差异分组进行教学，使各个组别的学生都能

---

① 熊明安、周洪宇主编：《中国近现代教育实验史》，山东教育出版社 2001 年版，第 55 页。

获得最优发展。尚公学校劣等生的发展是建立在牺牲优等生和普通生的利益的基础之上,虽然在教学设计时反复强调"适度原则",但实际操作中很难做到。表面的教育公平并不是真正的公平,承认差异并在此基础上分别设计教学内容和方法,才是真正的教育公平。因为公平并不等于平均,学生在智商和情商方面存在客观的差异,教育者承认差异的存在,并设法使每个学生都按照自己的发展速度得到应有的教育才是真正的公平。尚公学校尝试用问题的不同和要求的差异弥补优等生和普通生在教学指导上的缺乏,客观上起到了一定的效果。但总体而言,整个教学过程中过分强调劣等生的教学救助,挫伤了优等生和劣等生的学习积极性和发展愿望。

之所以产生这样的效果,归根结底应归因于优秀师资的缺乏,暂且不说分组的科学性问题,但就分组教学中教师期望通过优等生与劣等生的座位组合,实现优等生对劣等生的学习辅助,减轻教师的教学负担而言,尽管从另一个角度来讲,培养了学生之间互相帮助的同窗情谊,但是客观上占用了优等生宝贵的学习时间,使他的错失发展良机。实际上,分团教学法影响范围不广,俞子夷回忆说:"1912—1918 年期间,苏沪一带小教界热闹的是自学辅导等,不多谈'分团'、'动的教育法'。……可以说这一浪潮未达高峰,即被后起之设计法、道尔顿制所掩。"①

综合化始终是民国早期教学方法变革的主要特征,实际上分团教学法在后期与自学辅导法、设计教学法融合为一体,被称为联络教学法。例如俞子夷于 1917 年前后,在南京高等师范附属小学所进行的"联络教材教学法"的实验,在当时小学教育界颇多影响。

(五)蒙台梭利教学法

蒙台梭利教学法最初是针对低能儿童而设计的一套以教具为主的教学模式,虽然也贯穿了以学生为主的教学理念,但是教学理念的实现方式更具有可操作性,这种区别与蒙台梭利的教育背景有着直接的关系。蒙台梭利毕业于罗马大学,获得医学博士学位,在担任助理医生期间,主要的职责是治疗低能儿童,受到赛贡"生理教育法"启发,提出利用教育的方式而非医学的方式开发低能儿童潜力的设想。1898—1990 年担

---

① 董远骞、施敏英选编:《俞子夷教育论著选》,人民教育出版社 1991 年版,第 495 页。

任国立特殊儿童学校校长期间，蒙台梭利在观察儿童的基础上创设一些教具和教材，进行教学实验并取得一定成果。1907 年，蒙台梭利在意大利罗马的贫民区创办"儿童之家"，将其教学法运用到正常儿童身上进行实验，对儿童的热爱和专业的素养使得蒙台梭利教学法实验产生较好的影响，"我很早就想在小学低年级正常儿童中实验缺陷儿童的教育方法，但我从未想到利用照料幼儿的场所来进行这种实验"①。理想与现实恰如其分地结合，与其说是蒙台梭利个人的机遇，不如说是教学理论发展的必然。

传统教育方法较多运用约束、限制以及惩罚的方式管理学生，教师和学生处在对立的局面，教师要求学生在课堂上坐得笔直，认真听讲，课堂要求时刻保持安静。用成人的标准和方法教育学生、管理学生，抑制了学生活泼好动的天性，严重挫伤了学生的好奇心和创造力，但教师往往苦口婆心、费尽心力，而却难以收到相应的教学效果。正是在这样的背景下，欧美诞生了新教育运动和进步教育运动，意大利也被囊括其中，蒙台梭利教学法的诞生也就顺理成章了。蒙台梭利教学法的指导思想是生物化儿童发展观，认为儿童的发展有其自然力量的存在，教育的基本任务是准备一个可以让每个学生的潜能得以发挥的环境，帮助他们发展自然潜能，教育过程是学生自动学习的过程。

蒙台梭利教学法体系中有三个要点，其一，教师需要创设一个有准备的环境，整洁美观，有合适的教具和教材。其二，教学活动始终围绕学生的自动学习展开，实现的手段主要是系统、科学具有"自我检验"功能的教具。其三，教学过程中教师的角色应该是观察者，而非监督者。教师需要按照从易到难的顺序，有系统地呈现教具，物品的属性和数量也有相应的规定，即学生的自动学习是在教师精心安排下，由教具本身的属性决定的纪律性工作方式。此三点貌似简单，但实际操作却有一定难度，要求教师彻底抛弃传统教学价值观念，重塑崭新的以儿童为主的教学价值观。此外教具设计的科学含量很高，普通的教师根本无法完成教具研制工作，因而，蒙台梭利开发的系列教具被赋予非凡的意义。

蒙台梭利教学法主要包括纪律、实际生活、感官、阅读和书写和计

---

① 任代文主译:《蒙台梭利幼儿教育科学方法》，人民教育出版社 1993 年版，第 77 页。

数五部分，其中感官训练是最主要的部分，也最具特色。在感官训练中，蒙台梭利的核心思想是"以教具进行教学实验，期待孩子的自发反应"①。感官训练的教具主要有两大特征，第一，每项感官训练都有独特的系统教具，如触觉训练的教具是按照各种比例粘贴有光面纸和砂纸的小木板，热觉训练的教具是带有温度计的金属碗和盆。压觉的训练材料是相差 6 克，重量分别为 24 克、18 克、12 克，面积为（$8 \times 6 \times 0.5$）cm^2 不同木质的木板等等。第二，每一项感官训练的教具都不是零散的，而是具有系统渐进的特性，遵从由简单到复杂，由具体到抽象的规律。例如，形状视觉差异教具有一套长方形的托盘、镶块和三套卡片，卡片上分别粘贴或图画与镶块一致的几何图形。教学第一步，让学生自行镶块练习，在此基础上，引导学生观察几何图形，用手指触摸镶块和对应镶框的边缘，在形象感知的基础上固化记忆。教学第二步，使用硬纸片进行抽象练习，将几何图形纸片覆盖至画有对应几何图形的纸板上。

蒙台梭利是"国际公认的进步幼儿教育先驱"②，其创设的教学体系在 20 世纪初风靡全球，中国的幼儿教育领域也受其恩泽。中国学者对蒙台梭利教学法的研究最早是刊登在《教育杂志》1913 年 4 月第 5 卷第 1 号上的《蒙台梭利女史（士）之最新教育法》，粗略介绍了蒙台梭利教学法在"儿童之家"的实施状况、特点、教具、取得的成就以及产生的影响。1913 年 8 月，第 5 卷第 5 号刊登《蒙台梭利新教育法之设施》，详细介绍了蒙式教学法在世界各地的传播，对儿童之家的感觉训练教具用图示作了介绍，对其实施的成本进行了初步的估算。1914 年《教育杂志》第 6 卷第 3 号刊登《蒙台梭利女史（士）小传》，称蒙台梭利是自福禄贝尔、裴斯泰洛齐之后的又一名幼儿教育专家。随后高凤谦的《蒙台梭利女史（士）新教育法》由商务印书馆出版发行，详细介绍蒙式教学法的组织和活动，并对该法实施过程中营造的活泼气氛给予极高的评价。1914 年《教育研究》上的刊登的《儿童研究》《美少年与教育》和《模仿说》，1917 年的《儿童创造力培养法》和 1919 年的《儿童游戏与人类学之意义》都对该教学法有过介绍。1922 年《教育杂志》刊登了常乃德

---

① 任代文主译：《蒙台梭利幼儿教育科学方法》，人民教育出版社 1993 年版，第 162 页。

② 赵祥麟主编：《外国教育家评传》（2），上海教育出版社 1992 年版，第 585 页。

的《蒙台梭利之小学教育方法论》对蒙氏撰写的《高级蒙台梭利方法》进行了评价。与其他教学法相比，中国近代关于蒙式教学法的理论研究相对薄弱。

而其教学方法的实施主要是在教会创办的幼儿教育机构中，在新式幼儿园中也间或有过实验。中华民国建立后，蒙式教学法在南高师和北高师附属幼稚园有过短期的实验。1923 年北高师蒙养园聘请蒙台梭利的学生卢岫英主持园务，进行蒙台梭利教学法的对比实验，对比组为原有班级，分成 5 组应用福禄贝尔教学法，另外招收学生，将其分成两组，运用蒙台梭利教学法，注重口眼耳手的感觉训练。1926 年张宗麟考察江浙一带的幼儿教育，发现大多数幼儿园使用福禄贝尔教学法，间或会采用蒙式。

蒙台梭利教学法为中国近代的幼儿教育带来全新的教学价值观，但其对教具的要求都比较苛刻，幼儿园购置一套蒙式教具在当时需要花费80 元，当时上海普通工人月工资最高为 18 元，最低不足 12 元，① 比较而言，蒙式的教具在当时来说，还是相当昂贵的，而中国的幼儿教育刚刚起步，只有极少数的幼儿园有如此财力购进设备实施教学。蒙台梭利教学法对教师的要求也比较高，教师需要较好地了解儿童身心发展的特点，对教具的使用以及教学安排需要相当熟悉。对此陈鹤琴有过类似的见解，认为蒙台梭利教学法注重儿童的自发活动，但要求教师要有较高的学识和精湛的技能，要求幼儿园多配备师资，保证师生比在 1∶8 左右，购进充备的教具和教材，教师还需要花费较长时间备课。这些条件在近代中国都是不具备的，教育普及阶段讲求的原则是经济实用，这也就决定了蒙式教学法在 1922 年后，较少有人提及的状况。总之，蒙台梭利教学法在中国进行了有益的实验，为中国的幼儿园教学注入新的活力，推动了幼儿教育的发展。

第二节　民国后期(1927—1949)的课堂教学

1927 年 4 月 12 日蒋介石发动政变，建立南京国民政府。1927—1949

---

① http：//www. wyzxsx. com/article/class4/200710/26211. html，2007. 12. 1.

年中华人民共和国成立的时期被称为民国后期。民国后期学校教育进入
训政时期，对于"教育本身能否配称为训政时期的中心建设，我们姑可
暂且不论；但是因为认教育为训政时期的中心建设，而注重教育，整顿
教育，这些事实，我们都不可不加以谨慎的注意，因为这又是教育上一
个改造的关头"①。

实际情况确实如此，1927年6月27日政治会议通过了《中华民国大
学院组织法》，标志着民国后期的全国最高教育行政机构——中华民国大
学院成立。在大学院的领导下，中国进入教育整顿时期，与前一阶段显
著不同，南京国民政府加强了对课程设置和教学目标的标准化工作。
1928年8月6日中华民国大学院第11次院务会议通过《中华民国学校系
统草案》，8月9日公布《学校系统表》，对各级学校的课程作出规定，8
月25日通过《中华民国教育宗旨》重新厘定了教学目标。南京国民政府
始终努力在学校课程体系中添加更多的"训育"内容，努力将国民思想
统一在"民族、民权、民生"的三民主义旗帜之下。1928年7月，大学
院废止，恢复教育部。1929年8月教育部颁布《中学课程暂行标准》，在
初高中加入"党义"课程，初中加入"党童子军"，高中加入"军事训
练"。

南京国民政府在加强管理的同时，致力于义务教育的推行和教学质
量的提高。1931年5月17日，蒋介石在国民会议闭幕式上强调，"教育
为立国之基础，训政时期之教育，应同时兼顾量的增进与质的改善"②，
进一步强调训政时期加强教学质量的问题。围绕此目的，1932年政府实
施了会考制度，提高教学质量的同时，无形中强化中央政府对基础教育
的控制权。

教育的发展具有继承性，清末庚款留美项目为这一时期造就了一大
批教学改革的领头人物，留美学生成为教学方法改革的主体，其坚持不
懈的努力以及1931年国联考察团的来华指导，使得民国后期的学校教学
方法的实验发生转型，早期综合教改实验趋向于单科单项教改实验，产
生颇具特色的"廉方教学法""教学做合一"教学法和张雪门的幼师教学

---

① 范云龙：《今日研究教育者应有的觉悟和认识》，《中华教育界》1931年第19卷第2期。
② 《民国日报》1931年5月18日。

法等典型本土化教学方法。

一　教学改革

1928 年 9 月 25 日中华民国大学院通过《中华民国教育宗旨》重新厘定了教学目标，"恢复民族精神，发扬固有文化，提高国民道德，锻炼国民体格，普及科学知识，培养艺术兴趣，以实现民族主义。灌输政治智识，养成运用四权之能力；阐明自由界限，养成服从纪律之习惯；宣扬平等精义，增进服务社会之道德；训练组织能力，增进团体协作之精神，以实现民权主义。养成劳动习惯，增高生产技能，推广科学之运用，提倡经济利益之调和，以实现民生主义。提倡国际主义，涵养人类同情，期由民族自决，进于世界大同"[①]。三民主义教学目标是民国后期教学改革的总体指导思想。

民国后期的教学改革在三民主义教学目标的指导下，始终围绕普及教育、加强管理和提高效率展开，主要通过制定和颁布具体的教学目标和课程标准，划分学区推行义务教育，并积极邀请国外教育专家来华指导中国的教学方法改革，提高教学有效性等方式进行。

（一）教学目标与课程标准的制定

南京国民政府在总教学目标指导下，进一步制定了具体的教学目标，并针对不同的教学阶段，将教学目标细化，分化成具体可实施的若干具体目标。一方面，教学目标的具体化使之更加切合当时的教育现状；另一方面，也正是由于其具体化特征，随着教育教学理论的不断提升，教育情形的不断改变，因而教学目标也就具有了移动的特征。

1932 年的《小学课程标准总纲》将小学的教学目标界定为，"根据三民主义，遵照中华民国教育宗旨及实施方针，发展儿童身心，培养国民道德基础及生活所必需的基础知识和技能，以养成知礼知义爱国爱群的国民"[②]。1936 年将教学目标进行了微调，以 "发展儿童身心，并培养

---

①　中央教育科学研究所编：《中国现代教育大事记》，教育科学出版社 1988 年版，第 163 页。

②　李国钧、王炳照主编：《中国教育制度通史》，山东教育出版社 2000 年版，第 104 页。

儿童民族意识、国民道德基础以及生活所必需的基本知识技能"①。1942年将培养"国民道德基础"更改为"注重公民道德之培养及身心健康之训练"。1948 年在"注重公民道德之培养及身心健康之训练，并授以生活必需之基本知识技能"进一步具体化为"发展中国民族固有的国民道德"，"培养爱护国家协和世界的公民理想"，"增进理解、运用书数跟科学的基本知识和技能"②。

中学的教学目标经历了由抽象到具体的转变。中学"应遵照中华民国教育宗旨及其实施方针，继续小学之基础训练，以发展青年身心，培养健全国民，并为研究高深学术及从事各种职业之预备"。实质上延续了1922 年新学制"以普通教育为主""职业教育为辅"的教育宗旨。1935年的《中学规程》将目标细化为锻炼健全体格、陶冶公民道德、培养民族文化、充实生活知能、培养科学兴趣、养成劳动习惯、启发艺术兴趣七个方面。

中学教学目标和小学教学目标虽表述有差异，但总体都围绕"民族、民权、民生"三个关键词汇展开，在各自教学目标指导下，南京国民政府致力于全国基础教育课程的统一和标准化。统一的课程设置对于中国这样一个人口大国来说，实施过程困难重重，因而，民国后期的课程标准也是几经变迁。1932 年 10 月，教育部正式颁布《小学课程标准总纲》和《中学课程标准》，规定全国的小学课程应该包括公民训练、卫生、体育、国语、社会、自然、算术、音乐等 10 个科目;③ 初中的课程包括公民、体育、卫生、国文、英语、算学、植物、动物、化学、物理、历史、地理、劳作、图画、音乐;高中课程包括公民、体育、卫生、军训、国文、英语、算学、生物学、化学、物理、本国史、外国史、本国地理、外国地理、论理、图画、音乐。④

实际上，标准课程的出台经历了四年的酝酿过程，早在 1928 年教育部组织成立中小学课程标准起草委员会，在委员为期一年多的研究与讨

---

① 李国钧、王炳照主编:《中国教育制度通史》，山东教育出版社 2000 年版，第 104 页。
② 同上书，第 105 页。
③ 同上书，第 102—105 页。
④ 同上书，第 123—126 页。

论的基础上，1929 年 8 月公布《小学课程暂行标准》。暂定课程标准是正式标准的基础，在教育部的指导下，各省开始就此标准进行实验，在实验的基础上重新修正，最终形成了正式标准。准备时间的充足表明政府对教学改革采取比较审慎的态度。

《小学课程标准总纲》随后又经过了三次修改，分别是 1936 年 7 月颁布的《修正小学课程标准》，1942 年的《小学课程修订标准》和 1948 年的《小学课程第二次修订标准》。《中学课程标准》同样经历了三次修订，分别是 1936 年颁行的《修正中学课程标准》和 1940 年、1948 年的修订。1928—1949 年，国民政府就课程的名称、内容进行数次添删修订，具体表现：小学取消党义科目，将其内容渗透到国语、社会、自然等科目当中，增加公民训练科目，1942 年将公民训练改为团体训练，在训育的基础上融入原卫生一科中的卫生习惯部分，1948 年又将团体训练改回至公民训练，内容保持不变；中学用公民取代党义。《小学课程标准总纲》将暂行标准中的工作改为劳作，分为家事、农事、校事、工艺 4 部分内容，1939 年将初小一、二年级的劳作和美术合并为工作，1942 年将之取消，1948 年又将其重新合并。1936 年将初小的卫生一科中的卫生知识部分融入常识科目，高小的并归自然科，同时将初小的社会、自然合并统称常识；中学将自然科目分为植物、动物、物理、化学，用劳作取代工艺，1936 年修改劳作课程，由原先工艺、农业任选设置，改为第一年开设木工，第二年设金工，第三年从金木工、竹工、土工、农业蓄养中任选一门，1948 年将物理、化学合并为理化。音乐、体育、美术等科目更是经历了数次的分分合合，1936 年将初小一、二年级的体育和音乐合并为唱游，1942 年美术改为图画，同时一、二年级的音乐、体育、图画仍实行分科教学，1948 年又将音乐、体育合并为唱游。①

小学课程的分分合合体现了教育者在分科教学和综合教学中的徘徊，在按照儿童的心理发展、生活经验和学科知识的系统进行教学的踟蹰。中学课程的改变主要体现在职业课程的添加和删除，反映出教育管理者在就业和升学之间的不协调。同时，《中学课程标准》用"课时数单位

---

① 李国钧、王炳照主编：《中国教育制度通史》，山东教育出版社 2000 年版，第 101—128 页。

制"取代暂定标准中的"学分制",以后的数次修订中集中体现了各科教学时数的不断修改。最后确定的课程有小学课程:公民训练、国语、常识(社会和自然)、算术、工作(劳作和美术)、唱游(体育和音乐)、图画;初中课程:公民、国文、外国语、历史、地理、算学、植物、动物、理化、生理卫生、图画、体育、劳作、实业课目、党童子军;高中课程包括公民、国文、外国语、数学、本国历史、外国历史、地理、外国地理、理化、生物学、军事训练、体育。1940 年教育部恢复初中分设升学组和就业组,高中文理分科的做法,同时进行男女有别的教学内容调整,初中二年级起针对女子的劳作改为家事,初中公民一科中添加"妇女与家庭",高中添加"妇女问题"①。

课程的变化深刻反映出社会的变迁、学科的发展和认识的变化。南京国民政府制定课程标准,期望用全国统一的标准加强对教学领域的控制,但前一阶段的教学发展中,学校的发展存在地区性差异,因而统一的课程标准必然会给各地教育的发展带来或多或少的不适应。课程标准的数次更改,恰是不断调整、适应的过程,同时也是人们对课程的认识不断改变的过程。小学的常识类课程分科设置,名目繁多不适于低年级学生的心理发展,更改为整合课程后,实施联络教学,更加突出课程设置中注重学生心理特征的发展趋势。

(二) 义务教育的推行与教学方法的改良

推行义务教育一直是政府教育工作的重点之一,民国早期的北洋军阀教育部早于 1915 年颁布《义务教育施行程序》,1919 年 9 月 26 日教育部批准江苏省拟定的《义务教育施行程序》《施行义务教育办法》,规定各省斟酌地方状况,原有市乡指定一区县形式办义务教育,以此推广,条件充裕者可同时办理,经过调查、规划设校,劝导入学,强迫入学,普及义务教育。② 1920 年规定全国分期办理义务教育,预计从 1921 年开始到 1928 年完成。但因政局动荡,仅为空文一纸。

1927 年国民政府定都南京后,重拾旧意,着力推行。南京国民政府

---

① 李国钧、王炳照主编:《中国教育制度通史》,山东教育出版社 2000 年版,第 123—126 页。

② 中央教育科学研究所编:《中国现代教育大事记》,教育科学出版社 1988 年版,第 8 页。

规定小学为义务教育阶段，改造私塾、设立中心校，普及义务教育并改良教法。

南京国民政府通过培训塾师、改良私塾的办法，将私塾逐步纳入基础教育体系，私塾教育逐渐走向边缘化，有选择地转为新式的小学。1936 年 6 月 20 日国民政府行政院院长汪精卫签发《实施义务教育暂行办法大纲施行细则》，限令各省将"原有私塾整理改良，一律依照短期小学或普通小学课程办理，改称改良私塾，其较优良者得径改为短期小学或普通小学"①，接受地方政府的领导。1937 年 6 月 1 日教育部颁布《改良私塾办法》，规定各地教育管理部门应该依托初级中学或师范学校举行塾师训练班或讲习班，针对国语、算术、科学常识等课程和教学方法进行特别的训练。② 根据上级的指示，地方教育厅纷纷开设塾师训练班，着重"新教育方法之训练及新思想、新知识之灌输"③。通过将优秀的私塾并入小学这种途径，义务教育的地位和力量得到加强，对家长和学生的吸引力也得到加强，从而达到了厉行义务教育的目的。可以看到，民国后期的私塾改良已经不仅是名称的变化，更加注重改良私塾教学方法的革新。实际上，教学方法革新始终是这一时期教学改革的重点。

小学教学方法的改革围绕教育经济原则，以设立中心校进行实验，并在此基础上进行推广的方式展开。1931 年江苏省教育厅颁布《江苏省各县中心小学设立办法大纲》，中心小学负有教学方法实验的职责，并指导全区的初等教育教学，供全县其他学校参观。④ 此种方法后来在全国得到推广。廉方教学法正在是在河南省开封的中心小学，城乡小学展开的。李廉方致力于缩短年限，并立足中国国情，在国文教学中提出卡片教学法，并进行了一些单科单项实验，目的都是提高义务教育的教学效率。

我国地域广阔，适龄儿童数量较多，义务教育难以推行，教学质量

① 中国第二历史档案馆编：《中华民国史档案资料汇编·教育（一）》（第五辑第一编），江苏古籍出版社 1994 年版，第 625 页。

② 中央教育科学研究所编：《中国现代教育大事记》，教育科学出版社 1988 年版，第 366 页。

③ 刘寿棋：《湖南教育厅直辖乡村短期义务教育实验区两年来的工作》，陶蒲生、尹旦侯编：《刘寿棋教育文集》，湖南教育出版社 1992 年版，第 57 页。

④ 《民国日报》1931 年 1 月 11 日。

难以保证。1936 年 7 月，教育部公布《小学规程》，要求各地设立简易小学和短期小学，更广泛地普及义务教育，实施训育但不得体罚学生。①1937 年 6 月 1 日公布《实施巡回教学办法》，设立巡回教学班，以每日每班巡回施教一次为原则，可采用巡回教学车或者教育箱，实施短期义务教育，并颁发证书。② 民国后期产生的众多单科单项教学研究正是受到政府加强义务教育教学质量法规的影响。

中学教学在改良教学方法、提高教学效率的基础上，更多地加强了对学生思想的管理，开始实施导师制。中央政府 1944 年规定中等以上的学校实施导师制，导师制是在借鉴牛津、剑桥等大学实施的导师制的基础上，发挥中国传统私塾、书院教学中师儒关系，"校正现行教育之偏于知识而忽于德育指导，及免除师生关系之日见疏远而渐趋于商业化"③ 的现象。"各学校应将全校每一年级的学生分成若干组，每组人数以 5 人至15 人为度，每组设导师 1 人。"后来在实践的基础上更改为每所学校每一年级 "设导师 1 人，由校长聘请专任教师充任之，各校专任教员皆有充任导师之义务"④。导师的主要任务是对学生进行训导工作。训导处设主任一名，兼任主任导师，训导处另设若干训导员。训导处负责拟订训导计划，设计学生分组，对社会服务、课外体育活动、童子军以及卫生营养、学生团体等事宜进行管理与策划。导师制主要针对的教学内容是学生的思想、行为和个性发展。导师通过组织一系列活动如个别指导、谈话会、讨论会、远足会、交谊会等了解和记录学生的性情、思想、学习以及健康状况。导师接受训导处的工作安排，同时于每学期末向训导处递交工作报告。导师的另外一个主要的职责是建立起学校与家长的联系，通过家访、建立家长通信录等方式，加强学校与家长的沟通。⑤

① 《小学规程》，宋恩荣、章咸选编：《中华民国教育法规选编》，江苏教育出版社 2005 年版，第 263 页。

② 《实施巡回教学办法》，宋恩荣、章咸选编：《中华民国教育法规选编》，江苏教育出版社 2005 年版，第 298—299 页。

③ 《中等学校以上导师制度纲要》，延安时事教育研究会编：《抗战中的中国文化教育》，上海人民出版社 1961 年版，第 55 页。

④ 同上。

⑤ 李国钧、王炳照主编：《中国教育制度通史》，山东教育出版社 2000 年版，第 139—140 页。

政府关于教学改革的政策和措施不仅可以规划和引导全国学校教学改革的发展方向，还表现出政府在教学改革上持有的重视态度，为教学方法在实践领域的发展营造了一个既定的氛围。但教学方法是一个较为灵活的领域，其变革不仅受到政策的指导，随着中外教育交流的频繁，国际教学理论对教学方法变革的影响作用也不容低估，而这种影响作用主要是通过留美学生来实现的。

二　留美学生与课堂教学

教学方法的变革需要教育者通过教学行为来实现，是教育者教学智慧的结果，教育者的知识结构、教育背景、兴趣爱好都成为影响其教学行为的因素。维新变法和清末"新政"时期，留日学生作为一个群体学习并使用了形式阶段教学法，引领了教学方法的程序化和科学化历程。历史在发展，教育交流的国别也在发生变化，1908 年的"庚款留美"政策将中国的留学生吸引到美国。而民国后期恰是留美学生学成归来，在各行各业崭露头角的时期。留美学生作为一个独特的群体，逐渐成为教学方法改革的主力军。

（一）留美学生群体与课堂教学

1901 年清政府签订《辛丑条约》，赔付德、美、英、俄等十四国白银四亿五千万两，以海关、盐政等为担保，分 39 年还清，本息合计九亿八千多万两，即"庚子赔款"。美国政府看到中国的学生大量流入日本，产生了文化统治上的危机感，决定通过将中国留学潮流引向美国，这种"最圆满与最巧妙的方式而控制中国的发展"，在"知识上和精神上支配中国领袖"，而要达到这样的目的确实需要破费一些，但"只从物质意义上说也能够比用别的方法收获得更多"，毕竟"商业追随精神上支配"，"比国旗更为可靠"①。1908 年 5 月 25 日，美国国会通过议案，退还美国分得的"庚子赔款"余额，用于派遣留学生赴美。同时，美国驻华公使柔克义（W. W. Rockhill）通知中国外务部，双方商定最初 4 年，每年派遣 100 名左右，第 5 年起，每年最少派遣 50 人。正是美国政府的"庚款留学"导引了中国的留学热潮转向美国，从而造就了留美学生群体。

---

① 舒新城编：《中国近代教育史资料》（下册），人民教育出版社 1961 年版，第 119 页。

留美学生具有明显的群体特征，其一，在美期间所学课程范围较广，包括理工科、社会科和人文科；其二，在职业生涯中普遍取得较高成就，例如较为人们熟悉的近代学着胡适、梅贻琦，科学家竺可桢，教育家陈鹤琴、艾伟等都是留美生；其三，留美学生的职业取向以教育工作者为主，这与当时中国的各项现代事业基本都处于萌芽阶段，亟须培育各方面的专业人才有关。从这个意义上说，留美学生在中国现代学科教育发展中，起着积极的作用。

1924 年美国政府批准第二次退还庚款余额议案，主要用于创办中华教育文化基金委员会（以下简称中基会），旨在增进国际教育交流。1926 年 5 月 25 日，华美协进社在美国纽约正式成立，推定东南大学首任校长郭秉文为主任。华美协进社的活动内容包括为留美学生提供帮助，中美之间互换教授等，在资金方面得到了中基委的支持。[1] 据华美协进社调查，1854—1953 年，在美学习或已毕业的中国留学生总共有 20906 人，专攻教育学的达 943 人，其中哥伦比亚大学师范学院的毕业生 488 名，占总人数的 51.7%。[2] 毕业生归国后大多为大学教授或教育行政人员，在以美国为参考模式的民国早期教育近代化事业中发挥了核心作用，[3] 同时也推动了教学法研究的科学化进程。

留美学生引领了中国的教育和心理测验运动，陈鹤琴、廖世承在东南大学执教期间，通力合作，翻译和编写了数量众多的现代测验书籍，其中翻译类著作有《比奈——西蒙智力测验法说明书》《比奈——西蒙智力测验法》，同时还编写了《中学默读测验两类》《小学默读测验五类》《初小默读测验两类》《小学默字测验两类》《小学文法测验一类》《小学常识测验两类》《小学图形智力测验说明书》《图形智力测验》。留美学生将教学方法的改革建立在教育心理学基础上，并使用了测验、个案等科学的研究方法，有力地推动了教学方法改革的科学化进程。陈鹤琴运用个案研究法，通过对孩子的日常生活、学习的观察，提出"活教育"

---

① 李高峰：《20 世纪 30、40 年代的华美协进社》，《沧桑》2002 年第 5 期，第 82 页。

② *Survey of Chinese Students in American Universities and Colleges in the Past One Hundred Years*，China Institute in America，1954，pp. 28 - 33.

③ ［日］阿部洋：《保尔·孟禄与中国的近代教育》，钟启泉译，《外国教育资料》1996 年第 1 期，第 17 页。

理论和"整个教学法"。艾伟针对国文教学方法难以突破传统的问题,组织人力进行了阅读教学测验,测验比较诵读和默读的教学效率,突破传统经验型评价方式,试图将教学方法的改革和评价体系建立量化测验的基础上。

(二)陈鹤琴与幼儿园教学

陈鹤琴(1892—1982),浙江上虞县人,1914年清华大学毕业后先在霍普金斯大学学习普通学科,两年后转入哥伦比亚师范学院攻读教育心理学课程,1919年获得教育学硕士学位,本打算师从伍德沃斯(R. Woodworth)继续进行心理学研究,但由于留学期限已满,延期比较困难。陈鹤琴接受南京高师教务主任郭秉文的邀请,回国担任南京高师教授,从事教学工作,在此期间与廖世承合作,致力于教育测验的介绍和实施。

陈鹤琴为学生讲授儿童心理学课程,与此同时,运用系统个案研究法,对其子陈一鸣进行观察实验,观察实验周期为808天,涉及儿童的动作、言语、模仿行为、游戏、能力以及好奇、记忆、想象、思维等心理发展,并将其研究成果刊印成册,命名为《儿童心理之研究》和《家庭教育》,在国内引起较大的反响。这些研究直接激发了陈鹤琴对中国幼儿园教育的研究兴趣,并为其提供了教学改革和实验的理论支持。

中国的幼儿园作为一种教育机构,起步较晚,但到了民国早期已经具有一定规模。1904年《奏定学堂章程》中规定设立蒙养院,这是我国官方规定设立的最早的幼儿教育机构。蒙养院在课程和教学上参仿日本幼儿教育机构的痕迹较为明显,多采用分科教学方式,具有学前班的特征。20世纪20年代中国存在的幼儿教育机构中,以教会为主体创办的欧美式幼儿教育机构说占比重较大,1924年南京某女师调查统计,"全国有幼儿园190所,其中教会办的156所,占全国总数82%"[①]。教会幼儿园环境优美、教学设备先进,但宗教气氛过于浓烈,一定程度上伤害了民族感情。陈鹤琴认为幼儿园的教学应该适应本国国情,"那些具世界性的教材和教法,也可以采用,总以不违反国情为第一条件",每种教学方法都有其使用的情状和范围,美国人认为优秀的教学法未必适合中国国情,

---

① 何晓夏:《简明中国学前教育史》,北京师范大学出版社1990年版,第132页。

因而，中国的幼儿教育机构应该在借鉴的基础上探索适合的系统教法，避免割裂使用"恩物"和蒙台梭利的教具。

陈鹤琴在 1923 年春着手创办中国第一所实验幼儿园鼓楼幼稚园，进行教学方法改革实验，寻找适合中国自己的幼儿园教学方法。

鼓幼的教学实验大致经历了三个阶段，1925 年秋冬的散漫期，1926年春夏的论理组织期，1926 年秋季的设计组织期。[①] 散漫期的教学以儿童自发活动为主，教师的职责是提供材料和布置环境，并从旁指导儿童的活动，初期充分发挥了儿童的自主精神，激发活动兴趣，但半年之后，教师发现活动很难在深度和广度上继续前进，学习活动徘徊在一定程度上，无法深入。

第二学期的教学加强了组织性和计划性。教师根据本地的自然环境、节气以及风俗习惯，预先编排设置综合类课程大纲，根据教学大纲安排日常活动，此种以教师为主的教学设计，无形中又限制了儿童自动性的发挥，有悖于儿童好奇心和活泼天性的培养原理。

第三学期，在吸取前两期经验教训的基础上，采用灵活的课程编排和教学方法，根据时令季节，以某一主题为核心，组织为其几天或一周的单元教学，某一单元教学中融入常识、音乐、故事、儿歌、游戏、图画、读法等科目教学。可以看到，第三阶段的教学实验实质上吸收了设计教学法的优秀成分，并将其灵活化，根据季节的变化、儿童临时发生的兴趣等随时调节教学计划，这也是陈鹤琴"活教育"教学理论的有机组成部分。

陈鹤琴将其第三阶段实施的教学法命名为"整个教学法"。教学设计以儿童的兴趣为出发点，以自然和社会为中心，取消独立分科教学，在综合课程的基础上得以实施。陈鹤琴幼儿园教学法主要集中在读法教学法领域。

读法教学中采用设计教学法，围绕一个内容将图画、故事与读法教学结合，"没有一个孩子不喜欢听歌谣、唱歌谣的，也没有一个儿童不愿意学话的"，读法教学与故事、图画、音乐等教学联系起来，可以让儿童沉浸在妙趣横生的故事中，对个别关键词语进行复述，或者用简单图画

---

① 黄书光：《陈鹤琴与现代中国教育》，上海教育出版社 1998 年版，第 72—73 页。

勾勒故事的主要内容，令学生着色，然后将图画上的字教学生读，从而将抽象的字形符号与具体的相关意义结合。或者在歌谣、游戏中学习读法，游戏中演唱歌谣，锻炼儿童的发音器官的同时，开发表演能力。儿童具有好动的天性，将其固定在座位或某一具体场合是不现实也不科学的，幼儿园可将具体的实物上都贴上表示其名称的字符，如教室的门上写"门"字，给儿童创造一个生活化的学习环境。①

另外，陈鹤琴的教学法实验还包括图画教学法、故事教学法、数学教学法等。图画教学主张采用示范法和校正法，运用多种绘图形式，如剪贴、轮廓、印影画和塑画，通过着色、填图和比较等方式，提高学生的绘画兴趣和能力。数学教学多融合游戏、实物辅助、图画、故事等教学形式，打破学科之间的界限，利用生动活泼的方式进行教学。

可以说，陈鹤琴在南京鼓楼幼稚园进行教学实验，在一定程度上吸取了设计教学法的有利因素，推动了中国的学前教育研究的实证化进程，将幼儿园教学法的研究建立在实验的基础上，突破了以往的单纯模仿模式，此种科学的研究方法为幼教领域带来新的活力。陈鹤琴明确提出"做人、做中国人、做现代中国人"，正是在这样的教学目标的指引下，幼儿园实验教学并不故步自封、盲目排外，注意"发挥福禄培尔的精神，同时又可以吸收蒙台梭利的血液"。西方学者用实验方式总结出的教学方法有其科学的一面，全面认识方法本身及其实施的条件，采取不卑不亢的态度，有选择地利用、吸收，促进幼儿园教学方法的本土化。以陈鹤琴为代表的那一代留美学生身上具有的高度使命感和责任心以及自尊自强的奋斗精神至今仍荡气回肠。

（三）艾伟与小学语文教学

艾伟（1890—1955），湖北江陵人，1925 年获美国华盛顿大学哲学博士，学成归国后，历任东南大学教育系主任、教育学院院长、师范学院院长。1947 年后，在北京师范大学、中山大学研究院巡回讲学。1951 年台湾测验学会理事长。1955 年在台湾病逝。艾伟主要以学科心理学的研究成名，是中国现代教育心理学家。作为留美学生，艾伟回国后，致力

---

① 陈鹤琴：《整个教学法》，北京市教育科学研究所编：《陈鹤琴教育文集》（下），北京出版社 1985 年版，第 106—111 页。

于教育心理学的研究和实验，致力于中国学校教学的科学化，在长达三十余年的教育学科教学实验中，成果颇丰，主要著作有《中学国语教学心理学》《阅读心理·汉字问题》《阅读心理·国语问题》等，其研究实验和成果极大地推动了小学语文教学方法的发展。

中国教育研究的规范化、科学化问题始终是中国教学改革的努力方向。民国后期，中西教育交流加强，麦柯尔的《教育实验法》被介绍到中国，在其访华行为的推动下，测量与统计方法传入中国，教学方法的改革趋向于实验。在实验过程中趋向于严格监控其影响因子，并对实验结果进行统计、测量和评估。教育实验成为教育科学化的有效手段。

另外，在新文化运动的推动下，实用主义教育思潮给中国带来广泛的影响，教学中以儿童为中心的理念逐渐深入人心。实用主义主张对儿童的心理发展进行研究，在此基础上的教学改革才能真正促进学生的发展。留美学生群体秉承这一教学理念，纷纷著书立说，躬行实践。

在此背景下，艾伟并未盲目崇拜西方模式，而是利用实验的方式，验证其在中国的实用性，将测验方式运用在国语教学过程中，推动了过于教学方法的科学化。艾伟认为教育必须科学化，教育的科学化是指教育问题的解决必须使用科学的方法，而教育问题中需要用科学方法解决者以小学教育为最，小学教育问题中以语文教学问题为最。[①] 艾伟组织人力就语文教学中的学生阅读心理进行了系统的研究实验，试图将阅读教学建立在对学生的学习心理进行科学研究的基础之上。阅读实验大多关注微观问题研究，其中涉及儿童阅读兴趣的研究、朗读与阅读的比较研究、默读练习的进展研究、默读能力的测量、默读能力的诊断、词句学习心理研究、基本句式的分析和作文错误的分析。其实验成果辑成相关书籍出版刊行，在《国语问题》一书中作者自述："篇幅不过十一万言，乃费时二十年，襄助者先后三十人。"而这三十人中大多为大学毕业且对教育及心理的实验研究有一定经验者。[②] 参与研究人员的专业化程度较高，学生和实验者人数较众，实验系统且历时较长。

艾伟的语文教学方法实验具有一定的阶段性，学生的阅读兴趣实验

---

① 艾伟：《国语问题》，中华书局 1948 年版，自序。

② 同上。

主要进行了三次。第一次实验是 1938 年秋在沙坪坝的中大附小五六年级进行的文言文教学实验，以合班教学的形式展开，共计 18 人，教学内容分为四类："儿童故事，惊人的描写与叙述，生动地描写与叙述，静的叙述"，整个学期中仅 9 人自始至终未旷课，实验以此 9 人为研究对象，进行兴趣测验，得出从达到小的依次排序为儿童故事，次为惊人的描写与叙述，生动地描写与叙述又次，静的叙述最后。对各项所得数值进行相关性分析，得出阅读兴趣与学生之间的相关性不明显。继而就学习成绩与阅读兴趣进行相关性分析，得出两者不相关的结论，从而得出教师指导在阅读教学中占据一定位置的推论。[①] 1939 年进行白话教学实验，以陈鹤琴编著的《国语》第八册为教材，同时选取朱文叔高小二册和四册为对比材料，分别选取 20 篇文章对学生的阅读兴趣进行测试。1943 年在胡士襄、江文宣的协助下，就小学高年级学生的阅读兴趣展开研究，测验者为中央大学附小、树人小学、瓷器口中心小学、沙坪坝中心小学、兵工学校附小、二十四兵工厂附小六学校的初小三年级和高小二年级的学生，共计 685 人，其中男 403 人，女 282 人。[②] 三次实验就有关的重大问题初步形成可靠的结论，但也有一些问题尚需继续努力。教学实验的阶段性从时间上一定程度上保证了实验成果的可靠性，从实验操作上保证了实验成果的科学性，也体现出以艾伟为代表的近代教育研究者身上已经具备的科学研究的精神。

艾伟主持的语文教学阅读实验在测验方法以西方成熟的模式为参考，实验中采用的量表及计算方法直接来源于国外，是国外研究成果在中国学校的验证实验。如朗读与默读速率比较研究直接参考了修易（E. B. Huey）、关泽（I. O. Quantz）、宾特勒（D. Pintner）、欧伯尔贺测尔（E. E. Oberholtzer）、梅德（C. D. Mead）和格雷（W. S. Gray）等国外学者使用的量表和研究。[③] 国外已有的研究成果比较成熟，且已经形成结论性成果，但这些成果是否适合中国教育的实际情况，中国学校的阅读教学是否具备国外阅读研究中提出的特征。艾伟的研究团队在成熟模式的

---

① 艾伟：《国语问题》，中华书局 1948 年版，第 13—16 页。

② 同上书，第 24 页。

③ 同上书，第 34—36 页。

指导下进行的验证实验更大的意义在研究过程中材料的选取、对象的确定、实验的分组、无关因素的剔除、数据的统计分析以及研究成果的应用等方面。实验过程本身也是培训师资的过程，参与的研究者无形中获取了科学研究的实践经验。实验研究涉及的学校数量较多，较大范围内吸引了学校管理者和教师的关注目光，利于实验成果的普及，实验过程也是一种示范研究的过程。

艾伟的语文教学方法实验主要针对语文教学的阅读训练学生的学习兴趣展开，侧重细节问题的验证和研究，具有加强的针对性和实践操作能力，为实际的语文教学方法的采用和方法与材料和学生心理需求的适应性提供科学的参考。现以朗读与默读的比较训练研究为例详加解析。

朗读与默读的比较训练的实验对象是重庆市内 9 所小学，共计 800 名学生，从三上至六下，每组 100 人，实验材料为国语默读测验中选出的长短文章 8 篇，测验方法采用计工法即学生阅读全文所需要的时间除全文字数，得到单位时间的阅读字数。朗读与默读交替应用，按照测验结果将学生分为高、中、低三组，每组 4 篇文章其中 2 篇与相邻组共用。通过男女速率成绩和理解成绩相关分析得出朗读和默读速率随年级递增而递增，默读的速率大于朗读，朗读的速率和成绩在低年级中占有优势地位；就班级而言朗读的速率随着年级递增逐渐趋同，默读的速率逐渐分级，在理解方面差异不大随年级增长趋同；两种阅读法在性别上没有显著差异；两种阅读速率与理解的关系上呈现不一致趋势；阅读过程中的辅助活动如手指课文、唇动等随年级的递增逐渐减少。科学研究为阅读教学提供参考的方法，目前小学低年级学生默读能力较差，因而国语教学中应普遍采用默读法。朗读教学在我国有较为悠久的历史，其教学方法大多为教师读一句，学生跟读一句，或者全班同声朗读全文。循声齐读的方式在低年级适用有一定价值，但对高年级学生而言作用不大且不经济，实验者建议教师根据文体的不同采用相异的发声法，建议采用说话式。

艾伟的教学实验大都在国民政府辗转重庆后，在经费困难、师资缺乏、艰苦异常、筚路蓝缕的情况下，会同其学生艰难完成。后期的实验逐渐由小学过渡到中学，由语文阅读教学过渡到语文教学中的其他问题、英语教学和数学教学，在实验的基础上撰写出教学报告，于 1940 年出版发行。其研究成果虽然主要集中在语文教学中的阅读教学部分，但其采用的研究方法建立在心理学和统计学的理论基础之上，这种研究方法成为解决中国语文教学方法问题的正确途径。

三　教法转型实验

民国早期的教学方法改革以综合性教法实验为主，注重多科性教材和教学方法改革，主要作用在于更新了教学观念，促进了教学价值观的西方化。但实际上，教学方法的实验一般有两类，一类是综合性教法实验，另一类是学科教法实验。综合性教学方法也可称为教学模式，民国早期的教学方法改革以综合性教学方法实验为主。与早期不同，民国后期的教法实验着眼于单科单项教改实验，更加关注具体学科教法中的单科单项研究。这一时期的教学方法改革主要涉及微观操作层面，目标具体集中，实验研究的结果具有较高的应用价值，推广性强。因此可以说，民国后期的教学方法实验的侧重点开始转移，进入转型时期。其中，促使教学方法实验实现转型的因素很多，学者尤其是留美学生对民国早期教学方法变革的审视和反思是原因之一，这一点已在上文中有所阐述，另一个直接原因是民国后期的政府官员对前一阶段教学改革的否定，进而促成国联考察团来华示教，考察团的批评意见对教学方法实验起到了引导性作用。

（一）国联考察团与教法转型

其中政府官员对前一阶段工作的部分否定占有一席之地。1931 年，蒋介石在教育部总理纪念周上训话，"中国的教育在过去的 19 年中没有进步"①。1931 年 2 月 4 日，在上海市新任教育局长徐佩璜的宣誓就职仪式上，上海市市长张群发表讲话，也对教育提出批评，他说："现代的教育界中，无论是学生教员，主持校务者及行政人员，个个人都感觉不满意……"他认为现代教育有"六滥""四恶""三害"。"六滥"是学校滥、办学人员滥、师资滥、教材滥、招生滥、升学滥。"四恶"是教育成为私人工具；教育的结果非但不能造就人才反而埋没人才；办理学校的结果，非但不能提高读书欲望，而且可以无须读书；为社会多造了些失

---

① 《民国日报》1931 年 5 月 18 日。

业分利的人，使国家元气大大丧失。其结果是害个人、害国家、害社会（即"三害"）。① 其根本原因"就在从事教育者没有教育全部的知识，因而未能认清其内容，了解其功能，以致盲目抄袭，随意乱动，而形成现在教育之危机，这就是中国教育的病源"②。出于巩固统治的目的，南京国民政府邀请国际文化合作委员会专家考察团（以下简称国联教育考察团）来华，对我国的教育教学改革进行考察。

国联考察团的考察活动和教学改革建议直接促成了教学实验的转型。1931年3—4月，教育部和行政院分别两次致电国际联合会秘书处，代表中国政府请求国联帮助中国"拟订并实施中国政府所颁定的改造中国的计划，以期促进中国教育制度之完善，并便利中国及外国文化各中心之交通"③。请求国联派专家团来中国考察教育制度，并提供建议和解决方法，促进中国和国联其他会员国之间的交流与合作。

根据国联行政院会议的决议，国际文化合作委员会命令其执行机关——国际文化合作社，组织派遣专家考察团前往中国。考察团主要成员有：柏林大学教授、前普鲁士教育部长柏刻（C. H. Becker），语言学家、波兰教育部初等教育司长法尔斯基教授（M. Falski），法兰西大学教授郎吉梵（P. Langevin），伦敦大学政治经济学院教授叨尼（R. H. Tawney），国联秘书长窝尔特兹（Frank P. Walters），国际教育电影社撒狄（Baron A. Sardi）和国际文化合作社社长波内（M. Henri Bonnet）。于1931年8月底从瑞士日内瓦出发，9月30日抵达上海，开始了长达三个月的调查工作。

在教育部代表的陪同下考察团先行达到南京，在南京拟订调查工作计划后辗转天津、北平、河北定县、杭州、无锡、苏州、镇江、广州等地考察教育状况。考察团广泛参观各大中小学校及教育行政机关、民间教育机构等，详细了解当地的政治、经济、人口、教育、历史、地理、文化传统等状况，求得教育实际的第一手资料的同时，召开座谈会、访

---

① 《申报》1931年2月5日。

② 范云龙：《今日研究教育者应有的觉悟和认识》，《中华教育界》1931年第19卷第2期。

③ 教育部总务局第二科公报室编：《教育部公报》，1931年3月5日；1931年4月25—26日；1931年5月29—30日。

问政府官员及教育界人士，搜集民间对教育的看法，结合官方提供的文献资料提出改革方案。这些意见和改革方案汇成考察报告：《中国教育之改进》（*The Reorganization of Education in China*），于 1932 年 12 月出版发行。

国联考察团指出，中国目前的教学改革实验存在两个主要的弊端：一是完全移植美国的教育模式。"吾人常发现美国之教育概念，与在欧洲各国所见者根本不同。在中国国家教育上负有责任之官吏，竟将美国的教育与现代化教育制度视同一物。彼等对于中国之旧教育制度，不但认为陈腐，急需改革，并谓其具有罪不容逭之性质。故不经任何过渡之措施，即将美国之教授课程与方法，代替中国千百年来之智慧与学识，趋极端者，竟欲目睹中国之美国化而甘心。"① 中国教育界的留美学生中哥伦比亚大学的毕业生占据较大部分，且哥大毕业生大多在大学和教育行政部门的领导岗位，因而 "中国教育体系受到哥伦比亚大学的控制和指导"②。欧洲各国代表郑重声明："吾人今为此言，其目的专欲警告中国之教育家，使不徒务肤浅之美国化而已。……故中国亦可以同一方法，使欧美之文化资源，能适应中国特有之情状也。"③ "美国有很好的教材，他们视为好的东西，在我们用起来未必都是优良的"，引用和借鉴是学习的必要步骤，但 "要以适应本国国情为主体，以不违反国情为唯一条件"④。"外国的经验，如有适用的，采取他；如有不适用的，就回避他。本国以前的经验，如有适用的，就保存他；如不适用，就除掉他。去与取，只问适不适，不问新和旧。"他们呼吁 "制成独创的学制，适合国情，适合个性，适合事业学问需求的学制"⑤。

二是过度重视高等教育，忽视基础教育和职业教育。"既不根据一种

① 国际联盟教育考察团编：《国际联盟教育考察团报告》，台北文海出版社有限公司 1986 年影印版，第 16 页。

② ［加］许美德、［法］巴斯基：《中外比较教育史》，朱维铮等译，上海人民出版社 1990 年版，第 75—76 页。

③ 国际联盟教育考察团编：《国际联盟教育考察团报告》，台北文海出版社有限公司 1986 年影印版，第 19 页。

④ 北京市教育科学研究所编：《陈鹤琴全集》，江苏教育出版社 1989 年版，第 111 页。

⑤ 璩鑫圭、唐良炎编：《中国近代教育史资料汇编·学制演变》，上海教育出版社 1991 年版，第 902 页。

严格制度办理，又不适合国内之需要状况，其结果是重视高等程度之学校，超乎贫困之中国境况以上，而人民所最不容缺乏之初等教育和职业教育，则反忽视之。"① 考察团认为，中国应将努力方向设定在普及义务教育方面，"使普及教育之观念更能人人通晓，并使普及教育之组织与学校之课程，更能与新近经济的及文化的改造相吻合"②。同时，改变以往对于教学规模的单一追求趋向，提高教学质量，在教学过程中关注学生的动手能力与创造能力。"最迫切之需要，不在增加中等教育之量，而在改良中等教育之质。"中等教育有许多缺点，如专重形式，不切实际；依赖讲解与教材；偏重强记，不注意引起求知的兴趣；忽视知识与思想的归纳和实验的方面；不注意养成学生的自主与责任心……"凡诸缺点，固亦为许多小学校所同具，但在中等学校较为普遍而重大，其影响亦较为严重。高级中学（初级中学亦然，惟不如高级中学之甚）太迁就大学之需要，或大学假定的需要。夫以后期教育影响前期教育之方法与课程，此种趋向固不该中国然，实应加以防止者。"③ 考察团对中等教育的教学也提出了一些批评和改进意见，例如初中上课时间偏长，学生会产生厌倦情绪，应该简化课程，轻松课堂气氛；教学方法上，讲解的时间应该缩短，注重学生兴趣和好奇心的保存，高中理科应以实验为主要的教学方式；师生关系过于紧张。

对于考察团的报告，国人意见不一，或臧或否。相对来说，政府官员的正面评价较多。考试院院长戴季陶十分肯定考察团的工作，"中国近代教育之历史、社会之情况、国家之地位、政治之组织，乃至民族之情形均深切注意用之为一切观察判断之基础，而对于各级教育之制度方针与乎其内容之剖析，更多精到处；其所见议诸端，尤见真诚，此一伟大之成绩，几令人疑其非出自于外国人手笔。盖不独对于中国之国情有深切之了解，而对于中国国家之与民族，尤处处显现其真诚之爱情，与素来所见之外国考察团报告书有不同其趣之者……"④教育部部长朱

① 国际联盟教育考察团编：《国际联盟教育考察团报告》，台北文海出版社有限公司 1986 年影印版，第 12 页。

② 柏刻等：《中国教育之改进》，国立编译馆译，国立编译馆 1932 年版，第 93 页。

③ 同上书，第 114 页。

④ 同上书，戴季陶序。

家骅①对于该报告也褒扬有加："察及纤悉，指摘利病，洞中綮要，用力之勤，与其识见之深，信足令人景异者也。"② 来自民间的教育家团体对该报告的评价与之相去甚远。

但总体而言，教育考察团对中国教育现状的批评，引起了学界对近年来轰轰烈烈地教学改革实验的深层反思。在教育行政以及教育政策制定方面较多吸收了国联考察团的意见。"国家观念"和"贴近学生生活"等建议在教育部 1936 年 7 月年公布的《小学规程》亦有所体现，"发展儿童身心，并培养儿童民族意识、国民道德基础及生活所必须的基本知识技能"。在教学改革实践方面，进入 20 世纪 30 年代以后，文纳特卡制传入我国，设计教学法、道尔顿制、葛雷制等教学实验仍在继续，但教学改革的风向开始扭转，趋向解决实际小问题，更多关注学科教学的微观层面即单科单项教改实验。

（二）实验小学教法的理性追求

南京国民政府成立不久制定了新的学校系统，于 1912 年 9 月公布《壬子学制》，陆续修改至 1913 年 8 月，正式形成《壬子癸丑学制》，也称为 1912—1913 年学制。学制将学校系统分为三段四级，初等、中等和高等三段，规定初等教育阶段分为初级小学（4 年）和高级小学（3 年），初级小学是义务教育。后期学校系统有了修改，1922 年颁布《学校系统工程改革案》即《壬戌学制》，将小学的修业年限缩短一年，初小 4 年，高校 2 年。抗战时期，国民学校和中心学校成为初等教育的主要机构。1916 年 10 月修正公布的《国民学校令》，对教学目标作了规定："国民学校实施国家根本教育，以注意儿童身心之发育，施以适当之陶冶，并授以国民道德之基础及国民生活所必需之普通知识技能。"③ 同时由于经费拮据，国民政府允许简易小学和短期小学的存在。1928 年我国建立了实

---

① 朱家骅，著名教育家，字骝先，1893 年生，浙江吴兴人。1914 年年初赴德留学，1917 年年初回国，在北京大学任教。旋赴瑞士留学，1920 年转学到德国入柏林大学学习，1924 年获博士学位回国，1931 年 12 月 30 日就任教育部部长，1932 年 1 月又继任考试院副院长，1963 年 1 月，在台病逝。——作者注

② 柏刻等：《中国教育之改进》，国立编译馆译，国立编译馆 1932 年版，朱家骅序。

③ 《国民学校令》，宋恩荣、章咸选编：《中华民国教育法规选编》，江苏教育出版社 2005 年版，第 209 页。

验小学制度，政府加强了对教学实验的管理，客观上讲，这也使先前大规模的教学实验得到了一定的控制，促使教育者冷静下来，思索小学教学方法改革领域中存在的问题。

小学依然是西方新式教学方法实验的主要阵地，但中国学者对于西方传入的新式教学方法的态度有所转变，渐趋理性。这一时期传入的新式实验数目骤减，仅有文纳特卡制（Winetka Plan）实验，先前进行的设计教法、道尔顿制、五段教学法等依然在实验中。1928 年 7 月李宏君在《教育杂志》上刊载"文纳特卡制大要"一文，1931 年春华虚朋（Washburne C.）来华，行踪遍至沈阳、北京、天津、南京和上海，在各学校宣传讲演"文纳特卡制"，各大媒体对这一事件进行跟踪报道，并规模刊发相关文章，儿童教育社发行的《儿童教育》出版文纳特卡制专号（三卷五期），钟鲁斋发表《华虚朋与文纳特卡制》，"以资介绍与提倡"。1933年 10 月，厦门大学教育学院附属实验小学用等组法进行文纳特卡制实验，用以其是否"比普通教学法好，在施行上究竟有何种困难，或其他问题"[①]。可见，西方正在进行的新式教学方法实验，基本都已经传入我国，学者们不断总结前一阶段实验成果的同时，反思其与中国实际教学的适应性问题。教学实验承载的现代教学理念不断冲击教学研究者的大脑，厚积而薄发。研究者将教学改革的研究继续深化，细致化，综合性的教学实验逐渐淡出，学科教学实验以及单项研究增多。

刘廷芳、艾伟等教育者开展了学科教育心理学实验，用心理测验的方式，对国语、英语等学科教学中的诵读、默读等教学方法用统计的方法进行测评，评价比较，建立了中国语文教育心理学。

国民政府实施的分科教学制度无形中提供了实验场所，在世界教育科学化思潮的影响下，学科教学问题成为教育工作者检测和实验的对象。在实验的初期，国语教学心理实验成为主体。据《第一次中国教育年鉴》统计，1933 年以前进行的单科单项实验中，国语科有 35项，算术科 6 项，艺术科 2 项，外语科 1 项。国语教学实验主要集中在以下几个方面：

---

① 钟鲁斋：《文纳特卡式的教学法实验》，《教育之科学研究法》（附录），商务印书馆1935 年版，第 323 页。

（1）国语科应否用书？

（2）国语教材每课要多少生字？

（3）生字教学讲解法与练习法孰善？

（4）朗读与背诵何者效率大？

（5）默读在语文教学上之效率。

（6）默读练习与阅读指导之比较。

（7）估定短篇语体文之背诵价值。

（8）熟读与多看，效力孰大？

（9）四角号码检字法与部首检字法之比较。

（10）日记可以代替作文否？

（11）定期作文与机会作文两者效率孰大？

（12）作文命题与不命题之效果孰优？

（13）作文批改法与指导批订法之比较。

（14）作文用文字批改与用符号批改之比较。

（15）高年级作文批改与否之效果孰优？

（16）精改略改复改在缀法批订上以何者为优？

（17）以铅笔毛笔钢笔写字速率如何？

（18）低级习字硬笔硬纸与软笔软纸何者为优？

（19）横写与直写孰优？

（20）书法随机练习与特定练习之效率孰大？

（21）专习大字与专习小字之比较。

（22）习字要否说明笔顺之比较。

（23）摹写与自由写之效率孰大？

（24）书法临写与映写之比较。

（25）专心写与随意写之效率如何？

（26）测验时之书法成绩与测验前一天成绩之比较。

数学教学单项实验研究包括：分数教材排列用宜进法与圆周法之比较；算术教学归纳法与演绎法孰善？五年级算术支配时间以 1/20 次四节，其成绩以何者为优？算术随机教与正式教效果孰优？珠算笔算分教与合教之效率孰大？其他还有音乐教学中正谱与简谱之效率孰优？兼读英文是否有碍于其他功课？[①]

　　可以看到，学科单项实验的研究对象具体、微观，教学实验趋向微观问题的研究，反映出研究者研究心态趋向平和，教学方法的改革是一项复杂和艰巨的任务，并不存在包治百病的灵丹妙药，每一种方法都有其适用的范围，其作用的发挥也需要教师根据年级和学科实际教学情形不断加以调整和改进。

　　教学方法的发展经过前一阶段的综合化阶段以后，逐渐暴露出教学方法长期存在的形式与实质脱节问题。教育工作者无法掌握西方新式教学模式的精神内核，形式模仿偏多，教学资源浪费，学校教学效率偏低等。教育考察团也深刻指出这一点，教学方法改革盲目美国化。前一阶段教学方法的综合化改革更大的作用在于改变了中国传统的教学理念，将民主和科学的教学思想引入中国。学科教学单科单项实验的出现可以说是教学方法学习从量变到质变的过程。中国教育者本着科学的教学思想，切实地改革教学方法，提高教学效率。教师在教学中对微观问题的把握和处理技术的娴熟，才真正反映出教学方法改革的务实和有效。因而，这一趋势的形成是前一阶段教学方法改革和实验的结果，也是小学教法的研究逐渐成熟的表现。

　　（三）普通小学教学方法的地区性差异

　　纵观自清末至1936年，小学教学方法有颇多改进之处，不过大都仅局限于大城市的小学，这一点在舒新城的《五十年来之中国小学教育》一文中得到体现，"试行新式教学法，对于故事及文字、历史，多以表演出之，使其意义透彻，兴味浓厚，而记忆益以真切，在试行新式之学校多已参仿行之。以上新方法之试行，大抵在都市小学"。一般学校的情形并不如此乐观，吴研因、翁之达在《三十五年来之中国小学教育》中指出："多数小学，并未有若何进步。虽有较好的课程和教学方法，也不过供少数小学应用而已。而一般思想较旧的人，到现在连语体文和教科书采用物语"，这一在实验学校已经基本形成定论的问题，仍然认为是值得讨论的重大课题。袁希涛在参观了俞子夷南京高师附小的实验后说，"你

---

　　① 　罗廷光、王秀南编：《实验教育》，南京钟山书局1933年版，第224—225页。

们坐飞机的确很好，但不要忘了乡村里牛头车还没有"①，折射出实验小学与普通小学间存在的巨大差异。

不仅实验小学和普通小学存在差异，中国国土面积辽阔，地理位置决定普通小学的教学也存在地区差异。交通较为方便的城市，虽然并没有大规模进行教学实验，但按照国家学制的规定基本都开设了美术、算术和音乐等课程，教师也会尽量采用西方一些教学材料和新颖的、别具创造性的教学方法。

我国的传统教育以文字教学为主，缺少图像教学，初开设的美术课作为一种新鲜事物，颇能引起学生的学习兴趣，并留下深刻记忆。抗日战争中期的重庆南山小学，美术教师在黑板上画一样东西，学生在"拍纸簿"上依样画葫芦，"拍纸簿"是将未画格的空白纸张装订本，便于撕扯。这种模仿画图法也是改革开放初期我国基础教育中普遍采用的美术教学法，因为缺少激发学生创造力的因素而备受争议，但因其便于初学者打好绘画根基，且易于评价学生的作品，目前我国中小学中仍在采用。低年级的劳作课内容是折纸、蜡光纸剪贴。心灵手巧的妈妈们一般会在家里教孩子折纸，因此课堂上的折纸课对孩子的吸引力不大，但五光十色的蜡光纸却能久久吸引孩子们关注的目光，激发他们离奇的想象。②

20世纪40年代的小学教师偶尔会组织故事会，并提前指定一名学生站在讲台上讲故事给大家听，这种教学方式对孩子而言挑战和机遇并存，他们最初会有些胆怯，但是勇敢的孩子在家长的鼓励下跃跃欲试。据曾在重庆小磨滩小学读书的胡伯威回忆，教师指定他上台讲故事，最初颇有怯意，回家后向妈妈诉说苦衷，妈妈说，我来给你讲个故事吧。接着用生动地口吻给他讲农夫和蛇的故事，这个故事曾是姥姥讲给妈妈听的。孩子被深深地感染了，并决心下次要勇敢表现。③

但不知何故，学校的故事会取消了，教师更改教学计划而未做任何说明，这种教学随意性带给孩子的伤害也是不可低估的，多年之后的胡

---

① 俞子夷：《现代我国小学教学法演变一斑》，董远骞等编：《俞子夷教育论著选》，人民教育出版社1991年版，第485页。

② 胡伯威：《儿时"民国"》，广西师范大学出版社2006年版，第121页。

③ 同上书，第54页。

伯威仍感慨失去一次表现机会。相对而言，重庆广益中学附小的教学留给学生的回忆并不美好，教地理课的男老师戴着黑框眼镜、蓄扎扎的胡子，操一口诙谐豪放的重庆话，常常在讲课过程中泄私愤。当时由于战争，外地人纷纷逃到重庆就业，一定程度上伤害了本土重庆人的利益，他们不满地称外地人为"下江人"。这位地理老师在讲课过程中会忍不住骂"下江人"。这些教学失误深深伤害孩子幼小的心灵，一直到成年仍然记忆深刻。① 课程和方法的改进可以促进教学理念的更新，但教学理念往往会滞后于形式和方法，教师素质的提高仍然是问题的关键和核心。

在经济较为发达的城市，受到西方近代教学方法影响的时间相对比较长，早在 18 世纪已经建立了教会小学，而教会学校的课堂教学最初是新式学校的教学参考。抗日战争时期上海的小学实际课堂教学中，教师的教学风格各异，有的作风潇洒倜傥，可以随意地坐在讲台的桌子上侃侃而谈，兴起时会走到学生当中，靠在课桌旁边，拉近师生间的距离；有的教师则比较严厉，对于犯错误的学生施以小小的惩罚，打手心、立壁角等，严肃班风、学风。作文教学主要以朗诵优秀作品，朗诵功底是语文教师的基本素质，如小桥流水般的声音会带学生进入优美的诗文意境，学生饱含深情的诵读美文可以领略诗文的韵律，其情其景至今令人难忘。地理教师则采用技巧性教学，教学生用打格子的方式描画地图，精确画图的同时感悟祖国疆土的辽阔，还会传授一些记忆策略，例如，当时的东三省被划分为 9 个省区，辽宁分为辽宁、安东、辽北，吉林分为吉林、松江、合江，黑龙江分为黑龙江、嫩江、兴安。教师将 9 省区简称为"辽安北吉松合黑嫩心"，进而用上海话谐音为"老哑巴，橘松核，黑良心"，便于学生快捷记忆。②

（四）中学学科教法的探索

民国后期的中学设置和年限有一定的调整，1912—1913 年学制规定中学年限为 4 年，不分等级，1922 年学制将中学的修业年限延长至 6 年，分为初、高两级，增加了职业教育的内容，并实施选科制。随着新式教育的发展，中学在数量上得到了一定发展，据统计 1912 年全国中等学校

---

① 胡伯威：《儿时"民国"》，广西师范大学出版社 2006 年版，第 149 页。
② 同上书，第 262 页。

共 832 所，学生 98045 人，1922 年学校数增至 1096 所，学生人数增为
182804 人，1927 年全国中等学校有 2111 所，学生有 341022 人。①

前一阶段的教法实验研究主要集中在小学，对于中学较为忽视，中
学教学法的理论欠缺。国内出版的教学方法著作中，鲜有中学教学法的
部头，高师教学中使用的教材也多为外文原版论著，国内存在的翻译本
仅有胡毅节译，莫利生（Morrison H. C.）著的《中学教学法》（*The Prac-
tice of Teaching in Secondary School*），以及后期孙邦正译述，C. E. Reeves
著的《中学教学法》。在这些翻译作品中介绍了一些零碎的教学方法，如
练习法、讲演法、问答法、社会化教学法、设计教学法、实法和观察法。
练习法实质上是通过对知识和技能的机械性重复练习，获得相应的知识
记忆和技能习惯的方法。讲演法是教师在课堂上通过描写、叙述、说明
和辩论等形式，用言语传达知识的方法。问答法是通过师生互问互答、
自问自答等形式、展开的教学活动，就问答的内容和目的而言，分为事
实性问答和思考性问答，问答法来源于苏格拉底的"产婆术"。社会化教
学法（Socialized class process）是指学生的作业用社会化的活动表现，如
辩论会、戏剧表演、体育竞技等，将课外活动与课堂教学活动联系起来。
实验法是教师提供实验的场所、材料和设备，学生在实验室通过操作实
验器械完成教学活动，相比较其他方法而言，针对理工科教学，实验法
更为经济有效。观察法是教师提供教材、实物、图画和模型，学生利用
感觉器官进行感知训练。② 但这些方法很大程度上仅停留在理论著作中。
无怪乎学者感叹："学级益高，则离社会之生活益远，课于虚而失其实。
故兴学十余年而民德不进，民生日绌。"③

国联考察团已经明确指出这一点，教育学者也对此深有体会。"中学
校太没有革新气象了。什么事都率由旧章，不去发现问题，虚心研究。
课室内死气沉沉，除了教师讲解声音，学生呆望的态度，绝少变化的气
象，生动的精神。"④ 此种现象之所以会形成，与中等学校的教学缺少教

---

① 魏庚人：《中国中学数学教学史》，人民教育出版社 1987 年版，第 182 页。
② C. E. Reeves：《中学教学法》，孙邦正译，上海商务印书馆 1946 年版，第 116—180 页。
③ 王葵：《现实教育无实效之原因及应行改良之点》，《教育杂志》1914 年第 6 卷第 1 期。
④ 廖世承：《三十五年来之中学教育》，《教与学月刊》1945 年第 6 期。

法改革，任课教师不谙方法，浪费滋多有关。"国文教员将选文注解写满黑板；初中一二年级学生令读桐城派味淡声稀的古文，或充满了哲学意味的白话文；英文上课时只听到教员讲读，不闻学生有口语练习；算学上课时仅由教员讲，不去引起学生自己的思想；先指名，后发问；复述学生的答语。不但中学教员如此，即小学教员之师范出身，于教法能得充分修养者，犹不多见，其他更何论。师范教育已有三十余年之历史，而求教学技术精美者尚寥若晨星，此可为叹息者也。"①

下面以博物教学为例，详细阐述之。博物科教学在中学中基本上有名无实。虽然各个中学开设了博物课程，但教师的学生都缺少研究的兴趣，教学效果甚微。博物教学紧紧围绕教科书阐述，植物学一般分形态、生理、分类三部分讲解，动物学则详细列举各纲各目的特征，缺少实践的感知，直观的观察。面对这样的教学情况，激进的学者呼吁取消教科书，实践性较强的教师主张用实验、笔记的方式，用实验方式或者挂图训练观察能力获得感性认识，用笔记方式检查学生的学习情况。② 这就要求学校尽量购进教学实验设备，教师在上课前准备好实验的材料和上课的讲义，材料和讲义基本上保证人手一份，在课堂上，尽量保持安静的状态，学生按照讲义的要求进行实验，教师从旁观察个别指导。另外还可以采用野外教学法，新颖有趣，但受到各种条件的限制。

中学教学界开始反思，以舒新城为代表的教育者在中国公学的道尔顿制实验和其他学校的一些单科单项实验，引领中学教学方法改革的探索之路。前一阶段教学模式的实验实际上可以看作现代西方教育价值观的引入过程，对中国传统的教师进行了彻底的洗脑工作，反思时期的中国教师站在与原先不同的层面上打量教学现状，用全新的思维方式和工作方法改善教学环节中的小问题，课堂教学状况明显改善。我们可以从遗存的史料中发现一些教学中的闪光点。数学家傅仲孙对中学"课堂教学极有研究，讲课深入浅出、言简意赅、精辟入里，尤其边讲边写的板书，总是成竹在胸，写来眉目清楚，远看如画图"③。板书虽是教学中的

①　郑宗海：《教育方法必要论》，《教与学月刊》，1935 年创刊号。
②　教育杂志社编：《中学校之博物学教学法》，上海商务印书馆 1925 年版，第 57 页。
③　金保赤：《纪念数学家傅仲孙先生》，《教育研究》1982 年第 1 期。

小节，但清楚、条理的板书能够帮助学生理解，而且直观图像更易于记忆的形成。另一位教师在完成平方和公式的讲解之后，对学生说，你们说出任意一个个位数是 5 的两位数，我就能猜出它的平方是多少。一学生说 45，他即答 2025，一生说 75，即答 5625，学生诧异间，教师将其心算法在黑板上以板书方式告知：

$$(a * 10 + 5)^2 = 100a^2 + 2a * 10 * 5 + 5^2 = 100 \ (a^2 + a) \ + 25 = a * (a + 1) \ * 100 + 25$$

学生恍然大悟，原来是使用了刚刚学过的平方和公式，在原先学习内容基础上有所引申的复习方式，既激发了学生的学习热情，又留下了思考的空间。如此复习环节堪称经典。[1]

政府根据国联考察团的意见，采取措施提高中学的教学质量，首先取消了综合中学制度，认为："过去中学、师范、职业学校合并制度，足使设施混淆，目的分歧，结果中学故无从发展，而师范与职业教育，亦多流于空泛"，从而使得"谋生、任教、升学，三者目的，均不能达"[2]。将师范学校、职业学校与普通中学并列分设，并于 1932 年公布《中小学毕业会考暂行规程》规定了中小学毕业生的毕业会考制度，并于次年加以修订。教育部规定各省市的中学毕业生必须参加毕业会考，会考成绩占 6/10，毕业考试成绩占 4/10。教育部按照各学校参加会考学生人数比例与通过比例，确定等级，排定名次。抗日战争爆发后，南京国民政府开始设立国立中学和中小学教师服务团，同时在中等以上学校推行"导师制"，加强对学生的思想控制。1944 年 6 月 8 日教育部公布《中等学校导师制实施办法》，各校各级设置一名导师，对"学生之思想、行为、学业及身心摄卫"，在教学方法上除个别训导外，还可举行"谈话会、讨论会、远足会、交谊会以及其他团体生活"，[3] 展开训导教学。

---

① 魏庚人：《中国中学数学教学史》，人民教育出版社 1987 年版，第 180 页。
② 转引自魏庚人《中国中学数学教学史》，人民教育出版社 1987 年版，第 226 页。
③ 《中等学校导师制实施办法》，宋恩荣、章咸选编：《中华民国教育法规选编》，江苏教育出版社 2005 年版，第 364 页。

民国后期，在国联考察团的推动下，中学教学领域掀起了以道尔顿制为主的教学方法实验，出现了关注学生主体的倾向。但抗战时期，南京国民政府对中学教学的严格管理以及会考制度，客观上限制了学校教学方法的改革，使得刚刚崛起的中学教学改革又趋于平淡。过于严格的管理对教学改革是不利的，也无益于提高中学的教学水平，无益于教学方法的灵活化，这一点值得目前的教育工作者深思。

四　西方教学方法的中国化改造

西方教学方法重实务，重学生的发展，这两项是教学发展的总体趋势。清末，中国教育的发展目标都围绕培养实用人才的目标展开，课程体系逐渐走向全面，西方与理科课程联系紧密的教学方法成为主要的学习对象，中国的教学方法朝着实用、实践的方向发展，但总体原则依然是"中体西用"。这一趋势在民国时期有了一定改变，在留学生和教育团体的推动下，中国学校系统仿照国外建立起来，先仿照日本，再参考美国，课程设置、教学目标都存在极大的模仿痕迹，受其影响，西方的教学方法以巨大的威力冲击和取代了中国的教学方法。国情不同，教学传统不同，西方教学法在取代过程中产生的排异反应逐渐体现。

留美学生是一个独特的群体，虽然接受美国的教育，但其具有强烈的民族意识和理性思考的精神，在国联考察团的影响下，开始反思教学方法改革中的问题，整个教学界趋向理性。以陈鹤琴、陶行知、李廉方为代表的教育研究者踏上了探索本国教学方法的征途。

（一）廉方教学法

李廉方（1879—1959），湖北京山人，1922 年担任河南省教育厅厅长，开办了教学试验区。1928 年全国范围内的军阀混战局面得以控制，国家统一，为系统实验教学方法创造了社会条件。1931 年 9 月，经李廉方提议，河南省教育厅成立小学教育实验指导部，李廉方担任主任，主持小学教育的改革实验。1932 年 10 月，李廉方将小学教育实验指导部改组扩大为开封城乡小学及民众教育实验区委员会，主要开展"两年半制"教学实验，并在此基础上创生出著名的"卡片教学法"，时人将其冠名为"廉方教学法"。

初期，李廉方在河南省六所省立小学进行教学改革实验，后期主要在大花园小学和杏花园小学两所实验学校围绕小学教学法展开。李廉方从日本东京高师肄业，极具务实精神，在实验小学试行"从葛雷学校制度推演出来，另参酌二部制、分团制，自学辅导、道尔顿制、设计教学法、混合而成"① 的"二重制"。"彻底改革读书式、主知机能训练式及社会式种种误谬因袭之教育，使一切设施及教学，由体验新时代生活而求得适于本地方最经济最有效之方案，俾资全省小学之采用与参观。"②本着经济有效原则，以小学生生活环境为教材内容，将语文与常识课合并，实施"合科教学法"和卡片识字法，适应 20 世纪 30 年代初河南农村教学条件，该实验在河南省内产生了极大的影响。

廉方教学法实验的主要内容是"合科教学法"。"合科教学法"主要以单元活动为组织形式，是廉方教学法体系中直接从西方教学方法吸取养分的部分，其参照的对象是文纳特卡制。单元活动主要分为环境单元活动和季节单元活动，环境单元活动以环境为活动的主体，环境单元有"我的学校""我的家庭""我的身体""我的乡村或市镇"等大单元，各大单元下设小单元，如"我的学校"包括"入学""教室内""校内各场所""学校四周有关接近的事物""校中可见识的自然现象""学校集会及纪念中有关事项"等若干小单元。季节单元包括纪念日、偶发事项和特别研究的教材。③ 教学编制为高、中、低三级，学生可根据自身情况，调换活动组。

教学过程分为识字期、读书期和正式读书期。在识字期将常识、语文等课程内容贯通起来，以视觉训练为主，通过活动的方式，达到识记的目的。在读书期，增加常识内容，通过书写和语句练习的方式，使学生具备初步的自学能力。正式读书期间，多通过单元活动和练习的方式，使学生能够自由阅读。可以看到，李廉方提出的"合科教学法"，实际上是让常识、图画、游戏等学科课程为语文教学服务，其教学实验主要是围绕语文教学展开。详见表3—2。

---

① 郭戈：《李廉方的教育实验述评》，《教育研究与实验》1991 年第 2 期。

② 李廉方：《实小教育》，《河南教育月刊》1932 年第 2 卷第 3 期，第 39 页。

③ 郭戈：《"廉方教学法"述评》，《河南大学学报》（社会科学版）1992 年第 3 期，第 97 页。

　　廉方教学实验的另外一个重要组成部分是"卡片教学法"。当时的小学学科教学中，外语教学方法理论相对发展比较成熟，语文教学中存在诸多问题。李廉方针对此种情况，在实验基础上创造出独特的卡片教学法。卡片教学法主要运用在语文课程的识字教学中，用字牌和图片作为教具，教学过程主要经过对示、查眉标、对演、发字片、对举字片、读字片和演字片七个阶段，将枯燥的识字教学活动形象化，游戏化，在活动中达到认字、识字的目的。因其独创性和简便易行，经济有效，在省内产生积极的影响。1938 年 9 月 26 日，教育部颁发第 7988 号训令《各地小学附设卡片识字教学实验班办法》，要求全国各地仿行李廉方创造的卡片识字法，更加扩大了其影响范围。

表 3—2　　　　　　　　　　　廉方教学法教学进程①

教学阶段	学制	学科内容	教学活动	设计意图	设计原则
识字期		将常识、算术、游戏、图画等统合在观察、联想、发表三段	不学书写，以观念、视觉练习为基础	为正式阅读活动做准备	使分裂趋于统一；使呆板进于变化；变静止为活动；变被动为自动；驭烦琐而归于简易；以集中注意改变其喧扰
读书期		在原有基础上，增加语文文字书写	逐渐增大常识的范围与分量，增加语句练习与单字分析，集中训练铅笔书写笔画、笔顺等	初步训练自学技能	
正式读书期	1—1.5 年	自由阅读	劳作、特别练习、单元活动	养成学生的实用技能	

①　郭戈：《"廉方教学法"述评》，《河南大学学报》（社会科学版）1992 年第 3 期，第 97 页。

表 3—3　　　　　　　　　　　**卡片教学法教学进程**①

教学阶段	教学内容	教具
对示	以实物或图片对照字牌，由辨识而学习音读	字牌、图片
查眉标	对眉标放置字牌、还原、齐读等	
对演	如听音取字、按图取字、字对眉标、图对眉标等	
发字片	学生领取字片	
对举字片	学生按图、按字对举或与板画对举	
读字片	学生脱离图片而读字，有个别看读、分组比赛、抽读字片等	
演字片	学生表演字牌上的词语	

廉方教学法是在文纳特卡制的影响下产生的第一个具有中国特色的系统教学方法。教学实验的系统性是廉方教学法的主要特征，而系统性实施的客观条件是李廉方本人的教育行政背景。另外，民国后期，政府倡议各省建立中心小学进行教学方法实验，继而通过参观形式将其成果进行推广，政府采取的中心学校政策也为廉方教学法提供了政策保证。

廉方教学法以"整体的""合科的""卡片式的""实验的""经济的"著称，是在吸取国外教学方法的基础上，着眼河南省教育现状创造出的较为系统的方法体系。但其系统性只是相对而言，其实并未建立起完全系统的教育体系，实验中只是将小学的学习年限缩短到两年半，未考虑小学与中学的衔接，小学毕业生的出路悬而未决，这在很大程度上是由于受到战争的影响，教学实验未能连贯展开的缘故。合科教学过程，实质上突出了语文教学，忽略了其他新学科。

不过，廉方教学法能够在借鉴的基础上独成一套体系，已经难能可贵。孟宪承评价李廉方："于儿童读物与教学方法之探讨，精矣！微矣！常难一般小学教育之论者，非剽窃西洋一二名号以自炫，则又墨守旧章而自限。"② 台湾学者徐珍称赞说："廉方教学法最大的奉献，尚不在能经济教育年限，而在革新过去我国教学上之弊端，而创一种适合同情的教学法。""非取强注期待手段，而在顺应儿童生活，减除习见学习时间的

---

① 郭戈:《"廉方教学法"述评》，《河南大学学报》（社会科学版）1992 年第 3 期，第 97 页。

② 《专家来信》，《大公报》1936 年 12 月 7 日。

浪费，使其可能的进度与容量，达到必然的速率。"①

（二）陶行知的"教学做合一"教学法

古今中外的教育发展过程中不乏教育浪漫主义的构想，柳宗元的《种树郭橐驼传》、卢梭的《爱弥尔》、杜威的《民主主义与教育》和陶行知的"教学做合一"。教育家需要有浪漫情怀，同时也需要有实践精神，陶行知的浪漫构想生发出"教学做合一"教学法。教育理论构想需要通过实验的方式，经过实践的检验方能对其有效性和应用价值得出一个比较客观的结论。

"教学做合一"是陶行知生活教育理论的教学方法论，隶属于生活教育理论的教育实践和贯彻环节，"教学做合一"教学法在教育理念上彻底颠覆传统以教师传授为主的教学指导思想。此种教学方法的提出有其社会背景，陶行知是留美学生，曾就读于哥伦比亚大学教育学院，1917年，学成回国后，"看见国内学校里先生只管教，学生只管受教"，② 教学中存在教学内容与实际脱节的现象，导致教学方法趋向于说理、说教，使得学生"学非所用，用非所学"，课堂教学枯燥无味，非但未引起学生的学习兴趣，反而扼杀其好奇心，犯了教学工作的大忌。国内的课堂教学现状激发起陶行知改革教学的热忱，提出用"教学法"代替"教授法"，试图呼吁教师关注学生的学习活动，教学活动以学生的学习心理和学习活动特征为核心，"教的法子根据学的法子，学的法子根据做的法子。是怎样做便怎样学，怎样学便怎样做"，教、学和做三者之间"有一个共同的中心，这个中心就是'事'，就是实际生活"③。教与学以实际生活需要为核心统一成一个有机整体。"教学做是一件事，不是三件事。我们要在做上教，在做上学。在做上教的是先生；在做上学的是学生。从先生对学生的关系说：做便是教；从学生对先生的关系说：做便是学。先生拿做来教便是真教，学生拿做来学，方是实学。不在做上用工夫，教固不成为教，学也不成为学。"④

① 徐珍：《教学方法演讲》，复兴书局1974年版，第100、102页。
② 中央教育科学研究所编：《陶行知教育文选》，教育科学出版社1981年版，第76页。
③ 同上书，第53页。
④ 同上书，第77页。

  "教学做合一"教学法的一个重要贡献在于将教学地点从室内搬到了室外，从封闭的环境延伸到开放的环境，充分体现了教学的灵活性，实现这一转变的核心是教学与实际生活需要。教学的过程转化为"做"事的过程，有力地扭转了教育与生活的脱节现象，使得教学的内容和活动都具有了显著的现实意义。"教学做合一是生活现象之说明，即是教育现象之说明。在生活里，对事说是做，对己之长进说是学，对人之影响说是教。教学做只是一种生活之三方面，而不是三个个不相谋的过程。同时，教学做合一是生活法，也就是教育法。"①"教学做合一"教学法将教学过程泛化，跳出课堂教学的范围，将其研究领域延伸至社会教育和家庭教育，将教学过程视作现实生活个人经验的积累过程和人的社会化过程，用开放的眼光审视课堂教学中存在的问题，给近代的教学领域注入了新的血液。

  "教学做合一"教学法的提出，与近代教学目标的改变有较大相关性。中国传统的教学目标是培养统治阶级，教育成为"上层社会独享的琥珀扇坠"，国民普遍的知识水平不高，素质低劣。近代教学目标从培养统治者，转向提升国民素质，富国强民。1912 年公布的小学培养目标是："留意儿童身心之发育，培养国民道德之基础，并授以生活所必需之知识技能。"②围绕教学目标选择的教育内容与传统教学有所差异，加入了西方传入的科学课程和语言课程，此类课程的操作性极强，采取动手实际操作的学习方法更为有效。"教学做合一"教学法以学生为主，以学习为主，以学生的"做"为主，鼓励学生通过实践的方式，感知学习对象，并在实践过程中培养和保持学习兴趣，培养学生的自控能力和主人翁意识。

  陶行知的教学思想在南京晓庄师范学校和工学团得以实验。工学团主要是上海的山海工学团和晨更工学团。"教学做合一"教学法的理论成型与晓庄师范学校和工学团的教学实践密不可分。20 世纪 20—30 年代是

---

  ① 华中师范学院教育科学研究所主编：《陶行知全集》（第二卷），湖南教育出版社 1985 年版，第 289 页。

  ② 《教育部公布小学校令》，璩鑫圭、唐良炎编：《中国近代教育史资料汇编·学制演变》，上海教育出版社 2007 年版，第 663 页。

南京战事频仍，人心浮动的时期。陶行知避开纷纷扰扰的城区，选择南京神策门外晓庄作为校址招收学生，并将学校命名为"晓庄师范学校"，开始其生活教育实验。晓庄师范学校的培养目标是合格的乡村学校教师，围绕这一教学目标，开展了系列教学改革活动，其中最重要的实验部分就是"教学做合一"教学。

晓庄师范的教学法实验对教学设备和条件有一定要求，晓庄师范购置了 200 亩田园和一定数量的荒山作为学校的实验基地。与此同时，与周围的乡村联合起来，设立 8 所中心小学，4 所中心幼稚园，1 所民众学校，1 所小学师范院和 1 所幼稚师范院。晓庄创设这些教育机构主要是供学生实习和实验，并解决当地的学校教育问题。另外还配备 2 个中心茶园，1 个中心木匠店，1 所医院，1 个联村救火会和 1 个石印厂。"教学做合一"教学法的实施要求学生具有一定的知识和技能准备，尤其是农业知识。晓庄师范的招生对象为"初级中等学校第三年学生之有农事经验者"；"高级中等学校第三年学生之有农事经验者"；"大学第三年之有农事经验者"；"在职之教育行政人员及教职员之具有上列各项相等程度者"[①]。在招考环节，利用笔试、口试（演说和辩论）和手试（实际垦荒施肥、修路）的方式，全面考查学生。教学在具体的实验场所中进行。下面以社会环境教学为例具体展现"教学做合一"教学法的操作要点。社会环境教学的课程内容包括村自治、平民教育、合作组织、乡村生活调查和农民娱乐。晓庄师范将课堂放在社会中，开展"联村"系列活动，学生在活动中广泛与农民接触，深入农民的日常生活中，了解民间疾苦并在有可能的情况下为之服务，成立"社会改造部"指导和规划乡村生活。活动若没有目标性，会失之于宽泛，热热闹闹一场，学生所学无几。晓庄师范在教学中，给定与学生生活和学习息息相关的任务并创造实践条件，如划拨专门款项用于学生修筑教室和宿舍，让其在此过程中学习建筑学的知识和技能；学生在做饭中学习烹饪知识。"任务教学"确定了具体可实现的目标，并选择与学生生活紧密相关的内容，使学生能够亲身感受到教学的成果，并形成自己的评价，以便课后自我纠正。这与西方的问题解决教学模式有着异曲同工之效。

---

① 陶行知：《陶行知全集》（第 1 卷），湖南教育出版社 1984 年版，第 658 页。

晓庄师范的教学法实验引起了当时社会各界的普遍关注。蒋介石和宋美龄夫妇曾前来参观，冯玉祥将军也多次考察，对其让学生在给自己做饭的过程中学习烹饪、食品等知识感触颇深，还曾有人盛赞该教学法为"新发明的最好教育法"。学校毕竟是社会机构之一，社会大环境决定其生存与发展，改变其命运。受"党化教育"的限制，晓庄的学生与当局产生冲突，晓庄被迫卷入了政治斗争中，1930 年 4 月 12 日，在蒋介石的授意下，南京卫戍司令部强行封闭了晓庄师范，其"教学做合一"教学法实验被迫中止，陶行知也踏上了流亡日本的征途。次年，满怀教育抱负的陶行知从日本潜回上海，继续其教学实验。1932 年 10 月 1 日 "私立山海实验乡村学校"即山海工学团建立，陶行知将校址选在宝山和上海之间的孟家木桥，山海之名也由此而来，首任团长马侣贤。工学团的教学实验可以看作是"教学做合一"教学法实验的延续。

山海工学团的核心是在教授中学习，这与中国传统"教学相长"的教学理念有些类似。工学团教学中将学校和社会结合，体力劳动和脑力劳动结合，教学内容与社会生活结合，一般上午进行学科教学，下午参加农副业劳动。学生担负两个角色，一个是工学团的学生，另一个是周围社区、家庭中的"小先生"，具体采用即知即传、个别教学的方式。其中最重要的教学内容是识字教学。学生在课堂上学到的字符尚未完全巩固，课后利用帮助不识字的女士读来自远方的丈夫的信件，教他人识字的同时，使自己的语言知识得到进一步强化，演说技能得到锻炼，同时还可以帮助政府部门完成扫盲工作，实现教育服务社会的目标。工学团的教学法无疑是用中国特色方式促进了义务教育的普及。

工学团建立教师的指导和监督体系，对于学生在完成教学任务中遇到的困难及时指导，并对已经完成的任务进行登记，引入竞争机制，采用计分法区分学业成绩。学生所使用的教材一般为《老少通千字课》，共有若干册，教会一人学会读、写一册得一分，教会两人读写一册或一人读写两册得两分，以此类推。用实践的形式检验教学成果，无疑强化了教学的灵活性，对传统的教学检验有所突破。

此种教学法引起国内外广泛关注，日本东京池袋儿童之村的教师曾将陶行知关于该法的论述译介到本国。1927 年 9 月世界教育会议在加拿大召开，陶行知提交了名为"中国乡村教育之一斑"的专题会议报告，第一次向世界人民介绍了以晓庄师范为主要实验基地进行的生活教育实验，其中包括"教学做合一"教学法。克伯屈给予该方法极高的评价，认为"教学做合一"教学法"实施的方针"以及"发动的理想，进步的过程"，都比较符合他自己的标准，可以"代表中国整个民族的精神"。"教学做合一"教学法能够得到如此高的评价，是由于其教学理念建立在近代教育科学发展的基础上，从其教学目标"千教万教教人求真，千学万学学做真人"的设定上，我们可以看出"以学生为本"教学观念的痕迹，更重要的是，"教学做合一"教学法与当时的社会现状有着较高的吻合度。南京国民政府时期学校类型呈现多样化特征，中国农村失学儿童数量众多，初等小学、简易小学、短期小学和半日学校同时存在。教育者试图探索普及义务教育的良方，建议缩短义务教育年限，灵活创办有效的学校类型。1935年庐山会议上，蒋梦麟提出《修正教育制度案》，认为我国"经济衰落，义务教育为期不能过长，且大多数失学儿童在于乡间，必使其半耕半读，方能推行生效"。教学内容应"取材于农业常识、农民常识及家庭卫生等"①。农村中普遍存在半日学校、冬季学校等短期学校，采取半耕半读的教学组织形式。陶行知提出"教学做合一"教学法适应这一现状，并起到了优化农村基础教育教学的作用。

（三）张雪门的幼师教学法

张雪门是中国近代著名的幼儿教育家，时人赞"北张南陈"，北即北平幼师的张雪门，而南指南京鼓幼的陈鹤琴，可见教学理论在当时的社会影响。

1. 产生背景

张雪门一直从事幼儿师范工作，早年曾创设宁波幼稚师范，1928年发起成立了"北平幼师教育研究会"，并在孔德学校开办幼稚师范科，从事教学法实验，而其系统教学法的形成与香山慈幼院下属的北平幼稚师范有着莫大关系。

香山慈幼院正式创立于1920年，是近代中国最大的一所慈幼机构，创办人熊希龄。在当时具有良好的社会声誉，被誉为当时中国幼儿教育

---

① 俞庆棠：《民众教育理论的探讨》，毛仲英主编：《俞庆棠教育论著选》，人民教育出版社1992年版，第281页。

的典范。香山慈幼院的创办源于 1917 年夏末秋初，河北发生的特大洪灾，儿童无家可归到处流浪，成为社会的隐患。前国务总理熊希龄任"京畿水灾筹赈联合会"会长，1917 年 11 月 20 日开办一所慈幼局收留流浪儿童，两个月后分为男、女两校，女校位于北京西安门内府右街培根女校旧址，男校设在北京二龙坑郑王府花园。水灾过后，慈幼局仍残留 200 余名流浪儿童需要照顾。1920 年熊希龄重新选定香山静宜园作为校址，正式建立香山慈幼院，原先的学生移入新校址，并开始面向北京、天津、保定等 12 县招生。截止到 1924 年上半年学生总人数达 1520 人，此后经年学生的人数基本稳定。

　　慈幼院出于本身教学的需要，1926 年 11 月开始，成为中华教育改进社（1921 年 12 月成立）的实验学校，此后慈幼院走向规模化发展，并不断调整机构设置。到 1924 年上半年时，全院供分 44 级，院内有初小 2 级、中等职业班 2 级、师范 4 级、高小 7 级、初小 8 级、蒙养园 2 级、补习班 2 级、艺徒班 1 级，院外有高小 4 级、初小 11 级、复式班 1 级。到 1926 年半年时，香山慈幼院在"总分院制"下改设 6 个分院：第一院蒙养部，第二院小学部，第三院中学部，第四院职业部，第五院职工部，第六院是虚设的大学部。1930 年 2 月，分院一律改称为"校"，改称"蒙养园"为"幼稚园"①。1933 年 8 月由于经费问题，调整各校设置，第三校停招中学生，改以 1930 年 10 月成立的北平幼稚师范（成立初期名为"幼稚师范科"，1931 年 7 月更名为"北平幼稚师范"）为主要机构。北平幼稚师范在张雪门的带领下，走向持续发展道路，而张雪门的幼儿教学法思想也在此得以实施。1933 年以后，在慈幼院办学整体不景气的情况下，每年都能保证有四五个班的在校学生，将人数维持在一二百人。1937 年"卢沟桥事变"后慈幼院走上漫漫迁徙路，从北京到桂林，从桂林到三江县古宜，后又转迁三江县丹州，继而重返桂林，再迁重庆。抗战胜利后，张雪门搬师回京无望，至而被迫中止。主持北平幼师期间，张雪门"不仿美国""不法日本"，凭借实验创新方式，创行中国特色的幼儿教学方法，这套方法被后人称为张雪门幼师教学法。

---

　　①　熊明安、周洪宇主编：《中国近现代教育实验史》，山东教育出版社 2001 年版，第 324 页。

2. 教学法核心

张雪门认为"中国旧式的教育，只知注意社会的需要，而儿童本位的教育，仅着重于儿童的身心，其结果往往前者引不起儿童行为的反应，而阻碍其身心的发育，后者易造成离群独立的个人，驯致厌恶社会，而仍难免于社会的抑压"①。新式教学应该以养成学生科学的头脑、劳动的身手、宗教的热忱、平民的生活和团结的精神五项为教学目标，围绕教学目标，各科教学需要十分重视实习活动，"根据生活即教育之原则，合教、学、做三项为一，以适合我国国情及时代之需要"②。

张雪门在北平幼师的教学实验将整个教学活动由文化课讲习和专业实验两大部分组成。文化课讲习，一年级开设 12 门课程，二年级开设 12 门课程，三年级开设 9 门课程，教学方法采用"半道尔顿制"。所谓"半道尔顿制"是指经过变通的道尔顿制，教学活动仍以作业室、工作进度表等为主，但教师用课堂教学的 1/3 的时间讲授，其他时间留给学生自学，教师随时指导，同时将作业室的地点灵活化，除固定作业室外，工场、农场和幼儿园等都可以作为学习场所。可以看出，张雪门幼师教学法采用"随学、随教、随做"的实习方法，"以幼稚园为中心"，"先参观，次参与，终至于支配"③，其最大的特色在于实验教学模块的专业化。

3. 教法实验

实验过程中，教师首先需要准备学科程序表、教学进度表，在此基础上与学生商量制定日、周、月工作计划表，安排好工作学科和时间。教学过程中要求学生每日工作结束填工作实现项，如有变更填工作变更项，与此同时，教师需要填写月学生工作和学习依据工作录，对学生的学习活动进行记录和监控，掌握学习进度。教学活动结束后，对学生的学习评价主要通过实际工作、调查笔记、审订报告和命题实验等方式进行，从知识、技能、兴趣、习惯、态度五个方面评分。另外，幼师十分

---

①　张雪门：《幼稚教育新论》，戴自俺主编：《张雪门幼儿教育文集》（上卷），北京少年儿童出版社 1994 年版，第 471 页。

②　熊希龄：《香山慈幼院近六年来教育经过及改革报告书》，周秋光编：《熊希龄集》（下），湖南出版社 1996 年版，第 2106 页。

③　熊希龄：《香山慈幼院近六年来教育经过及改革报告书》，《熊希龄集》（下），湖南出版社 1996 年版，第 2106 页。

注重实习工作，经常组织学生到幼儿园参观，还有家政实习和自然实习。家政实习包括日常生活必备技能、育儿和烹饪，自然实习是指在慈幼院农场种植蔬菜瓜果，饲养家禽。

张雪门的幼师教学法借鉴了道尔顿制教学法的工作室制度，利用教学进度表、工作计划表等维持教学活动，发挥了学生在学习活动中的积极主动性，培养自学能力和研究能力。但考虑有些学科知识专业性很强，学生自学难度较大，因之配合集体教授方式。作业室和集体讲授时间的分配问题是一个难点，张雪门的实验将讲授时间界定在总教学时间的1/3，此种时间分配未免随意。实际上，他是参考了东南大学附属中学的道尔顿制实验环节。张雪门教学法的最大特色是将实习与作业室、集体讲授结合起来，将实践活动与学生的发现学习、理论学习结合起来，培养学生自学能力和自我监控能力的同时，加强理论修养和动手操作能力，使之更好适应幼儿园的教学工作。张雪门幼师教学法实验过程的意义在于"体现了近代以来中国教育为实现科学化和民主化的批判与创新精神"[1]。

实践同样证明，这种颇具创新的教学法实验是成功的。据北平幼师第一期毕业生王碧元回忆："每年到了寒假，各地的聘请函件便如雪片飞来，原因是别的师范大多注重知识的传授，我们却要被训练成十项全能。"[2] 北平幼师的教学改革实验得到了社会的认可，为当时的北方省区培养了数目可观的幼儿园师资，促进了幼儿教育的发展，而张雪门的教学法也因之成为中国教育理论界的一朵奇葩。

民国时期，中国教学方法的改革经历了从狂热到冷却的过程。应该指出的是，狂热状态恰好是"矫枉过正"的表现，唯西法优秀的学习氛围可以帮助中国教学者全面吸收西方教学方法民主、科学的教学理念，从而在根本上更正传统形成的以教师为中心，以伦理教学为中心的教学观念，树立以实验的方式进行教学改革，以心理测量的方式进行教学评

---

① 　熊明安、周洪宇主编：《中国近现代教育实验史》，山东教育出版社 2001 年版，第 346 页。

② 　《北平香山慈幼院院史》，台北香山慈幼院校友会 1983 年自刊本，第 170 页。

表 3—4 北平幼稚师范教学实验程序①

	专业课程	教师	学生	考核	专业实习	任职
一年级课程	4学时（国文、英语、音乐），1学时（人生哲学），2学时（家政学、儿童学、儿童文学、儿童游戏、手工、社会、自然），幼稚园实习3学时	列出学科课程标准，完成学期学科程序表、教学进度表，完成月学生工作和学习依据工作录	完成日、周、月工作计划表（工作分配、工作实现和工作变更三栏），工作开始三天前填写工作分配项下的工作学科和时间，每日工作结束填工作实现项，如有变更填工作变更项	考核方式：实际工作、调查笔记、审订报告和命题试验等，从知识、技能、兴趣、习惯、态度五个方面评分，成绩分为上、上中、中、中下、下五等（上等为85分以上，上中为75分以上，中等为65分以上，中下为55分以上，下等为55分以下）。注重平时考查	"参观"幼儿园设备、教师、师生互动、教学过程和整体设计	幼师速成科水平，可任幼稚园助理教师
二年级课程	4学时（国文、英语、音乐），1学时（党义），2学时（教育史、教育心理、儿童卫生、幼稚园教育概论、幼稚园组织法、幼稚园课程、手工），幼稚园实习15学时				"参与"材料的设计和提供，参与课程活动	幼稚师范科水平，可任幼稚园教师或主任
三年级课程	4学时（英语），2学时（心理学、教育学、幼稚园与小学低年级课程、小学教材研究、小学教学法、幼儿保育法、音乐），幼稚园实习18学时				"支配"阶段，独立完成招收、编组、选材到课程实施、经费管理等幼稚园的全部工作	任小学低年级或婴儿园教师和主任

① 熊明安、周洪宇主编：《中国近现代教育实验史》，山东教育出版社2001年版，第332—338页。

价,以学生为中心展开教学活动的全新教学价值观。通过这样的过程,教育者可以站在全新的高度,以全新的视角审视中国目前学校教学方法采用过程中存在的问题。因此可以说,教学方法研究的本土化并不是历史的倒退,传统教学方法的回暖,而是在学习、吸收国外优秀教学方法的基础上,一种理性的回归。这样的回归过程符合学习活动的螺旋式上升规律。

第 四 章

教法的理论探索

　　教学方法改革的实践和教学方法理论研究是近代教学方法改革的两个主要领域，两者皆不可偏废，且相互作用，理论约束和引导着教学方法的改革实践，实践则是教学方法理论的行动表征。教学方法理论是借鉴和学习成果的文本表现，是教育者对自身教学方法改革实践活动的经验总结，具有反省的意味，对其进行考察有利于研究者准确把握近代教学方法改革过程中教育者教学观念的变革。观念的变革是近代教学方法变革的灵魂和根本，因此，对近代教学方法理论进行研究具有非凡的意义。

第一节　普通教学方法理论

　　近年来一般教育者所注重的是对于特种教学方法的专项研究，而对于教学法的一般理论似乎不甚留意。[①] 对于普通教学方法的研究著作虽少，但我们仍可以从中获取一二。

　　近代普通教学法理论著作主要以"中小学教学为对象"，在体例编制上，本着为师范专业学生提供教材和教学辅助读物的考虑，立足于国内教育实验基础上的教学成果，用归纳的方法从具体事例中推导基本教学原理，[②] 从而不断健全教学理论研究的科学性和本土性。归纳法一般是西方教学理论研究过程中普遍采用的方法，从研究方法上来说，近代教学

---

① 教育杂志社编：《小学教学法概要》，上海商务印书馆 1925 年版，第 32 页。
② 赵廷为：《普通教学法》，上海中华书局 1941 年版，自序。

方法理论吸取了西方的科学研究精神，理论研究的规范性较好。在内容上，近代教学方法基础理论研究在国内教学方法实验基础上归纳总结得出，理论研究成果反映出传统教学理念在近代的演进，具体表现在对教学方法的概念理解和价值观方面。

一　概念界定

中国传统教学中使用"教授法"的概念，清末教学方法著作中有所体现如"单级教授法"等，体现出教师和学生之间在知识上的"授""受"关系，教师讲授学生静听，教师传输学生吸收。尽管古代教学理论著作中，关于学习方法的著作不少，如先秦的《学记》，宋代朱熹的《朱子读书法》《程氏家塾读书分年日程》等，将其融为一个统一的过程加以考虑的思想虽也存在，如"教学相长"的观点，但理论论述极少，更倾向于将教授与学习分立开来，形成课堂教学中强调讲授的传统。

近代对于教学方法的界定始于 1917 年，南京高等师范学校教育科教授陶行知，在校务会议上提议将"教授法"改为"教学法"。"教授法"与"教学法"，虽一字之差，但体现出具体教学操作中理论指导思想的差异。更名之后的教学方法将操作的重心和着眼点转移至学生的学习过程中。钟鲁斋认为教学法与教授法相比，更注重教师对学生的因势利导，促发学生的自发活动。教学活动注重学生的"学"，"学"字的概念有三种：其一，"学是行动或行为的改变，盖人有模仿本能，学别人的行为或行动，不知不觉改变了自己的动作。"其二，"学是构成神经系统上的种种新联结""盖人生与社会，遇着外面种种刺激，而内部因神经系统引导的作用而生种种的反应，后来某种反应常与某种刺激相联合，刺激与反应中间逐生种种新联结。学愈多这种联结愈厚或愈加增"。其三，"学是心理的动作，凡遇着外界的事物，心理上必生一种变化。学习最重要的步骤就是对于事物在心理上构成明晰的观念，观念经过复习可以改进或引导我们的行为"[①]。

近代学者对学生学习活动的认识逐渐建立在心理学的基础之上，很大程度上得益于国外教学理论在中国的传播。对教与学认识的心理学化，

---

① 钟鲁斋：《小学各科新教学法之研究》，商务印书馆 1934 年版，第 5—9 页。

深化了对教学方法概念的理解，"教学法是引导学习的一种路径，使人有好的模范，顺应天性可以遵循能效，改进人的行动或行为"，将教学方法界定为改进学生行为的方法，其中带有的教师强权气息扑面而来，仍然带有教化或驯化的意味。教学理念的每一个微小的进步都来之不易，需要教育者付出千倍的努力，万番的心血，近代学者强调教学方法建立在心理科学的基础上，在教学法发展史上，无疑是一种巨大的进步。

教学方法理论的发展始终伴随着教育者对教学过程的重新理解。随着教学方法实验的展开，近代教育者认识到"教学并不是代学"，教学活动应该着重于教师的辅导，辅导过程也不应该是"从外加入是由内引出"也就是要以学生的"自发活动"（self-activity）为核心，这样的教学活动才更有价值，教学过程是"助长学生经验"的过程。① 随着教学观念的转变，近代学者对于教学方法概念的理解逐渐加深，并逐渐趋向于灵活化和多元化。

教学方法是"教育理论的具体计划，在学校教育中非常重要"，其研究和实施一方面要考虑到教育对象的特征，学生天性活泼，身心处于不断发展当中，他们的成长不仅受到身体和心理发展规律的支配，周围的环境对其也有影响，因此，教学方法的研究需要借助生理学、心理学和社会学的研究成果；另一方面，教学方法研究和实施过程中需要考虑教学内容以及其顺序，因而教材和课程的研究也被列入其中。还有，教学方法的研究需要考虑教室的环境布置，建筑学知识也是不可或缺的。② 再有，各种客观条件和知识准备满足的条件下，学生在课堂上依然会表现出疲劳、注意力不集中等情况，教师的教态、语言表达方式、个人魅力等都是影响因素，因此，教学方法应该是一门艺术，并且是一门建立在科学基础上的艺术。这一点俞子夷在教学方法上持有的科学观和艺术观上得到了充分的体现，他认为："教学法一方面要把科学做基础，一方面不能不用艺术做方术。"③

正因为认识到教学方法概念的复杂性，因而，近代教育工作者是十

---

① 赵廷为：《普通教学法》，上海中华书局 1941 年版，第 3—4 页。
② 同上书，第 5—6 页。
③ 同上书，第 6—7 页。

分强调教学方法操作过程中理论指导的重要性。教师若没有经过系统的教学理论培训，虽然经验丰富，但在实际教学中不免带有"工人传授学徒的机械性"，没有教学理论指导的教学方法是"无根之木，无源之水"。但若只有理论没有实施的方法，那么教学就如同"只闻楼板声，不见下楼来"①，只端着个空架子，具体无法落实。近代教育家将教学方法界定在"教学理论的实践计划""科学性""艺术性"等词汇的表达之上。教学方法的科学性与艺术性同在，艺术性要建立在科学性的基础之上。因此，教学方法理论研究的另一个重要的任务就是科学地构建教学方法的分类系统。

二　教法分类

从近代出版的关于教学方法的著作中，我们较少看到关于教学方法分类的专章论述，说明近代教育界对于教学方法的理论构建工作尚处于初步发展阶段，较少系统探讨。但我们可以从这些著作的间架结构中窥见作者潜意识中对教学方法的分类框架。

近代教学方法的分类研究经历了一个渐进的过程，最初倾向于按照学生学习活动的特征进行分类，强调对学生学习活动的关注，在此基础上产生的另一种分类，加强了教师的积极主动性的发挥，便于教师操作。这两种分类方法都参考了西方的分类体系，具有西方理论体系的特征，两者之间有着继承和发展的关系。

第一种分类体系以俞子夷的《新小学教材和教学法》为代表。俞子夷从教学活动的组织出发，将方法分为问题的教学法、练习的教学法、欣赏的教学法、发表的教学法、个别学习的教学法以及教学技术，其中教学技术包括讲述、问答、复习与考查。② 此种分类的依据是教学活动的展开方式及主要活动特征。"问题""练习""欣赏""发表"等基本上都是学生学习的方式，因而可以看到，近代教学方法的研究折射出教学实践中，活动的展开开始围绕学生进行，这对于传统以讲授为主的方法体系来说，是一种巨大的进步。与此类似，1935 年上海商务印书馆出版胡

---

① 教育杂志社编：《小学教学法概要》，上海商务印书馆 1925 年版，第 1 页。
② 俞子夷：《新小学教材和教学法》，福建教育出版社 2006 年版，前言。

毅的《中学教学法原理》，按照学科内容和知识结构将教学方法分为科学类、欣赏类、应用类和语言类。

教学方法的分类既需要照顾到所有的操作形式，还需要兼顾分类标准的统一，这是极为困难的。按照教学方法的具体操作特征进行分类也许更为有效。赵廷为将当时存在的教学方法分为讲述法（Lecture method）、实验法（Laboratory method）、设计法（Project method）和社会化的复习法（Socialized recitation）四种。① 此种分类方法实际上是参考了西方的教学方法分类，综合了中、西方教学方法的特征，具有一定代表性。世界书局1936年出版了美国纳尔逊·鲍新（Nelson L. Bossing）著，黄式金、赵望翻译的《现代中学教学法》，该书分讲演法、社会化教学法、问题教学法、设计教学法和自学辅导5章。② 可以看到，赵廷为的教学方法分类体系受到纳尔逊体系的影响，两者较为相似。赵廷为的方法体系虽不全面，但是抓住了一些教学方法的本质操作特征，强调教师在教学实践操作层面上的主动性。这样的主动性是建立在对学生学习活动的把握基础上的，强调教学中教师积极主动的发挥。与俞子夷的分类比较而言，此种分类概括性较高，是在前一种分类理论的基础上的创新和发展，操作性较强，便于教育从业者把握。

近代教学方法改革理论的理论研究成果较多地集中在学科教学法领域，前两种分类方法都忽略了学科教学法这一重要的内容。实际上，随着我国教学方法实验种类的不断增多，教学方法的分类系统不断完善，概括程度也越来越高。近代认可度最高的分类系统应该是"一般教学方法"和"特殊教学方法"两分法。钟鲁斋在《小学各科新教学法之研究》中将当时教学界存在的教学方法分为两类，一类是一般教学模式，包括蒙台梭利教学法、葛雷制教学法、设计教学法、道尔顿制教学法、文纳特卡制教学法和德可乐利教学法；另一类是学科教学方法，包括国语科教学法、社会科教学法、公民训练法、卫生科教学法、自然科教学

---

① 赵廷为：《普通教学法》，上海中华书局1941年版，第7—9页。

② ［美］纳尔逊·鲍新：《现代中学教学法》，黄式金、赵望译，世界书局1936年版，目录。

法、算术科教学法、劳作科教学法和音乐科教学法。① 这样的分类系统在近代教学方法理论著作中得到普遍的体现，如 1925 年商务印书馆出版吴研因的《小学教学法概要》；1931 年开明书店出版傅彬然的《小学教学法》，全书分为通论（一般教学理论方法）和各论（各科教学方法）两编；② 1984 年贵阳文通书局出版孙邦正的《中学教学法》等。此种分类方法概括度虽然很高，但不系统，而且琐碎，不过它们更便于一线教师掌握操作，这是中国教育方法研究中标准的分类，符合我国长期形成的演绎推理思维方式。其缺陷在于对于各种教学方法的本质特征把握不够，在其指导下，教育工作者偏重于教学方法的形式研究，忽略了方法背后隐含的精神实质的把握。

另外，还有一些分类没有统一的标准，如张瑞策编著的，1934 年北平文化学社出版的《小学教学法》中将各科教学法、各种教学方式、单级教学法和复式教学法并列，分类标准比较混乱。③

尽管近代教学方法著作的框架结构林林总总，但总体来看，大体有三类，同时也可以看作近代关于教学方法的三种分类，即普通教学方法、学科教学方法和课堂教学方法。普通教学方法中囊括了由西方传入，并在中国进行实验的系统教学模式，一般包括蒙台梭利教学法、葛雷制教学法、设计教学法、道尔顿制教学法、文纳特卡制教学法、德可乐利教学法、廉方教学法、"教学做合一"教学法等。课堂教学方法从活动组织方式来看，包括讲演式、问题式、问答式、社会化教学法、实践法和观察法，从学生发展的角度来看，教学方法有问题教学法、欣赏教学法和技能教学法。学科教学法实质上是以上两种教学方法在具体学科的体现，由于融入更多学科本身的特性，因此具备一定的独特性和系统性。学科教学法一般包括卫生科教学法、体育科教学法、国语科教学法、社会科教学法、自然科教学法、算术科教学法、劳作科教学法、美术科教学法和公民训练法等，随着课程名称和内容的变动，学科教学法体系也会随之微调，但具体内容无不在以上范围之内。这样的分类模式对于现在的

---

① 钟鲁斋：《小学各科新教学法之研究》，商务印书馆 1934 年版，目录。

② 傅彬然：《小学教学法》，开明书店 1931 年版，目录。

③ 张瑞策编著：《小学教学法》，北平文化学社 1934 年版，目录。

教学方法分类体系的构建仍有影响作用，中国现代教学方法的分类也基本上局限在这一框架之内。

三　教法价值观转变

教学是什么？教学做什么？回答和解决这两个问题是教学方法研究工作的核心，对这两个问题的认识也就构成了教学方法价值观的主体。作为一种社会活动，教学活动的展开不仅需要考虑活动的主体——学生的生理和心理发展，社会政治和经济的发展也会对学校的教学活动不断提出新的需求，教学更是社会文化生活的一部分，文化传统以及文化交流都会对其产生影响。但同时，教学活动也是一种积极主动的行为，它的展开会对人类本身、社会政治和经济的发展和社会文化的形成产生作用。在教学方法改革过程中，近代教育者对各种关系的认知和处理方式的变化，即为教学方法价值观转变的表现。

近代教学思想观念经历了从"经世致用"到"中体西用"乃至"体用一致"的变化，确立了"实用理性"的思想观念与思维方式，把是否"实用"作为衡量与评价事物的准则之一。清末实学家认为学校教学内容应关注"经世致用"之学，即积极入世的儒家哲学，摒弃空疏无用的八股制义。严复通过对中西文化进行比较，批判"中体西用"的思想观念，主张"体用一致"，认为"中学有中学之体用，西学有西学之体用，分之则两立，合之则两亡"[①]。维新派康、梁二人的泰西近古说显示出其错位的教育观，但以憧憬的笔调描绘了无人不学、学有等秩的构想，对中西教育本质有所领悟。西学崇真尚实的价值观念，与儒家传统文化求善务虚的伦理价值追求有着本质的区别，对中国传统文化形成强有力的冲击，并逐渐改变着人们的文化观念，促进了教学方法价值观的转变。

（一）趋向个性化

中国传统封建社会人与人之间的依附性较强，教育的终极目标是培养"顺民"。虽然在教学过程中，优秀的教师会"因材施教"，启发引导学生掌握既有的道德知识体系，但其教学指导思想是想方设法让学生掌

---

① 严复：《与外交报主人书》，陈景磐、陈学恂主编：《清代后期教育论著选》（下册），人民教育出版社 1997 年版，第 223 页。

握社会规定的或现有的社会行为方式和道德价值观，从社会需要出发，将学生套定在政府规定的行为准则中，忽视学生个性需求和个人发展。

近代的教学改革促使教学价值观趋向个性化。教学个性化具体表现在教师的教学活动需从学生的特点出发，在教学中尊重学生的个性，启发和保持学习的兴趣，使其在个人原有基础上得到最优发展。教师从学生的需要出发，设计和安排教学活动。教师逐步树立起"教学生不是教学科"的教学理念，教学中根据学生的知识经验启发诱导，使"书籍、博物馆、音乐、艺术、广博的实事知识成为时时激动兴趣之目的物"[1]。

（二）趋向民主化

教育民主强调学生受教育机会的均衡，"使个人享自由均等的教育机会，而不为政府、社会、家庭所抑制"[2]。无论班级教学法，还是分团教学法、设计教学法，都在不断探索教育公平和教育效率的和谐，民主化正是公平和效率的不断优化。教育者努力维持"教育机会的平等"，但同时必须使每个学生本身"蕴藏的无限能力都有发展的机会"[3]。

近代教学价值观民主化还表现在教学过程中，学生地位的上升。传统的师生关系类似于君臣、父子的关系，纪律严明，师传和道统的成分比较明显。近代教学方法改革过程中，师生关系发生微妙的变化，尤其到了改革的后期——民国时期，教学中努力提倡"学生的自动与合作"，教师则"退居于不重要之地位，遇学生之咨询时，始进而为解说一切，解说已毕，仍退居一旁"。"教师在今日是极力要将自己由居高临下之地位，一降而居于襄助顾问之末席。"[4]

教学中地位的下降并不代表对其要求的降低，相反，对教师的教学水平和专业知识结构提出更高的要求。教师由主导者变成了辅助者，要使教学更为有效，教师必须了解学生的心理发展规律和学习过程，增加心理学、生理学、社会学等知识，优化自身知识结构的同时，提高课堂

---

① 教育杂志社编：《小学教学法概要》，上海商务印书馆1925年版，第36—37页。

② 蒋梦麟：《个性主义与个人主义》，转引自张平海《现代化视野下的中国教育（1862—1922）》，云南大学出版社2006年版，第80页。

③ 晏阳初：《平民教育》，宋恩荣主编：《晏阳初全集》（第一卷），湖南教育出版社1989年版，第51页。

④ 教育杂志社编：《小学教学法概要》，上海商务印书馆1925年版，第34页。

教学的驾驭能力。

课堂教学中，学生不再是被动的受教者，需要在教师提供的环境中，通过阅读、活动等形式，积极主动地将新知识同化在旧有的知识结构当中。学生的地位上升，能够将原先淹没在施教—受教过程中的兴趣、爱好、个性等因素充分地发挥出来。教学过程中，教育对象作为"人"的特性得到彰显。这个意义上说，教学方法民主化还原了教学的本质，对于教学的发展具有非常重要的作用。

（三）趋向科学化

中国传统的"启发教学法""自学辅导法"并非没有优秀成分，但由于方法体系建立在中国哲学基础上，含有较多的思辨成分，不利于普通教师的掌握和运用，方法研究主要采用传承的方式，容易束缚研究者的思维。

与此同时，西方国家在19世纪主要采取实验研究模式，倾向于将教学方法的研究建立在近代心理学研究发展的基础上，赫尔巴特将教育学建立在心理学的基础之上，摆脱了哲学的束缚，并在此基础上提出"五段教学法"，教学方法的选择和实验具有了操作的基础。可以说，心理学的创生及其在教学领域的应用，使得教学方法体系具备程序性和可操作性，有利于优秀教学法的传播。教学方法的变革趋向科学化，无疑成为西方教学方法理论发展的主要特征。

在内忧外患的局势下，近代教育机构、课程和教学目标调整，传统的教学价值观指导下的方法体系无法包容新的内容，改革势在必行。学者倾向于在传统启发原则下，借鉴吸收西方教学方法体系。近代中外交流的频繁为其提供了良好时机，教育交流随之兴起，渐趋频繁，尤其体现在教学方法领域，西方的"五段教学法""设计教学法"等都可以在中国近代教学方法改革史料中找到学校进行实验研究的记载。受其影响，我国近代的教学方法改革趋向科学化。

近代教育者致力于借鉴西方的研究模式，将中国教学方法的研究建立在心理学的基础之上，在教学过程中，关注学生的学习兴趣、能力等心理因素，"现今兴趣在教学程序中之重要，差不多已为国内教育界所共识"，教学趋向于关注学生的学习兴趣。[①] 时人也深刻觉察到这一点，"最

---

① 教育杂志社编：《小学教学法概要》，上海商务印书馆1925年版，第49页。

近数十年来，各种工业因为所根据之科学大为进步，因而大改旧观；教育上之理论和实际，亦因之最有关系之数种学科——生物学、社会学、心理学之进步，而面目一新。就中尤以心理学所及于教授法之影响为最剧"[1]。教学方法理论研究诉求的心理学化，是中国近代教学方法价值观趋向科学化的重要表征。

教学方法价值观科学化的另一个重要表征是教学评定工作和教学方法改革趋向采用实验方式。实际上，实验方式的采用是教学方法理论研究心理学化的结果，是价值观改变的反映，同时，进一步推动了教学方法价值观的科学化进程。中国学者引进美国的"评定教授效率之工具"，并将其改造为适合中国学生的测量工具，如舒新城的道尔顿实验室配置以及教学表格，艾伟的教学测量表格和实践，李廉方的语文教学卡片体系等。标准测验的方法已经得到当时教育界的承认，成为教学科学化的体现之一，其指导思想充分体现出教学方法价值观的转变。过去，教学方法改革过程中迷信权威、名流的做法有所改观，盲从专断的情况有所缓解，教学方法在实验和参与人员自由讨论的基础上得到革新。

用实验的方式进行教学方法的改革，一方面可以破除成见。例如，国文教学，一直是教学方法改革的难点，教师"每每因袭旧法，读文必朗诵，习字必映格，成见在胸，牢不可破"[2]，默读和临写始终得不到使用和认可。20世纪20年代，艾伟通过心理测验的方式，围绕诵读、默读展开教学测验，用数据证明默读的教学效果并不比诵读差。中央大学实验中学的生字教学讲解法与练习法的比较实验，采取等组实验法，甲、乙组重讲解不重练习，丙、丁组重练习不重讲解的对比形式展开，用8周时间完成实验，用数据科学比较练习法和讲解法效果的异同，从而得出结论。"练习法成效虽速，而增进则微；讲解法成效虽迟，而增进则多；越时稍久，练习法之消失数较讲解法为高。"在此基础上，实验者认为偶然的讲解和无目的的练习都无裨于教学实际，主张识字教学应该采取"有意义的练习法"[3]。此类教学实验还有陈鹤琴、廖世承的智力测验

---

① 教育杂志社编：《小学教学法概要》，上海商务印书馆1925年版，第64页。
② 罗廷光、王秀南编：《实验教育》，南京钟山书局1933年版，第15页。
③ 同上书，第213页。

法，陈志韦的订正比纳西蒙智力测验和廖世承的团体智力测验等。诸如此类的实验结果，从全新的角度审视国语教学的具体操作方式，在当时的教育界引起了轰动，"自测量工具及统计法发达以后，学校一切实际问题渐有注重实验化之趋势"①，可见，实验法对学校教学产生了积极的影响。

另一方面，实验法可以验证新式教学方法的适用性。任何一种教学方法都具有一定的适用范围，在学习新教学方法的过程中，生搬硬套会导致水土不服，形式与实质不符。在学校教学实践中，用规范化的实验程序检验教学方法与课程本身、学生和本地文化的适应性，将有助于增强借鉴学习的有效性。下面以道尔顿制为例，加以详细说明。美国教育家柏克赫斯特根据学科性质分别设置不同的实验室，打破严格的年级划分，通过教师与学生签订"作业承包合同"，在学科教师的帮助和指导下，学生独立自主分配学习时间完成作业。此种教学组织形式即道尔顿制，以充分调动学生的自学能力著称。1921年《教育杂志》第13卷第8期刊载《道尔顿制案》，道尔顿制理论由此传入我国，随后国内出现了一些道尔顿制研究理论著作，如余家菊的《道尔顿制之实际》和鲍德征的《道尔顿制实验室计划》。

在理论的指导下，舒新城于1922年在东南大学附属中学进行实验，先进行计划分组，一组用道尔顿制，另一组用普通阶段教学法，用实验组和对比组的形式展开实验，以便综合结果，评判优劣，认定道尔顿制与形式阶段教学法相比，优势并不明显。在实验的基础上，以舒新城为代表的一批教育者进而完成了《道尔顿实验室制》《道尔顿制概观》以及《道尔顿制研究集》，丰富了道尔顿制理论研究，在国内产生深远的影响。

"教育实施，此刻虽难尚未尽脱个人主见及假设的窠臼，但不久实验法昌行以后，旧法即将废弃不用，此时何以显有此种趋势矣"②。教育管理者在教育会议上发表的演说词中，在著名杂志刊物上发表的重要评论中，都流露出"学校教育应重实验化之主张，即以学校为一教育实验

---

① 罗廷光、王秀南编：《实验教育》，南京钟山书局1933年版，第33页。
② 同上书，第34页。

室"①。实验成为近代教学领域借鉴和改造的有力工具，在教学方法改革中，实验方式的确立加速了其价值观的科学化趋向。

（四）趋向实用化

教学改革进行到民国时期，教学法论著都会对各种教学方法进行逐一分析，讨论其适用的范围以及具体实施中的注意事项，反映出教学法研究的具体实用化倾向，便于教学研究者进行比较分析，进而准确灵活应用。如钟鲁斋的《小学各科新教学法之研究》，对各科教学法进行了详细的介绍。教学方法理论著作偏向操作层面，是其实用倾向的表现之一，这种趋向同时也是中国传统教学方法的主要特征。传统教学方法主要采用演绎推理的思维方式，教学过程倾向于教授学生从一般的原理中推演出具体的做事方式和实用方法。从这个意义上可以说，教学方法的实用化倾向是传统教学方法发展的必然结果。

近代教学方法价值观的实用倾向，还表现在关注现实、关注生活本身、关注社会。实际上，这种趋势受到西方实用主义思潮的影响，西方实用主义的领军人物杜威在"五四"运动前后访华，足迹遍布全国，通过演讲、考察以及报刊报道、学术作品刊印等渠道，宣传其实用主义教学价值观，在学界引起强烈的反响。实用主义者倡导教学关注现实生活本身，主张打破学科界限，以儿童的发展为中心，彻底抛弃过去传授知识的观念，多鼓励学生动手，发展个人的才能，使其充分意识到知识的社会改造力量。受其影响，中国的教学方法领域着手通过本土实验的方式探索适合本国、本校学生的教学方法。如陶行知针对农村学校教学的独特性，通过实验创生出适合中国农村教学的"教学做合一"教学法，陈鹤琴通过在南京鼓幼的实验探索，总结出幼儿园"整体教学法"。实际上中国教育者的教学方法价值观在其影响下，已经发生转变，不再为西方教学方法的马首是瞻，通过本土的教学实验，逐渐摆脱了西方教学方法的控制，形成自己的独特方法体系。

回顾教学方法发展历史，我们可以看出，教学方法价值观转变的过程同时也是教育交流的过程，中外教育交流是促使教学方法价值观发生转变的原因之一，与此同时，教育自身的变动，如课程的重新设置、教

---

① 罗廷光、王秀南编：《实验教育》，南京钟山书局1933年版，第33—34页。

学目标的调整都会对教学方法的发展产生影响。教学方法是一门科学，同时也是一门艺术，走向科学、关注实际，关注人的发展始终是其变革的主流倾向。

四　普通教学方法理论发展

中国教学方法理论的发展是世界教学方法理论发展的有机组成部分，既要受到世界各国教学改革的影响，也会对其他各国教学理论的建设提供借鉴，在此过程中，中国普通教学方法的理论体系逐渐完备起来。近代的普通教学方法理论著作最初只是特定教学方法的论述，且多参考国外相关的理论著作，模仿痕迹比较浓厚，但也不乏创新。如蒋维乔编的《教授法讲义》，主要思想是受赫尔巴特学派影响的，如教授方法介绍的是五段教授法，教授目的特别推崇赫尔巴特的兴趣说。但是该书融会贯通了日本教法与自己的经验，有吸收，有改造，在教授方面，他提出教授、训练、养护三者要互相结合。侯鸿鉴在《最新式七个年单级教授法》系统论述了我国单级学校的设备、编制、教授、训育及教师资格等。作者在述及单级小学校之教授及教授案时，明确指出："践教授之段阶，执各段阶而揭其顺序，方法之大要。"又在备教科教授之方法一章中，具体阐明了预备、提示、总括、应用（或提示、练习、应用）的教授阶段。[1]侯书的理论构建直接参考了日本入则宗寿著，罗迪先译的《新教授法原论》。[2]

很大程度上教学方法体系的逐渐完备依赖教学内容的阶段变更，由此引起教学方法的多样化和方法研究的逐步深化。教学内容的变化一方面受到社会需求的影响，另一方面与各个时期政府对课程标准的重新厘定密切相关。中国传统教学中缺少算术教学法、理科教学法、音乐教学法和外语教学法等，社会近代化的过程中，产生新的职业和人才需求，学校教育体系中随之设立新的学科课程，围绕新课程的实施问题展开讨论和实验，从而完善了中国的学科教学方法体系。

---

① 熊明安、周洪宇主编：《中国近现代教育实验史》，山东教育出版社2001年版，第34页。

② ［日］入则宗寿：《新教授法原论》，罗迪先译，商务印书馆1924年版，目录。

与此同时，教学方法理论的发展也是教学实验和研究直接推动的结果。通过改革，近代的教学方法理论逐渐建立在实验研究的基础之上，著作大多为教学实验的总结报告，如芮佳瑞的《实验设计教学法》，江苏第一女子师范附小的《设计教学法试验的经过》，沈有乾的《初等教育设计教学法》，江苏五师附小的《设计数学实施报告》，俞子夷的《设计教学法的理论和实验》和沈百英的《设计教学法试验实况》。①陈鹤琴在对儿童跟踪观察实验的基础上，著成《儿童心理之研究》和《家庭教育》。这些作品以报告的形式，详细介绍了实验的操作过程，得出的数据和材料以及实验的结果。而实验成果的推行又成为新教学方法实验的指导，推动教学方法改革的进程。

教学方法理论发展到一定阶段后，研究视角逐渐专业化，研究逐步具体化和微观化。随着方法理论研究的不断深入，价值研究和原则研究逐渐趋同和淡化，在教学价值观的指导下，教学策略的适用性研究慢慢浮出水面，进入研究者的视野。学科教学法著作增多，且多关注某一学级某一学科的教学方法，如大华书局 1933 年出版，曹风南编著的《高小国语教学法》；上海生活书店 1935 年出版发行，洪深著的《一千一百个基本汉字使用教学法》；上海中华书局 1925 年出版，唐湛声著的《小学公民科教学法》；上海世界书局 1940 年出版，朱翊新编辑的《高小新社会教学法》；等等。此类著作主要围绕科目设置步骤、学科教育内容、教材和教学方法研究、该学科与其他学科之间的关系展开，对于教学方法的研究比较深入细致，操作性极强。此种趋势决定了后期教学方法理论研究多集中在学科教学法研究和单项单科教学法研究，其中，学科教学法成为近代教学方法理论的另一个重要组成部分。

第二节　学科教学方法理论

学科教学方法是教学方法体系的重要分支。长期以来，中国的学科教学方法研究呈现片面化特征，方法体系的构建不够完善。近代，伴随

---

① 熊明安、周洪宇主编：《中国近现代教育实验史》，山东教育出版社 2001 年版，第 122 页。

学制改革和课程改革，中国的学科教学方法体系走向全面化。尤其是进入 20 世纪 30 年代以后，综合性教学方法如文纳特卡制、设计教学法、道尔顿制、葛雷制等教学实验仍在继续实验，但教学方法改革的风向开始扭转，趋向解决实际小问题，更多关注学科教学的微观层面即单科单项实验。在教学方法改革的后期，学科教学方法吸引着越来越多的研究者的关注目光。据罗廷光等统计，此类问题研究达 44 项，主要涉及外语、语文和算术等学科。① 在此类实验研究的直接推动下，学科教学方法理论的研究逐渐完善。

一　国语教学方法理论

中国古代关于教学法的著作颇丰，先秦的《学记》，宋代朱熹的《朱子读书法》《程氏家塾读书分年日程》，清代唐彪辑著的《家塾教学法》和王筠的《教童子法》，这些著作成为中国国语教学史中的宝贵财富，但传统的国语教学实质上是一种综合教学，承载着经学、德育、修身等众多的内容，缺少语言本身存在规律的挖掘。叶圣陶先生简明扼要地指出传统语文教学的三大弊端：第一，在阅读教学上过分强调所读的内容而把语文本身的规律放在次要的地位；第二，在作文教学上要求模仿一套程式；第三，读书作文不是为了增长知识，发表思想，抒发感情，而是为了应付考试。② 随着社会对人才需求的多样化，这种综合性的、强功利性的语言教学开始实施改革。

20 世纪 20 年代马建忠在《马氏文通》中注意到了语言文字的社会功用，开始有意识地把语言文字从"通经致用"的经学附庸中解脱出来，把语言文字的研究成果看作提高教育水平、启迪民智、救国强国的工具。马氏的语言文字工具说在清末逐渐形成共识，集中体现在"癸卯学制"规定中，"国文学一科，并宜随时试课论说文字，及教以浅显书信、记事文法，以资官私实用。……中小学堂于中国文辞，止贵明通；高等学堂以上于中国文辞，渐求敷畅，然仍以清真雅正为宗，不可过求奇古，尤

---

① 罗廷光、王秀南编：《实验教育》，南京钟山书局 1933 年版，第 224—226 页。
② 中央教育科学研究所编：《叶圣陶语文教育论集》（上册），教育科学出版社 1980 年版，第 3 页。

不可徒尚浮华"①。新学制将国文科目的教学要求设定在实用的基础上，强调了语言文字教学和实用文体写作教学，这一点我们从其教科书上可见一斑。清末新政时期的国语教科书具有如下几个方面的特点：在思想内容方面，部分体现了资产阶级改良主义思想，反映出对人才素质的要求；在编排形式方面，集中识字和使用韵语的传统做法开始解体，注意在语言环境中教学汉字；在教学内容方面，注意到语言训练的规律性和语文知识的教学。②

　　黎锦熙在《国语运动史纲》中将国语运动分为四个时期，即切合、简字、注音字母与新文学、国语罗马字及注音符号。20 世纪 20 年代国语教学经历了注音字母与新文学、国语及注音符号两个时期。1917 年 10 月，全国教育会联合会年会决议《推行注音字母以期语言统一案》，敦促教育部推行注音字母。1917—1918 年，有几所学校考试试行用语体文取代文言文作为教学语言，期望改善长期以来国语教学总是难以突破的状况。1918 年政府下令改国文为国语，教育部正式公布注音字母，随之民间开始讨论教科书的编制问题，主张将原国文教科书中关于社会、自然、常识等学科知识移入相应的学科，仅留儿童文学部分，作文则改为日用文，江苏省教育会作出《各学校用国语教授案》，省内小学已经开始实验实行。1922 年新学制颁布，包括了新的国语课程纲要。商务印书馆随即出版"新学制国语教科书"，中华书局出版"新小学国语读本"，虽为教科书但在内容和体例编排上已经有了很大的改进，成为学校国语教学的重要理论指导。围绕教科书和纲要的内容，学者展开讨论，问题主要集中在需要不需要用注音字母教学的问题？有的学者认为"教了注音字母，还要教汉字"，反而烦琐，不见得正确。③ "五四"运动前，蔡元培创办的孔德学校国文科采用了钱玄同、刘半农等编的白话注音课本。商务印书馆等出版机构相应出版此类教材，《作文及文学教学法》《小学国语教学法概要》等。1924 年商务印书馆出版的《新著国语教学法》，为语文

---

① 陈学恂主编：《中国近代教育史教学参考资料》（上册），人民教育出版社 1986 年版，第 537 页。

② 陈黎明等：《二十世纪中国语文教学》，中国农业科技出版社 2002 年版，第 37 页。

③ 教育杂志社编：《小学国语教学法概要》，上海商务印书馆 1925 年版，第 4—5 页。

教学法学科体系的建立奠定初步的基础。20世纪40年代由开明书局出版的《国文教学》，是现代语文教育史上第一部以国文教学问题为中心的研究论文集，也是叶圣陶、朱自清两人多年探索国文教学改革途径的各种精辟见解的集大成者，"就其论述语文教育问题的广度和深度来说，都是现代语文教育史上的一座里程碑"[1]。

国语教学发展的另外一面是吸取现代教学法的精华，融入综合性教学方法改革当中。客观来说，近代由于师资和教学经费紧张的缘故，大部分学校采用单级教学法，自动作业部分吸取自学辅导法的教学宗旨。国语科教学"观察图画或标本或实物，各自抄录生字难句于石板。预习本课讲法。教员指示生字难句于小黑板，附注音义，使儿童抄录。今一生将未知文字写于黑板，由助手或他生之既知者代为解释。教员摘写生字难句于小纸片，附注音义，交助手写示于黑板，使他生预习并代答他生之质问"[2]。教师实施自学辅导法，通过默读、朗读、速读等阅读训练，培养学生阅读的能力，养成自学习惯。

近代教学史中国语教学始终在不断加强教学的实用性、科学性和学生的自主性，其实用性趋向实际上受到杜威实用主义思想的影响。李廉方围绕学生周围的生活环境，将语文教学与美术、音乐、社会等课程整合在一起，设立单元如"我的学校""我的家庭""我的身体"和"我的乡村或市镇"等，用教学卡片这种经济实用的教具，进行国语教学实验。陶行知利用"小先生制"，让学生担任扫盲工作者，在实际应用中巩固课堂的识字教学成果，将学习和运用活动紧密联系。

科学性也是国语教学方法改革的趋势之一，20世纪20年代左右杜威、孟禄来华加快了教学方法改革的进程，以刘廷芳、艾伟为代表的教育者开展了国语教育心理学实验，用心理测验的方式，对国语教学中的诵读、默读等阅读教学方法用统计的方法进行测评和实验，突破经验陈述模式，建立了中国国语教学心理学，促进了国语教学方法的科学化。

与此同时，近代国语教学方法的改革趋向于培养学生的自学能力。民国时期出版的《小学国语教学法概要》等著作中，就国语教学中如何

---

① 陈必祥主编：《中国现代语文教育发展史》，云南教育出版社1987年版，第173页。
② 郑朝熙：《单级教授之要项》，《教育杂志》1913年第5卷第9期。

恰当使用设计教学法、道尔顿制等进行了相应的论述。这些著作都主张低年级使用设计教学法，围绕学生的日常生活选择教学材料，到了五年级直至中学，运用道尔顿制。教师为学生提供难度适当、种类繁多的读本，同时还有一个作业室。教师根据默读测验、识字测验等学习程度检测方式，了解学生的学习进度，为之制定相应的"作业概要"，指导学生在作业室中按照概要的安排完成阅读、抄写和作文等任务，定期填写"作业记录单"，作业完成后教师在单子上签字，予以确认。对于需要集中讨论的问题，教师提前发布通告，举行"特课"，在特定的作业室中讲解讨论。① 中学国语教学中可以使用道尔顿制已经得到大部分学者的认同，但是小学国语教学中使用道尔顿制的问题仍在继续讨论当中。舒新城在《道尔顿制与小学国语教学法》的演讲报告中，集中进行了探讨，认为无论从国外的经验还是国内的实验结果来看，小学国语教学使用道尔顿制都是可行的，道尔顿制的核心是培养学生的自学和自控能力，培养学习兴趣，这是教学的根本任务，其他涉及学科的细节问题，教师可以在不违背该项原则的基础上灵活处理。

考前世之兴衰而知当今之得失。近代国语教学理论发展的经验和教训对目前的教学改革具有指导意义。近代的国语教学方法改革中将注音字母、语体文作为国语的音形表达方式，趋向于国际化，利于语言文字之间的国际交流，这是可取的。同时，近代教育家将国语教学方法改革建立在科学实验基础上，艾伟突破了以往经验陈述分析的模式，采用测验的方式对朗读、默读教学效果进行优劣比较，李廉方为使识字教学活动更加符合学生的认知特点，将识字教学与游戏、图画等学科结合起来。国语教学方法改革过程中蕴含的实证测验思想及科学化、游戏化的趋势，对当今的语文教学方法的改革仍具有借鉴意义。

但近代教育者在探讨国语教学的现代化问题时，往往忽略语言的文化传承功能，甚至否定了传统国语教学中总结出的宝贵经验。"一国的言语文字，是国民思想感情所传达的媒介；一国的文学，是国家精神生活的结晶……其他各科的教材教法，内容工具，似乎都还可以有借鉴于他

---

① 教育杂志社编：《小学国语教学法概要》，上海商务印书馆 1925 年版，第 40—41 页。

国先例的地方。独有国文，非由我们自己来探索不可。"① 张志公先生对国语教学方法改革提出批评说："近百年来，传统经验中那一部分符合汉语汉文实际，又符合比较科学的教学论的做法，似乎没有得到重视，得到发扬。"② 令人可惜的是，这一点不但被近代学者忽略，而且至今仍未引起教育工作者的重视。国语教学应该具有鲜明的民族特征。我国国语教学历史源远流长，教学改革忽略国语教学的民族性问题是断不可取的，民族化问题应该在教学方法改革中得到充分的重视。当然，教学改革的学习借鉴工作也是不容忽视的，但绝不能生搬硬套，应该从国外学习本民族语言的经验中吸取方法领域的精华，为我所用，开拓创新，加快教学方法理论建设的现代化进程。

二 外语教学方法理论

西南大学外语学院张正东教授认为："近代外语教育之兴起有两个源头，一个是传教士想在中国传教，用基督教文化影响中国文化……于是积极办学……另外一个源头是清政府民间为了解决洋务问题而设置学习外语的学校，这类学校的规范模式是京师同文馆。"③ 的确，洋务学堂和教会学校是近代最早进行外语教学的教育机构。目前，关于外语教学的著作也大多以两者为主要内容。民国时期公立小学的外语课程主要是英语，因而，英语教学法构成近代外语教学方法理论的主体。教育杂志社编纂的一套外语教学法小册子详细介绍了中国英语教学法中的语法翻译法（translation method）和直接教学法（the director method），两种方法操作都围绕读、写、讲三个环节展开，其区别在于是否用中文作为中介。

中国近代的英语教学经历了从翻译法范畴的方法到直接教学法的转变。洋务学堂最初采用翻译法范畴的方法进行外语教学，主要培养学生的翻译能力。对于中国学生而言，其母语是汉语，属于汉藏语系，且自从秦始皇实施"书同文"政策后，汉语成为国家的通用语言，在一个汉

---

① 王森然：《中学国文教学概要》，商务印书馆 1929 年版，第 3 页。
② 庄文中编：《张志公论语文教学改革》，江苏教育出版社 1987 年版，第 77 页。
③ 张正东：《论中国外语教学法理论（上）》，《基础教育外语教学研究》1999 年第 2 期，第 38—39 页。

语优势的国家里学习英语，负迁移较多。翻译法范畴的方法是把"外国语里的字句用最相近的本国语里的字句联络起来"，远离目的语国家，又缺少必要的教学辅助条件，如家庭、社区很难通过不同形式辅导学生学习外语，此中教学方法的使用效果堪忧。另外，此种教学方法实施比较困难，首先翻译的准确性问题尚待进一步考察，其次当时的教师和学生中有相当一部分用方言，更易引起歧义，清末上海通事们使用的洋泾浜英语，就是一个显著的例子。所以，教育者认为："翻译法应当最后用，别的方法都不能示意得恰当，而翻译法可以表示明白的，仅不妨用。"①

清末和民国时期建立的新式学堂，外语教学仿照教会学校，采用直接教学法，努力为学生营造全外语的学习环境。近代学者认为直接教学法是直接用外语进行教学，"既不参以本国语的解释，也不杂以文法上的研究，只从观念（idea）上、想象（imagination）上、概念（concept）上"明确教学内容。② 教师课堂教学中，多进行发音和会话训练，多采用实物、图片的教学辅助手段，配合实物和图片教授名词，配合教师和学生的动作教授动词，语法教学采用归纳方式。英语教学最初应该用口耳练习法，对于口耳练习法的持续的时间和阶段也有一定标准，以纯熟掌握一二百个简单常用句型为限，一般需要三个月时间。

中国有敬惜字纸的传统，认为书本知识才是最权威的，因而，在实际的教学中会遇到一些困难，教师在教学的最初阶段向学生说明英语教学中口耳练习的重要性，消除潜在的阻力利于教学工作的顺利开展。教师通过口耳练习可使学生得到该门外国语"真切的介绍和活动的精神"，借此训练学生在"口耳方面的新习惯"③，有了一定的基础，一般进行到三十课左右后，开始做眼手方面的练习，重新从第一课开始进行眼看练习，与此同时口耳练习继续进行。依照同样的道理，到了一定阶段后进行手写练习，直至一堂课上，先耳听练习、再口说练习、再眼看练习、再手写练习。口耳练习得具体操作步骤为"静听""默说"和"朗说"。眼看练习时，先领读完整的句子，然后逐词、逐字母分析，能力较强的

---

①　教育杂志社编：《外国语教学法》，上海商务印书馆 1925 年版，第 90 页。

②　同上书，第 23 页。

③　同上书，第 9 页。

教师也可以用音标法进行注解。手写练习需用印刷体，教学时教师先在黑板上示范运笔的顺序、手腕的转动、书写的速度，鼓励学生用手空模，然后笔仿，最好准备单行成条的字帖，以便学生准确掌握字间结构，书写的内容应该以学过的课文为主。当口耳练习达到可以将其中的词语替换的程度，可以着手进行写作练习。

小学低年级的英语教学采用游戏方式，例如猜谜、电话游戏、表演、模仿、卡片练习、拼法练习等。"教师好像不是在教英语，而无意间学生都在那里学习英语，儿童不知道自己在那里学习英语，而实际上他们都在那里练习英语"[①]，虽然有些拗口，但总体的指导原则确实科学经济的。在教学中，直接建立"字音"和"字义"之间的"感应结"，而免除了"字体"的中介作用，"感应结"的减少，利于增强儿童记忆力。

直接教学法在实施的过程中，应该注意一些细节问题，以保障教学内容的准确性和过程的流畅性。"表示具体的东西、性质活动作的字，最直接表示意义的方法就是'先发音然后指着或拿着或按摸着这件东西指示或暗示他的性质，以及做出符合的动作来'。"指读或教读单词，切记勿将单词分离出来，应该将其放还句中，通过句子练习单位。如教读"red，blue，white，black"时，教师应指着有对应颜色的物体说，"This book is red""That book is blue""The chalk is white""The blackboard is black"。教师在指示物体时，需注意表示类概念的单词应该多用同类的实物，指示实物时应当顾及各个方面和全体，用挂图教"saucer"时，为避免歧义，应该将两者画在一起，同时教"cup"。教动词时可用完全动作或部分动作或模仿动作或暗示动作，动作幅度稍微大一些，且尽量用完全的动作，用语句表达，以便学生记忆深刻。[②] 对于抽象的概念词汇，可以用定义法或说明法，单词"widow"，可解释为："widow means a women whose husband has died。"

虽然说，教学中"不必拘定一种方法，而不用别种方法，也不可废弃一种方法，绝对不去用他。世间没有绝对的方法，各种方法各有短长，

---

① 教育杂志社编：《外国语教学法》，上海商务印书馆1925年版，第43页。
② 同上书，第79—89页。

相互为用才是"①。但与翻译法范畴的方法相比较而言，直接教学法是仿照母语的学习过程，在学生特定的身心发展阶段，提供一个刺激—反射的环境，使学生在不断刺激和强化的过程中掌握语言。实际上，直接教学法更加符合儿童的语言认知特点。近代外语教学经历从翻译法范畴的方法到直接教学法的转变，反映出外语教学方法的科学化倾向。

但也不可否认，中国近代的外语教学方法以西方为中心，西方的外语教学方法理论被认为是科学的、先进的教学方法。这种局势的形成与西方国家在科技和军事上占有优势有关，中国人为了应对西方国家的侵略，为了学习西方的科技以图自强而学习外语，往往把西方国家的科技进步、军事强盛的印象迁移到外语教学方法理论的研究上，从而形成西方中心模式，缺少本土的外语教学方法体系。

三　数学教学方法理论

数学科目在学校课程中的设置始于《癸卯学制》，名称为算术。但数学作为一门基础性的自然学科，在中国悠久的学校教学发展历史中，实际上是存在的。基础教育阶段的主要教学内容是"筹算"即整数四则运算，通过手工摆弄"算筹"进行计数和运算，《孙子算经》中对此有较为详尽记载。明代筹算被珠算替代，自此珠算教学一直延续至近代，甚至现代。1582年利玛窦与李之藻合作编译《同文算指》，西方的整数笔算方式传入中国。1864年登州文会馆的创设者狄考文与邹立文共同编译《笔算数学》，从此西方的笔算数学在中国得到广泛传播，该书成为近代学校普遍采用的教材之一，而同时，珠算作为传统教学内容之一，由于在现实生活中仍有较大的应用范围，因而在学校教学中依然长时期存在。

（一）新式学校的数学教学方法

近代数学教学方法的文本表现形式之一是新式学校关于数学课程的章程规定和教学计划。学校的规定较为具体，更适合学校数学教学改革的实践操作。

近代新式学校中同文馆于1867年天文算学馆开始招生，次年聘请李善兰担任算学教习，我们从同文馆的"八年课程表"和"五年课程表

---

① 教育杂志社编：《外国语教学法》，上海商务印书馆1925年版，第98—99页。

中"，可以看到算术教学内容包括"代数学""几何原本""平三角""弧三角""微积分""天文测算""航海测算"等。同文馆规定算术教学程序应先"以加减乘除为入门""次九章""次八线""次则测量""次则中法之四元术，西法之代数术"。所用的教材大致有三类，第一类是自编教材如《同文馆算学课艺》《同文馆珠算全篇》等，第二类是翻译教材如《代数学》《几何原本》，第三类是传统教材如《算经十书》《数理精蕴》等。同文馆的算术教学根据学生的不同学习程度，制订教学计划，采用分班教学制。1875年清政府首开算学科举，为数学人才铺设通仕之途。

地方的新式学校相继开设算学课程，如1878年张焕纶创办的正蒙书塾，1896年创办的上海三等公学、1898年无锡创办的三等（公）学堂、1899年在天津创办的蒙养东塾，北京的五成小学堂和广东逊业小学堂等。上海三等公学的教学计划中，第一年加减乘除、笔算、心算，第二年开方，第三年立方，第四年平面量地法，第五年代数，第六年形学。教学方法上是私塾教学法向班级教学法的过渡阶段，教学以学生课堂自学为主，教师较少集体讲授，学生按照自己的学习进度安排学习内容，课堂上学生依次将自己所学在讲堂上向教师演示演算，如有疑问也可当面请教，教师重检查学生的习题演练过程。教材以《笔算算学》为主，同时还兼及《算经十书》和《数理精蕴》。《笔算算学》虽为合译本，但编写的框架结构兼顾中西数学内容，分为上、中、下三卷，上卷包括加法、减法、乘法、除法等，中卷包括命分、小数、比例、百分数、利息，下卷则有保险、赔赚、粮饷、税饷、乘方、开方、级数、差数、均中比例、推解、量法等。① 教材从基本运算规则到具体运用逐步展开，实用性较强，因而该书的应用范围十分广泛。但小学、中等以上学校同用一本教材，虽然与西方算术教学在中国刚刚起步有关，但也反映出教材编写体系的不完备。

（二）新学制与数学教学方法

近代数学教学方法的文本表现形式之二是政府颁布的学制中，对学科教学方法的规定性表述，学制规定具有强制性，因而，学制的教学方法规定对近代的数学教学实践有直接的指导和约束意义。

---

① 王权主编：《中国小学数学教学史》，山东教育出版社1995年版，第104—107页。

　　清末"新政"时期颁布的《癸卯学制》进一步完善了近代的数学教学，学制规定了数学教学的基本内容和教学要求，基本内容除《笔算算学》涉及的基本运算知识之外，加入珠算，初小和高小的教学要求有所差别，初小数学教学的要义是："使知日用之计算，与以自谋生计必需之知识，兼使精细其心思。"教学过程中应当"先就十以内之数示以加减乘除之方，使之纯熟无误，然后减加其数至万位以上，兼及小数"，并且应该"授以珠算，以便将来寻常实业之用"①。高等小学堂的数学教学应该"使习四民皆所必须之算法，为将来自谋生计之基本"，在教学中稍微添加一些复杂的算术知识，并"使纯熟运算之法"②。新学制颁布之后，国人着手编译教材其中有商务印书馆出版第一部自编的数学教科书《最新算术教科书》，1908 年学部编译图书局编写《高等小学算术教科书》，在语言上运用文言和阿拉伯数字组合方式。

　　学校数学教学主要采用五段教学法，据俞子夷记载，小泉又一的《小学各科教授法》在当时影响范围较广，"1909 年前后，我们谈论教法时常常提及，前辈教育家亦不例外"，省教育驻会总干事在就餐时，谈教法问题，"动辄引小泉书中语为证"③。《小学各科教学法》中以五段教学法为依归，算术教学分五段：预备阶段，"须使理会新问题，唤起暗算既知之观念"；提示阶段，教师"就理法规则，及必须之知识，提出其事实，为之解说"；比较阶段，教师"措置提出之例题后，使之互相比较"；概括阶段，"于各问题中，抽象其数之观念及理法规则而概括之"。应用阶段，"在初学者，与以类似之他问题，令其暗算，似心得稍进，又以类似之问题、已经熟习之法理规则，令就笔算或暗算，求其使用而后已"④。五段法便于教师进行教学操作，以此为依据备课和讲课，于基础数学教育刚刚发展的清末十分适宜，在数学教学领域，这种方法延续了较长的

---

　　①　《奏定初等小学堂章程·学制程度及编制章第二》，璩鑫圭、唐良炎编：《中国近代教育史资料汇编·学制演变》，上海教育出版社 2007 年版，第 304 页。

　　②　《奏定高等小学堂章程·学制程度及编制章第二》，璩鑫圭、唐良炎编：《中国近代教育史资料汇编·学制演变》，上海教育出版社 2007 年版，第 319 页。

　　③　俞子夷：《现代我国小学教学法演变一斑——一个回忆简录》（一）（二），《华东师范大学学报》（教育科学版）1987 年第 4 期。

　　④　王权主编：《中国小学数学教学史》，山东教育出版社 1995 年版，第 113 页。

时间。

民初政府颁布《壬子癸丑学制》，初小和高小的学制和教学课时有所减少但教学要求并没有随之降低，依然是要使学生"熟习日常之计算，增长生活必需之知识，兼使思虑精确"。初小的数学教学传授"十数以内之数法、书法及加减乘除，渐及于百数以内，更进至通常之加减乘除，并授小数之读法、书法及简易之加减乘除，兼授本国度量衡币制之要略"，高等小学应在前项基础之上适当扩充渐及"整数、小数、诸等数、分数、百分数、比例，并得兼授日用簿记之要略"。教育部和学者对数学教学提出更多细化要求，俞子夷在《算术教授革新之研究》中提出应该根据各年级学生的年龄特征、认知水平和学制规定的该阶段总体教学目标，本着经济实用的原则合理安排教学内容，采用适宜的教学方法。从此以后，数学教学方法由单一走向多元，五段教学法依然是主要的教学方法，但随着教学方法理论的整体发展，数学教学方法理论也逐渐丰富。

（三）　数学教学方法的发展趋势

中国近代的数学教学方法理论在政府教育政策的影响下，在国外教学理论的指导下，逐步得到发展，呈现出民主化和多样化的发展趋势。

"昔日之教授法，儿童呆若木鸡，不假思索，任凭教师之讲授及处理而已"。教学中过于强调教师的讲授，势必疏于学生自主性的发挥，疏于学生自学能力的培养。近代数学教学方法理论逐渐由以教师教授为中心过渡到学生自学为主，教师教导为辅。如《小学算术教学法》一书中详细阐释了算术科的运算教学步骤。首先记述算式的说明，其次抄录算草及草式，然后教师或班长指定同学，在黑板上演算，最后温习九九歌练习字码强化记忆，结束教学。[1] 这是普通学校数学教学中普遍的教学方法，当然这种方法也存在局限，伴随教学价值观的转变，受到激烈的言辞攻击，依然存在学生被动学习的不足。

自学辅导法可以弥补这一不足，从而受到教育研究者的青睐。教育者认为目前的数学教学应"由儿童自行思索，自力处理，教师不过处于辅导之地位；即往昔以教授为主，教师为中心，近倾以学习为主，儿童

---

[1]　郑朝熙：《单级教授之要项》，《教育杂志》1913 年第 5 卷第 9 期。

为中心之教育也"①。教具和材料的选取遵循生活化和具体化的原则,以实用和能够引起"儿童自学自习之兴味"为根本,可以选择乡土化、儿童化、直观方便的材料,数量的选择合宜,教学中尽量采用图解的方式。数学科目难度较大,因而辅导法有效且使用频繁,主要应用在:第一,"内容上之难点",包括事实关系之复杂者(如比例等),数量过大者,计算复杂者,易于谬误者;第二,"形式上之难点",包括习题言语较为复杂、难以说明的。辅导的目的在于"使儿童为独立的研求"。积极正确的辅导方式包括:第一,"授予问题解法之顺序,掌握读问题、求事实关系、扩式、运算、研究"的方法;第二,"利用图解法以养成(儿童)思考力";第三,"作假定致以养成其思考力";第四,"养成化题意于公式之习惯"②。积极辅导的原则是使儿童掌握知识的同时,引起学习兴趣。辅导法还运用在课后题的巩固复习当中,敦促儿童养成认真书写和自觉复习的良好习惯,培养科学研究精神。

数学教学中,另一种强调发挥学生主动性的教学方法是设计教学法。数学设计教学的组织形式有闪烁片练习、测验练习、游戏练习、算术会、口述题练习、计算生活问题、制作用具等③。小学数学运用设计教学法进行教学的大致内容包括数量的环境事实、应用的记数单位、新增加的计算方法和练习材料。数量的环境事实是指鼓励学生从日常生活中寻找含有数量关系的现象并进行数学思考;应用的记数单位是指引导学生思考现实生活中的数量单位的意义及各单位之间的数量关系;新增加的计算方法和练习材料是指日常生活中发现的数量问题运用已掌握的方法无法解决时,教师需要及时传授新知识,并寻找类似的材料重复练习,强化知识联结。④ 设计教学法的关键在于围绕学生的兴趣展开教学,鼓励学生设计包含数字运算内容的活动,如游戏测算、分发奖品、策划游艺会等,先组织学生共同讨论,在此基础上,决定学习的项目与计算的目的,教

---

① 杨祥:《算术科之自学辅导法》,《教育杂志》1916 年第 8 卷第 10 期。

② 熊明安、周洪宇主编:《中国近现代教育实验史》,山东教育出版社 2001 年版,第 78 页。

③ 沈百英:《设计教学的种类和方法》,《教育杂志》1926 年第 18 卷第 5 期。

④ 熊明安、周洪宇主编:《中国近现代教育实验史》,山东教育出版社 2001 年版,第 119—120 页。

师在课堂上演算，同时为学生准备材料卡片进行练习，随后测算检验，课后教师对检验的结果进行统计，掌握学生学习的进度。

数学教学方法多样化，关于各种方法孰优孰劣以及如何选择的问题，学者趋向于多元化选择，根据具体教学内容、教学对象和时间地点，灵活做出选择，教学材料的选择贴近现实生活。钟鲁斋认为小学数学可以酌情采用以学生自学为主的文纳特卡制，也可以采用设计教学法，还可以用五段教学法。文纳特卡制主要适用于数学教学的复习环节，如"九九表"的学习，"九九表"是从1—9所有数字的加、减、乘、除运算罗列，是小学数学教学中最重要的部分。教师将要学习的表格分发下来，用游戏、讲解、速算测验等方式协助学生完成学习任务，学生可根据自身的学习进度要求教师给予正式测验，通过后开始下一单元的教学。班级教学法虽然在当时备受争议，但由于操作较为简便，教师在充分准备的情况下，在教学中部分应用仍有较好的效果。

数学教学方法理论的发展基本上与教学方法改革的总体趋势一致，逐渐走向以学生为本、科学和本土，这是近代教学方法变革的整体趋势使然。数学作为一个古老的学科，在中国学科教学史上，其教学方法理论具有重要地位，对其他学科的教学产生着重大影响。其主要的教学方法始终是讲授法和练习法，在此基础上，教学方法理论得到充实和完善，方法的种类增多，方法的采用走向多元。

四　其他学科教学方法理论

中国传统的教学科目主要是国语，其他的学科很少涉及，也正是此原因导致传统教学不能适应近代社会发展的需要，引发近代社会对传统教学的改革。清末在20世纪初以前，各学科的小学阶段教学主要集中在教会学校和一些新式学堂，中等以上教学主要集中在外语学校、军事学校和工业学校，针对性和应用性极强，但这一时期教学方法理论著述很少面世。其中一个重要的原因是教师的主体是外国教习，而外国教习基本没有探讨教学法适应问题的热情，只有涉及其本身利益时，才会集中在一起讨论方法问题。教会学校曾集中探讨是应该用英语或其他外国语进行教学，还是应该用中国本土语言？此问题的探讨涉及人员较多，当时在中国境内的教会学校基本上都卷入其中，但问题也仅局限在教学语言上以及其所承载的文化力量上，对具体方法没有涉及。

中国学者对各分支学科教学法的关注缘于《癸卯学制》《壬子—癸丑学制》以及《壬戌学制》的颁布，这三部学制推动了教学方法研究的进程，且三部学制都对中小学学科的教学目标和方法有一定涉及。教育杂志社编纂的学科教学法丛书，邀集国内较有名望的教学实验者撰写，其成果具有一定代表性。《小学史地教学法》《小学公民教育及教学法》《工艺科教学法》《小学教学法概要》《中学校之博物学教学法》《自然科教学法》《小学体育教学法》，基本上涉及所有的综合科目，但偏重小学，中学教学法研究较少，也客观上反映了民国时期中学教学研究薄弱的现状。另外教学研究者自行组织翻译或撰写的相关教学法著作也为数不少，大多为实验研究的报告，实证性和科学性较强，如郑贤宗译的《设计教学地理教授法》（*Teaching Geography by Project*）。

（一）公民教学法

中国学校公民教学是由修身教学演化而来。中国学校教育向有德育传统。清末新学制将修身科与国文、算术等并列设置，强调对学生的精神训练，民初颁布的新学制中修身科依然占有一席之地，并基本沿用至今。经过数次课程改革，修身科并入公民训练，并成为其主要的教学内容之一，其他内容还包括历史、地理和卫生。

公民训练的教材主要有三类，第一类是"具体之事实说明一切指导一切者，谓之例话"；第二类是"以嘉言、古谚或偶发事项说明一切及指导一切者，谓之训话"；第三类是"以适于实际之言语、动作、礼仪说明一切或指导一切者，谓之作法"[①]。例话教学主要适用于低年级学生，而对高年级学生而言，借古喻今，以外鉴今是卓有成效的方法，利于培养国民道德、涵养国民精神。

公民科教学经历了由部分到整体的转变，其中的部分就是修身。实际上，修身内容仅为公民科的一部分，传统修身教学中，强调对儿童的品德和行为训练。教材多为《小学诗》《孝经》《弟子规》《小儿语》等具有道德教育意义的书籍。教学方法多采用讲经读经的方式，"启蒙"教师运用"号书"法，每天教读一段后让学生熟读背诵，经过检验后，再

---

① 教育杂志社编：《外国语教学法》，上海商务印书馆1925年版，第29—30页。

进行下一段的教读教学，以此类推，一段接一段，一本接一本。经过训练学生会读会背后，"开讲"教师会详细讲说、恳切训诲，教导学生在理解的基础上尽量身体力行，按照书中所学做人做事。

近代公民科教学发展的初期，相当一部分研究者和教师将公民等同于修身，沿用传统的道德例话和训话、讲经读经方式教学，修身教学通常采用观察图画，抄录格言，实习做法[1]的方式。教学目标对于教学方法具有制约作用，教育者对公民教学目标认识的模糊和偏差直接导致了公民教学的片面性。清末"新政"时期的公民课程用修身代替，《癸卯学制》规定修身教学中，初等小学堂教师需"示以模范，使儿童变化气质于不自觉"，同时教儿童"诵读有益风化"的古代诗歌，以便涵养性情，舒畅肺气。[2] 高等小学堂的教师以"讲说""四书"要义为根本，"讲授时不必每篇训讲，须就身心切近及日用实事讲之，令其实力奉行，不可所行与所讲相违[3]。中学堂教法"宜稍恢广"[4]。可见，初期，公民课程颁布之后，对于教学方法的探索较为粗陋，一般从事教育者，本可各献所得，在公民教学上有确实的新贡献，但由于教学目标的限制，使其无从发挥。

民国时期，公民教学的主旨是"培养群己间生活的常识与习惯，发展人类中大群的决心与能力"。"群"包括的范围极其广泛，居住的环境、地区、省份、国家无不囊括其中，其实施程序可从小范围到大范围逐渐展开，第一学年以学校生活为中心，第二学年以家庭生活为中心，第三学年以社会国家生活为中心。教学目的是养成"群"的观念，培育群体的技能，即社会生活能力。[5] 在教学史上曾经有过公民教学是否应该包含历史、地理等学科，是否应该将其各部分彼此渗透进行教学的争论，即

① 郑朝熙：《单级教授之要项》，《教育杂志》1913 年第 5 卷第 9 期。
② 《奏定初等小学堂章程》，璩鑫圭、唐炎良编：《中国近代教育史资料汇编·学制演变》，上海教育出版社 2007 年版，第 303 页。
③ 《奏定高等小学堂章程》，璩鑫圭、唐炎良编：《中国近代教育史资料汇编·学制演变》，上海教育出版社 2007 年版，第 317 页。
④ 《奏定中学堂章程》，璩鑫圭、唐炎良编：《中国近代教育史资料汇编·学制演变》，上海教育出版社 2007 年版，第 328 页。
⑤ 《四志新学制运动》，璩鑫圭、唐炎良编：《中国近代教育史资料汇编·学制演变》，上海教育出版社 2007 年版，第 901 页。

应该采用分科教学还是合科教学的问题。

就教材的组织而言，分科教更便于操作，便于教材的系统化，但就教学而言，渗透教学更加符合学生的心理发展的特征，教学效果更为彰显。与之对应，对于公民教学而言，符合心理学的零碎的方法要比系统经济的方法应用价值大，活动的方法要比机械记忆的方法更为有效，直接参与活动可以亲身感受政府部门的工作机制以及周围生活环境的形成和影响，公民教学若能够触及学生的内心，才可以称为成功的教学。

公民教学可采用问题设计单元教学，每一个教学单元可以选择一个与现实生活相关的问题，问题应蕴藏多学科的教学内容，问题的选择可以从师生之间的随意谈话中产生，也可以从儿童的爱好出发，还可以从时事中获取，为学生创造"从做中学"的客观条件，学生在亲身体验中学到公民知识。

合科教学多采用整体教学法。整体教学的教学程序由引起动机、决定目的、看图、参考演讲、讨论五部分组成。以长城教学为例，或采用幻灯片，或带领学生实地游览，或用挂图，或用明信片，或回忆往昔引导学生观察长城的形状、走势等，在强烈动机的指引下，有的学生会思考长城的功用、修建时间等问题，教师因势利导，决定的教学目的是教学生认识长城的外形，建筑史和功用，使学生具有民族自强意识。教师要将教材中提到的相关地名在地图上指出，以便增长地理知识，培养方位感，对于教材关键和难点，及时解答，最后进一步提出升华性问题，如为什么要修建长城？修建长城有什么影响？我们应该保护长城吗？组织学生讨论，通过讨论的方式，培养学生的爱国情感。①

另外，公民教学的场所由课堂到课外，由校内到校外。公民教学的核心目标是培养学生的爱国情感，爱国心的培养遵从中国古代"修身、齐家、治国、平天下"的逻辑顺序，从家庭研究，到学校研究，到居住环境研究，再到国家研究，从爱家、爱校、爱社区到爱国家，环环相扣。另外，充分利用校风和规章制度的影响作用，利用文娱活动、课外活动和校外活动，实施公民教育也是一种有效的方式。

中国传统的公民教学实际上是与国语教学结合在一起，用讲经读经

---

① 教育杂志社编:《小学史地教学法》，上海商务印书馆 1925 年版，第 2 页。

的方式进行，从某种意义上而言，可以说是一种合科教学，但偏重于例话格言。近代的公民教学受到西方凯兴斯泰纳公民训练思想的影响，引入群体的观念，教学采用程序性的操作模式，与美术、历史、地理等学科课程结合，采用整体教学法，分段进行。另外，在公民教学中活动教学也被认为是一种有效的方法。基本上，公民教学方法由过于严肃的训讲过渡到轻松的活动，由充满道德教化意味过渡到包含历史、地理等人文知识，由教化到用知识启发是公民教学的最大进步，这对于当今的德育教学具有借鉴意义。

（二）常识教学法

中国古代学校教学中存在常识教学内容，一般来说，古代的常识教学借助于官学和私塾中的儒家经典传授进行。儒家经典是一套有着严密逻辑体系的哲学论述，其论述过程借助"数"等自然科学知识展开，以《易》为代表，形成以"卦"的推演为核心的符号体系，用来表征自然现象和人士变化。汉儒"用数理讲《易》"[①]，实际上数学是正统儒家的教学内容之一，经学中的义理就是建立在数学推理的基础之上。常识教学还体现在传统蒙学教学中，蒙学教材多以《三字经》《百家姓》和《千字文》为主，其中不乏"六谷""六畜""日月盈昃，辰宿列张""金生丽水，玉出昆冈"等常识内容。学校教学的主要教材之一《诗经》中也有鸟、兽、草、木、虫、鱼的表述。

随着封建社会的逐渐瓦解，与之相适应的封建教学内容慢慢退出学校的课程体系，常识教学从"后台"走向"前台"。1904 年清政府颁布《癸卯学制》，重新设定学校课程，增添了历史、地理、农业、商业等常识类课程。1902 年上海文明书局出版《蒙学科学全书》，丛书系列中有历史、地理、珠算、心算、笔算、植物、动物、生理、卫生、天文、地质等。1902 年商务印书馆出版《最新教科书》系列丛书，除国文外，还有格致、算术、修身、笔算、珠算、地理、农业和商业等。课堂教学"以讲解为最要"，多采用讲演法。这一时期虽没有常识的名称，但相关内容的教学较为丰富，如俞子夷在上海青墩小学进行常识科教学结合本土的教学法实验，得到当时视察官员的认可。

---

① 范文澜：《中国通史简编》（第 2 编），人民教育出版社 1949 年版，第 239 页。

　　民国早期的常识教学带有自由主义和实证主义的色彩。"五四"新文化运动时期，科学主义的思潮十分流行，科学主义思潮推动学校的常识教学走向实证化，"以科学说明道理，事事求诸证实"。常识课的教学内容以自然科学知识为主，教学方法上仍以班级教学法和教师讲授为主，广泛采用观察、实验、笔记、操作等具体方式，实验各科联络法、实物教学法和校外修学旅行等，方法理论上提高了常识教学的科学性。常识教学中教师的自制教具广泛采用，地图、图表、模型和器具等普遍运用于教学过程中。设计教学法、分团教学法、联络教学法等西方的教学方法在常识课程的教学中，都得到了实验和应用。1914—1919 年，江苏第一师范附小、上海万竹小学和南京高师附小尝试在教学中采用设计教学法，围绕某项统一的教学内容展开，模糊化学科界限，基本上教学内容阈于常识课程。

　　民国后期，南京国民政府时期颁布《小学课程标准总纲》，将历史、地理并入社会科，初小的社会、自然、卫生合为常识科，此为常识课程名称在课程标准中的正式出现。1936 年课程调整将卫生科并入公民训练，社会和自然成为常识科的主要内容。

　　与此同时，随着乡村教育运动的开展，常识课程逐渐以乡土为出发点，教材编写走向生活化。《自然研究》则将教学内容分为自然界的现象、自然界的生活、自然界的利用三大纲，涉及的材料都为儿童日常生活接触到的自然界的材料。不仅教材材料的选取"以人生普通生活所接触所需要为断"，具体教学过程中，教师注意观察生活，从身边随机选取教学内容，"时利用事物到吾眼前之机会而教授之，绝不取顺序"。教学方法上应尽量使用实物展示教学，若由于条件所限无法获取实物，方考虑用模型代替，"教授务示实物，遇不得已时，济以模型标本。必令实验，切戒专用文字，凭空讲授；尤多行校外教授修学旅行"[1]。常识教学最好能在自然环境中进行，教学场所突破教室的局限，如能践行参观最佳。地理，多用图画，少用文字。图画必令自习，兼与手工联络，制为图版（如京津间所售知方图等），上绘山脉、河流、道路、都邑区域，注明各种名称及物产。时就运动场画为各种地形，令之熟悉。

---

　　① 黄炎培：《学校教育采用实用主义之商榷》，《教育杂志》1913 年第 5 卷第 7 期。

合科化和乡土化始终是近代常识教学方法改革的趋势，常识教学广泛渗透到国语、公民等课程教学当中，采用中心活动的方式，或在某一段时间内围绕某个议题，如猫、猪、蛇等展开，打通不同学科之间知识的隔阂，增强学生的知识运用和迁移能力。常识教学的乡土化，一方面可以解决教材和教具短缺的问题，另一方面可以增加常识教学的有效性，培养学生观察生活，研究周围事物的兴趣和能力。这一点对当今中小学校本课程的建设有相似之处，对其教学活动有借鉴意义，但由于时代的不同，教学目标的差异，在实施过程中需要当代的教师仔细斟酌，融入现代教学理念。

（三）工艺教学法

中国传统的教学理论中存在工艺教学的描述，孔子设置的课程体系"礼、乐、射、御、书、术"，其中"术"具有工艺教学的意味。但在长期的教学实践过程中，我国形成了重视脑力劳动，轻视体力劳动的传统，"劳心者治人，劳力者治于人"，工艺教学更多侧重于动手能力的培养，一直处于学校教学的边缘。

在正规的学校教学中没有工艺课程，也没有相关的教学，这种现象的形成与其培养政治人才的目标是一致的，因而，学科教学的欠缺并没有引起教育者的注意。中国传统的工艺教学一般都是在手工作坊内，以师傅带徒弟的方式进行的。近代社会变迁带来职业结构的变化，与军事器械有关的制造工艺课程，具有一定的市场需求，因为战争的环境下，国家需要军工生产工人。工艺教学并没有提炼、独立出来，而是糅合在制造、电报、纺织、轮船等相关内容的教学活动中。不过，换个角度来看的话，附属状态的工艺教学具有较强的实践意义和价值。

民国政府成立后，基础教育阶段开始设置正规的课程，1912年的《普通教育暂行课程标准》规定小学开设自然园艺、工用艺术、形象艺术，中学开设艺术科，包括图画、手工、音乐；1915年7月31日北洋政府发布"大总统申令"规定小学设置手工课程；1922年颁布实施的《壬戌学制》设置园艺、公用艺术、形象艺术；1929年8月设置工作；1932年10月颁布的《小学课程标准总纲》中，首次提出的工艺教学，但其包含在劳作课程当中，与家事、农事、校事并列，几经修改后，最终用劳作取代工艺的命名，但工艺教学的内容始终存在。总体来看，随着课程的变化，工艺教学经历以下的转变过程，当然，该过程始终是整个近代教学方法变革的一部分，受到总体变革趋势的影响。

近代工艺科的教学经历了由手工科到工艺科的转变，由原先的手工科发展而来，在教学目的和内容上有所不同，在教学方法上亦有所差异。手工科的教学以锻炼手指肌肉的折纸、泥塑、豆工等为主要内容，工艺科的教学则要通过实验研究的方式，使学生和"他们天天生活的工艺世界成一个有同情、有理性的关系"，突破只作手工的局限，"实做"与生活中的衣食住行紧密相关的研究。①

工艺科教学经历了由实用性到职业性的转变。民族资本主义的发展，使得农业、渔业、工业、矿业等产业部门产生新的人才需求，以往的中小学毕业生在学校得不到适当的职业训练和陶冶，无法适应新职位的要求。教育者开始思索如何培养适应性强、延展空间大、能独立思考又具有一技之长的人才。这一转变明显体现在教材的编排和内容上，体现在教学目的的指导上，在教学领域有一些微弱的表征。工艺科教学开始注重技能和习惯的养成，在教学方法上要注重练习。练习也分被动和主动两种，主动练习当然值得提倡，练习的同时培养了学生的创造力。

工艺教学随之经历了由学生被动做到学生主动学制作的变迁。初期工艺科教学一般采用五段教学方式，引起动机、提出问题、教授制作的方法、引导学生做、总结评价。如制作木箱教学，教师用问答法激发学生对木箱的兴趣，引起制作的动机，然后教授制作的方法，介绍所使用的原材料的名称、形状、性能，锁和提手的选择，讲解结束后，将材料分发给学生，学生按照教师的指点进行操作练习，最后将作品集中起来综合评价。可见工艺科的阶段教学只唤起学生的假兴趣，在整个教学过程中，学生都是在教师设定好的框框内活动，主动性并没有得到发挥，是传统师傅教徒方式的延续，但与师徒相授法相比，教师又无法做到个别施教，关照个体技能的充分发展。但这种方法简单可行，减轻了教师的教学负担，因而在普通学校中广泛采用。

为了弥补五段法的不足，工艺科教学试行了设计教学法。设计教学法适用于校事、家事以及竹木纸土工等教学单元。教师要善于发现学生

① 教育杂志社编：《工艺科教学法》，上海商务印书馆 1925 年版，第 76—77 页。

的手工兴趣，或者设法引起制作的兴趣，以此为出发点将其作为教学内容提出。暂仍以制作皮箱为例说明之，鼓励学生集体讨论制作的方法，需要的原材料以及各部分的比例尺寸如何把握？附件的选择应该遵循什么样的原则？在集体讨论的基础上，学生自己选择制作的方法，制订相应的计划，着手实施的过程中，需要不断对照计划图表进行调整，或修补计划图表中的不足，学生对成品进行自我评价、自己处理。可见，教学中变通采取设计教学法，吸取以学生为主的教学理念后，学生的主动性得到了较好的发挥，通过这样的学习过程，学生学会自己制订计划，并在实际操作过程中修订计划同时在与他人对照的基础上学会了自我评价。学生虽然只做了一个箱子，但在做箱子的过程中，学会了自己制作手工的方法。但同时，这样的教学操作并不完善，存在一个未解决的关键问题。这一缺陷逐渐得到教育者的关注，并想办法积极解决。[1]

　　高年级对于园艺、农物、畜养等持续时间较长的工作单元更适合采用道尔顿制。教师在作业室中为学生准备书籍、菜蔬种子和农具已备活动的展开，活动开始之前教师需要就工作的内容与学生进行谈话，称为"导言"，在谈话的基础上师生共同制定工作纲要，确定完成工作所需时间，工作实施过程中，教师注意观察并做好记录，最后进行工作评定，记录优劣。工艺教学中常用的方法还有模型教学，教师提供模型或利图，或动作示范，学生模仿学习。[2]

　　学生缺乏社会实践经验，又没有相关的理论指导，因而提出的方案不免编狭、片面。近代教学辅助辅助材料不足，关于手工制作的相关书籍较少，大量的制作经验存在于工匠的头脑当中，而这些经验又被视为"秘籍"家宝，不轻易传授给他人。近代工艺教学的发展对这种现象有一定程度的突破，但冰冻三尺非一日之寒。在教学中如何解决这一问题始终是困扰教师的难题。在教学实践中，近代教师总结出第三种方法，弥补这一环节的欠缺。在学生讨论之前或之中，教师提供一些制作和构成方法，但这些方法需要泛化，不仅局限在制作皮箱这一主题，而且提供一般方法论意义上的指导。例如在讨论如何选择材料时，教师提供一些

---

① 教育杂志社编：《工艺科教学法》，上海商务印书馆 1925 年版，第 77—78 页。
② 同上书，第 78 页。

关于各种木材性质及功用的基本知识，在讨论锁扣的选择时，教师提供关于金属的相关材料和知识，对于学生在制作过程中的偶发创意，教师若趁机鼓励并引导其思索更深层次的问题。

当今，在基础教育阶段，工艺教学依然受不到重视，仅仅作为课外活动教学的一部分，在教学中存在程式化特征，工艺教学法的改革仍在继续。但新的时代赋予工艺教学以新的内容，机器人、碟片等现代社会的制作工艺融入了更多的科技知识，需要更多学科知识的整合，因而，设计教学模式和让学生主动学做的教学理念依然具有使用价值。

（四）美术教学法

美术教学在近代又被称为图画教学，美术教学的原则和目标是顺应学生的爱美天性，培养美术学习的兴趣，增进鉴别、欣赏美术作品的能力，陶冶情感的同时激发创造能力。

以陈鹤琴为代表的教育者探索了适合于幼儿园及低年级学生美术教学理论，认为美术教学应该在尊重儿童兴趣的基础上，利用其模仿性强的特征，激发创作欲，不要用绘画规范约束其创造力的发挥。但同时，应避免放任自流，造成教学的不作为。教师应采用示范法，先教学生画，提供一个供学生校正的范本，在此基础上，尽量保持学生的绘画兴趣，并学习进行自我校正。如画"远景画，小孩子当初不知道怎样画的，你只要告诉他或画给他看，远的东西要画在图的上面，要画的小些，愈远愈小，近的东西则反是"[①]。教师在教学时，先用示范配合讲解的方式，教给学生绘画的技法，授之以鱼，不如授之以渔，指导学生运用特定的绘画技法，为想象力和创造力的发挥提供一个广泛的空间。陈鹤琴在实际教学中总结出学生的绘画要遵循"自左上方右行而渐卷入内心""最初必为外形"，先平面画后立体画，多为记忆画，先临摹画后写生画等规律。美术教学应该遵循特定阶段学生的绘画的规律，而教师对于学生绘画规律的掌握应该建立在观察和实验的基础上，妄下断语或道听途说都是不可取的。

绘画教学可以采用一些辅助的教学方法，如着色、剪贴、涂鸦、轮廓画、印影画、填图和塑图等。着色可以激发学生的绘画兴趣，培养颜

① 吕静、周谷平编：《陈鹤琴教育论著选》，人民教育出版社1994年版，第138页。

色的识别能力和形状感，并进行配色练习，培养美感。着色教学对图形有相应的要求，年龄较小的孩子双手的小肌肉发育不完全，需要选择较大而且简单的图形，一般为四寸见方。剪贴练习可以安排在着色练习之后，锻炼手部小肌肉的同时，形成直观的绘画形象。涂鸦教学对于儿童来说，较为简单易操作，教学中，教师准备一个厚硬纸板做成的涂鸦框，指导儿童将其附在一张白纸上，用蜡笔在厚纸板挖空的部分涂满颜色，涂好之后在白纸上便会形成一个用蜡笔图画成的具体形象。轮廓画适用于两岁以上的儿童，与涂鸦有些类似，需要的教学用具依然是带形象镂空的厚纸板、白纸和蜡笔，不同之处在于，指导学生先用铅笔沿镂空边缘描画，在底下的白纸上形成一个铅笔画的草图，然后在草图上着色。影印画练习与轮廓画的不同之处在于，用透明影印纸附在图画的上面进行描画。填图练习是让学生在不完整图形中，继续完成绘画任务。塑图是将图形用雕塑形式展现，适应于年龄较大的儿童。以上绘画练习的同时，可以将比较练习融入其中，指导儿童分辨两幅图画的不同，并从相异中获得评价优劣的直观印象。[①]

对于小学、初中和高中等高年级学生而言，美术教学应该与手工、社会和劳作等学科联合起来，因为一切自然美、工艺美都是整合的。美术教学同时应该注重理论讲解和实践应用的结合，[②] 以往的美术教学存在忽视理论的不足，单纯强调技法，但这在欣赏教学中是不适用的。欣赏教学在展现所欣赏的材料的同时，需要配合适宜的讲解，多层次多渠道触动学生的感觉神经，引起情感共鸣。制作教学包括写生画、记忆画、图案画、临摹画、剪贴纸和装饰，教学过程大体相同但又各有特色。写生画教学的过程为"引起动机—提示实物或观察校外自然界的物品—讨论画法"，记忆画的教学经历"引起动机—决定目的—请问要点—讨论画法—绘画巡视—收集图画—欣赏批评"的过程，临摹画的教学过程中加入"提供范图—照样临摹"的环节。[③] 从以上环节教学中我们可以看到五

---

① 参见吕静、周谷平编《陈鹤琴教育论著选》，人民教育出版社 1994 年版，第 138—140 页。

② 钟鲁斋：《小学各科新教学法之研究》，上海商务印书馆 1936 年版，第 257 页。

③ 同上书，第 258—259 页。

段教学的踪影，但其实德可乐利教学法、个别辅导法等同样适用于美术教学的个别方面和环节，这里将不再一一赘述。

教学方法理论的发展呈现出的整体趋势是科学化基础上的本土化。近代教学方法理论著作中，会将论述心理学和测验法的相关章节，放置在各学科教学法之前，对教学方法的心理学依据也会有所分析，在此基础上，这些著作普遍主张教材和教具的选择应该与学生的现实生活紧密相关。例如吴研因的《小学教学法——算术科教学法》，对于教学目标、教学材料、算学心理和教学方法、测验方法有详细介绍，认为教学材料的选择应该与学生的日常生活和经验密切相关，并将教学方法的选择与学生算学心理的发展结合，通过游戏和故事表演等方式，以问题为中心，分组指导与个别指导结合，先后进行速算练习、计算练习和问题计算。可以看到，吴研因的教学法体系中，不仅包含教学法如何运用的介绍，还包括运用的心理基础分析以及教材教法选择紧密结合当地实际的观点。该著作在民国后期影响范围较广，具有一定的代表性。陶行知在晓庄师范实验的基础上提出"教学做合一"教学方法体系，如其方法体系中重要的一部分——数学教学法，主张采用实测分析的方法，强调在实际生活中学习数学运算，观察生活，实际测量事物即数学的运用过程同时也是学习的过程，以保证数学教学能够满足中国农村的需求。

教学方法理论将教学方法的构建和使用建立在近代西方心理学研究的基础之上，其理论构建过程也摆脱了传统书斋式，走向实验，走向教学实践，具有田野研究法的特征。例如陈鹤琴的"整个教学法"，陶行知的"教学做合一"以及各类学科教学法理论。在科学方法的引导下，从实践中摸索、构建教学方法理论体系的研究模式，比较符合教学方法实践性较强的特性，因而其推广的价值和意义较大。当今，近代的教学方法理论依然吸引着教育者的目光，理论模式、蕴含其中的研究精神仍旧是讨论的热点。

第 五 章

典型的学校的案例

教学方法的案例研究着眼于解决课堂教学过程中出现的真实问题，将教学方法的研究还原至课堂，从一个侧面或多个侧面对案例进行多元解读，考察特定历史条件和背景下，教学方法的革新对学校发展的影响作用；考察教学理论在具体教育情境中的运行状况，探求教学理论与微观领域的实践活动之间的互动效应；考察学校作为一种社会组织，其教学方法的改革活动对其他社会组织产生的影响。

第一节　洋务运动时期课堂教法革新案例

洋务运动时期，近代教育机构的发展主要经由两种途径，其一是各国传教士创办的教会学校，其二是中国人自己创办的新式学校。传教士在中国大陆上创办的第一所教会学校是徐汇公学，中国人自己创办的第一所新式学校是正蒙书院。考察这两所学校的发展历程以及教学方法领域的改革，可以洞悉洋务运动时期，学校教学方法改革的历程和特征。

一　上海徐汇公学

作为传教士在华创办的第一所教会学校，徐汇公学一方面将西方的教学模式引入中国，另一方面根据教育对象和教学目标，借鉴了中国的国文教学方法。徐汇公学的发展历程体现出在华教会学校复杂的社会使命，但是，徐汇公学采用的班级教学法对中国教学方法领域的改革客观上，也确实存在积极的影响作用。

（一）徐汇公学的创立及发展

徐汇公学创立于 1850 年，是天主教会创办最早的一所教会学校。该校的创办源于读经班。1849 年 5—6 月，江南阴雨连绵，自然灾害的缘故使得众多流离失所、病患缠身的儿童聚集徐家汇周围。天主教堂意大利耶稣会士晁德莅司铎（Angelo Zottoli）收容难童 12 余人，提供衣食住宿，并教其学习《圣经》，光启社的读经班从而成立，并于次年扩大规模，更名徐汇公学，又称圣依纳爵公学（College de St. Ignace）。徐汇公学逐渐发展成为天主教系统在上海的最著名的学校之一。1852 年有学生 44 人，1859 年 91 人，据 1920 年统计，是年公学有学生 450 人，历年在校学生累计 3800 余人。①

1904 年，依据学生的年龄和学习程度建立由上院、中院、下院组成的"分院制"，实质上是小学和中学的学制雏形，相当于"二四制"。上院相当于中学，下院相当于小学中高年级，中院主要招收教外的学生，各院按人数、年龄分为甲乙两班，实行寄宿制管理。② 1922 年教育部提出《学校系统改革方案》即"壬戌学制"，规定小学 6 年，中学 6 年（初中 3 年、高中 3 年），高等院校 4—6 年。1932 年，公学改为"三三制"，同时更名为上海私立徐汇中学，次年开始招收走读学生，教内的走读生编入上院丙班，教外走读生编入中院丙班。1934 年添设拉丁院，将高中部选读拉丁文的学生转入该院。1940 年下院分离出去与徐汇师范附小合并，1953 年 6 月 15 日被人民政府接管，更名为上海市徐汇中学，发展至今。

（二）徐汇公学的教学方法

作为中国最早的教会学校，徐汇公学在教学组织、课程设置和教学方法上突破了当时的中国学校教学的范围，将西方的教学模式以形象的方式展现给中国教育界，领风气之先。

徐汇公学早期课程主要是国文，后来增设法文、图画、音乐等，1904 年起，规定外文可在法文、英文中任择一种。实际上，徐汇公学以法语和拉丁文语言教学闻名，并在程度较高的学生中，直接以英文或法文教授算学、物理、史地等科。在其《章程》明确规定："本校中学各科

---

① http://bj2. netsh. com/bbs/91885/messages/979. html，2008. 1. 6.

② 高时良主编：《中国教会学校史》，湖南教育出版社 1994 年版，第 52 页。

目中，有数科用法文教授。"① 在中学招生环节将法语掌握水平作为录取标准之一，"投考学生中尚在他校高级毕业者得入中学前，必当补习法文一年或二年，然后可入中学"。直接用外语进行学科教学，一方面是受教材和师资的限制，当时西式课程多由传教士任教，传教士中精通汉语的人凤毛麟角；另一方面，新式课程承载着西方的文化，教学语言使用其本国的语言利于文化的传播，其实语言本身就是一种文化传播的有效途径。徐汇公学在日常教学中，充分营造出法语学习的课堂和校园环境，为了鼓励学生学好法文，教室里前两排划为"光荣座"，专为一周中法文成绩最好的学生设置。学校的布告、通知，以至学费收据、请假条都用法文书写，点名册、记分单上的学生姓名亦用法文书写。② 毕业时学生要做到法文、拉丁文会说会讲，否则不予毕业。毕业时，要求对法文能读会讲。因此，徐汇公学的毕业生均通法文与拉丁文。

　　徐汇公学创办之时，中国的士大夫阶层对于西方文化缺少关注的热情，因而其招生对象多为贫寒从商家庭子弟，教会学校的办学目的是培养中国社会未来的管理人员，以便达到在社会上层传播宗教的目的。徐汇公学鼓励学生积极投考科举，其国文课教材以《四书》《五经》《古文观止》为主，早期的国文教师多为科举出身，教学方法上依然采用中国传统的私塾教学法。学生们用震耳的声音朗诵经典作品，每个学生反复大声读唱从未有人给他讲解过的课文，通过重复朗诵的方式加强记忆依然是主要的学习方式，学生定期在老师面前背书，背书时学生的头摇来摇去，甚至全身都左右摇摆起来。在知识积累到一定程度时，教师开设讲解课，讲解学生们已背诵得滚瓜烂熟但几乎一句也不懂的渊博的古文。同时，书法课也是比较重要的一课，因为学生识字的多少和写字笔法的挺秀，也经常是衡量一个人才学高低的标准，书法也是作文的基础。最后是作文课，学龄较高的学生学习作八股文章，备考科举。③

　　徐汇公学对学生采取严厉方法，要学生绝对服从，管理专制残酷。这也是耶稣会派在欧洲创办学校的风格。诸如晚自修时，监学员必坐在

① 高时良主编：《中国教会学校史》，湖南教育出版社 1994 年版，第 53 页。
② 同上。
③ 同上书，第 54 页。

高高的讲台上监视学生行动；学生上厕所要排队前往，小便限 5 分钟，大便限 10 分钟，违反此类规定的要罚跪、打手心、打屁股。据说该校每晚都有学生在校长室门口等着打手心，进去必受一顿毒打……1910 年即有人揭露公学的笞刑，谴责校中修士"稍不当意，辄拳足交施，习为固然"，甚至"令安南巡捕守门，并命取徐家汇防兵营中竹板皮鞭至，集众生于一堂，如刑官之鞠囚房。……"①

总之，作为传教士在华创办的第一所学校，徐汇公学开创了近代在华教会学校的创建风潮，徐汇公学在教学模式上有多处创新，例如确立教会学校外语教学的主体地位，中文、图画、物理等学科并列存在，中文教学采用中国传统的诵读教学。同时，徐汇公学的教学方法上存在很多可让人指摘的问题，例如体罚，这种教学方法在中国的私塾中极为普遍，但在教会学校确有了不同的意味。褒贬参半，备受争议的徐汇公学学科教学中采用的教学方法仍对当时的中国社会产生了较大影响。

（三）徐汇公学教学方法改革的社会影响

教学方法的改革不仅对本学校的发展产生影响，作为一种特殊的公共组织，学校对社会及其他社会组织也会产生一定的影响作用。这种影响作用直接体现为毕业生对社会的贡献。徐汇公学在其发展过程中，培养了一大批优秀的毕业生，这些毕业生或从事教育事业，或从事他业，都对当时的社会产生了积极的影响。

教会学堂教学实为中国人体会西式教育本质的示范。近代教育家马相伯毕业于徐汇公学，在其办学和教学生涯中，徐汇公学的办学形式和教学方法都对其产生了较大的影响。马相伯创设了复旦公学，而在此基础上发展而成的复旦大学，教学的诸多方面都以复旦公学为借鉴对象，复旦大学作为近代创办较早的知名学校，其教学模式成为其他学校的重要学习内容。

1902 年冬，马相伯在上海徐家汇创办震旦公学，震旦的章程规定：以"广延通儒、培养译才为宗旨"。当时身在日本东京的梁启超，得知震旦学院成立的消息时欣喜地说道："吾闻上海有震旦学院之设，吾喜欲狂；吾今乃始见我祖国得一完备有条理之私立学校，吾喜欲狂。"1905

---

① 浮邱：《徐汇公学之笞刑》，《教育杂志》1910 年第 2 卷第 1 期。

年，学生不甘被法国天主教会管理，集体罢学，从而停办，1905 年秋在马相伯、严复、熊季廉、袁观澜和全体学生的努力下，由两江总督周馥拨原吴淞提镇行辕址重新开学，更名为复旦公学。[①] 从"震旦"到"复旦"，从振兴中华到复兴中华，体现出近代学人对异国文化强权渗透的不满和反抗，自主办学、自主学习的强烈愿望。但不可否认，无论是"震旦"还是"复旦"时期，公学在教学领域直接借鉴了徐汇公学的教学经验。

公学在办学方向上与徐汇公学保持一致，鼓励学生参加科举考试积极入仕，而"是时科举未废"，震旦公学"学生中程度优秀者，入场与试，多有入泮"，马相伯曾回忆："学生每逢考试，应试者颇多，余必亲自送考；说来也很奇怪，这些学生虽已入学堂，而应旧时考试者反多能获选。"

学校教学方法的改革对当时其他学校教学会产生相应的影响，这是学校教学方法改革对社会产生影响的另外一种表现形式。徐汇公学的课程以外语为主，兼及国语和其他课程，首次用外语进行直接教学，主张教会学校努力创设全外语的教学环境。这些无疑都成为后来教会学校教学的主要特征，从而导致宗教界对于是否应该使用创办学校的方式传播教义，是否应该使用外国语教学的方式培养宗教从业人员，宗教教育是否应该世俗化的大讨论，最终徐汇公学首倡并得到积极推广的传教方式得到宗教界认同，成为在华教会学校的主要教学模式，并成为中国新式学校的学习模板，尤其是在外语教学领域。

二　上海正蒙书院

中国人创办的第一所新式学校——上海正蒙书院，在教学方法和组织形式上正是以在华教会学校为学习对象，而正蒙书院又随之成为中国近代学校教学改革的实验基地，呈辐射状影响着近代的教学改革。洋务运动时期，新式教育发展的第二条途径是中国人自己创办的官立和私立的学校，此类学校的创办主体是清朝官府中的先进知识分子和社会上的有识之士。作为中国人自办第一所新式小学，上海正蒙书院成为中国教

---

① 张多默：《马相伯与徐汇公学、复旦大学》，《世界宗教文化》2004 年第 1 期，第 9 页。

学方法改革的先锋。

（一）书院的创立及发展

1878 年张焕纶在上海创立正蒙书院。张焕纶（1843—1902），字经甫，其祖父叫张纯治（字平澜），世居上海老城厢梅溪（今蓬莱路），以经营豆米为业，其父亲张佳梅（字逊庭）从小随父经商，后将家传产业发扬光大，成为上海豆米业巨商。张父嗜读书，从各地收集图书数万册，同时乐于捐款办学。张焕纶的主张和理念在很大程度上受到父亲的影响，早年就读上海龙门书院，师从著名学者刘熙载。

张焕纶"素报经世之志，以吾国人才多汩没于虚浮无用之学，概然以改良教育为己任"[1]，深刻地认识到"国家盛衰，系乎风俗人才，而风俗人才尤急于蒙养"，遂"联同志数君子"，即其龙门书院同学沈成浩、徐基德、范本礼、叶茂春等人，"聚徒数十人""远师古小学教人之法，近采泰西小学之成规，通力合作"，创设正蒙书院，该学校的经费全由私人捐助。学校在教学组织上模仿中国古代的"苏胡教法"，在教学内容上大致仿照在华教会学校的课程设置，设有外语、国文、舆地、经史、时事、格致、数学等，"分曹讲习，规制綮然"，被后人誉为"中国四千年来最先改良小学校"[2]。

正蒙书院初期仅 40 余人，分大中小班，后因成效卓著，学生日增。光绪年间，上海道台邵友谦深叹张焕纶"用志之宏，任道之毅，而虑其力之或不继"[3]，乃拨 4200 两银作为办校经费，后又再次拨款，赁原址西 1.3 亩地扩建校舍，改名"梅溪书院"，将该校改为官办，增设英文、法文课程。1902 年（光绪二十八年）更名为梅溪学堂，开始采用新法教学，1909 年又改称"官立梅溪学堂"，后又经数次易名最终成为现在的梅溪小学。1951 年梅溪小学被改名为蓬莱区第一小学，1956 年又改称蓬莱路第

---

① 张在新：《先君兴办梅溪学堂事略》，高时良、黄仁贤编：《中国近代教育史资料汇编·洋务运动时期的教育》，上海教育出版社 2007 年版，第 798 页。

② 朱有瓛主编：《中国近代学制史料》（第 1 辑下册），华东师范大学出版社 1986 年版，第 570—571 页。

③ 劭友濂：《梅溪书院记》，高时良、黄仁贤编：《中国近代教育史资料汇编·洋务运动时期的教育》，上海教育出版社 2007 年版，第 797 页。

一小学，直到 1990 年恢复使用梅溪小学校名。[①]

（二）正蒙书院的教学方法

正蒙书院吸收了中国传统实学教学方法的内容，并在此基础上，借鉴在华教会学校的教学模式，对传统的书院教学在诸多方面都有了较大的突破。

正蒙书院的教学采用俗语，注重国语教学，在教学模式上糅合中西，兼采中国的分斋教学法和西方的班级教学法，自成一体。正蒙书院的教师多由张焕纶的龙门校友担任，不取报酬，"不授贴括，以明义理；识时务为宗旨"。课程设国文、舆地、经史、时务、格致、数学、诗歌、体育等，采用"分斋教学法"，以国文为经义，以数学、格致、外语等为治事。[②] 正蒙书院同时采用分年级教学，将学生按照年龄和学习程度分为若干学级，每个学级设一个班，班级是基本的教学单位，经义、治事两斋均习，在国人自办初级学校中首开班级教学之例。

胡适曾在正蒙书院就读，据他回忆当时已经更名为梅溪学堂的正蒙书塾在课程上"有国文、算学、英文三项"，进行分班教学，"分班的标准是国文程度"，可见正蒙书院仍以国语教学为主，国语教学以俗语译文言为主要内容，"英文、算学的程度虽好，国文不致头班，仍不能毕业"，"国文到了头班，英文、算学还很幼稚"的学生也可以毕业。[③] 这种按照学生对某一课程的学习程度进行分班教学的模式是正蒙书院首创，在科举未废除的社会环境下，学校考虑学生的毕业出路，创造性地采取了此种教学模式。正蒙书院的毕业生之一，胡适在新文化运动中倡行白话文文学，不能不说与其在学校接受的俗语教学有着莫大关系。正蒙书院在教学方法和课程侧重上的独特性，体现了中国传统教育机构向近代学校转型的过渡特征，具有新旧两重特性，也是中国主动学习西方的审慎抉择。

正蒙书院的"改良"特征还体现开数项之先。国人自办学校中首先

① http://www.archives.sh.cn/zxshd/200702020639.htm, 2008.1.25.
② 张在新：《先君兴办梅溪学堂事略》，高时良、黄仁贤编：《中国近代教育史资料汇编·洋务运动时期的教育》，上海教育出版社 2007 年版，第 799 页。
③ 胡适：《四十自述》，中国文联出版社 1939 年版，第 86—93 页。

建立作息制度，首先注重发展学生组织，首先注重体育教学，兼重智育和德育，对学生进行军事训练，组织学生"夜巡城厢"①，首次吸收女学生进校，实行男女同班同学，是清末的私塾和书院改革的先驱，正蒙书院为其提供了宝贵的经验，在近代学校教学改革中的作用不容低估。

洋务运动时期的学校教学体现出中西杂糅的特征。在教育机构的设置上，在华教会学校和新式学校并立，从某种程度上说，在华教会学校占据了较大的市场份额。在教学方法的采用上，以徐汇公学为代表的教会学校基本上采用了西方学校的教学模式，但与此同时，教方为了更好地融入中国社会，设置了国语课程，国语教学采用传统重视记忆的诵读教学法，教学过程中对学生的体罚现象比较严重。但其外语教学法和分班教学法得到了时人的广泛认可，并对中国教育机构教学方法产生影响。在教会学校的影响下诞生的，以正蒙书院为代表的中国新式学校，按照学生对于主干课程的掌握程度划分班级，是特定历史条件下，按照学生的学习能力分班，运用班级教学法的一种表现。因此可以说，在西方教学模式的冲击下，中国教学方法走上改革的道路。

第二节　维新运动与"新政"时期课堂教法革新案例

1898 年 6 月 11 日至 9 月 21 日，光绪帝锐意变法，虽然由于宫廷政变的缘故变法以失败告终，但其教育方面的变革主张，得到了慈禧太后的初步认可。1901—1905 年，慈禧太后以光绪皇帝的名义连续颁布了一系列"新政"上谕。1902 年 8 月 15 日颁布《钦定学堂章程》，1904 年 1 月 13 日颁布《奏定学堂章程》；1905 年 9 月 2 日诏停科举；1905 年 12 月 6 日设立学部，奖励游学。

对教育领域而言，维新运动和清末"新政"时期是一个剧烈变革、破旧立新的时期，这一特点在教学方法领域表现也较为突出。新旧教学方法激烈冲突，方法体系的冲突反映出不同文化之间的碰撞。一如既往，

---

①　朱有瓛主编：《中国近代学制史料》（第 1 辑下册），华东师范大学出版社 1986 年版，第 571 页。

中国文化试图吸收、包容其他国家的文化。清政府通过教育革新运动，吸取日本教育改革的经验，在学校课程中添加"西政""西艺"内容，颁布学制，建立新的教学方法体系。

在政府颁布的"普设学堂"政策指导下，这一时期的新式教育机构纷纷设立，且锐意改革。以1896年在湖南创办的时务学堂为代表，维新运动时期创办的新式学堂设置了实学课程，在教学中引导学生较多关注现实社会，在方法上注重实践演练；以上海青墩小学为代表，清末"新政"时期设立的新式小学，根据学制规定，设置实学课程，多采用单级教学法。

一　湖南时务学堂

湖南时务学堂是维新时期由洋务派官员设立的官立中等学校，以讲求中西学著称，在当时的湖南引领风气之先。湖南原是比较落后的内陆省份，经济和文化都不发达，但清中叶以后，成为一个政治人才辈出的省份，陶澍、曾国藩、左宗棠，到宋教仁，再到毛泽东、彭德怀、刘少奇，究其原因，可能与太平天国运动中，中国的南北交通线从江西—赣江—九江—南京大运河—北京发生中断，改走湖南有关，而湘军与太平天国的主战争在江浙一带，对当地的文化和经济造成极大破坏，湘军得胜归来同时也带回大量的财富、图书和文物，带动了湖南经济、政治和文化的发展。[1] 湖南政治人物群体的出现与学校教育到底有没有关系？湖南时务学堂的教学注重中西政治经济的兼通融合，鼓励学生用中西文化对比的视角，独立思索政治和文化问题，这一点我们可以从湖南时务学堂的学生札记中深刻感受到。实务学堂的这种教学方式对当地的其他学校有没有影响作用？如果有，作用有多大？如果从教育的角度思考，以时务学堂为代表的新式学校与后期政治人物群体的出现可能存在相关性。

（一）湖南时务学堂的发展概况

1896年前国子监祭酒王先谦等呈请设立湖南时务学堂，"诸绅同筹定款，作为常年经费，并由诸绅召集巨金，创建学舍，及购备书籍仪器等

---

① 何兆武口述，文靖撰写：《上学记》，生活·读书·新知三联书店2006年版，第79—80页。

事，规模颇备，可期宏远"①。湖南省将矿藏收入也逐年划拨至时务学堂，作为学生毕业后出国留学的费用，可见，湖南省在创办之初，即将时务学堂作为一所规模宏大、经费充足、仪器先进、教学目标宏远的新式学校。

学校设立之后，熊希龄任总理，梁启超和李维格分别为中西文教习。学堂初设学生名额120人，按府分派，由各抚绅董请抚学院会同招考报送年龄在12—16岁之间的"聪俊朴实子弟"。报送人员参加学堂的统一甄别考试，考取后入堂学习，再经过三个月的实习，选取"好学深思，通达经史实务"者留校学习中文和西文，而符合以上条件，但"口齿不合于西文者，姑准留堂肄业，专经中学一门"，"资质鲁钝，性情执拗，举动轻薄者"，随时屏退。② 在学生的选取环节采取了如此严格的措施，湖南省要将其办成全省新式学校典范的良苦用心。

梁启超是维新思潮的代表人物，在教学中采用学生札记的教学方法教授中文课程，收到良好的效果，其维新思想也通过学生的渠道向湖南全省扩散。1898年戊戌变法失败后，湖南实务学堂业受到株连，连陈宝箴本人也遭到各省督查御史的弹劾。"陈宝箴开时务学堂，黄遵宪援引梁启超等为教习，著为学约界说诸篇，大抵皆非圣无法之言，湘人惑之。""诸篇为学约界说"正是教学过程中学生和教师问答札记，其成为顽固派解散实务学堂的把柄。陈宝箴、熊希龄被革职查办，永不叙用，其附属南学会、保卫局一并裁撤。时务学堂原先的教师和学生基本都已解散，校名存至次年，更名为求实书院。

（二）答问札记教学法

湖南时务学堂的中文教学所采用的方法是答问札记教学法，札记教学法是如何实施的？它为什么会让顽固派如此害怕，以至于维新运动失败后，时务学堂的答问札记课艺会被请旨将"流传各省者"，"一律毁禁

---

① 朱有瓛主编：《中国近代学制史料》（第1辑下册），华东师范大学出版社1986年版，第270页。

② 《湖南开办时务学堂大概章程》，汤志钧、陈祖恩编：《中国近代教育史资料汇编·戊戌时期教育》，上海教育出版社1993年版，第349—351页。

净尽，以绝邪说根株"①。

答问札记教学法类似于问答法，只是采取了书写方式。梁启超自言，当时不知道新式学校应该如何教学，"惟日令诸生作札记而自批答之，所批日衡万数前言，亦与作报馆论文无异"②。学生每人准备一本札记册，将自己每天的学习进展在札记册上有所记载，分别记在"每日专精某书某篇共几页，涉猎某书某篇共几页"，初学无其心得，札记册允许抄录书中要义或者师长、同学的言谈，但学习到一定程度后，应该记录学习心得。每5天，教师会将札记册收回，审阅批示。并设"待问瓯"，学生有疑问，可将其写在纸片上，放入"待问瓯"，教师一般当堂批答。答问札记的格式大致如下：

　　杨树达问：

　　孟子曰，民为贵。又曰，民事不可缓，此即泰西民主国之权舆。中国自汉唐以来。君权最尊，今日欲伸民权，或恐筑室道旁，且启以下凌上之渐。即泰西各国，亦有分为党与者，欲收其益而去其弊，其法安在？

　　教习韩批：

　　所以必俟民智大兴，乃可言民权。今日而言民权，是取乱之道也。虽然，天下未有有利无弊之事，能如英国之君民共主，则得其中矣。

　　杨树达问：

　　西人声光电之学，咸谓出于墨子，两相比附，确有所凭。然则谓墨子为西人格致之祖可也，而墨子推杨墨之祸，至于无父无君。韩昌黎谓孔必须墨，墨必须孔，惜不同时也。孟子之言如此，岂不大相刺缪哉？

　　教习梁批：

---

① "掌陕西道监察御史黄均隆折"，朱有瓛主编：《中国近代学制史料》（第1辑下册），华东师范大学出版社1986年版，第290页。

② 朱有瓛主编：《中国近代学制史料》（第1辑下册），华东师范大学出版社1986年版，第308页。

问得极好。孟子者，孔教之教徒也，以墨子非儒，故孟子不得不攻之。……①

梁启超称时务学堂的教学法有两面旗帜，一是陆、王派之修养论；二是借公羊、孟子发挥民权之政治论。修养与讨论并行，札记法与自学辅导法在教学宗旨上有异曲同工之妙。

（三）时务学堂教学改革的社会影响

时务学堂教学对其他学校产生影响的途径主要有三种，官府推动仿照办理，师资流动和学生的传播。时务学堂的教学在政府部门的推广建议，各地区官员纷纷仿照办理新式学校。湖南时务学堂是湖南新政中的重要一环，讲求实学造就人才，以求依次在省内推广。湖南省内各州县都仿照实务学堂的课程和教学对本地的书院进行了改革，湘乡、浏阳、宝庆、沅州等或者创办新学，或者酌改旧章，岳州修缮慎修书院和岳阳书院，岳阳转课时文，后改设经学、史学、实务、舆地、算学、辞章六门课程，仿照实学会章程，将慎修书院改为学会。

湖南时务学堂通过人力资源的流动，影响其他学校的教学。湖南其他新式学校需要师资，会向办理较好的时务学堂求助。如永明县何绍仙曾给时务学堂的总教习写信，要求其待聘算学教师，"因思算学一门，为诸学发源，急需讲求，苦无师授。请先生于后学中待延一人，教授初学，不必极精，但求兼通实务门径者，即可延为院长"②。师资的流动是学校发挥溢出效应的途径之一。

时务学堂的教学经验会通过学生的作业以及言谈举止，传播到各自的家庭和朋友，从而对湖南省的思想和文化发展产生影响。实际上，实务学堂的中文教学是有成效的，通过教学活动，对学生的思想产生了巨大的影响。对此，梁启超有过相关的介绍，"记得出开学那几个月，外面对于我们这个学堂都很恭维，到了放年假同学回家去，把我们那种'怪

---

① 朱有瓛主编：《中国近代学制史料》（第 1 辑下册），华东师范大学出版社 1986 年版，第 334—335 页。

② 同上书，第 349 页。

论'宣传出去，于是引起很大的反动，为后来戊戌政变时最有力的口实"①。实务学堂的答问札记后来成为顽固派指责维新派的有力证据。实务学堂自成立至解散，名义上仅有一年左右，但其"政治思想深入人心，对于后来学术革命与政治革命，实有相当推动作用"，以至于维新变法失败后，下令追缴散落各省的答问札记，唯恐其思想继续传播。

二　上海青墩小学

上海青墩小学是最先实验单级复式教学法的普通新式小学，其实验具有自发、零碎和不系统的特征。单级复式教学法是在近代延续时间最长的教学方法，在近代普及教育的阶段发挥着重要的作用。若向上追溯，单级复式的组织形式与传统私塾有诸多类似之处。上海青墩小学教学实验是日本单级复式教学法的中国化么？还是中国传统私塾教学法基础上的自发创生？单级复式教学法的精髓是什么？这些疑问迫使我们不得不对上海青墩小学的教学法实验做深入的研究。

（一）上海青墩小学与俞子夷

青墩小学的校址在上海对江浦东川沙龙王庙，是一个只有 30 多名学生的单级小学，另外有补习班学生六七个人。青墩小学是清末中国新式小学教学的缩微品，是一所地处海滨的普通乡村小学，其教学水平代表了当时广大农村基础教育发展的现状，如果不是因为它的一位员工，恐怕至今仍不为人知。这位员工就是日后在教学方法理论界有名的俞子夷。

俞子夷首次在上海青墩小学自行实验单级复式教学法，当时的俞子夷是一个 22 岁已经剪去辫子的普通新式教师。1903 年的一次普通的教育视察中，江苏省下派的视学侯鸿鉴检听了一堂俞子夷组织的初级一至四年级的复式常识课，在课堂教学过程中，侯鸿鉴手拿记事本不时记录，学生兴味很浓，师生间进行着积极的问答，课堂气氛活跃。侯鸿鉴对俞子夷的教学的实验十分赞赏，称俞子夷的教学水平是"通省之冠"。

俞子夷的教学方法实践是源于自创，还是借鉴的产物？我们不得不对俞子夷的求学经历做一回顾。俞子夷（1885—1970），江苏省吴县人，

---

① 朱有瓛主编：《中国近代学制史料》（第 1 辑下册），华东师范大学出版社 1986 年版，第 309 页。

肄业于上海南洋公学。光绪三十二年（1906）盛宣怀在上海徐家汇设立的南洋公学是中国近代设立较早的官立新式学校，其毕业生日后在国内也多有作为，南洋公学的西学课程多聘请外教，外教教学方法灵活。俞子夷的教学实验精神部分源于其所受的新式教育，可以这样认为，洋务学堂为近代基础教育教学改革培养了大量师资，促进了近代教学方法改革的。

　　1909年俞子夷受江苏教育总会派遣赴日本考察单级复式教学法，回国后就职于单级复式教授练习所，从事师资培训工作。1912年任教于江苏第一师范附小，次年赴欧美考察小学教育和师范教育，回国后在江苏第一师范附小实施"联络教学法"。1918年夏到1926年夏，俞子夷供职于南京高等师范学校教育科，仍主持附小的设计教学法实验。此后历职杭州女子中学师范部、第三中山大学初等教育处，浙江大学教育系，同时其小学教学实验一直都在断断续续进行中。

　　可以看到，俞子夷是一位始终活跃在小学教学方法实验领域的教育实践家，教学成果和著述极为宏富，主要著述有《一个乡村小学教员的日记》《一个小学十年努力记》《小学教材和教法》《学习研究算术教学法五十年》《复式教学法》和《常识教学实际问题》等，发表的文章有《小学实际问题——自然教材的运用》（《教育杂志》第30卷第3号）、《小学实际问题——自然科的设备与实验》（《教育杂志》第30卷第4号）、《小学实际问题——自然教学与科学思想的启发》（《教育杂志》第30卷第5号）等，对复式教学的学科教学法有深入浅出、理论结合实际的探讨。

　　（二）上海青墩小学的单级复式教学法实验

　　俞子夷的单级复式教学法实验具体是如何实施的呢？为什么会令这位视学如此惊叹？据俞子夷本人回忆："前清时的小学，初级原没有什么常识一类的科目。高级里才有理科史地。我自己爱好理科，所以一到青墩便加设理科。[①] ……我担任的自然研究在当时叫理科，只有补习班还可以按照那时高小课程变通办理，一切办法有些根据。在初等级里，当时也无所谓常识科或乡土科，只得由我一人杜撰。""我先把单级学生分做

----

① 俞子夷：《复式学级的常识教材》，《教育杂志》1939年第29卷第9期。

两组。高一些的是三、四年（级）生，低一些的是一、二年（级）生。同时同科目而异教材，材料来源就从本地习见的入手，不必限定自然、地理、历史的基本观念，也留在我所教的范围以内。"[1]

俞子夷在教学实验中，善于抓住偶然现象，从现实生活中激发学生的学习兴趣，并使教学紧密联系当地的乡土生活。他在学生的辫子里发现虱子，会一面帮助他清除头虱，一面在常识课上研究头虱的形状和寄生生活。在水沟里发现有蛇盘田鸡，学生们围而视者，会就此引导学生开展自然研究，蛇为什么会捉住蛙？蛇和蛙哪一个力量大？蛇的头很小，怎么能吃得蛙下去？蛇是不是只吃蛙？它还吃什么别的东西？蛇是不是有毒的？蛇和蛙哪一种是于人有利，哪一种是于人有害？蛇没有脚，怎样会走路？等等，带领学生将蛇捉起来，放在细口玻璃瓶中，引导学生进行观察。学生们疑心它嘴里红红的一条，不知是什么东西？教师便将其头从细长瓶口引出，带领学生仔细观察头部，研究蛇的舌头和牙齿，到此时大家就会明白，蛇的舌头分叉，牙齿向内弯下，并对其功用有彻底的了解。同样，又捉一只蛙，细细地观察舌头的构造，引导学生思索动物舌头倒生的用处。[2] 常识教学从偶然事件出发，既与现实生活紧密相关，又具有连贯性和科学性，教学过程中，师生关系融洽。这种情况与传统的私塾教学、教会学校教学相比，具有实用性和本土化的特征，同时又具有现代教育特征。

（三）单级复式教学法

何谓单级复式教学法？俞子夷在回忆中说："复式单级等名词，在当时不过极少数的教育家口头用用。我们当小学教师的，只听到大人先生们谈话中说着，但是始终不明白究竟怎样教，才能和私塾的情形区别。他们口头虽然谈到，恐怕也未必有比我们更深切的认识。"[3] 单级复式教学在形式上与传统私塾教学类似，都是将不同年级的学生编在同一间教室内上课，但单级、多级、单式、复式等词汇均来自日本，在名词的使

---

① 俞子夷：《二十年前乡村学校生活里的我》，《教育杂志》1927 年第 19 卷第 12 期。

② 陈学恂主编，董远骞、施毓英编：《俞子夷教育论著选》，人民教育出版社 1991 年版，第 216—217 页。

③ 同上书，第 272 页。

用上曾造成一定混乱。侯鸿鉴在自己的著作中写道："前清学制，由学部张之洞氏，误多级为单级，误单级为多级，于单级多级之名称，造谬误于教育界中，至光绪三十年后，吾江苏教育界同人，有设置单级小学校者，又有研究单级教授法者，而单级与多级之分渐有人知矣。"① 教师在一个教室内，用同一教材，对同一年级的学生进行教学的组织形式，称单式教学。教师在同一教室、同一课时内，用不同教材（或同教材异程度），将直接教学与自动作业配合，对两个年级或两个年级以上的学生进行教学，称复式教学。全校各年级的学生合并在一个教室里实行复式教学，称单级复式教学。

光绪二十九年（1903）颁布的《奏定初等小学堂章程》最早规定单级小学的编制，"全堂儿童，其功夫深浅同等、教授同班、编为一学级之学堂，名为单级小学堂"②。单级学校编制是清末普及教育的需要。政策领域虽然对学校的设置作出了规定，但具体教学如何实施，未有统一的理论指导。1909 年俞子夷"突然被派跟杨保恒、周继城两位出国考察，专门研究单级复式的教法"③。据俞子夷回忆在他去日考察之前的准备期间，"关于复式、单级教法，仅我得一本简略的小册子，编者无锡顾硕"④。由于缺乏理论的指导，单级教学实践也多迷茫。1909 年《江苏教育总会咨呈江督端方筹设单级教授练习所文》中说："吾国学制亦有单级之名，未示编制之法，而各厅州县现办之小学，竟但有多级而末闻有单级。"⑤

单级复式教学法将授课与自动作业结合，实质上，是在私塾教学法的基础上，增加了集体讲授的环节，但由于新式师资既缺少塾师的浓厚儒学根基，又未完全掌握现代教学方法的精髓，实际教学效果堪忧，齐白石有句名言，"学我者生，似我者死"，形似不可取，神似才最关键。

---

① 侯鸿鉴：《最新式七个年单级教授法》，转引自熊明安、周洪宇主编《中国近现代教育实验史》，山东师范大学出版社 2001 年版，第 45 页。

② 舒新城编：《中国近代教育史资料》，人民教育出版社 1961 年版，第 427 页。

③ 陈学恂主编，董远骞、施毓英编：《俞子夷教育论著选》，人民教育出版社 1991 年版，第 272 页。

④ 同上书，第 467 页。

⑤ 陈学恂主编：《中国近代教育史教学参考资料》（上册），人民教育出版社 1986 年版，第 666 页。

1910 年《学部：咨复两江总督提倡单一教授及设单级教授练习所应准照办文》中说："查各处小学，每校多则三四十人，少亦一二十人。其中程度不齐，多至三级，少至两级，每班一级者绝少。授课者合数班为一堂，甲班授课，乙丙班默坐。小学每日授课六小时，而学生受课者，每班只得两小时。此无怪私塾之发达，而教育之难普及也。"① 为了改变这一窘境，以江苏教育总会为代表的教育界，开始派遣对此教学法已有一定研究的第一线教师前往日本考察，考察人员回国后，成立讲习所、讲习社等培训师资。曾游日考察的杨保恒、周维城编写的《单级教授法》一书，1909 年由江苏教育总会印作练习所的教材，"我国第一部完备的单级教授法使得到处风行。同内容，异程度；同内容、同程度等名目，立刻成为了教育家必用的语汇"②。

自此，关于单级复式教学法的研究日益增多，其中以江苏省为最盛。王凤岐等编《单级教授要项》（1913 年商务印书馆）、张方镐编《单级教授谈》（1914 年商务印书馆）、单级教授讲习社编《单级教授案例》（1915 年商务印书馆）、邓庆澜《单级小学校教授法》（1915 年商务印书馆）、范祥善《自习主义复式教授法》（1915 年商务印书馆）、顾旭侯《实验单级教授法》（1915 年商务印书馆）。其中范祥善是单级教授练习所的学员，而侯、张、顾、范等都是江苏人。

两所学校教学方法改革侧重点不同，湖南时务学堂试图用西方的政治理论解读中国的经典论著和政治问题，采用传统的札记问答法；上海青墩小学灵活借用国外的教学方法，进行基础学科的教学。教学方法改革重点的不同，与其设立的背景、培养目标和师资情况有较大的关系。时务学堂建立于维新运动的酝酿时期，创立本身即湖南政府实施新政的政策之一，期望培养出实学人才，斥资从德国购置实验仪器，但由于师资的缺乏和办学时间的短暂，未能派上用场。青墩小学是新学制背景下，普通小学的代表。时务学堂的主要教师梁启超，拥有传统教育背景，国

---

① 陈学恂主编：《中国近代教育史教学参考资料》（上册），人民教育出版社 1986 年版，第 667 页。

② 陈学恂主编，董远骞、施毓英编：《俞子夷教育论著选》，人民教育出版社 1991 年版，第 272 页。

学基础较好;青墩小学的主要教师俞子夷,毕业于洋务学堂,受到较多西方教学模式的影响。

但将两所学校并列论述,能够较好地反映维新运动和清末"新政"时期,中等学堂和小学的教学状况。在教学方法的变革中,其相异的结合模式恰好折射出这一时期的教学变革过程是中、西教学方法的不断磨合过程。对湖南时务学堂和上海青墩小学的案例研究,同时也反映出这样一种现象:实际的学校教学中,由于新式中小学创设伊始,与现代学校相比,教学科目仍稍嫌少,学堂的课程设置存在较大差异,学科教学法法尚不完备,如湖南时务学堂注重国学教学法。

第三节　民国早期(1912—1927)
课堂教法革新案例

民国早期,政府初步建立起以西方教育模式为参考的学制系统。1912 年 9 月,教育部颁布《壬子学制》,至 1913 年 8 月,经过数次修补,最终形成《壬子癸丑学制》,1922 年颁布《壬戌学制》。基础教育机构基本建立起完备的系统,课堂教学趋向于采用西方的教学方法,以模仿和改造为特征,其中以单级教学法、设计教学法和道尔顿制教学实验的影响最大,分别集中在小学和中学。考虑学校教学实验的影响范围、师资情况、实验成果的普及程度以及实验操作的规范性等因素,选择江苏第一师范附属小学的设计教学法实验和东南大学附属中学的道尔顿制教学方法实验作为研究案例,以期对其教学方法实验过程进行操作层面的考察和分析,补充对这一时期教学方法改革的研究。

一　江苏第一师范附小

江苏第一师范附小全称为江苏省立第一师范附属小学,始终积极致力于新式教学方法的实验。在民初是实施单级复式教学的主要实验基地曾将其教学实验的成果编辑成册,著作名称为《复式学级国文教授案》于 1919 年出版。在近代教学方法改革史上,占据重要的地位。

(一)江苏第一师范附小的教学方法实验

江苏第一师范附小的单级教学在教授环节最初以五段教学法展开。

教师范祥善在单级教授练习所学成后，回到江苏第一师范附小进行单级教学法的实验，著成《一周间之单级教授》，可以从其著作中寻找到教学实验的细节。

附小的教学在座位安排上，考虑儿童的身高和教学管理的便利，采用纵列法，一年级6人，二年级7人，三年级10人，四年级9人。教学科目的分组上，修身以一、二年级为一组，三、四年级为一组；读法，一、二、三、四年级分为四组；缀法，二年级为一组，三四年级或分或合，视题意深浅而定；算术，一、二、三、四年级分四组；书法，二、三、四年级分为三组；图画、手工、唱歌、体操、乡土，皆以一、二年级为一组，三、四年级为一组。

教学采用五段教学法，如修身科，一为注重一、二年级学生的教学安排应该是：（1）整理必要之旧观念；（2）指示目的；（3）讲授例话（此时揭示挂图）；（4）使儿童复演例话之要点；（5）凡切于儿童实践之事项反复引证之。二为注重三、四年级学生的教学安排为（1）整理必要之旧观念；（2）指示目的；（3）讲演事实；（4）使儿童复演；（5）使儿童判断事实中之要点。三为复习。单级复式教学中讲授与自动作业的配合难点在江苏第一师范附小的教学实验中得到印证，"单级教授之难，不在课前之预备，亦不在课后之处理，而在课时直接教授与儿童自习之应付"。对此实验人员提出相应的对策，"直接教授时，讲解问答务求简要、正确"，"自习时，属于个人者，使全组监督笔记其要项，处以相当结果；属于共同者，予以适切之材料，务以他组教授时间适相契合"，"时间缺少者，忌授繁复之材料，时间较长者，忌授轻易之材料"①。

1921年春沈百英在俞子夷的指导下，着手进行设计教学法实验。他从上海的伊文斯书店买到几本外国的教材，从中得到启发，按照时令编写故事体裁的语文课本。如清明节要来了，就写关于清明节的故事。清明节一过，蝴蝶、蜜蜂就要出来了，就写关于蝴蝶蜜蜂的故事。故事都很短小，文字浅显生动，特别注意生字、新词在课文中反复出现，并制

---

① 熊明安、周洪宇主编：《中国近现代教育实验史》，山东师范大学出版社2001年版，第53—55页。

作插图。①

江苏第一师范附小的单级教学实验和设计教学法实验，在当时全国的教学方法实验中处于敢为人先的地位，在很大程度上丰富了中国近代的教学方法理论和实践。

（二）教学方法改革的社会影响

江苏第一师范附小进行的单级教学法和设计教学法实验引起了社会各界的关注，其教学方法实验得到了广泛的推广。其中，师资流动和定期举行的教学方法研讨活动成为主要的推广途径和影响方式。

江苏第一师范附小的实验教师调任他处后，大多成为推行新式教学法的骨干。1912—1918 年，俞子夷在江苏第一师范附小实验单级教学法和联络教学法，成绩斐然。1918 年夏调至南京高等师范学校教育科从事师资培训工作，将一师附小的实践经验通过培训方式得到推广，逐渐传播至全省，乃至全国，与此同时，俞子夷在南京高师附小仍在进行教学法改革实验，使之成为另外一个实验基地。许多参观团体慕名而来，其他各地纷纷效仿。

为进一步研究教学方法、江苏师范附小成立了联合会，与浙江、安徽联合成立三省联合会，定期举办研讨会、展览会及讲习会。这些途径无形中加速了教学实验成果的传播，促进近代教学方法改革的进一步发展。

二　东南大学附属中学

东南大学附属中学是一所有着优良传统的学校，锐意改革一直是该校的显著特色。1919 年之前附属中学在近代教学史上依然名不见经传，但 1919 年学校内部的问题将其与近代著名的留美学生廖世承联系起来。东大附中在廖世承的带领下，进行了"智力测验""六三三"学制和课程的改革实验，采用了选科制和分科制，以及道尔顿制教学法实验，有力地推动了中国的学制、课程改革和教学方法的改革。

---

① 瞿葆奎、丁证霖：《教育学文集——教学》（上），人民教育出版社 1988 年版，第 344 页。

（一）东南大学附属中学的教学方法实验

廖世承在勃朗大学博士在读期间由于家庭的原因回国执教，1919 年，在东南大学教育科担任教育心理学和中学教育的教师，两个月后兼任附中主任，从此附中的发展得到时人的关注，逐渐成为近代教学研究的实验基地。

在廖世承的主持下，1921 年东大附中与中国中等教育协进社合作，以附中为基地，完成"智力测验法"在初、高中的各科测验。该项测验后来得到推广，在江浙一带十余所城市学校中完成后续测验部分，并形成报告，在国内外引起广泛赞誉。麦柯尔称"廖氏之团体测验"至少与美国的水平相等，甚至会更优。

1923 年 2 月，廖世承邀请舒新城就任该校研究股主任，配合廖世承继续完成道尔顿制实验。在此之前舒新城已经在上海吴淞中学实行半年的道尔顿制，期间遇到了种种困难，学校管理者对道尔顿制持相对消极的态度，学期末主要实验者不得另谋他职。舒新城正是在这样的背景下加入东大附中的教师团队，继续进行教学法实验。东大附中为其提供了完备的教学硬件设备和充分的人力支持。上半学期为准备阶段，下半学期在初中一、二年级的四个班级中，选取其中的两个为实验班，进行道尔顿制实验，余下的两班为对比班，仍然采用班级教学法。同一年级两班的科目由同一位教师担任，采取不同的教学方法，学期末和学年末采用统一的材料进行成绩测验。

1. 实验准备阶段

设置实验组和非实验组　根据相关量表的测验数据求出 T 分数，以能力 T 分数和受教育程度 T 分数为依据，将学生随机分成实验组和非实验组。

设置实验学科和非实验学科国文、英文、数学、混合地理、混合理科为实验科目；美术、体育、音乐、手工等为非实验学科。

选择学科教师对新教学方法感兴趣者，兼任实验班和非实验班的课程。

布置实验室设置图文、地理作业室，数学、理科实验室和英文作业室。

重置桌椅备 24 张长桌（长 4 英尺，宽 3 英尺，高分 30 英寸、31 英寸两种），24 只三足圆凳（凳面直径 1 英尺，高分 16 英寸、17 英寸两种），10 张教师用桌（带抽屉）。

设置成绩柜宽 18 英寸，高 4 英尺，分为 5 格，四周用玻璃，每室两个，备陈列学生成绩之用。

配备图书和其他辅助教具布告柜及布告板、钟、寒暑表，每室各一；书架、小黑板，每室各二；图书若干；其他各科特殊设备。

2. 实施过程

学生签到学生进入实验室先填写《学生签到表》。

公布作业教师公布工作概要表上这周的作业。如语文科目作业是精读《沙葬》《今》《一个人的生活》三篇文章，找出三者共同蕴含的关键，回答问题。

独立学习学生阅读文章并作笔记，书写读后感，不懂处悄声向教师询问。

作业记录学生离开作业室时填写《学生作业记录表》，教师完成《教师作业室记录表》《教务股统计学生作业进步表》。

教师讲授星期五下午师生就重大疑难问题以公开讨论的形式讲授。

3. 实验总结与评价

采用统一的考试形式，就实验班和非实验班学生的各科成绩进行分析比较，通过平均进步数、优胜点、优胜点均方差、实验系数的比较得出结论。[①]

东大附中通过对比实验发现道尔顿制与班级授课制相较，优势并不明显。实验班和非实验班的学科成绩各有优劣。舒新城认为，此种实验结果的形成有两个主要原因。其一是环境的影响。东大附中当时有 400 百多名学生，参加实验者仅有 70 多名，为全校学生的 1/5。连同补习班在内，共有 14 个班级，其中仅有 2 个班级实施道尔顿制，仅占全部班级数量的 1/7。学校的整体以班级教学法为主，学习的风气也由此锁定在教师教授为主。参加实验的学生在实验之前接受的是系统的班级教学法，学习习惯已经基本养成，由被动的听讲改为主动的研究，难度极大，学生

---

① 参见熊明安、周洪宇主编《中国近现代教育实验史》，山东教育出版社 2001 年版，第160—159 页。

甚至产生了敌对情绪。其二是教师的原因。参加实验的教师由廖世承亲自指定，教师对于道尔顿制的研究程度和热心程度需要打一定折扣。据舒新城调查曾有一位教师在《教育评论》上批评目前的教育者唯新是从的心态，可见对道尔顿制并不十分认同。东大附中的教师很多在大学兼课，其备课时间受到一定程度的影响，道尔顿制主要以个别指导方式进行教学势必加重教师的教学负担，使得教师产生抱怨情绪。[1] 作为当事人，舒新城的分析具有一定的可信度。教学理念的转变确非易事。一学年后实验班仍恢复使用班级授课制。

附中的对比实验最终形成《东大附中道尔顿制实验报告》，成为中学实施道尔顿制的参考。报告得出道尔顿制倡导"自由与合作"，在我国目前具体的学校教学条件下很难实施，班级教学虽然存在一些不可避免的缺点，但仍有其特色。

（二）教学方法实验的社会影响

东南大学附属中学的教学方法改革实验吸引了各地教学界的关注。教学方法改革的经验和教训通过杂志等媒体的报道，实验教师在各处的教学活动得到传播，对当时的教育界产生广泛的影响。

作为实验的主持人之一，舒新城收到各地暑期学校的聘请，巡回讲演，而舒新城在暑假期间甚至会放弃公职专事道尔顿制教学法实验的各地巡讲。

同时，参加实验的教师很多在东南大学代课，可以推断出其会将实验的心得体会与大学生进行交流，学生毕业后分散各地，将这种传播活动继续下去。附中还通过与教育研究机构合作的方式，共同完成教学实验工作，有利于加强实验的科学性，更有利于扩大教学实验的影响面。

1925 年廖世承在实验的基础上撰写的《中学实施道尔顿制的批评》在《中华教育界》杂志上发表，实验的结果得到进一步推广，同时也将实验的研究方式进一步推行，"现时的教育理论及设施，均建立在科学的基础上，所以科学的实验，当尽力提倡"[2]。

---

① 吕达、刘立德主编：《舒新城教育论著选》（上），人民教育出版社 2000 年版，第 525—526 页。

② 汤才伯主编：《廖世承教育论著选》，人民教育出版社 1992 年版，第 6 页。

可以说，东大附中的道尔顿制实验为当时的教学方法改革提供了一种较为科学的研究方法，展示了较为客观的研究态度，在道尔顿制在中国的传播实验中起到了关键作用，东大附中对道尔顿制的否定结果直接影响到道尔顿制从此以后的低潮走向。

从某种意义上说，江苏第一师范附小和东南大学附属中学引领了中国近代的学校教学实验。民国早期的教学实验多集中在各个研究所，研究所同时承担师资培训工作，而研究所一般会从普通学校选取数名学生，组成临时班级配合教学方法运用的范讲工作，在实践的基础上进行讨论，从而起到完善和检验的效果。附小作为江苏第一师范学校的附属教育机构，先后由范祥善和沈百英的牵头，进行单级教学法和设计教学法实验。附中作为东南大学的附属教育机构，在廖世承的带领下，逐渐成为东大教育科和心理实验室地进行实验基地，两所学校从而有力地推动了学校教学实验的浪潮。

民国时期，以江苏第一师范附小和东南大学附属中学为代表的教育机构，积极地开展新式教学方法实验，此类实验具有验证的性质，属于自然实验的范畴。我们从两所学校教学实验的微观操作上来看，可以发现这一时期教学方法的改革主要是对西方新式教学方法的模仿和改造过程，该过程逐渐将实验作为教学方法改革研究的主要方法。实验过程较多地借鉴了心理学的研究方式和成果，东南大学附属中学的实验采用实验组和非实验组的对比方式展开，比较规范。可以看到民国早期，教学方法变革历程曲折复杂，但始终坚持科学化的发展方向，并开始思索方法体系的适应范围问题。这一时期的基层教师热情澎湃地进行实验改革，冷静理性地总结思索，在教学方法改革史上画出一道亮丽的曲线。

第四节　民国后期（1927—1949）
课堂教法革新案例

民国后期，政府加强了对学校教学的管理和监控，1915 年公布《国民学校令》并建立"施行国家根本教育"的国民学校，[①] 1944 年 6 月 8

---

① 《国民学校令》，璩鑫圭、唐炎良编：《中国近代教育史资料汇编·学制演变》，上海教育出版社 2007 年版，第 790 页。

日教育部公布《中等学校导师制实施办法》规定中学采用导师制，1932年公布《中小学毕业会考暂行规程》规定中小学毕业生的毕业会考制度。政府强化学校教学管理直接导致以西方民主、实用思想为指导的大规模教学方法实验的消退。

中国教育界的教学方法改革经过前一时期的狂热模仿借鉴后，教育工作者经历了一次文化洗礼，教学方法价值观发生转变，趋于本土化和科学化，进入反思阶段，以河南开封城厢小学和南京鼓楼幼稚园为代表，开始关注中国内地的学校教学改革，尤以城厢小学的教学实验最为突出。

一　开封城厢小学

与其他学校不同，开封城厢小学并不是单一的学校，而是参加李廉方教学法实验的开封城市郊区的实验小学总称，其设立与李廉方关系密切。李廉方是留日学生，1920 年 8 月出任河南教育厅厅长，上任后积极筹办义务教育，制订出河南省教育改革计划书，随后执教于武昌高师，1929 年受聘于河南中山大学，次年任文学院长及教育系主任，在此期间提出教育系附设实验学校计划。1931 年，河南教育厅成立小学教育实验指导部，由李廉方主持，次年指导部扩大为开封城厢小学和民众教育实验区，在李廉方的领导之下，开展联系学生生活实际的设计教学法整体实验，进行了活动教学的改革实验。

李廉方认为，传统的教学主要是片断学习和机械学习，学习过程中知识的获取较为零碎，单一动作的熟练训练，学生缺乏组织运用能力，在面对具体问题时缺乏解决的能力和方法。开封城厢小学的教学紧密联系社会生活，教学方法主要有两种：一种是授业式，教师在教学过中运用示范、说明、订正等方式，虽为传统以教师为中心的教学方法的延续，但在某些场合和学科中依然具有存在的价值。另一种是集会式。将例会活动作为正式作业，朝会、晚会、周会、集会以及非作业的种种集会，都是教学的方式，与授业式处在相同的地位，每次集会设置一个具体的主题，使集会的程序和仪式按照既定的步骤进行，学生循序渐进。通行的大规模会议可以作为一种综合的学习过程，纪念会、游艺会、恳亲会、运动会以及其他类似的大型会议，规模较大需要的学科知识广泛，将其视作较大的设计教学活动，同时将其分为若干的工作单元，实施分组教学，利用讨论、合作的方式，展开教学活动。在集会活动中具体事项的处理上，授业式和集会式可交替进行，报告、讨论、提议、选举以及会议场所的布置可以用授业方式进行。①

活动教学为学生提供了参与教学的机会，提供了将自己的想法公开表达的机会。"发表"是培养学生创造力的有效形式，以往的教学仅仅在考核环节注意学生的"发表"，在教学过程中常常忽视。李廉方在城乡小学低年级通过"表演"和"制作"的方式激发学生的创造欲望，表演活动由言语和动作组成，在学习的初期，言语和动作可分开渐次进行，先从模仿、简单开始，如由问答、复述到讲说。"制作"可以符号为活动工具，如绘图、缀文，也可以物质材料为活动工具，如手工作品等。②

同时，城厢小学进行了单科单项教学实验。单科单项教学实验有四种：速算练习与演算速率实验、影写临写自由得比较实验、释字形与不释字形的比较实验和小楷速度实验。

1933 年，李廉方辞去他职专任开封城厢教育实验区委员会的委员长，并将其下属的部门扩大为大花园教育村及实验学校、杏花园教育镇及实验学校、教材部、儿童科学馆、卫生教育委员会、测验部、《开封实验教育月刊》编辑部和区本部，系统进行学制和教法实验，"二年半制"学制实验和卡片教学法诞生于这一阶段。1936 年 10 月，河南省政府在教育行政会议上，正式将李廉方以城厢小学为主要实验基地，总结出的经济有效的系列方法统称为"廉方教学法"。

李廉方在此基础上，著成《开封城厢各小学校初步改造的意见》《二年半修完部定四年课程概要》《廉方教学法》《合科教学法讲义》《卡片教学纲要》《合科实验的廉方教学法》《最经济的合科教学法》等，在当时的国内引起强烈的反响。开封教育实验区引起新闻界和教育界的广泛关注，参观者络绎不绝，且对其评价较高。黄炎培参观后感触极深，回上海后选派江浙两省的小学教师来汴学习，以便于继续推广。俞子夷、艾伟等都曾对其做出过较高的评价。1936 年 2 月教育部部长王世杰在来

---

① 李廉方:《小学低年级综合课程论》，上海中华书局 1934 年版，第 156—157 页。
② 同上书，第 161—162 页。

函具体询问实验情况后，决定"由部向各省市实验区及实验学校介绍应用"①，在全国范围内推广。

与其他学校相比，城厢小学进行的教学实验更加侧重对中国教学实际的研究，强调植根于本土，同时参考国外的设计教学法、文纳特卡制和道尔顿制。城厢小学位于开封郊区，河南开封是中原名城，有着悠久的历史文化传统，深受儒家文化的熏陶，因而，城厢小学较能代表中国内地的普通郊县小学发展的状况。城厢小学的教学实验也随即具备较强的推广性。

二　鼓楼幼稚园

1923 年秋，陈鹤琴创办了鼓楼幼稚园，地点暂定陈家住宅，正式名称为"东南大学教育科实验幼儿园"，1925 年移址与陈宅相邻的新舍。鼓楼幼稚园发展初期是陈鹤琴"活教育"理论的主要实验基地。

陈鹤琴在鼓幼的教学实验大致经历了三个阶段，1925 年秋冬的散漫期，1926 年春夏的论理组织期，1926 年秋季的设计组织期。②散漫期的教学以儿童自发活动为主，教师的职责是提供材料和布置环境，并从旁指导儿童的活动，初期充分发挥了儿童的自主精神，激发活动兴趣，但半年之后，教师发现活动很难在深度和广度上继续前进，学习活动徘徊在一定程度，无法深入。第二学期的教学加强了组织性和计划性。教师根据本地的自然环境、节气以及风俗习惯，预先编排设置综合类课程大纲，根据教学大纲安排日常活动，此种以教师为主的教学设计，无形中又限制了儿童自动性的发挥，有悖于儿童好奇心和活泼天性的培养原理。第三学期，在吸取前两期经验教训的基础上，采用灵活的课程编排和教学方法，根据时令季节，以某一主题为核心，组织为其几天或一周的单元教学，某一单元教学中融入常识、音乐、故事、儿歌、游戏、图画、读法等科目教学。可以看到，第三个阶段的教学实验实质上吸收了设计教学法的优秀成分，并将其灵活化，根据季节的变化、儿童临时发生的兴趣等随时调节教学计划，这也是陈鹤琴"活教育"教学理论的有机组

---

①　郭戈：《李廉方教育思想研究》，教育科学出版社 1995 年版，第 123 页。

②　黄书光：《陈鹤琴现代中国教育》，上海教育出版社 1998 年版，第 72—73 页。

成部分，陈鹤琴将其第三阶段实验的教学法界定为"整个教学法"。

鼓楼幼稚园的"整个教学法"实验在常识教学中得到充分体现。鼓幼的常识教学，最初一般建立很多条目，教学中主要采用问答法。陈鹤琴逐渐意识到这种方法过于抽象，并不十分适合常识教学。如教师问"你看见过松鼠吗"？一个六岁的学生回答"看见过的"。教师追问"松鼠有多大呢"？学生立即兴高采烈地举起两个小食指，表示很大，而实际上，两个小手指的距离不到两寸，嘴里同时喊着"有这么大，有这么大"！即使初生的小松鼠笔者大得多，教师不禁反问，"嘿！有这么大的松鼠吗？你从哪里看见的"？学生指着课本上油印的图画，"我在书上看见的，这不是松鼠吗"？而这张图上的松鼠十分滑稽，既不像松鼠也不像老鼠。[1] 教材的低劣和教学方法的抽象，给儿童造成认识上的错误和混乱，长此以往有利于教学活动的进一步有效开展。实验者决定对教学方法进行改革，将教学过程分为实验、参考、发表和检讨四个阶段。给每个学生准备一个工作簿，引导学生在自己的工作簿上编写教材。如学生研究活青蛙，观察研究即为实验的过程，在此基础上查找和阅读关于青蛙生活的科学小品、故事、儿歌等参考书，查阅参考书的过程是教学过程的第二步。发表阶段要求学生写一篇关于青蛙生活的报告或木偶、故事、童话、剧本，师生共同探讨教学过程即为检讨。四阶段将各学科知识联系起来，并给学生提供了自己动手操作实验的机会，有利于培养学习兴趣。

鼓楼幼稚园自制的拼图游戏材料，在民国时期十分有名，各幼儿园争相购买。其拼图游戏材料极具中国特色，用四分厚一尺长八寸宽的樟木板，两面抛光，板上涂画各种姿势的动物图案，再用锯子把图案小心切割出来。幼儿在游戏时，将锯出的图案还原镶嵌至木板上。也可再将锯图切割成若干小块，游戏时将小块木板拼合成完整的图形，再还原到木板上。还可在动物图案之外，画一些草地、树木之类，使拼图成为立体图形。初学的学生可用拼图中的木板做涂鸦画练习，并在涂鸦画上可自由发挥添加一些附属图案，如草地、青草、小鱼、树木、河流、小山、太阳等，也可选择不同的图在同一张纸上作涂鸦练习，这样涂鸦画就变

---

① 陈鹤琴编著：《活教育理论与实施》，上海华华书店 1949 年版，第 14 页。

成了一张漂亮的图画。岁数大一些的学生可以做拼图比赛。①

　　鼓楼幼稚园的实验成果为教育部《幼儿园课程标准》的制定和颁布提供了借鉴，在民国时期的国内外幼教界享有良好的声誉。1952 年 8 月，鼓楼幼稚园转交给南京市人民政府，更名为南京市鼓楼幼儿园，经过几代人的努力和不断扩建，最终成为当今南京市一级一类幼儿园和江苏省示范实验幼儿园，其科学实验的精神得到传承和发扬。

　　城厢小学的廉方教学法实验和陈鹤琴在南京鼓楼幼稚园的幼儿园教学法改革实验，被实验问题研究专家王秀南在《十年来中国实验教育的回顾与展望》一文中，并称为"从事于教育中心社会建设"的八大实验之二。有效、经济、科学，适应中国国情、省情和地方的风俗、教学实际，根据社会的本来面貌，从中国社会的经济和文化特点出发，秉承实事求是的态度，这些特点在城厢小学和南京鼓楼幼稚园得到了集中体现。尽管，后人对其实验结果或肯定，或否定，态度不一，但就实验本身而言，是一种成功的尝试。这一时期，以城厢小学和鼓楼幼稚园为代表的中国教育机构进行的教学方法实验活动，集中体现了中国教育者的改革精神和创造能力，对深化当前学校的教学方法改革依旧具有借鉴意义。

---

　　①　陈鹤琴编著：《活教育理论与实施》，上海华华书店 1949 年版，第 167—168 页。

第 六 章

理性的体悟反思

教学方法的变革受到社会发展的制约,是社会发展的产物;教学方法的变革也受到文化的影响,中国近代特定的文化氛围衍生出特定的教学方法体系。但与此同时,教学方法的变革又具有相对独立的特征,具有自身的发展规律。正因为如此,对中国近代的教学方法变革历程进行反思,有助于我们透过历史的风云,总结出学校教学方法变革的历史规律。在此基础上,近代教育工作者积累的教学经验,无疑会被现代教师继承和发展,其疑惑和不解也将会启发教育研究者进行深入思考。

第一节　课堂教法变革的历史
轨迹及其特征

中国近代的教育变革大致经历了洋务运动、维新教育与清末改制、壬子学制、壬戌新学制四个阶段。教育变革过程中,首先要改的是课程和教学方法,在课程设置上逐渐突破传统经学课程的障碍,在教学方法上努力摆脱传统教学方法的掣肘。在此过程中,实践性和科学性成为其主要特征。但也不可否认,近代教学方法变革的过程带有强烈的功利主义色彩,"教育救国"和"教育强国"始终是推进变革的主要动力,从而也使得教学方法的变革少了些理性和沉稳,多了些狂热和急躁。

一　教学方法变革的历史轨迹

中国近代教学方法变革的过程是学习国外的过程,学习的过程本身就是借鉴、吸收、反思和甄别的过程,总体来看,不同的阶段呈现相对独立的不同特征。

1860—1898 年的洋务运动时期，教育机构的改革集中在中等以上教育阶段，以侧重军事类课程的军事学校和侧重语言类课程的各级同文馆为主。教学方法的变革处于理科教学和语言教学方法的直接引进阶段。学校师资采用从国外直接聘请的方式，双师双语教学，语言教学直接采用教会学校的氛围化教学法和直接教学法，理科教学多采用实习和实验的方式。基础教育阶段仍以私塾教学为主，在大城市出现少量中西兼学的新式学校，其教师多聘用日本人，采用五段教学法。

1898—1911 年的维新新政时期，清政府更加重视新式教育体制的构建和新式教育机构的创办，颁布《癸卯学制》完善中国的学校教育体系，其模仿日本的痕迹十分明显，废除科举考试制度，改变了传统形成的学校教学依附于科举考试的状况，客观上促进了学校教育的发展。清政府利用行政手段，在法律上废除了传统学校教学中盛行的体罚，鼓励采用引导性的教学方法。学制初建，普及小学教育成为政府的主要任务，外加留日学习师范的学生归国，在教学方法上继续学习模仿日本经过日本改造的五段教学法，"三段""五段"成为教育者的追求。教学界派遣专门研究人员赴日考察单级教学法，随后成立单级教授讲习所，负责师资培训工作。讲习所以示范、讨论的方式进行培训，成为中国教学方法实验的雏形。

1911—1927 年的民国早期，教育管理机构和教学目标进行了较大的调整，在一定程度上统一了课程设置。基础教育的普及依然是其主要任务。教学方法在初期仍然延续了清末的单级教学法以及五段教学法，以配合基础教育推广工作。在政府国际关系的调整、留学潮流的方向变更以及"五四"新文化运动的推动下，中国的教学界开始借鉴以实用主义和科学主义为特征的设计教学法、道尔顿制、分团教学法、蒙台梭利教学法等，科学化成为教学方法变革的总体趋势。教育实验成为这一阶段学习的主要方式，实验中借鉴和验证的成分居多。教育测验以及心理学逐渐渗透到教学方法的实际操作过程中。

1927—1949 年的民国后期，基础教育教学方法改革趋向理性。经过系统的学习和模仿，中国的教育者已经基本具备了科学研究的精神，掌握了教学研究的方法，他们不再迷信国外的教学方法，开始新旧教学方法的反思，并将教学方法研究的立足点建立在中国基础教育教学的实际上。在教学实践中，思索真正适合本国的教学方法。这种理性精神的形成是学习借鉴的必然结果，同时也与政府加强对教育的管理，在中学阶段开始标准化考试有关。

从微观上说，借鉴、吸收、反思和甄别的过程糅合在某项教学方法或某学科教学方法的发展当中，呈现综合性特征。如小学修身课程的设置参访日本，日本小学在"做法"上采用的教学方法有与我国风俗人情不谋而合者，我国小学修身教学也存在日本所无，而我国小学校所不可或缺者。借鉴吸收阶段要求教师善于模仿。教学方法是教学观念、教学原则、教学研究方向的具体化，所表达的观念、原则、方向经久不衰地渗透到教学实践当中，成为中国现代教学的基本理念。清末引进的赫尔巴特"五段教学法"中承载着教学过程、教学阶段、教学环节和教学模式观念。教师仅停留于形式阶段层面，仅就形式层面敷衍了事，并未真正理解五段教学法的本质。教师的善于模仿是指学习模仿的过程同时也应是研究教学方法的过程，检视运用此种方法给学生在智识发展上带来的影响。五段教学法运用过程中教师"发问"的灵活性，学生学习兴趣的激发，都是极其重要的因素。设计教学法、道尔顿制等引导教育工作者在教学过程中关注学生身心发展特点、联系实际生活，学生积极参与中培养较为稳固的兴趣等，这些观念和原则无疑都成为我国现代教学的有机组成部分。

在此过程中，民主化与科学化始终是教学法变革的总体趋势，但专制与师统一直是教学法前进征途中的羁绊。中华民国时期这种牵引和羁绊表现得更为明显，北京政府倒施逆行，试图将教学领域重新归于师统和专制，在一定程度上诱发了"五四"运动。新文化运动将矛头直指封建教育的核心"三纲五常"德育体系，高举"科学"和"民主"两面大旗，主要波及文学、哲学和教育三大领域。新文化运动有力地推动了近代教育的科学化和民主化，是中国近代新式教育发展中的厚积薄发，同时也是欧洲"新教育"运动和美国进步教育运动在中国的共振，共同促进了中国和世界教育事业的发展。19世纪末20世纪初中国教学方法领域的改造运动主要是将注入主义转变为尊重学习者的自我活动。传统教学方法侧重知识的积累和技能的掌握，近代教学方法则逐步侧重学生情感的培养、人格的完善、创造能力的培养和人际关系的协调。教学方法的科学化是近代教学改革的另一主要趋势。科学化具体体现在实验方式的确立，并将教学方法的理论建立在心理学的基础之上。

二 教学方法变革的特征分析

中国近代的教学方法变革是独特的，对其独特性进行仔细的分析鉴别，有利于准确把握近代教学方法变革过程中的个性与共性、传统与现代、本土与外来的关系。大体而言，中国近代教学方法变革具有由主动到被动，学习模板由东洋至西洋，教学方法的改革从上而下展开以及教学方法改革过程中显著的地区性差异。

（一）由被动到主动

中国近代学校教学方法的变革经历了由被动到主动的变迁过程。初期教学方法改革具有被动性特征，这是由学校发展的非主动性决定的。中国的传统学校教学经过两千多年的发展和演化，已经形成了一套与封建社会政治经济、教学内容和教学目标相适应的系统的方法体系。长期以来，传统的私塾和书院构成主要的教学机构，教会学校处于教育体系的边缘，始终得不到社会的认可。西方人用战争的形式摧毁了中国人的城堡，严重挫伤了中国人的自尊，从而促发了近代学校教学改革活动。军事课程和科学课程率先踏上中国公立学校的课堂，外语语言课程紧跟其后。第二次鸦片战争之后，英法政府提出中英、中法所有的往来信件和公函拟不再附有中文本，文件存在的争议一律以西文解释为准。国际交流的失衡促使晚清政府设置语言学校，培养外交人才。教师多聘用外教，新兴学科采用的教学方法借鉴外教和教会学校的教学方法，带有功利性特征。

这种被动性的特征在 20 世纪初期的教学改革中依然有所体现。20 世纪初期中国被纳入世界教学方法改革的大潮流中。在欧洲新教育运动和美国的进步教育运动推动下，教学方法领域掀起了改革的浪潮，以科学主义和人本主义为特征的教学理念在具体的教学中得以实施，前者以赫尔巴特教学法为代表，后者包括道尔顿制、蒙台梭利教学法等。中国的教学方法改革正是在此类教学方法的影响和推动下，以实验的方式展开，其中某些教学实验的推广带有一定盲目性。20 世纪 30 年代的教学方法改革走向本土化，呈现出主动性特征。

　　学生在教学活动中由被动学习逐渐过渡到主动学习。传统私塾教学中盛行体罚，塾师认为学生顽劣，不打不行。清末采用班级授课制，学生依然处于被动状态，教学活动以教师的教授为主，不过政府在学制中规定"夏楚之物宜戒之"，废除体罚制度，这将是教学方法变革中的重大进步。20 世纪 20 年代以学生为主的设计教学法、道尔顿制、德克乐利制等在较大范围内得到实施和实验，以儿童为中心的思想得到广泛传播。学生的学习能力经过方法的洗礼，逐渐得到加强，学习习惯得到改变，由习惯于教师的谆谆教诲到自由研究、自主学习。

　　（二）学习模板由东洋至西洋

　　模板的转换既受到国际关系的影响，也是中国教育发展的结果。教学方法的选择和采用很大程度上受到培养目标、课程设置和教育机构的影响，清政府颁布的《癸卯学制》以日本为参照模板，留学生多派遣至日本，学校教学多采用从日本传入的五段教学法、单级教学法、二部教学法。民国时期颁布的两部学制中《壬戌学制》模仿德国，《壬子癸丑学制》以美国为蓝本。美国政府采取的退赔庚款，资助留美的政策，以及民国政府与美国关系的亲密，将教育界学习的对象由日本转向美国，当然其中还包含更为复杂的原因，这里就不再展开。中国与西方国家的教育交流逐渐增多，派遣留学生和教育家互访构成交流的主要活动。西方以科学主义和实用主义为代表的教学方法逐渐受到教育者的青睐。

　　（三）教学方法发展呈现"从上而下"的特征

　　何谓"从上而下"？教学方法研究领域由中等以上教育到初等教育，从上层到下层，具有逆流的特征。这一特征的形成与中国近代学校教育的发展有着密切关系。洋务运动时期，中国的官办新式教育偏重中等以上的军事、语言和专科学校，忽略初等基础教育和学前教育。造成此种状况的原因有三：其一，中国学者对西方教育认识的片面性；其二，中国学者抱着"头痛医头，脚痛医脚"的心理，在教学上表现出急功近利的心理；其三，中国传统的私塾依然担负着基础教育的任务。[①] 中国官办

---

① 苏云峰：《中国新教育的萌芽与成长：1860—1928》，北京大学出版社 2007 年版，第113 页。

新式学校集中在中等教育以上，教学改革也相应集中在这一领域，语言学校如京师同文馆、上海广方言馆、广东方言馆等，教学改革集中在英语教学法中的直接教学法。军事学校如福州船政学堂、天津武备学堂、广东水师学堂等，以及以湖北工艺学堂和湖北农务学堂为代表的专门学校，教学法改革侧重实践演练法和直接教学法。中等以下领域的教学法改革，仅有教会学校和少量的中西学堂会稍有涉猎，如上海的正蒙书院、南洋公学外院、西安的游艺学塾、武昌的高等小学堂等。数量虽少，但也反映出这一时期初等学校学科教学改革的努力。

洋务运动后期至维新新政时期，教学法研究已经呈现"下移"趋势，出现了数量众多的新式中学和小学，如天津的中西学堂、长沙的时务学堂、南昌的英文学塾、广州时敏学堂等，开设以英文、算学、格致为代表的新式课程，探索具体的学科教学法。

《奏定学堂章程》颁布之后，将传统的私塾进行改良，创办新式学校，基础教育得到迅速发展。据1907年的统计资料显示，就学校数目而言，高等教育、中等教育与初等教育的比值为1∶2∶97；就在校学生人数而言，三者的比例为2∶7∶91。初等教育中以地方公款设立的公立小学增长速度最快，从1903年的769所增加到1909年的52348所，1902年在校学生数低于10万人，1909年增加至156.027万人。[①]公立小学成为五段教学法和单级教学法的实验基地。教学改革实验离不开教育经费的支持，教育经费投入的比例从侧面反映出教学改革的侧重点。1907年年初等学校的教育经费占到总教育经费的51%，与初等教育联系紧密的师范学校为20%，中等学校为12%，专门学校和实业学校仅为12%和5%；1912—1930年，依据历年的教育经费投入统计计算得出历年教育经费投入比例，初等教育约占全部教育经费的64.3%，中等教育约占21.4%，高等教育约占14.3%。[②]教育经费的巨大投入保证了初等教育教学实验的顺利进行，从物质层面促进了教学法改革的进程。新文化运动以后，国联考察团、杜威、孟禄等纷纷受邀访华，考察中国教育改革状况，并提

[①]　苏云峰：《中国新教育的萌芽与成长：1860—1928》，北京大学出版社2007年版，第123—124页。

[②]　同上书，第124—126页。

出建设性意见，指出中国的教学改革偏重小学，缺少对中学教学的关注。考察报告从侧面反映出教学法研究的"下移"。同时，也对目前的教学法研究的侧重点产生了影响，导致偏重初中等和高等教育的倾向。"从上而下"的变化趋势反映出中国近代学校发展的特征。

（四）教学方法改革具有地区性差异

中国教学法改革的地区差异与学校发展的地区差异密切相关。清末新式学校教育较为发达的地区多为与西方交流频繁的省份，这些地区的主要特征是交通方便，受到西方文化的冲击较大、较广。新式学校发展缓慢的地区多为内陆和边陲。就学校的数量和种类而言，如广东、福建、浙江和江苏等省份，官方设立大量军事、语言和专门学校，民间设立修习西学课程的中西学堂。民国时期各省份初等和中等学校的发展不均衡。华南5省中，广东省的中小学教育经费和在校学生数最高，贵州则长期停滞不前；华中7省中以浙江、江苏和四川最佳，江苏省的教育经费投入居冠，以张謇为代表的一批实业家投身教育，促进了新式教学方法的介绍研究和推广工作；华北6省中，河北省连年战争，对教育的破坏极为严重，山西省由于较少参与军阀混战，教育教学得到迅速发展。[①]

教学法改革的地区差异，同时也与各地区教育经费投入的不同相关。《奏订学堂章程》颁布之后，学校发展的地区结构产生一定变化。就各省投入的教育经费数额而言，直隶、湖北和江苏等省份稳居前列，根据1907年的统计可以看到，直隶的教育经费投入超过350万两，遥遥领先于其他省份，湖北省的教育经费超过200万两，江苏、四川、广东和奉天也都在100万—200万两之间，而新式教育发源较早的福建省教育经费的投入相对较少，在100万两以下。教育经费投入最少的是新疆和甘肃等边疆省份。民国以后，很多省政府当局纷纷将教育款项挪作军费，缺少了经费的支持，当地的教育教学发展缓慢，经济较为发达的江苏等省份的教育教学在当地实业家的资助下得以发展。

各省教学的发展都有其自身的特色，存在地区性差异的原因主要是受到以下因素的影响：其一，各省固有的教育传统，如在历史上，直隶

---

① 苏云峰：《中国新教育的萌芽与发展：1860—1928》，北京大学出版社2007年版，第155—165页。

一直为视为教化重地，素有重教传统，不唯官、绅、商积极兴学，甚至有乞丐兴学。在 1907 年的统计中，直隶省总教育经费的 27% 来源形式是"乐捐"。其二，受地域的影响，发达的交通为学校师资培训、教材采选以及与外界的教学交流提供优良的条件。其三，与当权者的个人修养和对教育事业的态度有关。新式学校发展较好的省份，都在一定时期拥有一位有魄力、关心教育的省级领导同志。1901—1907 年，直隶教育经费的投入遥遥领先于其他省份，与这一时期袁世凯任直隶总督分不开。张之洞任湖广总督期间，湖北省的教育经费中"官费"占到 70% 以上。1901—1907 年，江苏省的教育经费投入位居全国第三，离不开热衷教育事业的两江总督端方（1906—1909 年在任）和江苏巡抚陈夔龙（1906—1907 年在任）。[①] 其四，各省存在的民族关系的复杂性也影响着学校教学的发展。新疆、云南、吉林和哈尔滨民族关系复杂，学生文化背景各异，教学改革难以实施。即使教育经费投入较多的四川省，在民国时期虽然是"陪都"，人员流动和文化交流频繁，但民族关系复杂，文化包容性弱，在新思想和文化传入之后，卫道统治者、教师和家庭都普遍有抵触举动。其五，战争对学校教学的破坏程度也是不容低估的，军阀混战使得学校难以维持，学校里没有"安静的课桌"供学生使用。各省战争剧烈程度不同，维持的时限也有所差异，如山西省在军阀混战期间，在阎锡山的带领下，闭关锁省发展教育，吸引了大量传教士和优秀师资，义务教育因此得到普及。

第二节　民间课堂教法变革的内在关系

变革是中国近代社会发展的主旋律，变革是社会矛盾激化的产物，是多种关系综合作用的结果。近代教学方法变革过程中，国外教学理论、新学制引导下的课程和教学目标的变革都对其产生直接的影响。对此进行研究有助于我们从整体上把握教学方法变革的特征。

---

① 苏云峰：《中国新教育的萌芽与发展：1860—1928》，北京大学出版社 2007 年版，第148—149 页。

一　国外教学理论与中国教学方法

国外教学理论促使近代学者重新审视传统教学方法。中外教学理论在甄别中逐渐重新认识，彼此融合。奥地利学者劳伦兹于20世纪30年代中期通过观察动物的学习，提出"印随行为学习"理论，小鸭在其出生后的9—16小时内，大脑会将首次见到的活动事物印刻下来，长期保留。如鸭子看到的并非鸭妈妈而是猫，它们会跟随在猫的身后。该理论同样印证了人类的学习过程中同样存在关键期。后来的教育研究者就不同的知识建构对应的相应最佳发展阶段进行匹配，如就语言学习而言，2—3岁是儿童口语能力形成的最佳时期，6—7岁是书面语言发展的最佳阶段，6—11岁是记忆力开发的关键期，学生的识记速度快而准，通过极少的重复次数即可达到有效的再认。国外的教学理论传入后，中国学者对本国传统的教学方法重新进行认识，提出质疑。西方的记忆关键期理论印证了中国传统教学方法体系中合理性因素的存在。传统上，中国家长会在孩子6岁时为其聘请教师，进行开蒙训练。所谓开蒙，即教师教读经典的经义读本，指导背诵，此种教学方式被后人冠以"死记硬背"的名头，多遭批判。但实际上，根据"印随行为学习"理论，教师在学生记忆开发的关键期提供众多优秀的刺激材料，使之形成牢固的记忆，对于以后的识记材料具有迁移作用。两者的主要区别在于，中国传统的"死记硬背"停留在经验层面，且被广泛应用于11岁以后的教学过程中，泛化的结果就是对学生个性的压抑，创造力培养的缺失。科学主义思潮加速了中国教学方法改革的科学化倾向。中国的学科教学方法改革建立在现代心理学研究的基础上，加强了切实可操作性和可控性，趋向严密，且对方法使用时间范围和学科范围开始进行思考。

国外教学理论成为中国近代教学方法改革的指导思想。西方在19世纪末20世纪初提出并盛行实用主义，实用主义思想对中国教学方法改革产生的影响不容低估，陈鹤琴的"活教育"，陶行知的"教学做合一"以及张雪门的幼师教学法无一例外，其理论指导和理念都得益于实用主义。在微观上，实用主义对作文教学产生的巨大影响，更有利于我们通过对比，得出国外教学理论对中国教学方法的指引作用。中国传统的作文教学侧重政论文体，在命题上具有抽象性、概括性和论理性特征。"五四"

以后实用主义思潮伴随以杜威、孟禄为代表的西方教育家在中国的巡回演讲，在各省教育教学界风行，从而引起学者传统作文教学中存在诸多问题进行反思，"命题不投儿童之兴味""重命题不重自拟"。当时的作文教学，教师或干涉或束缚，学生处处听命于教师，学生成为教师的附属品。教师在作文批示阶段，"批改不惜费尽精神，运其大斧以资改削，学生之原文固已任意牺牲，而学生之能领会与否，亦所不顾"。批改过于注重教师本身的意旨，忽视学生的本意，学生在作文中的谬误不能及时正确指正。课外作业较少，仅将教学时间集中在每周的一两个小时以内，学生之间缺乏互相观摩学习的机会，作文教学也不能将各个学科联合起来。作文教学的命题应从学生的爱好出发，通过自拟题目发挥学生的创作天性。同时设立观摩会，重视课外作业，联络各学科，增强作文教学的实用性，以备毕业后学生能够独立撰写一些应用文体。①

国外的教学理论尤其是科学主义和实用主义教学理论，在中国广泛传播，对中国教育者产生深刻的影响作用，教育者学会批判和反思，从简单照搬国外教学方法，逐渐过渡到对中国传统教学方法进行重新认识，对国外传入的新式教学方法进行辩证分析。中国教育者在充分理解和掌握国外教学理论的基础上，反过来审思此种教学理论产生的社会背景，并与中国的社会实际和教学实际综合比较，从而创造出适合中国国情的教学方法。从这个意义上说，国外的教学理论促发了中国教学方法的本土化。

二　教学目标、课程的变革与教学方法

近代的教学变革始终伴随着教育机构的课程、教学目标的变革。近代的教学方法变革是与课程变革紧密联系的，而课程变革受到教学目标的影响，直接为教学目标服务。不同的教育机构承担着不同的教学任务，具有不同的教学目标，在课程设置和教学方法的采用上存在差异。

洋务运动时期，教育行政者认识到"西艺"是西方国家国力强盛的原因，是西方国家能够打败中国的原因。以张之洞为代表的洋务派在上海、北京、天津、福建等军事和交通要地设置海、陆军事学堂、语言学

---

① 张顯光：《实用主义潮流中之作文教授》，《教育杂志》1917年第9卷第8期。

堂和一些以电报业为主的技术学堂，被后人统称为"洋务学堂"。如京师同文馆（1862）、上海广方言馆（1863）、湖北自强学堂（1893）、天津军备学堂（1886）、广东陆师学堂（1886）、天津军医学堂（1893）、南京陆军学堂（1895）、天津水师学堂（1881）、山东威海卫水师学堂（1890）等。

　　洋务学堂的培养目标是军事人才和外交人才，以满足清末以战争方式起始的中外交流过程中对于此类人才的需求。围绕培养目标设置课程上英语、德语、法语等语言课程，数学、几何、天文、地理、绘图等理科基础课程，如上海广方言馆的"下班"开设外国公理公法系列课程，如算学、代数学、对数学、几何学、重学、天文、地理、绘图等。"上班"习各金属材料铸打、机器制造、图样拟定、行海理法、水陆攻战术、外国语言文字及风俗国政。水师学堂主要堂课和船课两类课程，堂课包括天文、算法、地舆、测量、汽学、化学等科目，船课则有海道、驾驶、帆缆、枪炮、列阵迎敌诸法。[①]福州船政学堂，包括前学堂和艺圃学堂两个校区，前学堂学制六年，第一年仿照法国初等学堂，设置"数学入门、几何入门并格致浅语"等课程，次则"再按法国水师学堂课程办法，学习数学、理解代数、平面及立体几何、八线算术、几何画法、重学、格致入门、化学入门等书"，最后两年的难度加深，安排代数、几何、重学、微积分、化学、格物等课程。

　　社会急需人才已备擢用，政府在洋务学堂的经费投入上毫不吝啬，各省盐务、关税等专项资金支持，采用双语双师教学，外国专家使用外语进行专业课教学，同时配备翻译教师，以讲授法和演示法为主，同时高度重视教学实习工作，在船厂学习造船术，在军舰上练习驾驶。例如福州船政学堂中文课程自始贯之，学生系统学习《圣谕广训》和《孝敬》，附加策论文章，避免学生过于西化。艺圃学堂细分为艺徒学堂和匠首学堂，"课程限制，各以三年为期"，初入学堂学习法国语言文字、数学、几何入门、常用艺学浅议及画法等课程，教学安排一般为上午"入

　　① 奕䜣：《请饬沿海各省广设水师学堂折》，高时良、黄仁贤编：《中国近代教育史资料汇编·洋务运动时期的教育》，上海教育出版社 2007 年版，第 439 页。

院学习船身、轮机各种绘事"，"下午赴学肄业"，"时时派赴各厂历练"①。待入门后，进而教授制造轮机、汽机以及铸造钢铁的方法。艺圃学堂的学生其实并非全日制，每天在车间工作之后，有几个小时的学习时间，培养目标是车间领班。

　　民国早期，百业待兴，政府在清末学制的基础上，继续完备教育机构，幼儿园、小学、中学等基础教育体系基本建立，教学目标和课程设置较之以往有所变化。教学目标由清末的"忠君、尊孔、尚公、尚武、尚实"更迭为"注重道德教育，以实利教育、军国民教育辅之，更以美感教育完成其道德"。在总教学目标的指导下，政府规定了各学级的教学目标，小学教育"以留意儿童身心之发育，培养国民道德之基础，并授以生活所必需之知识技能为宗旨"②；中学校"以完足普通教育，造成健全国民为宗旨"③；大学"以国家需要教授高深学术、养成硕学闳材、应国家需要为宗旨"④。取消以往零碎的课程设置，统一课程，小学开设国语、算术、卫生、公民、历史、地理、社会、自然园艺、工用艺术、形象艺术、体育和音乐等课程；初中以社会科（公民、历史、地理）、语文科（国语、外语）、算学、自然科、艺术科（图画、手工、音乐）、体育科（生理卫生、体育）六科组织教学；高中普通科以升学为目的，课程分文学、社科、数理三类，职业科分农、工、商、船四类。普通科课程分为公共必修科目（国语、外语、人生哲学、社会问题、文化史、科学概论、体育）、分科专修科目（三角、高中几何、高中代数、解析几何、物理、化学、生物）、纯选修科目三种。⑤ 课程设置的统一和完备促使学科教学方法研究的初具规模。在生本主义和实用主义的教学理念指导下，教学方法的研究细化在学科教学领域，设计教学法多集中应用在常识科，道尔顿制重点应用在语文科。

---

①　裕禄：《挑选生徒入堂肄业并定年限课程片》，高时良、黄仁贤编：《中国近代教育史资料汇编·洋务运动时期的教育》，上海教育出版社 2007 年版，第 324 页。

②　《小学校令》，璩鑫圭、唐炎良编：《中国近代教育史资料汇编·学制演变》，上海教育出版社 2007 年版，第 663 页。

③　同上书，第 669 页。

④　同上书，第 673 页。

⑤　璩鑫圭、唐炎良编：《中国近代教育史资料汇编·学制演变》，上海教育出版社 2007 年版，第 701—709 页。

第三节　民国课堂教法变革的困惑

　　教学方法的变革历程是中国传统教学方法不断从西方教学方法体系中，吸收科学、民主的成分，对自身进行改造的过程，换个角度而言，近代教学方法变革的历程也是西方教学文化借助教学方法体系的传播过程和对中国传统教学文化的同化过程。中西文化的碰撞是不可避免的，其间，如何处理移植与改造的关系？如何评价教学传统在变革过程中的地位和作用？诸如此类的问题不仅令近代学者困惑，对现代教学方法变革的研究来说，依然是值得思考的问题。

一　移植与改造的困惑

　　中国近代教学方法的变革经历了从移植到改造的过程，在此过程中，各个社会团体之间存在着较为严重的利益之争，其中，程度剧烈的门户之争，不禁引起近代和现代学者的困惑。

　　近代学校对教学方法的重视使得学术争端与各个学术团体的既得利益联系在一起。西方传入的教学方法一般被认为是科学现代的方法，每一种方法传入后，都会立即形成一个学术团体，学术团体本身又成为一个利益集团，其信仰和实验的教学方法在国内受欢迎的程度决定着教师本人的待遇以及学术影响。1922年舒新城在上海吴淞公学实施道尔顿制，虽然仅勉强维持了半年，但引起中国教学界的广泛关注，舒新城受邀在东南大学附属中学继续实验，依然短期而卒。舒新城经过两次实验积累了较为丰富的道尔顿制实施经验，作为专家受到各省暑期学校的邀请巡回讲演，据他回忆，暑假期间竟有十余处邀请其作为期一周甚至一个月以上的演讲。[①] 在各地巡回演讲期间，他深刻感受到各地门户之争的激烈，较早传入的设计教学法受到道尔顿制的冲击，势必逐渐失去一些研究实验基地，因而在传播道尔顿制过程中困难重重。舒新城意识到了教学方法改革中存在的门派争端的严重程度远甚于想象。1924年湖南省教

---

　　① 吕达、刘立德主编：《舒新城教育论著选》（上），人民教育出版社2000年版，第619页。

育会暑期学校邀请舒新城作道尔顿制的报告，舒新城将题目作了更改，将道尔顿制字样舍弃，改用《现代教育方法》，意将西方新式教学方法统合，同时避免教师的心理抵触情绪。

门户之争的存在反映出教学方法界教学理念的争端。具体的方法蕴含着不同的教学理念。作为学术研究，专注一类或一个方面更容易作出成绩，尽管学者逐渐意识到在中国的实验证明西方传入的教学方法都或多或少存在与实际教学不适宜之处，但仍会对于其所实验研究的方法存在偏爱。近代教育者在教学改革实验中表现出的非理性，使其更具备学术研究的色彩，而非教育实践者。例如舒新城在东南大学附属中学的实验中止后，将实验失败的其中一部分原因归结于参与实验的教师本人并不坚信道尔顿制的有效性上。西方国家经济发达，近代中国社会经济相对贫弱，发达国家的教育必然先进，西方教学方法给近代学者造成现代、先进的刻板印象，因而表现出狂热的心态。心态决定着行为模式，因而门户争端反映了学术上的分歧，这样的分歧实际上是一柄双刃剑。马克思主义者认为矛盾是事物发展的主要原因，矛盾推动着事物向前发展。学术分歧繁荣了近代的教学领域，推动了教学方法改革的步伐，但同时，学术分歧导致学派纷争，导致门户之争，这也是中国的特有国情。门户之争是分歧的偏执状态，阻碍着教学方法的传播。

学术分歧导致学派纷争，导致门户之争，这是由中国近代的特殊国情决定的。近代中小学教师扮演双重角色，既是中小学教学的实施者，同时也是教育理论的研究者。这种双重角色与我国现在提倡的"教育家"理论有一定差别。近代的中小学教师一般身兼数职。中学的教师同时也在大学代课，这种现象在现代是无法想象的，但却在近代普遍存在。东南大学附属中学的有些代课教师同时还在东南大学授课，而每周课时会在30个小时以上。可虽无法想象却存在其一定的合理性，近代的合格师资十分贫乏，传统的塾师虽不断培训，但旧有的知识结构及教学理念根深蒂固，无法担任理工科的教学，合格师资的培养途径是教会学校、新式学校，以及留学，而这三种途径的规模形成不过六七十年，数量有限。教师角色的多样化使其无法专注于微观学科教学的实践层面，缺少务实精神和兼容并包的态度。一线教师的方法研究更多应该集中在各种方法的适用范围，而非教学方法理论的探讨。

门户之争是移植西方教学方法的结果之一,全盘模仿西方的方法,而缺少对中国社会组织的考察,势必失之于主观。门户之争与始终贯穿在近代教学改革过程中的"新好""旧坏"的区分有关。方法是中性的,有利有弊,有适用范围。但近代教育者总是在认同新式教学方法的同时,舍弃怀疑旧的方法。道尔顿制传入后,有些学者主张采用,甚至极端地认为道尔顿制是现代唯一良方,运用这种方法可以完成各种教学目标,对在这之前实行过的或正在实施的学分制、设计教学法持怀疑态度,甚至否定态度。此种新好旧坏的成见作祟,教育者对教学方法抱有极端态度。

二 教学传统在变革实践中的徘徊

中国经历了漫长的封建社会,传统的力量极强,注定中国的教学方法改革要比传统根基较浅的国家更加难以接受外国教学模式的优点。维新时期推行的教学改革将康有为等维新认识的改革理想付诸实践,但仅百天之后即宣布失败。维新变法的失败是中国传统力量的又一次胜利和显现。对于失败的原因,国外的一些学者将其归咎于康有为的理想主义和康有为是一位理论者而非政治家,没有实际的政治经验,不切实际地低估了传统的力量,不加深思地贸然改革,忽略了教育同科举考试的关系,遭到了强烈的抵制。也有人将其归结在光绪帝在清朝政权中的虚拟位置,若光绪帝掌握着政府实权,变法的结果将会有所改观。但历史是无法假设的,我们只能从维新时期教学改革中深刻领悟到传统在教学改革中的巨大延后作用。

教学方法具有历史继承性,传统教学方法在近代教学方法变革中扮演着或陈旧,或先进的角色,徘徊不定。在教学实验的热潮时期,教育者普遍认同国外传入的教学方法,中国传统的教学方法陈旧落后,不符合时代发展的要求。但中国民众在民国早期依然较为认同私塾教学,认为新式小学的教学效率较低,师资情况也不甚理想,这也是私塾教学在当时依然占有一定市场份额的原因。科学化、标准化始终是近代教学方法变革的总体趋势,当教学方法以实验的方式向前推进的时候,传统的力量总是促使一部分教育者站在反对的立场上。如舒新城积极探讨道尔顿制,余家菊曾致信商讨,认为道尔顿制与传统私塾教学法极为类似,还有人写信劝其提倡书院制，既然实质差不多，与其提倡外国舶来品，不如提倡国货。[①] 传统教学方法总是先入为主，在尚未全面了解西方教学方法的情况下，作为一种标尺来衡量。有学者认为传统教学法体系博大精深，西方的各式教学法都可以纳入其中，"中国从前的教授法，就是注重自习式，但看各处书院的高才生，那里不是用自习式的"，认为教学方法大致可分为三种，演讲式、启发式和自习式，各有适应的教学阶段，"自习式应该用在中等以上的学校，启发式应该用在中等以下的学校"[②]。且不言此分类是否确切，但其如此笼统的分法，依然延续了中国传统教学方法中的"大""化"特点，缺少实证性分析。传统教学方法承载的教学理念始终是近代教学方法科学化变革道路上不散的"阴魂"，而未能成为"推进器"。

第四节　变革的历史启示

近代教学方法的变革离不开"流"与"源"两个因素，所谓"流"是指前人或他人积累的各种教学方法，"源"是指教师本人的教学实践。[③] 近代教育者在教学方法改革过程中，对本国传统教学方法或者外来教学方法中的规范、合理部分予以吸收，但并不拘泥于此，教学活动并未被教学方法体系规范严格束缚，或流于形式或食古不化或食洋不化，而是在吸取他人方法体系合理内核基础上推陈出新，教学方法的创新更多是在规范的前提下打破常规，结合本人教学实践经验，由生到熟，由熟再到生的飞跃。历史经验告诉我们，教学方法具有历史继承性。学习、模仿前人优秀的教学方法是教师进行教学方法创新的前提和基础，因而，对近代教学方法变革的历史经验进行总结，对目前的教学方法改革而言，具有借鉴意义。

一　通过实验的方式研究教学方法

"实验"一词为（experiment），它来源于拉丁语"experimentum"，意

---

① 吕达、刘立德主编：《舒新城教育论著选》（上），人民教育出版社 2000 年版，第 201 页。

② 贾醴臻：《今后吾国教育上应行革新之点》，《教育杂志》1919 年第 11 卷第 12 期。

③ 汪刘生：《教学美学》，吉林人民出版社 2004 年版，第 437 页。

思是指人的某种尝试性活动。19 世纪末 20 世纪初实验教学思想及科学主义实验教学模式经历了酝酿、产生、发展等几个阶段。教学实验研究直接受到实验心理学发展的影响,实验心理学促进了教学实验的发展。教学实验研究模式,是为了检验预先提出的假设并构建新的假设,而在自然条件下或者严格实验控制条件下,有目的、有计划地进行教学研究。有的学者认为教学实验研究借鉴了自然科学实验的方法和模式,也有的学者认为它是从一般教学实践中分化出来的,是同自然科学实验并行而独立发展的。但两者并不矛盾,只是发展过程中不同阶段的表现不同而已。教学实验研究模式最初是由弗兰西斯·培根提出的,他在《新工具》中详细阐述了系统的实验科学方法。桑代克和麦柯尔奉行并发展了量化、分析、实证主义的模式,杜威将自然主义的观点引入教学实验,使其更加符合教育的社会性特点。

比较盲目西化而言,实验的方式更为理性。"实验",是指为检验某种科学理论或假设而进行某种操作或从事某种活动。教学实验分广义和狭义两种,狭义教学实验是在严格的控制条件下进行的,在自然条件下进行的教学实验被称为广义的教学实验,文纳特卡制、道尔顿制、陶行知的 "教学做合一" 实验都可称为广义的教学实验。丁重宣认为:"凡以改造教育的制度及方法,而求其进步者,此种教育上的尝试,都可以称做教育实验。"[①] 近代学者对实验的理解界定在广义概念。教学实验是在普遍实施之前所做的工作,是一项创造性的超前工作,有预定的教育假设,期望实现特定的教育理想,同时,教学实验也是一项教育成就评价工作。[②] 通过实验的方式进行教学方法研究客观上可将近代的教学研究引向科学化和实证化,而追求科学化一直是教学方法研究的固有情结。《教育科学研究大纲》(罗廷光)、《教育研究法》(朱智贤)、《实验教育发微》(王秀南)、《智力测验法》(陈鹤琴、廖世承)、《订正比纳西蒙智力测验》(陆志韦)、《第二次订正中国比纳西蒙智力测验之经过》(吴天敏)、《实验教育》(罗廷光、王秀南)、《教育研究法讲话》(陈选善)、《教育之科学研究法》(钟鲁斋)、《国民教育问题实验研究法》(丁重

① 丁重宣:《国民教育问题实验研究法》,商务印书馆 1948 年版,第 193 页。
② 同上书,第 199—201 页。

宣），这些都是对近代教学改革实验的总结。近代学者认为，"治新教育者，必以实验教育学为根柢"，欲促进中国中国教育的发展，各地"须设实验教育之研究所"①。国外的新学说和方法传入后，先做实验，在实验检验的基础上再做推广或者修改后推广。

教学改革实验的后期，尽管教学实验仍冠以"某某法"的名称，实际上已经不是一种具体、单一的教学方法，而是一种包含教学理论的教学方法组合模式，即教学模式。教学模式将其中蕴含的教学理念具体化至可操作的程序中，教学模式是方法的组合形式，具有易操作、易模仿的特征，也易将方法实验的成果系统巩固。教学模式的实验逐渐从"大"一统的、"普遍"的、单一的"规定"转向个性化的、情境化的、多元的"策略"。

教学方法政策的颁布与课程、学制等不同，教学方法政策颁布之前，需要经过严格的实验过程，对其推广的有效性加以检验。1910 年 12 月 26日，学部《奏复普及教育最要及次要办法》，将"拟定单级教授、二部教授办法等"定为"最要之事"。其实在这之前，江苏省已派遣学者赴日学习单级教学法，并在省内进行了实验。1907 年上海成立单级教授传习所。1909 年 4 月，江苏教育总会筹设单级教授练习所，培训师资。在参观和实验的基础上，俞子夷、杨保恒和周维城一致认为，单级教学法对师资的选择宁精勿滥，有利于地方兴学，有利于学校事业的发达，同时也有利于教师的学术成长，有利于培养学生的自动作业能力。② 在此基础上，1911 年 8 月 5 日学部拟定单级教授办法折，具体推行单级教学法。"然近二百年来，教育界之进步，何莫非由试验而来？……吾国办学十余年，形式上虽不无可观，而教育进化之根本方法，则无人过问，故拘于古法，而徒仍旧贯者有之；慕于新奇，而专事仪型者有之。否则思而不学，凭空构思，一知半解，武断从事。即不然，则朝令夕罢，偶尔尝试。……何怪乎吾国教育之振也！故欲教育之刷新，非实行试验方法不为功。盖能试验，则能自树立；能自树立，则能发古人所未发，明今人所未明。"③

西方教学改革追求学生学习兴趣和学习的科学性，而中国教学法实

---

① 高平叔编：《蔡元培教育文选》，人民教育出版社 1980 年版，第 40—50 页。
② 熊贤君：《中国近代义务教育研究》，华中师范大学出版社 2006 年版，第 220—222 页。
③ 陶行知：《陶行知全集》（第一卷），四川教育出版社 1991 年版，第 244—246 页。

验最终追求目标是经济有效。"教学做合一""廉方教学法""单级教学法""复式教学法"无一不是围绕"经济性"原则展开。除此之外，近代的教学方法改革领域的实验具有依附教师培训的特征。当时的主要教师培训机构是讲习所，讲习所一般附设实验学校，给学员提供实习的场所，而新式教学方法通过该途径得以实验。民初教育部通令各省筹设小学教员讲习所，而热心的教育家多提倡单级教授。1914 年江苏省南汇县在暑假期间开设单级教授讲习所，以县内第一高等小学为实验基地。① 杂志刊载的讲习所实习教学评案详细记录了教学方法实验的细节，对此进行研究，有助于进一步理解通过实验方式进行教学方法改革的微观操作。

江苏省的单级教授练习所主要的培训对象是区内四个乡镇的小学教师，最初的教学采用示范的方式，时间为 1 个小时，效果不是十分明显。随即从各单式小学选取一、二、三、四年级的学生组成一个临时单级小学，每个年级 10 余名。临时小学的课程暂定为修身、国文和算术，教师示范教授，每学科课时定为 1 小时，同班同教材异程度，其中三、四学年合班教授。小学教师进行实习教学，实习期间安排三次批评会，示范教师、实习者和参观者就示范及实习中存在的问题展开讨论、研究教法。批评会的大致程序如下，实习者自我陈述、同学批评和教员批评。下面以顾佳耿的算术课为例加以说明。②

表 6—1　　　　　　　　　　顾佳耿算术课教学法

学科班级	甲班　算术　复习	乙班　算术　复习	丙班　算术　教授复习
教材及要项	衡数	百以内的加减乘除运算	复习十以内的加减乘除并教授数字 8 的写法和读法
教具	小黑板	小黑板	小黑板　计数器

---

① 顾旭侯：《单级教授实习评案》，《教育杂志》1914 年第 6 卷第 7 期。

② 同上。

续表

学科班级	甲班　算术　复习	乙班　算术　复习	丙班　算术　教授复习
教学方法	1. 准备用具 2. 揭示式题 　　斤　两　钱　分 　　4　5　4 　　+2　2　3 3. 各自演算 4. 订正 5. 揭示应用题 　问三斤共有几两？问一斤十二两共几两？ 6. 各自演算 7. 收集	1. 准备用具 2. 揭示式题 　54 + 36 = 　45 − 37 = 3. 各自演算 4. 订正 5. 揭示应用题 　木梳价钱35文，镜子价钱48文，问共价钱几文？ 6. 各自演算 7. 收集	1. 准备用具 2. 实物计算 　先用计数器计算十以内之加减乘除，后画鱼于黑板边画边计算至8。 3. 揭示画题 　8只犬 4. 各自描写 5. 巡视 6. 教授 　数字 8 的写法、读法 7. 各自练习 8. 订正

　　批评会实际上是改进意见讨论会，实习者、同学和教师三方讨论。自陈是实习者自己就教学方法的使用提出看法，对于上述教学过程顾佳耿本人认为丙班教学时间过多，以至于甲、乙班的学生在某段时间处于呆坐状态。同学提出甲班衡数习题过于简单，应考虑设置较大的数字，演练进位问题；丙班口问口答题"树上有8只鸟，举枪打死三只，树上还有几只"？题目本身存在歧义，可以是5只，也可以1只都没有；丙班的教学材料过多，直接教授占用时间过多，而甲、乙两班学生演算结束，呆坐时间过久，教师未及时给予订正；甲班的式题自钱及斤不妥；丙班教授8字写法时教师问学生"8"为中国字还是外国字？此问题教学价值较少；等等。同学的意见一般较为具体，或对或错，但都反映出参观者结合自身实践和对单级教学的理解，以旁观者的身份进行思考。教师的意见一般较为条理、宏观，对教态、教材和教法综合评价。教态活泼，口讲指画，均能使儿童有所观感，教音清晰，言辞爽朗足以感动儿童的听觉，难能可贵。丙班教学书画鱼时，重复问"此为何物"？教学价值和意义不大，等等。最后，三方就此次教学中结束部分较为局促状况形成

的原因展开讨论，或曰式题太少，或曰应用题太多，或曰丙班实物计数教材太多等。①

教学实验多在教师培训机构实施，以便形成一个具有教学实践经验的研究团队，团体研究更具有科学性，但同时也带来教学方法实验的连续性与周期性较差的不足。新式教学方法的实验研究属于风行状态，伴随一波又一波西方教学方法的传入，原有方法研究不断被刷新、中断，这与当时国人普遍存在的急功近利心态有关。新的传入，旧的停止，实验的内容更新较快，从而使得某一方法的实验研究缺乏连续性和周期性，在数量极少的实验基础上得出的结论未免草率。

二　教育家的改革精神与教学方法的多样化

"教学有法，但无定法，无法之法，是为至法"，教学方法的复杂灵活使得其研究呈现散碎特征，在具体选择和运用上要求教育者采取辩证、发展的态度。马卡连柯认为，"教育学是最辩证、最灵活的一门科学，也是最复杂、最多样化的一门科学"②。教学方法在使用中充满变数，蕴含着丰富多彩的生机和活力，为教育者主动性的发挥提供充分发挥的舞台。多样化和灵活化是教学方法本身引申出来的特性。

近代的教育家群体极富改革精神和激情。中国人长期形成"遇强不弱"的文化心理。面对列强的蚕食和欺凌，教育救国成为近代的主流，教育者赋予教育重大的历史使命。通过改革教育，培育崭新的人才养成模式，造就具有全新知识结构的社会新式职业者。传统教学方法主要是一套适用于汉语教学以及渗透其中的伦理教学的教学方法体系。洋务运动时期，新式学校教学以语言教学和军事类科目为主，康有为认为新式学校的学校教学较少利用实验室，国外修行的机会不多，且数量有限，不敷全国之用。③康有为提倡建立更多的新式学校，大力改进课程和教学方法。至于如何改进？康有为建议将书院改为中学，将"淫祠"改为小

---

① 顾旭侯：《单级教授实习评案》，《教育杂志》1914 年第 6 卷第 7 期。

② ［苏］马卡连柯：《马卡连柯教育文集》（下卷），吴式颖等编译，人民教育出版社 1985 年版，第 15 页。

③ ［美］萧公权：《近代中国与新世界——康有为变法与大同思想研究》，汪荣祖译，凤凰出版传媒集团、江苏人民出版社 2007 年版，第 284 页。

学，追求西学的同时不放弃中国特有的文化遗产。中国传统的教学行为方式仍然具有价值，值得部分保留。一位在中国服务过的美国外交官也持类似的看法，认为："中国必须学习其他民族的良好方式，并考虑他们成功的道德因素，否则不能成为一（个）有效率的国家。但中国也必须认真对待其自身文化的精华……抛弃过去的逆流，中国仍可以新面貌……而成强国。"① 其实，不仅对文化而言，教学方法的改革也不例外。审慎的改革态度和举措具有保守的一面，但从另一方面也可以看作务实的表现，是在深刻了解自身的基础上从容自信地吸收国外先进经验的表现，运用机智和技巧使中西教学方法成功焊接，成为各自文化的有机组成部分。

列强的枪炮将中国人的这份自信心逐步摧毁，20世纪初期，中国教育界对先进国家的教学方法盲目追捧，甚至到了凡国外即优秀，凡传统即劣次的地步。教育改革者的魄力和精神实乃空前。存在即合理，特定历史时空诞生特定的社会现象。教学方法改革的初期，传统的力量具有较大的延后性和排外性，要融合和吸收另外一种异质文化，遭遇到的困难不容低估。教学方法背后蕴含的教学观念的冲突，是激烈而持久的。杜威的学生胡适早期秉承杜威和詹姆士对于新旧文化的原则，主张新旧教学方法的有机融合。但民国初期的教学现状以及旧方法的顽固，使胡适放弃了原有的观点，主张与过去完全断裂。实际上，无论是形式还是实质，彻底西化都不失为一种有效的改革方式，"矫枉过正"的道理大概如此。1909年有位英国人这样描述新政时期的社会变革："中国基本上已改变了。以前是世界上最保守之国，而今似有许多的激烈改变。当我问一传教士的看法，他说已离开中国三个月，所见可能已经过时，不足信赖。"② 激烈的改革背后是教育观念的革新、教学方法的多样化和教师对于各种教学方法运用的纯熟。

教学方法是课程的实施形式，教学方法的研究仅拘泥于形式，会失

---

① Paul S. Reinsch, *Intellectual and Political Currents in the Far East*, p.186. 转引自［美］萧公权《近代中国与新世界——康有为变法与大同思想研究》，汪荣祖译，凤凰出版传媒集团、江苏人民出版社2007年版，第288—289页。

② ［美］萧公权：《近代中国与新世界——康有为变法与大同思想研究》，汪荣祖译，凤凰出版传媒集团、江苏人民出版社2007年版，第292页。

之于死板,教学实践中教学方法的采用具备变通之妙。近代教育者在教学方法的实施上,逐渐走向灵活。适应季节的变化调整教学方法,人的感觉、情感和动作会受到季节变化的影响,"溽暑如蒸即勉阅一页之书,亦有倦意",春风和煦则精神抖擞,无事不宜,"秋气肃杀则夏愁以思而多哀",至于"朔风凛冽草木摇落寒冬萧瑟则思,摒除百事围炉取暖"。其余如或风或雨或阴晦或晴和,天气的变化莫不与心情息息相关,教学效果各异。教学方法的采用灵活,春天万物复苏,师生的精力充沛,"校庭中百般红紫芬芳馥郁辉映于教室正可借以添教授之兴趣,助习业之况味"①,夏天可采用室外教学,秋季宜采用实地观察法,巧妙利用自然景观,杜绝无聊。教学方法的使用因时因地制宜。教育者在教学方法的使用上能有如此开放的态度,与传统私塾教学中,教师将学生束缚在昏暗的教室内,正襟危坐,用挥舞的教鞭和严肃的神情进行教学的情形相比,进步程度不言而喻。

三 教育家的理性思考与教学方法的本土化

中国有着悠久的教学发展史,在漫长的教学实践中形成自己独特的经史教学方法体系。传统教学方法体系中虽多为经验型总结,但不乏科学的成分。近代教学方法的改革如何在原有基础上,借鉴西方的研究方法逐渐走向科学化,始终是理性的近代教育家思考问题之一。1918 年俞子夷编制了第一份《小学国文毛笔书法量表》,将书法教学的测评工作由教师的经验性判断转向标准化测量,经验性判断依赖于教师本身的书法及鉴赏水平,对教师素质要求较高,在操作上存在失之臆断的可能。俞子夷将西方的标准化测量工具加以改造,并在此基础上编制书法量表,有利于一线教师的标准化操作。近代的教育家群体是一个敢于创新的群体,1920 年廖世承、陈鹤琴合编《智力测验法》中自编 12 种测验方法,因为植根于中国教学实践,具有一定的代表性,在国际上产生一定的影响。1923 年麦柯尔出版的世界第一本教育实验研究方法《怎样搞教育实验》(*How to Experiment in Education*)中多次引用介绍廖世承等人的研究成果。晏阳初 20 世纪 30 年代实施定县实验,探索中国农村教育和教学问

---

① 儇吾:《适应季节之教授法》,《教育杂志》1913 年第 5 卷第 2 期。

题。民族的便是世界的。1943 年"哥白尼逝世四百年全美纪念委员会"推选晏阳初为"现代世界最具革命性贡献十大伟人"之一。

近代教育家对中国教学问题的理性思考，不仅表现在借鉴西方的科学化研究方法，而且表现在学习西方教学方法的过程中所秉承的实验观。实验的过程是西方教学方法与中国学校教学实践磨合和检验的过程。中国公学中学部所实验的道尔顿制，与西方的道尔顿制并不完全相同，并不完全依赖自动作业，"堂课还占主位"，学生不能按照自己学习的进度决定层次升降，依然会考虑整个班级的教学进度。张九如提出协动教学法，原意是想把设计教学法、道尔顿制、葛雷制"三种制度的长处，化成一串的教学法"[①]，尽管三种教学法由于要求条件不同，试行情况各异，但基调基本一致。协动教学法曾在江苏九师附小进行实验验证。

实际上，协动教学法存在的意义并不在于其理论上是否有独特的体系，关键在于它们是中国学者在前期教学方法实验的基础上，自主提出并在个别学校利用实验的方式进行过检验的方法体系，是中国学习西方的初步成果，正如张九如本人所言："我们采取人家发明的教学法绝不是抄 A 即 A，抄 B 即 B，照抄一下就算的，必须将 AB 结合，化成一个适合国情、童心的 C 来，才是教育者的天职。"[②] 从这个意义上来说，具有独特的实践价值。

近代西方教育家与中国知识分子的关系极为紧密，以杜威为例，中国近代知名的教育学者陶行知、胡适、陈鹤琴等都曾师从杜威，美国塞顿·霍尔大学教授培里（T. Berry）曾撰文《杜威对中国的影响》（Dewey's Influence in China）指出："杜威自己同中国知识分子之间在学术思想上的交往程度确实是令人惊讶的。"[③] 杜威的"做中学"教育哲学对中国的教学方法界产生巨大的影响，成为方法改革的指导思想，其中的实施主体是留美学生。近代留美学生极具批判和创造精神，他们发现杜威的方法体系在中国行不通，不得不引起我们的深思和反省，陶行知提出生活教育理论，陈鹤琴也在批判继承的基础上，结合其中国的教育

[①]　张九如：《协动教学法的尝试》，《教育杂志》1923 年第 15 卷第 10 期。

[②]　同上。

[③]　单中惠、王凤玉编：《杜威在华教育讲演》，教育科学出版社 2007 年版，第 9—10 页。

实践创造出自己独特的学前教学方法体系。"教学做合一"是晓庄师范的校训，是陶行知生活教育理论的方法体系，起源于杜威的"做中学"，"教学做是一件事，而不是三件事。我们要在做上教，在做上学。在做上教的是先生；在做上学的是学生。从先生对学生的关系说：做便是教。从学生对学生的关系说：做便是学。先生拿做来教，乃是真教；学生拿做来学，方是实学"①。陶行知主张怎么做便怎么教，在农田中学习耕作，在游泳池中学习游泳。晓庄师范的生物学教师姚文采拿着教材走向课堂，途中被陶行知拦截下来，"你来上课吗？你要先把书本摆在一边去"。姚老师有些不服气，"我教了十多年的生物学了，还不行吗？"陶行知一口回绝，"不行，你要随时教育，随地教育，随任教育，才行得通啊"。姚老师在返回途中，静心思考陶行知的言语，终于想明白生物教学要把"捉蛇的请来，教捉蛇，教认识蛇，教认识治蛇咬伤的草药"②。20世纪二三十年代，陶行知的教学思想已经传播到日本、美国和苏联，促进国际教育的繁荣。在国内更是产生的广泛的影响，宝山县立师范学校将"教学做合一"改为"做学教合一"。哈佛大学教授费正清（J. K. Fairbank）指出："陶行知是杜威的学生，但他正视中国的问题，则超越了杜威。"陶行知的学生张劲夫也指出，陶行知早期"受到杜威的影响，但他回到中国以后，尤其是到了人民群众中以后，就逐渐改变了观点。……并逐渐形成了自己的独特观点"③。

　　理性思考是借鉴学习积累到一定程度的结果，同时与近代教育家群体本身具备的精神特质有关。近代的教育家群体有着独特的教育经历，私塾教学、洋务学堂、教会学校、新式中小学以及国外的大学教育，基本上形成了近代教育者的求学轨迹，求学经历较为丰富。以李廉方为例，其父以塾师为营，李廉方6岁从父读书，9岁从师艾品南，12岁中秀才，1896年入湖北经心书院，后转入两湖书院，1902年派赴日本，入宏文学院速成师范科。求学环境较为复杂，近代社会并不是一个和平的社会，

　　①　何宏玲考释：《陶行知》，山东文艺出版社2006年版，第91页。

　　②　姚文采：《陶师生平》，转引自何宏玲考释《陶行知》，山东文艺出版社2006年版，第93—94页。

　　③　单中惠、王凤玉编：《杜威在华教育讲演》，教育科学出版社2007年版，第11页。

始终伴随着战争及不公平的条约，屈辱感时刻萦绕在教育者的心头。因此，近代教育者的学习过程具有较强的目的性，个人的事业前途之外，民族的奋发图强也不容忽视，在学习借鉴国外教学方法的过程中具有了更多的理性思考。

主要参考文献

著作：

艾伟：《国语问题》，中华书局 1948 年版。

［英］阿绮波德·立德：《穿蓝色长袍的国度》，刘云浩、王成东译，中华书局 2006 年版。

《北平香山慈幼院院史》，台北香山慈幼院校友会 1983 年自刊本。

北京市教育科学研究所编：《陈鹤琴全集》，江苏教育出版社 1989 年版。

柏刻等，国立编译馆译：《中国教育之改进》，国立编译馆译，国立编译馆 1932 年版。

［英］彼得·伯克：《历史学与社会理论》，姚朋、周玉鹏等译，上海人民出版社 2000 年版。

巴班斯基：《中学教学方法的选择》，教育科学出版社 1985 年版。

蔡振生：《张之洞教育思想研究》，辽宁教育出版社 1994 年版。

陈旭麓：《近代中国社会的新陈代谢》，上海社会科学出版社 2006 年版。

陈景磐：《中国近代教育史》，人民教育出版社 1979 年版。

陈秀云：《陈鹤琴教育文集》，北京出版社 1983 年版。

陈昌来：《二十世纪的汉语语法学》，书海出版社 2002 年版。

陈黎明等：《二十世纪中国语文教学》，中国农业科技出版社 2002 年版。

陈必祥主编：《中国现代语文教育发展史》，云南教育出版社 1987 年版。

陈学恂主编，董远骞、施毓英编：《俞子夷教育论著选》，人民教育出版社 1991 年版。

陈学恂主编：《中国近代教育史教学参考资料》（上册），人民教育出版社 1986 年版。

陈学恂主编：《中国近代教育史教学参考资料》（下册），人民教育出版社
　　1987 年版。

陈鹤琴编著：《活教育理论与实施》，上海华华书店 1949 年版。

陈鹤琴，北京市教育科学研究所编：《陈鹤琴教育文集》（下），北京出版
　　社 1985 年版。

陈宝泉、陶行知、胡适编：《孟禄的中国教育讨论》，实际教育调查社
　　1922 年版。

（元）程端礼：《程氏家塾读书分年日程纲领·四部丛刊续编》，商务印书
　　馆 1934 年版。

董宝良：《陶行知教育论著选》，人民教育出版社 1991 年版。

董宝良、周洪宇：《中国近现代教育思潮与流派》，人民教育出版社 1997
　　年版。

董远骞：《中国教学论史》，人民教育出版社 1998 年版。

董菊初：《叶圣陶语文教育思想概论》，开明出版社 1998 年版。

董远骞：《余子夷教育论著选》，人民教育出版社 1991 年版。

戴自俺主编：《张雪门幼儿教育文集》（上卷），北京少年儿童出版社
　　1994 年版。

邓洪波：《中国书院史》，东方出版中心 2004 年版。

丁重宣：《国民教育问题实验研究法》，商务印书馆 1948 年版。

丁证霖：《当代西方教学模式》，山西教育出版社 1991 年版。

多贺秋五郎：《近代中国教育史资料》，台湾：文海出版有限公司 1976
　　年版。

高天明：《20 世纪我国中小学教学方法变革研究》，广东教育出版社 2006
　　年版。

高晓芳：《晚清洋务学堂的外语教育研究》，商务印书馆 2007 年版。

高时良：《中国教会学校史》，湖南教育出版社 1994 年版。

高时良、黄仁贤编：《中国近代教育史资料汇编·洋务运动时期的教育》，
　　上海教育出版社 2007 年版。

国际联盟教育考察团编：《国际联盟教育考察团报告》，台北文海出版社
　　有限公司影印 1986 年版。

顾卫民：《基督教与近代中国社会》，上海人民出版社 1996 年版。

顾长声：《传教士与近代中国》，上海人民出版社 1980 年版。

郭戈：《李廉方教育思想研究》，教育科学出版社 1995 年版。

顾长声：《从马礼逊到司徒雷登——来华新教传教士评传》，上海人民出版社 1985 年版。

傅彬然：《小学教学法》，开明书店 1931 年版。

范文澜：《中国通史简编》（第 2 编），人民教育出版社 1949 年版。

费正清、刘广京编：《剑桥中国晚清史》（上卷），中国社会科学出版社 1985 年版。

何宏玲考释：《陶行知》，山东文艺出版社 2006 年版。

华中师范学院教育科学研究所主编：《陶行知全集》（第 1 卷），湖南教育出版社 1984 年版。

华中师范学院教育科学研究所主编：《陶行知全集》（第 2 卷），湖南教育出版社 1985 年版。

胡伯威：《儿时"民国"》，广西师范大学出版社 2006 年版。

胡适：《四十自述》，中国文联出版社 1939 年版。

何兆武口述，文靖撰写：《上学记》，生活·读书·新知三联书店 2006 年版。

何晓夏：《简明中国学前教育史》，北京师范大学出版社 1990 年版。

［德］赫尔巴特：《普通教育学》，尚仲衣译，商务印书馆 1936 年版。

黄书光：《陈鹤琴与现代中国教育》，上海教育出版社 1998 年版。

黄炎培：《黄炎培考察教育日记》，商务印书馆 1915 年版，第 158 页。

黄济、王策三：《现代教育论》，人民教育出版社 1996 年版。

黄书光：《国家之光，人类之瑞——复旦公学校长马相伯》，山东教育出版社 2004 年版。

黄甫全、王本陆：《现代教学论学程》，教育科学出版社 1998 年版。

［美］加里·D. 鲍里奇：《有效教学方法》，易东平译，江苏教育出版社 2002 年版。

教育杂志社编：《小学国语教学法概要》，商务印书馆 1925 年版。

教育杂志社编：《外国语教学法》，商务印书馆 1925 年版。

教育杂志社编：《小学史地教学法》，商务印书馆 1925 年版。

教育杂志社编：《工艺科教学法》，商务印书馆 1925 年版。

教育杂志社编:《小学教学法概要》,商务印书馆 1925 年版。

翦伯赞等编:《戊戌变法》(第 1 册),神州国光社 1953 年版。

康绍言,薛鸿志编辑:《设计教学法辑要》,商务印书馆 1922 年版。

[美] 克伯屈:《教学方法原理——教育漫谈》,王建新译,人民教育出版社 1991 年版。

[美] 克雷明:《学校的变革》,单中惠等译,上海教育出版社 1994 年版。

[美] E. P. 克伯雷选编:《外国教育史料》,华中师范大学教育系等译,华中师范大学出版社 1991 年版。

李定仁:《教学思想发展史略——历史、现状与发展趋势》,青海人民出版社 1993 年版。

李秉德:《教学论》,人民教育出版社 1991 年版。

李良佑、张日昇、刘犁:《中国英语教学史》,上海外语出版社 1988 年版。

李国钧:《中国教育制度通史》(第 5—7 卷),山东教育出版社 2000 年版。

[英] 李提摩太:《亲历晚清四十五年——李提摩太在华回忆录》,李宪堂、侯林莉译,天津人民出版社 2005 年版。

李喜所:《中国留学史论稿》,中华书局 2007 年版。

李廉方:《小学低年级综合课程论》,中华书局 1934 年版。

(清) 李鸿章著,许同莘编:《张文襄公全集》,文海出版社 1970 年版。

梁启超:《中国近三百年学术史》,生活·读书·新知三联书店 2006 年版。

梁启超:《清代学术概论》,中国古籍出版社 2006 年版。

罗廷光、王秀南编:《实验教育》,钟山书局 1933 年版。

李晓农、辛曾辉编:《乡村小学教学法》,黎明书局 1936 年版。

(宋) 陆九渊:《陆九渊集》,中华书局 1980 年版。

吕达、刘立德主编:《舒新城教育论著选》(上),人民教育出版社 2000 年版。

吕达:《中国近代课程史论》,人民教育出版社 1994 年版。

吕静、周谷平:《陈鹤琴教育论著选》,人民教育出版社 1994 年版。

[苏] 马卡连柯:《马卡连柯教育文集》(下卷),吴式颖等编译,人民教

育出版社 1985 年版。

毛仲英主编:《俞庆棠教育论著选》,人民教育出版社 1992 年版。

毛礼锐、沈灌群主编:《中国教育通史》,山东教育出版社 2005 年版。

[英] 麦高温:《中国人生活的明与暗》,朱涛、倪静翻译,中华书局
　　2006 年版。

[美] 纳尔逊·鲍新:《现代中学教学法》,黄式金、赵望译,世界书局
　　1936 年版。

裴娣娜主编:《教学论》,教育科学出版社 2007 年版。

钱刚、胡劲草:《留美幼童——中国最早的官派留学生》,文汇出版社
　　2004 年版。

瞿葆奎:《教育学文集·教学》(上、中),人民教育出版社 1988 年版。

R. M. 加涅:《学习的条件和教学论》,皮连生、王映学、郑葳等译,华东
　　师范大学出版社 1999 年版。

[日] 入则宗寿:《新教授法原论》,罗迪先译,商务印书馆 1924 年版。

任代文主译: 《蒙台梭利幼儿教育科学方法》,人民教育出版社 1993
　　年版。

[美] 任达:《新政革命与日本》,李仲贤译,江苏人民出版社 1998 年版。

宋恩荣: 《中华民国教育法规选编 (1912—1949)》,江苏教育出版社
　　1990 年版。

宋恩荣主编:《晏阳初全集》(第一卷),湖南教育出版社 1989 年版。

孙培青:《中国教育史》,华东师范大学出版社 2000 年版。

孙培青、李国钧:《中国教育思想史》,华东师范大学出版社 1995 年版。

(清) 孙诒让著,孙以楷点校:《墨子闲诂》,中华书局 1986 年版。

璩鑫圭编:《中国近代教育史资料汇编·鸦片战争时期教育》,上海教育
　　出版社 2007 年版。

单中惠、王凤玉编:《杜威在华教育讲演》,教育科学出版社 2007 年版。

单中惠:《外国教育思想史》,高等教育出版社 2004 年版。

舒新城:《中国近代教育史资料》,人民教育出版社 1961 年版。

[苏] 斯卡特金:《中学教学论》,赵维贤译,人民教育出版社 1985 年版。

苏云峰:《中国新教育的萌芽与成长:1860—1928》,北京大学出版社
　　2007 年版。

上海市陶行知研究会、上海市陶行知纪念馆、上海师范大学陶研会编：《陶行知佚文集》，四川教育出版社1989年版。

上海古籍出版社上海书店编：《二十五史》，上海古籍出版社、上海书店1986年版。

沈桐生辑：《光绪政要》（第27卷），上海崇义堂刊本1909年版。

沈弘：《晚清映像——西方人眼中的近代中国》，中国社会科学出版社2005年版。

舒新城：《道尔顿制研究集》，中华书局1930年版。

舒新城：《现代教育方法》，商务印书馆1930年版。

C. E. Reeves：《中学教学法》，孙邦正译述，商务印书馆1946年版。

宋恩荣、章咸选编：《中华民国教育法规选编》，江苏教育出版社2005年版。

史静寰：《狄考文和司徒雷登在华的教育活动》，文津出版社1991年版。

汤才伯主编：《廖世承教育论著选》，人民教育出版社1992年版。

陶行知：《陶行知全集》（第一卷），四川教育出版社1991年版。

陶蒲生、尹旦侯编：《刘寿棋教育文集》，湖南教育出版社1992年版。

田正平主编：《中外教育交流史》，广东教育出版社2004年版。

田正平主编：《中国教育史研究·近代分卷》，华东师范大学出版社2001年版。

田正平主编：《中国小学常识教学史》，山东教育出版社1996年版。

田正平：《留学生与中国教育近代化》，广东教育出版社1996年版。

汤志钧、陈祖恩编：《中国近代教育史资料汇编·戊戌时期教育》，上海教育出版社2007年版。

陶行知：《中国教育改造》，东方出版社1996年版。

唐淑、钟昭华：《中国学前教育史》，人民教育出版社1993年版。

滕大春：《外国近代教育史》，人民教育出版社1989年版。

王策三：《教学实验论》，人民教育出版社1998年版。

王策三：《教学论稿》，人民教育出版社1985年版。

王权：《中国小学数学教学史》，山东教育出版社1996年版。

王建军：《中国近代教科书发展研究》，广东教育出版社1996年版。

王先谦、沈孝环：《荀子集解》，中华书局1988年版。

（清）王之春著，赵春晨点校：《清朝柔远记》，中华书局 2000 年版。

王晓德：《美国文化与外交》，世界知识出版社 2000 年版。

汪刘生：《教学美学》，吉林人民出版社 2004 年版。

周谷平：《近代西方教育理论在中国的传播》，广东教育出版社 1996
　年版。

王森然：《中学国文教学概要》，商务印书馆 1929 年版。

王卓然：《中国教育一瞥录》，商务印书馆 1933 年版。

王桂：《日本教育史》，吉林教育出版社 1987 年版。

［澳］W. F. 康内尔：《二十世纪世界教育史》，张法琨、方能达、李乐天
　等译，人民教育出版社 1990 年版。

魏源：《海国图志》（中），岳麓书院 1998 年版。

魏庚人：《中国数学教育史》，人民教育出版社 1987 年版。

（清）学部总务司编：《学部奏咨辑要》，文海出版社 1986 年版（影印
　本）。

［美］萧公权：《近代中国与新世界——康有为变法与大同思想研究》，汪
　荣祖译，凤凰出版传媒集团、江苏人民出版社 2007 年版。

熊贤君：《中国近代义务教育研究》，华中师范大学出版社 2006 年版。

［汉］许慎撰，（清）段玉裁注：《说文解字注》，中州古籍出版社 2006
　年版。

谢国桢：《明末清初的学风》，上海书店出版社 2006 年版。

吴洪成：《中国小学教育史》，山西教育出版社 2006 年版。

吴研因、吴增芥编：《小学教学法》，中华书局 1933 年版。

吴研因、翁之达等：《最近三十五年之中国教育》，商务印书馆 1931
　年版。

吴康宁：《教育社会学》，人民教育出版社 1998 年版。

吴增芥，沈百英等编著：《幼稚园游戏一百六十种》，商务印书馆 1935
　年版。

熊明安、周洪宇：《中国近现代教育实验史》，山东教育出版社 2000
　年版。

徐珍：《中外教学法演进》，群言出版社 1996 年版。

徐珍：《教学方法演讲》，复兴书局 1974 年版。

邢志柏主编：《塘沽教育百年》，天津教育出版社 2007 年版。

［加］许美德、［法］巴斯基：《中外比较教育史》，朱维铮等译，上海人民出版社 1990 年版。

杨汉麟：《外国教育实验史》，人民教育出版社 2005 年版。

杨小微：《转型与变革——中小学改革与发展的方法论》，湖北教育出版社 2004 年版。

［英］约·罗伯茨：《十九世纪西方人眼中的中国》，蒋重跃、刘林海译，中华书局 2006 年版。

俞子夷：《新小学教材和教学法》，福建教育出版社 2006 年版。

袁刚等编：《民治主义与现代社会——杜威在华讲演集》，北京大学出版社 2004 年版。

姚淦铭等编：《王国维文集》（第 3 卷），中国文史出版社 1997 年版。

《岳麓书院一千零一十周年纪念文集》，湖南教育出版社 1986 年版。

（清）颜元著，王星贤等点校：《颜元集》（下），中华书局 1987 年版。

延安时事教育研究会编：《抗战中的中国文化教育》，上海人民出版社 1961 年版。

张传燧：《中国教学论史纲》，湖南教育出版社 1999 年版。

张瑞璠：《中国教育史研究·先秦卷》，华东师范大学出版社 1995 年版。

张之洞：《张文襄公全集》（卷 79），北平文华斋 1928 年版。

张九如编：《试行协动教学法的成绩报告》，商务印书馆 1925 年版。

张雪门：《幼稚园教材研究》，中华书局 1934 年版。

张瑞策编著：《小学教学法》，北平文化学社 1934 年版。

张平海：《现代化视野下的中国教育（1862—1922）》，云南大学出版社 2006 年版。

周秋光编：《熊希龄集》（下），湖南出版社 1996 年版。

庄文中编：《张志公论语文教学改革》，江苏教育出版社 1987 年版。

赵祥麟主编：《外国教育家评传》（2），上海教育出版社 1992 年版。

赵廷为编著：《小学教学法通论》，商务印书馆 1936 年版。

赵廷为：《普通教学法》，中华书局 1941 年版。

钟鲁斋：《小学各科新教学法之研究》，商务印书馆 1936 年版。

钟鲁斋：《文纳特卡式的教学法实验》，《教育之科学研究法》（附录），商务印书馆 1935 年版。

中央教育科学研究所编:《中国现代教育大事记》,教育科学出版社 1988 年版。

中国第二历史档案馆编:《中华民国史档案资料汇编·教育(一)》(第 五辑第一编),江苏古籍出版社 1994 年版。

中央教育科学研究所编:《陶行知教育文选》,教育科学出版社 1981 年版。

中国实学研究会主编:《实学文化与当代思潮》,首都师范大学出版社 2002 年版。

中华续行委办会调查特委会:《中华归主:中国基督教事业统计 1901— 1920》,中国社会科学出版社 1987 年版。

中央教科所、比较教育研究室:《国际教育百科全书·教学》(下),教育 科学出版社 1990 年版。

《中国教育会第二次"三年"会议记录》,美华书馆 1896 年英文版。

中华书局编辑部编:《魏源集》(上),中华书局 1976 年版。

中国大百科全书出版社编:《中国大百科全书·教育》,中国大百科全书 出版社 1985 年版。

中央大学实验小学编:《一个小学十年努力记》,中华书局 1930 年版。

朱有瓛主编:《中国近代学制史料》(第 2 辑)(上册),华东师范大学出 版社 1987 年版。

朱有瓛:《中国近代学制史料》(第 1 辑)(下册),华东师范大学出版社 1986 年版。

朱有瓛:《中国近代学制史料》(第 3 辑),华东师范大学出版社 1990 年版。

朱杰人、严佐之、刘永翔主编:《朱子全书·第十八册》,上海古籍出版 社、安徽教育出版社 2002 年版。

朱有瓛、高时良:《近代中国教会学校》,华东师范大学出版社 1993 年版。

中央教育科学研究所编:《叶圣陶语文教育论集》(上册),教育科学出版 社 1980 年版。

论文：

程蕾：《中国近代社会群体变迁研究》，西北大学，2005 年。

方平：《近现代中学历史教学方法的比较研究》，南京师范大学，2004 年。

高鹃：《民国时期山西义务教育研究（1912—1937）》，山西师范大学，2005 年。

顾卫星：《晚清学校英语教学研究》，苏州大学，2001 年。

顾月琴：《浅析新中国成立之初的十年中学历史教学》，华东师范大学，2005 年。

胡小君：《近代中国基督教中学研究》，苏州大学，2003 年。

栾桂芳：《古代小说教学方法初探》，辽宁师范大学，2005 年。

王小丁：《中美教育关系研究》，河北大学，2007 年。

熊梅：《启发式教学原理研究》，东北师范大学，1996 年。

袁春艳：《当代国际外语教学法发展研究》，南京师范大学，2006 年。

周海春：《中国近代早期改革派的心路历程》，中国人民大学，2003 年。

张娜：《清末新政时期的中小学堂教习》，北京师范大学，2002 年。

期刊：

[日] 阿部洋著，钟启泉译：《保尔·孟禄与中国的近代教育》，《外国教育资料》1996 年第 1 期。

陈宝泉：《对于设计教学法辑要的感想》，《新教育》1922 年第 4 卷第 5 期。

陈松：《北平公理会暑期儿童圣经班报告》，《华北公理会联会会刊》1931 年第 5 卷第 7 期。

成均菴：《美国公理会总会田修博士来晋汾之感言》，《华北公理会联会会刊》1931 年第 5 卷第 4 期。

陈科美：《来华演讲之克伯屈教授》，《教育杂志》1927 年第 19 卷第 2 期。

鲍德征：《道尔顿制实验室计划》，《教育杂志》1922 年第 14 卷第 6 期。

代钦：《我国近现代数学教学法发展研究》，《内蒙古师大学报》2000 年第 2 期。

范延妮:《试述晚清教学方法及其启示》,《基础教育外语教学研究》2003年第 8 期。

范云龙:《今日研究教育者应有的觉悟和认识》,《中华教育界》1931 年第 19 卷第 2 期。

郭戈:《李廉方的教育实验述评》,《教育研究与实验》1991 年第 2 期。

郭戈:《"廉方教学法"述评》,《河南大学学报》(社会科学版)1992 年第 3 期。

葛承训:《设计教学之调查研究》,《中华教育界》1925 年第 14 卷第 12 期。

浮邱:《徐汇公学之笞刑》,《教育杂志》1910 年第 2 卷第 1 期。

顾卫星:《晚清传教士关于教会学校英语教学的争论》,《解放军外国语学院学报》2002 年第 1 期。

顾旭侯:《单级教授实习评案》,《教育杂志》1914 年第 6 卷第 7 期。

[日] 贺川丰彦:《个人之宗教教育》,《华北公理会联会会刊》1931 年第 5 卷第 4 期。

江苏省立第一师范附属小学校读法研究部:《国文科读法教授顺序说明书》,《小学校》1915 年第 3 号。

黄甫全:《关于教学、课程等几个术语含义的中外比较辨析》,《课程·教材·教法》1993 年第 7 期。

滑红霞:《教学风格与教学方法探微》,《教育理论与实践》2000 年第 5 期。

胡叔异、张铭鼎笔记:《中国目前的教育问题》,《克伯屈在京演讲录》,《教育杂志》1927 年第 19 卷第 6 期。

胡叔异、张铭鼎笔记:《道德与教育》,《克伯屈在京演讲录》,《教育杂志》1927 年第 19 卷第 6 期。

贾醴臻:《今后吾国教育上应行革新之点》,《教育杂志》1919 年第 11 卷第 12 期

馔吾:《适应季节之教授法》,《教育杂志》1913 年第 5 卷第 2 期。

李静蓉:《近代语文教育实验的历史回顾》,《中学语文教学参考》1997 年第 4 期。

李文英:《赫尔巴特教育理论在日本》,《河北师范大学学报》(教育科学

版）2001 年第 3 期。

李高峰：《20 世纪 30、40 年代的华美协进社》，《沧桑》2002 年第 5 期。

李廉方：《实小教育》，《河南教育月刊》1932 年第 2 卷第 3 期。

Li Yu, *Learning to read in late imperial China*, Studies on Asia, series II,
　　Vol. 1, No. 1

林砺儒、程时煌：《中国之中等教育》，《北京师大教育丛刊》1923 年第 4
　　卷第 2 期。

刘爱云：《教学方法分类体系的构建》，《教育评论》2000 年第 6 期。

刘虹：《癸卯学制百年简论》，《河北师范大学学报》2004 年第 6 期。

孙本文：《中学校之读文教学》，《教育杂志》1919 年第 11 卷第 7 期。

沈百英：《设计教学的种类和方法》，《教育杂志》1926 年第 18 卷第
　　5 期。

舒新城：《今后中国的道尔顿制》，《中华教育界》1925 年第 15 卷第
　　5 期。

威斯顿·P. A. 格兰顿：《教学方法的分类及各类方法的特征》，陈晓瑞
　　译，《外国教育研究》1993 年第 3 期。

王海燕：《张之洞与癸卯学制的制定》，《历史教学问题》2000 年第 3 期。

王炎：《现实教育无实效之原因及应行改良之点》，《教育杂志》1914 年
　　第 6 卷第 1 期。

汪海龙：《论设计教学法对语文课程改革的启示》，《天津师范大学学报》
　　（基础教育版）2004 年第 3 期。

盛朗西：《重估赫尔巴特派五段教学法之价值》，《教育杂志》1924 年第
　　16 卷第 11 期。

徐学莹：《蒙台梭利教育实验与儿童教育述评》，《基础教育研究》2001
　　年第 11 期。

肖朗、叶志坚：《王国维与赫尔巴特教育学说的导入》，《华东师范大学学
　　报》（教育科学版）2004 年第 4 期。

杨汉麟：《论近现代外国教育实验的分期及特点》，《当代教育论坛》2005
　　年第 3 期。

杨祥：《算术科之自学辅导法》，《教育杂志》1916 年第 8 卷第 10 期。

庾国琼：《颜之推的教育思想》，《四川师院学报》1984 年第 3 期。

俞子夷：《读了十二本设计教学法专书后》，《教育杂志》1924 年第 16 卷第 10 期。

俞子夷：《欧美新教育之趋势（二）新教授法之根本原则》，《小学校》1914 年第 2 期。

俞子夷：《复式学级的常识教材》，《教育杂志》1939 年第 29 卷第 9 期。

俞子夷：《二十年前乡村学校生活里的我》，《教育杂志》1927 年第 19 卷第 12 期。

余家菊：《道尔顿制之实际》，《中华教育界》1922 年第 12 卷第 12 期。

张斌贤、陈露茜：《赫尔巴特在美国》，《教育学报》2006 年第 5 期。

张正东：《论中国外语教学法理论（上）》，《基础教育外语教学研究》1999 年第 2 期。

张多默：《马相伯与徐汇公学、复旦大学》，《世界宗教文化》2004 年第 1 期。

郑朝熙：《单级教授之要项》，《教育杂志》1913 年第 5 卷第 9 期。

郑宗海：《教育方法必要论》，《教与学月刊》1935 年创刊号。

张顯光：《实用主义潮流中之作文教授》，《教育杂志》1917 年第 9 卷第 8 期。

报纸：

《申报》1909 年 4 月 28 日；1909 年 10 月 1 日。

《民国日报》1931 年 1 月 11 日；1931 年 5 月 18 日；1931 年 5 月 18 日。

《申报》1931 年 2 月 5 日。

教育部总务局第二科公报室编：《教育部公报》，1931 年 3 月 35 日；1931 年 4 月 25 日、26 日；1931 年 5 月 29 日、30 日。

《大公报》1936 年 12 月 7 日。

《中国教育报》2001 年 7 月 27 日第 2 版。

《中国丛报》卷 5、卷 11、卷 13。

英文资料：

Grant, Gerald, *Teaching in America：The Slow Revolution*, Cambridge, Mass：Harvard University Press, 1999.

Stern, H. H. , *Fundamental Concepts of Language Teaching*, New York: oxford University Press, 1983: 455.

Report of the Anglo-Chinese College and Chinese Missions at Malacca, Malacca: Printed at the Mission Press, 1825: 4 – 6

Helen Parkherst, *Education on the Dalton Plan*, G. Bell and Sons Ltd. , London, 1937.

James W. Bashford, *China: An Interpretation*, The Abingdon Press, 1907.

Survey of Chinese Students in American Universities and Colleges in the Past One Hundred Years, China Institute in America, 1954.